国际结算（双语

INTERNATIONAL SETTLEMENT

赵绩竹 熊涓 = 主编

郑磊 王洪海 李艳 王文佳 = 副主编

21世纪高等学校国际经济与贸易系列教材

INTERNATIONAL ECONOMY & TRADE

人民邮电出版社

北京

图书在版编目（CIP）数据

国际结算 ：汉英对照 / 赵绩竹，熊涓主编. -- 北京 ：人民邮电出版社，2015.9（2019.7重印）
21世纪高等学校国际经济与贸易系列教材
ISBN 978-7-115-39709-6

Ⅰ. ①国… Ⅱ. ①赵… ②熊… Ⅲ. ①国际结算－双语教学－高等学校－教材－汉、英 Ⅳ. ①F830.73

中国版本图书馆CIP数据核字(2015)第170614号

内容提要

本书全面地介绍了目前各种国际结算方式及与之配套使用的国际惯例，包括《跟单信用证统一惯例（UCP 600）》《国际标准银行实务（ISBP 681）》《国际贸易术语解释通则（INCOTERMS 2010）》《见索即付保函统一规则（URDG 758）》等。本书根据教学需求和实际业务操作的需要，以及传统结算方式易于掌握而国际结算融资过程比较复杂的特点，加大了融资、担保等内容的比重，同时注重各种结算方式及相应融资业务的风险分析和防范措施，搭建新的结构框架，系统地介绍了国际结算方式，结算票据、单据，国际贸易的融资方式，以及国际贸易中的担保等内容。

本书从国际商务运行的视角，系统地阐释国际结算和国际贸易融资问题，兼顾理论与实际的结合。本书可以作为国际经济与贸易、国际金融以及国际经济法等涉外经贸类专业相关课程的教材，也可作为国际商务人员、国际金融从业人员以及涉外法律界人士的参考用书。

◆ 主　编　赵绩竹　熊　涓
副 主 编　郑　磊　王洪海　李　艳　王文佳
责任编辑　许金霞
责任印制　沈　蓉　彭志环

◆ 人民邮电出版社出版发行　　北京市丰台区成寿寺路 11 号
邮编 100164　电子邮件 315@ptpress.com.cn
网址 http://www.ptpress.com.cn
北京七彩京通数码快印有限公司印刷

◆ 开本：787×1092 1/16
印张：18　　2015 年 9 月第 1 版
字数：435 千字　　2019 年 7 月北京第 5 次印刷

定价：42.00 元

读者服务热线：(010)81055256　印装质量热线：(010)81055316
反盗版热线：(010)81055315

前言

FOREWORD

自加入世界贸易组织（WTO）后，中国的对外贸易获得了前所未有的快速发展，这对国际结算提出了更高的要求。

国际结算既是一门具有较强实务性、操作性的课程，又是相关国际惯例体现最充分且不断发展变化，具有很强国际性的专业课程。近年来，随着世界经济与贸易的发展，国际商会（ICC）不断颁布和更新与国际贸易相关的惯例和规则。这些国际惯例和规则指导和规范着国际结算的操作，对国际结算的发展具有特别重要的意义。面对国际惯例和规则的不断发展变化，以及我国日益活跃的对外经贸活动的实际需要，国际结算作为国际经贸活动重要环节之一，必须适应国际贸易的发展变化，保持其较强的实用性和可操作性。

国际汇付、跟单托收、跟单信用证、见索即付保函和备用信用证都是进出口贸易中经常采用的结算方式。在一般的国际货物买卖合同中，往往单独使用其中某一种方式，但在特定条件下也可在同一笔交易中把两种甚至两种以上不同的结算方式结合起来使用，例如信用证和托收相结合、备用信用证与汇付或托收相结合。另外，在汇付与托收方式下，还可配套采用包买票据、国际保理、出口信用保险等新型组合手段，以达到规避风险的目的。

随着国际竞争日趋激烈，全球买方市场趋势已成不争的事实。多数情况下，买方虽有对货物的需求，但往往没有足够的流动资金立即购买或在货物转售之前无力对外支付。因此，国际贸易融资成为当下进出口企业的一种常态化需求。一方面，企业能够灵活运用银行的资金，获取更多信用，减少自身资金占压；另一方面，银行不再只提供中间业务服务，还可为进出口贸易中的某些环节注入资金，既可获得手续费的收入，又可获取高额利息。所以，国际贸易融资自然成为国际经贸研究领域的重要议题。

由此可见，在实际业务中，依据不同的贸易背景、具体的交易情况，正确地选择结算方式、灵活运用融资渠道对交易各方降低风险、保障应得利益至关重要。国际结算实务操作中要处理的大量信函、文件以及单据均以英文为基础语言。为此，我们编写了这本双语教材。本书根据票据、汇付、跟单托收、跟单信用证、见索即付保函、备用信用证、包买票据、国际保理等国际结算领域的相关知识与操作规范做了详细介绍。

本书具有以下几方面特点：

1. 语言简明、结构科学。每章开篇点明学习目标和要点，并配以案例导读。

2. 应用性较强、可操作性突出。本书反映最新国际惯例和规则，适用范围较广。

3. 本书强调专业基础，重视语言运用，重要的概念、惯例条款和规则配以英文注释，注重全面提高学生运用商务知识和国际结算单证语言的能力。

4. 每章末配有练习，提供相关案例分析，以使学生及时消化所学知识，尽快掌握相关技能。

本书编者都是从事国际结算教学的一线教师，具有丰富的教学经验，也具有银行国际业务部门和外贸行业实际操作的经历。其中，第一章由熊涓、王文佳编写，第二章、第三章由赵缋竹、王文佳编写，第四章由李艳编写，第五章由郑磊、熊涓编写，第六章、第七章由赵绩竹、熊涓编写，第八章由王洪海编写，第九章、第十章由赵绩竹、李艳编写，第十一章由郑磊、熊涓编写。本书由赵绩竹、熊涓主编和统稿。

本书在编写过程中参考并引用了很多相关的图书和资料，在此对相关作者表示衷心感谢！本书在编写过程中难免有纰漏和不妥之处，敬请读者和同行提出宝贵意见，以便后续修改。

编　者

2015 年 6 月

目录

CONTENTS

第一章 国际结算概述

Introduction to International Settlement

学习目标和要点

——了解国际结算的研究对象、发展及其法律基础

——掌握国际结算的概念、主要内容和性质

——理解支付票据化、货物单据化、履约证书化和单据电子化

案例导读

几乎在所有的商业交易中，买方都希望获得宽松的、长期的、成本低廉的甚至是免费的信用条件。“信用”（Credit）给予商业交易中的买方先（转）售货后付款的机会。多数情况下，买方虽有对货物的需求，却缺少足够的流动资金立即购买或在货物转售完之前对外支付，“信用”则使很多这样的交易成为可能。

与买方不同，卖方也有需优先考虑的问题。在已经垫付了产品开发的费用、原材料、零部件、劳动力及其他间接费用后，卖方理当尽快收回其投资。卖方也许对买方的信誉不甚了解，或根本不相信买方的经济实力、认为买方支付货款存在不确定性。相比国内交易而言，国际交易具有不稳定、不安全、不透明以及不可信的特点，从销售到预定的付款日期间往往会出现一些难以预料的情况。正是由于这些原因和各种相关复杂因素，使得卖方总是倾向于在交货时或在交货前能迅速收到货款。

问题：对于买卖双方面临的信用风险，应该由哪一方来承担？

分析：买方（进口商）倾向于由卖方承担信用风险，并希望能确保一旦自己付款以后便能保质保量收到货物；卖方（出口商）则倾向于买方承担信用风险，并希望确保自己发货后能及时足额收到货款。

第一节　国际结算的概念

一、概念

国际结算[1]（International Settlement）是指处于两个不同国家的当事人，通过银行办理的两国间货币收付业务。具体来说，就是运用一定的金融工具（汇票、本票、支票等），采用一定的方式（汇款、托收、信用证等），借助一定的渠道（通信、计算机网络等），通过一定的媒介（银行或其他金融机构），进行国与国之间的货币收付行为，从而使国际间的债权债务得以清偿或实现资金的转移。

二、研究对象

国际结算学科的主要研究对象是货物贸易项下结算，即国际贸易结算。这是贸易结算在整个国际结算中所处的特殊地位决定的。国际结算产生和发展的依据是国际贸易；反之，国际结算的创新和发展又推动国际贸易的增长。不同于国内贸易，国际贸易往往所涉金额大、操作复杂；而且在内容上，几乎包括了国际结算所有方式和手段。因为一国的国际收支中最基本、最重要的项目是经常项目，而经常项目中最主要的分项即为贸易项目。因此，国际贸易结算自然成为国际结算的主要研究对象。

三、主要内容

国际结算主要由贸易结算和非贸易结算两部分构成。凡是因国际间货物贸易而产生的货币收付或债权债务的清算即被称为国际贸易结算；而由其他非货物贸易的经济活动，或因政治、文化交流所引起的国际间货币收付的结算则被称为非贸易结算。国际结算大体包括三方面内容：国际结算工具（主要是票据和单据）、国际结算的方式和以银行为中心的支付体系（见图 1-1）。

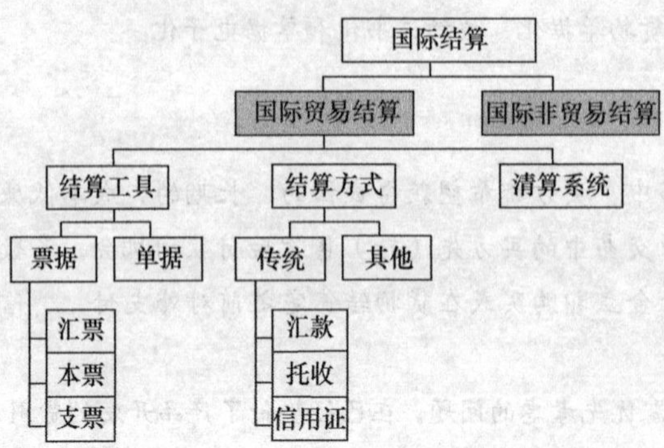

图 1-1　国际结算主要内容

（一）结算工具

结算工具主要涉及票据和单据。

票据，也称金融票据，在国际结算中主要起流通手段和支付手段的作用，远期票据还具有信用工具的功

1 International settlements are financial activities conducted among different countries which must be entrusted to international banks and in which either payments are effected or funds are transferred from one country to another for the purpose of settling accounts, debts, claims, etc. International settlement generally involves both tangible and intangible trade settlement, foreign investment, funds borrowed from or lent to other countries and so forth. To be more specific, international settlements can also be necessary financial activities from commercial payments, payments for the services rendered, payments between governments, and the transfer of funds among countries.

能。票据主要包括汇票、本票和支票。票据的行为、法规、要式及种类均为国际结算研究的首要对象。

单据，也称商业单据。单据的传递和使用是国际结算的必要环节，也是开展国际结算的必备条件。凭单而非凭货付款已成为现代国际贸易结算的显著特点，即所谓货物单据化。货物单据化是商业银行成为国际结算中介的前提。作为重要的结算工具，单据对国际贸易债权债务的清偿至关重要。特别是近年来电子数据交换系统（Electronic Data Interchange，EDI）的问世与应用以及互联网的飞速发展，引发了国际结算传统单据运作体系的重大变革。

（二）结算方式

以一定的条件实现国际货币收付的方式就是国际结算方式。它包括传统结算方式，如国际汇兑、跟单托收、跟单信用证等；其他结算方式，如备用信用证、银行保函；以及国际保理、包买票据（福费廷）等新型融资性结算方式。

其中，国际汇兑和跟单托收以商业信用为基础，跟单信用证则是建立在银行信用基础之上，而国际保理和包买票据是近年来新兴的国际结算业务。

（三）银行清算系统

以银行为中心的清算系统是国际间资金得以安全高效结算的基础设施，目的是以最科学有效的手段，简便快捷地以较低成本达到债权债务清偿预期目的的方式来实现国际间的划拨或清算。因此，它也是国际结算关注和研究的主要内容。

四、国际结算的性质

国际结算以国际贸易为基础，与国际金融学和货币银行学密切相关，主要从商业银行视角来研究国际间货币运动的理论和实务问题。国际结算是商业银行针对外贸进出口企业提供的服务，因此对于外贸企业同样重要。国际结算具体涉及进出口贸易、国际保险、国际运输、电信传递、会计操作、海关业务、商检、票据、法律、惯例和规则等相关知识，具有很强的实务性和可操作性。

（一）国际结算与国际金融密切相关

国际结算属于国际金融业务的一个分支，是现代商业银行的实际业务。国际结算涉及外汇转移和金融票据、商业票据的流通或转让，也涉及货币兑换和汇率、外汇的管理和管制以及外汇风险防范等问题，这些也恰是国际金融的实务问题。

（二）国际贸易是国际结算产生和发展的依据

国际结算以国际贸易的产生和发展为前提。国际结算自产生之日起，就以服务国际贸易为其宗旨。国际贸易与国际结算在相互促进中同步发展，一方面，国际贸易发展促进国际结算方式方法的改进；另一方面，国际结算的操作实践和经验积累又推动国际贸易发展。

（三）国际结算是一项商业银行中间业务

国际结算是商业银行的一项中间业务。在不动用银行资金的前提下，商业银行通过为客户提供信用服务、承担风险来获取高额手续费收入。在客户交纳保证金的情况下，一段时间内银行无偿占用客户的资金。因此，商业银行普遍重视开展国际结算业务。

（四）国际结算是有关国际惯例表现最充分的领域

国际结算所涉及的国际惯例是在长期的国际贸易和结算实践中形成的习惯做法和特定方式。按国际惯例行事是从事国际贸易活动的基本要求。

（五）国际结算业务操作繁杂、难度大、风险高

国际结算业务的涉外性决定了其活动范围大，涉及不同货币的兑换、不同的文化背景以及不同的法律环境。国际结算比国内结算更复杂，操作难度更大，更易受国际政治、经济及其他不确定因素的影响和制约。因此，参与国际结算的当事各方面临各种不同程度的风险，例如，信用风险、利率风险、汇率风险等。特别是近年来，与国际贸易和结算相关的欺诈犯罪案件频发，让当事人和跨国商业银行越来越重视国际结算业务的风险管理。

第二节　国际结算的发展

国际结算伴随国际贸易的发展而产生和发展。经历了从现金结算到非现金结算、直接结算到银行结算、凭货付款到凭单结算、人工结算到电子结算的长期衍变发展历程。在这一过程中，国际结算的方式和手段越来越呈现出鲜明特点和发展趋势，即支付票据化、货物单据化、履约证书化以及单据电子化（见图 1-2）。

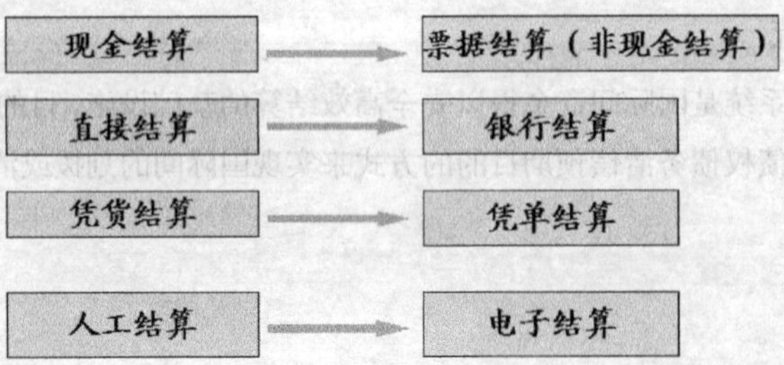

图 1-2

一、货币结算

原始的结算方式，即卖方一手交货，买方一手交钱，款货两清，通常被称为现金交货方式（Cash on Delivery，COD）[2]，现极少采用。如果国际结算采用现金/货币结算，必须使用可自由兑换的货币（Freely Convertible Currency）。这种结算方式具有一定局限性，如自然灾害、劫持、盗窃的风险，长途运送现金造成的高成本和高费用，因运期长而造成资金的占压，不利于资金周转。近代早期，随着资本主义的发展、国际贸易的扩张，区域性的国际市场逐渐形成，通过运送现金来清偿债权债务早已不适应国际贸易发展需要，于是出现各种以商业票据来结清债权债务的结算方式。

二、票据结算

票据结算（Settlement by Negotiable Instrument）是以流通票据[3]（如汇票）替代现金流通，债务人主要以票据清偿其债务。所谓"支付票据化"是指受票人或制票人（Drawee / Maker）凭提示票据而非现金支付票款给收款人。早在 15 世纪，国际汇兑业务中就使用了汇票。各种汇票中，以银行为受票人的即期付款汇票就是支票（Check /Cheque），而出票人（Drawer）和受票人结合为一个制票人的承诺付款的汇票就是本票（Promissory Note）。国际结算中广泛使用汇票，少量使用本票。

2 It is an original and simpler method of settlement which is based on direct settlement made between the buyers and sellers. But it is not suitable for the development of today's international trade.

3 A negotiable instrument is a written or printed paper by means of which funds are transferred from one person to another. Since negotiable instrument, especially bill of exchange prevalent in international trade, negotiable instrument settlement has already replaced cash settlement and became a mode of non-cash settlement.

汇票的受票人或称付款人（Payer）多数情况下是银行，即通过银行以汇票来办理支付结算。世界各地纷纷建立银行票据清算所，即使汇票的受票人是公司，也要在汇票上加注担当付款的银行，也就是说，几乎全部汇票都须经银行来办理付款结算。

如今办理国际结算的商业银行积累了丰富的经验，具备更加有利的条件。

（1）不断更新使用网络化和电子化手段开展业务，服务于贸易领域。

（2）资金实力雄厚，信誉卓著。相对而言，进出口商占有资金却具有诸多不确定性。

（3）不同币种不同期限的外汇票据通过外汇市场（多为银行）进行买卖兑换后，国际上债权债务得以抵消和清偿，节省了进出口企业的费用和利息支出。进出口商也无需自己寻找清算对象，而是把相关信用工具委托银行代为办理。

三、凭单结算

凭单付款结算，是指卖方凭商业单据要求买方付款，买方也只凭商业单据，而非凭货物向卖方履行付款义务。

随着国际贸易的发展，贸易商和运输商有了分工后，卖方往往将货物交给运输商来承运，运输商将货物的相关收据交卖方，由卖方转寄买方，买方凭此向运输商提取货物。随着海上运输业的不断发展，原本简单的货物收据衍变成海运提单[4]（Bill of Lading，B/L），且越来越完善。海运提单重要的功能之一就是物权凭证（Title to the Goods），如此，货物便单据化了。交单就相当于交货，持有提单等于拥有物权。海运提单因此也就成为可以流通转让的单据（Negotiable Documents），当转让给银行持有时，银行控制此单据，可凭此向买方索取货款；买方可凭海运提单提取货物。卖方也可把提单作为质押品，获取银行的融资。

商品交易中，买卖双方均有履行合约的责任义务。卖方有按期、保质、保量发运货物的义务，买方有按期足额支付货款的义务。为证明双方的履约行为，特别是卖方的履约行为，往往要求由官方或非官方的第三方机构出具各种证书或证明文件[5]，以示合同双方履行各自的责任和义务，这便是履约证书化。

货物单据化和履约证书化为银行办理国际结算业务创造了方便条件，因为银行只需凭"相符交单"（Complying presention）即可付款，而不必凭货支付。面对国际贸易中林林总总的商品，商业银行不太可能也没有必要掌握各种商品的专门知识，凭单结算为银行提供了凭单向卖方融资、向买方索取货款的可能与便利。

四、电子结算

随着科技的发展，国际结算已经迈进电讯化时代。结算电子化（Settlement through Electronic Means）[6]，是指国际结算的各个业务环节采用电子化处理方式，如使用电子数据交换（Electronic Data Interchange，EDI）技术制作和传递发票、提单、保险单等商业单据和准商业单据，以电子方式审核、传递单据。例如，在国际汇兑的电汇业务中，汇出行可以发出电讯汇款指示给汇入行，委托后者解付汇款给收款人；在信用证业务中，采用 SWIFT 开立信用证，进一步实现电子化交单，并按照跟单信用证统一惯例（Uniform Customs and

4 .Bill of lading (B/L) is the document of title which would enable the goods documentation. Presentation of B/L amounts to the delivery of goods.

5 Third party's certificate certifies how to realize the terms of the contract by the beneficiary which would enable seller's performance of contract certificated.

6 The worldwide network of banks has provided convenient settlement through banks instead of direct settlement between two parties. Taking further steps to develop, the international settlement operations will incorporate with Electronic Data Interchange (EDI) such as EDI credit and EDI documents, SWIFT (Society For Worldwide Interbank Financial Telecommunication) , CHIPS (Clearing House Interbank Payment System) and CHAPS (Clearing House Automated Payment System) , etc.

practices，UCP）电子交单补充规则办理各种单据的制作、传输、审核及支付。

尽管电子化结算快捷、高效，但其安全性还有待提高。国际结算涉及多领域、多行业的实际业务，因此结算电子化需要多行业、多部门齐头并进、协同配合，要实现全面铺开尚需时日。但随着人类科技进步，在已经网络化、电子化的现代商业银行业务中，电子化结算继续扩大无疑是未来的发展趋势。

第三节　国际结算的法律基础

国际货物贸易表现为不同国家间的商品交换。国与国之间具有差异性，具体表现为不同的货币制度、法律体系、历史文化、宗教信仰，甚至商业习惯也大相径庭。以服务国际贸易为宗旨的国际结算自然涉及各国的国内法、国际法和相关国际惯例规则。

一、国际法

国际法是指主权国家参与签署的国际条约或协定。作为签署者或成员国，若其国内法与有关国际条约相冲突，在国际交易中，应以国际条约或协定的规定为准，遵循"国际法优于国内法"原则。

与国际结算密切相关的国际法主要有以下几个。

1.《联合国国际货物销售公约》

《联合国国际货物销售公约》（*United Nations Convention on Contracts for the International Sale of Goods*）（以下简称"公约"）是迄今为止有关国际货物买卖合同的一项最为重要的国际公约。它是由联合国国际贸易法律委员会主持制定的，于 1980 年维也纳外交会议上通过，并于 1988 年 1 月 1 日正式生效。我国为该公约缔约国之一。该公约规范了国际货物贸易合同双方当事人的权利和义务，一般也用于规范国际结算业务中当事人的行为。

2.《国际汇票和国际本票公约草案》和《国际支票公约草案》

这两个草案至今尚未经联合国成员国签署成为正式的国际公约。

3.《日内瓦统一法》

1930 和 1931 年国际联盟在瑞士日内瓦召开国际票据法会议，通过了《统一汇票本票法》（*Uniform Law on Bill of Exchange and Promissory Notes*）和《统一支票法》（*Uniform Law on Cheques*），统称《日内瓦统一法》。上述公约主要被德国、法国等多数欧洲国家所接受，因此，大陆法系各国的票据法基本趋于统一。

4.《票据法》

英国于 1882 年制定了《票据法》（*Commercial Instrument Law in U. K.*），此后对其少部分内容做了必要修改。该法虽属于英国国内法，但因其权威性和历史悠久，在涉及国际结算问题时，当事人往往约定援引该法作为约束双方或解决纠纷的依据，因此该法具有国际惯例的性质和特点。

二、国内法

各国民法和商法，特别是票据法、银行法等法律法规，是调整国际结算当事人关系的主要依据。

我国有关国际结算的法律法规主要有：

（1）《中华人民共和国票据法》（1995 年 5 月 10 日）；

（2）《中华人民共和国外汇管理条例》（1996 年 1 月 8 日）；

（3）《结汇、收回及付汇管理规定》（1996 年 6 月 20 日，中国人民银行制定）。

由于各国法律制度不同，对相关国际贸易问题往往有不同的处理标准。

三、国际惯例

国际结算活动涉及不同国家的法律，但迄今国际上尚无关于国际结算的统一通行的法律法规。在国际贸易长期实践中，为了消弭分歧，保证国际结算活动的正常进行，促进国际贸易的发展，国际社会已发展和形成了关于国际结算的通行做法与相关规则，这是国际贸易法律的重要渊源之一，也是国际贸易法律的必要补充。

（一）主要国际惯例

涉及国际结算业务活动的国际惯例主要有国际商会（International Chamber of Commerce，ICC）、《托收统一规则（URC522）》（Uniform Rules for Collection, ICC Publication No. 522）、《跟单信用证统一规则（UCP600）》（Uniform Cnstoms and practices，Icc Publication No.600）、《跟单信用证统一惯例电子提示补充规则（eUCP）》（Supplement to UCP600 for Electronic Presentation Version I · I）、《审核跟单信用证项下单据的国际标准银行实务（ISBP681）》（International Standard Banking Practice for the Examination of Documents under Documentary Credits），简称《国际标准银行实务（ISBP）》、《跟单信用证项下银行间偿付统一规则（URR725）》（Uniform Rules for Bank-to-Bank Reimbursement under Documentary Credits）等。此外，还有涉及商业银行新型业务的国际惯例，如《国际备用信用证惯例（ISP98）》（International Standby Practices）、国际商会《独立保函惯例与规则》（Customs and Rules for Independent Guarantees），具体还有《合同保证统一规则（URCG325）》（Uniform Rules for Contract Guarantee）、《见索即付保函统一规则（URDG458）》（Uniform Rules for Demand Guarantee）、《合同保函统一规则（URCB524）》（Uniform Rules for Contract Bonds）、1996 年联合国国际贸易法委员会正式通过的《联合国独立保函与备用信用证公约》（United Nations Convention on Independent Gaurantees and S tandby Credits）等。

具有重要操作性和指导性的国际惯例参见附录。

（二）国际惯例的特性

每一种国际惯例往往都针对某一个具体业务领域，具有很强的可操作性，但各种国际惯例又具有共同特点。

1. 非强制性

国际惯例并非国际通用法律和国际公约，其本身不具强制约束力。实践中，当事人对国际惯例的选择使用一般是在“当事人意思自治”和“契约自由”原则下进行的。

2. 权威性

国际惯例通常是由国际权威组织依据长期国际业务实践中的现象、案例，不断总结后制定、修订、增补而编撰成文的规则，因而具有一定权威性。

3. 普适性

国际惯例是国际上普遍接受和广泛使用的规则。区域性、行业性的惯例，或国内以及地区性商业习惯均不能视为国际惯例。

4. 确定性

国际惯例在长期国际业务实践中形成，并随形势和条件的发展变化而不断完善，其内容基本已达到高度统一。一经当事人彼此协商选定某项惯例，它即成为当事各方共遵共守的行为准则。

（三）国际惯例的效力

国际惯例本身不具有法律效力，因此不可强制推行。只有具备一定条件，国际惯例才可产生法律约束效力并具有强制性。

1. 通过合同或协议约定按照某项国际惯例办事

在当事人之间，若事先约定按某项国际惯例行事，且在双方合同或协议中明确规定，该项国际惯例将对当事各方产生法律约束力，也便具有了强制性。例如，买卖双方约定采用托收方式进行贸易结算时，则受URC522约束，而采用跟单信用证方式结算时，则受UCP600约束。

2. 国内法、国际公约中使用国际惯例

若某项国际惯例已被吸收进当事人所在国的法律或当事人所在国参加的国际公约或条约中，则此项国际惯例便对当事人产生约束力。我国立法均明确规定国际惯例可以适用，如《民法通则》第一百四十二条第三款规定："中华人民共和国法律和中华人民共和国缔结或者参加的国际条约没有规定的，可以适用国际惯例。"

3. 司法或仲裁实践中援引国际惯例

这是国际通行做法。如果当事人对某一问题没有在合同中做出明确规定，也未注明适用某种法律和某项国际惯例，在合同执行过程中发生争议或纠纷时，受理该争议的司法机构或仲裁机构往往依据影响较大的国际惯例判决或裁决。

4. 默示适用国际惯例

在国际贸易中，有时可以推定当事人以默示方式选择适用某项国际惯例，此时该惯例应被视为具有约束力。

5. 国际惯例可予以修改或变更

即使贸易当事人在合同中明确约定采用某项国际惯例，所涉及的各方当事人仍可对惯例中有关规定进行修改或变更，未来合同履行过程中，各方就以修改或变更后的内容为其执行标准。

（四）国际惯例的作用

一方面，国际惯例有效地促进了国际贸易的发展。例如，国际商会制定和公布的《国际贸易术语解释通则》和《跟单信用证统一惯例》已被贸易界、银行界和法律界普遍认可和接受，并成为国际上公认的常规做法和行为准则，这有利于简化交易手续、加速交易进程、提高履约率，也便于合同纠纷的处理。国际惯例对推动国际贸易正常有序进行、促进其持续发展起到重要作用。另一方面，国际惯例弥补了国际贸易法律的不足。在推动国际贸易发展过程中，国际惯例与国际贸易法律相辅相成。当国际惯例与合同的规定相违背时，以合同为准；合同中没有规定，又与现行的法律法规不相违背的，国际惯例起到补充作用。因此，人们不仅受有关国际贸易法律的约束，还应该严格遵循国际惯例，按国际规范标准行事。只有这样，国际贸易的正常秩序才能得以维持。

第四节　国际结算相关贸易术语

一、贸易术语的含义及作用

贸易术语（Trade Terms），又称价格术语（Price Terms）。它是指用一个简短的概念或外文缩写来表示商品价格的构成和国际商品交易中买卖双方有关风险、责任和费用的划分问题。

国际贸易的买卖双方，一般来说相距遥远，货物自卖方所在地运交买方，往往要经过长途运输，其间尚需多次装卸和存储，并要办理租赁运输工具、货运保险、申请进口和出口许可证、报关等手续；需要支付相应的费用，如运费、保险费、仓储费和其他各种税、杂费用；同时，还需要承担货物在长途运输过程中可能遭受各种损失的风险。这些责任由谁来负责，费用由谁来负担，风险如何划分等都是国际贸易业务中买卖双方必须明确解决的问题。这样在长期国际贸易实践中，便产生了适应各种需要的贸易术语。贸易术语的出现和广泛使用，对简化交易磋商的内容、缩短磋商过程、节省业务费用和时间起到了重要的作用。

归纳起来，贸易术语的具体作用主要有以下四点：

（1）表示商品的价格构成；

（2）明确双方的权利和义务；

（3）划分双方风险的界限；

（4）确定货物的交货地点。

贸易术语产生之后，随着贸易发展的需要，贸易术语在数量、名称及含义方面不断发生变化，新的术语应运而生，过时的术语逐渐被淘汰。

二、贸易术语的产生和发展

国际贸易是随着跨国界商品交换而产生的，国际贸易术语则是国际贸易发展到一定阶段的产物。18 世纪末到 19 世纪初，首先出现了装运港船上交货的术语，即 Free on Board （FOB）。据记载，当时的 FOB 是指由进口商事先在装运港租一艘船，并要求出口商将他买下的货物交到他租好的船上。这个过程是在进口商的监督下进行的，同时进口商要对货物进行检查，如果这批货物符合事先约定的标准，进口商当即支付货款。后来，随着科学技术的进步、运输和通信工具的发展，国际贸易的条件发生了巨大的变化，为国际贸易服务的轮船公司、保险公司纷纷成立，银行也参与到了国际贸易结算业务中来。到 19 世纪中叶，以 CIF 为代表的单据买卖方式逐渐成为国际贸易中最常用的做法。

国际贸易术语在长期的贸易实践中无论在数量上，还是在名称及含义上都发生了很大的变化。正是由于贸易术语是在贸易实践中逐渐形成的，所以从一开始它就缺乏统一的解释。每个术语的具体内容可因各国法律的不同解释而不同，甚至各主要港口也都有自己的惯例。这在一定程度上给国际贸易的顺利进行带来了困难。

三、有关贸易术语的国际贸易惯例

贸易术语从产生以来在相当长的时间内，在国际上没有形成统一的解释。这样，不同的国家和地区在使用贸易术语时，因对其解释的不同就会产生分歧，这对国际贸易的发展非常不利。针对这种情况，国际商会、国际法协会等国际组织以及美国一些著名商业团体经过长期的努力，分别制定了解释国际贸易术语的规则，由此形成了国际贸易惯例。国际贸易惯例是指在国际贸易中具有普遍意义的一些习惯性的做法和解释，它是在长期的国际贸易实践中形成的。

国际贸易惯例不是法律条文，它对买卖双方不具有强制性。只有买卖双方同意采用某种惯例来约束该项交易，并在合同中做出明确规定时，则该项约定的惯例才具有强制性。如果双方对某一问题没有做出明确规定，也未注明该合同适用某项惯例，在合同执行中发生争议时，受理该争议案的司法和仲裁机构也往往会引用某一国际惯例进行裁决，此时国际贸易惯例亦可具有强制性。有关贸易术语的国际贸易惯例主要有以下三个。

1. 《国际贸易术语解释通则》

《国际贸易术语解释通则》，简称《通则》（International Rules for the Interpretation of Trade Terms，INCOTERMS），它是国际商会为了统一对各种贸易术语的解释而于 1936 年制定的，并于 1953 年进行了修订，修订后定名为《1953 年国际贸易术语解释通则》（INCOTERMS1953），该通则就 9 种贸易术语做了解释。

EXW（Ex-work）——工厂交货

FOR/FOT（Free on rail / Free on truck）——铁路交货/敞车交货

FAS（Free alongside ship）——船边交货

FOB（Free on board）——船上交货

C&F（Cost & freight）——成本加运费

CIF（Cost，insurance and freight）——成本加保险费、运费

DCP（Freight or carriage paid to）——运费付至

EXS（Ex – ship）——目的港船上交货

EXQ（Ex – quay）——目的港码头交货

后来，为了适应国际贸易业务发展的需要，国际商会先后于 1967 年和 1976 年发表了两个补充本，分别对边境交货（Delivered at frontier，DAF）、完税后交货（Delivered duty paid，DDP）（《1967 年补充本》）和起运地机场交货（FOB airport，FOA）（《1976 年补充本》）做了解释。1980 年由于集装箱运输和多种运输方式在国际贸易中的应用，国际商会又对《通则》进行了修订，除了对原有的 FOB 和 DCP 做了修改外，还在原有的十二种贸易术语的基础上增添了两种贸易术语，即货交承运人（Free carrier，FRC）和运费、保险费付至（Freight or carriage and insurance paid to，CIP）。这样《1980 年通则》所包含的贸易术语增加到了 14 种。

到了 20 世纪 80 年代中期，随着科学技术的飞速发展，通过电脑进行的电子数据交换在发达国家被广泛应用，而在国际货物运输中集装箱多式联运业务则进一步普及。为了适应形势的变化，国际商会又对《通则》进行了修订和补充，颁布了《1990 年通则》和《2000 年通则》。在《1990 年通则》（1NCOTERMSl990）中删除了仅适用于单一运输方式的铁路交货（FOR/FOT）和启运地机场交货（FOA），增加了未完税交货（Delivered duty unpaid，DDU）。这样，原来的 14 种贸易术语改为 13 种。另外，部分术语的代码做了适当的改动，如将 C&F 改为 CFR。《1990 年通则》中的 13 种贸易术语见表 1-1。

这 13 种贸易术语按不同类别分为 E、F、C、D 四个组。

表 1-1　《1990 年通则》中的 13 种贸易术语

组别	英文名称	国际代码	中文名称
E 组	Ex Work	EXW	工厂交货
F 组	Free Carrier	FCA	货交承运人
	Free Alongside Ship	FAS	装运港船边交货
	Free On Board	FOB	装运港船上交货
C 组	Cost and Freight	CFR	成本加运费
	Cost，Insurance and Freight	CIF	成本保险费加运费
	Carriage Paid To	CPT	运费付至
	Carriage and Insurance Paid To	CIP	运费保险费付至
D 组	Delivered At Frontier	DAF	边境交货
	Delivered Ex Ship	DES	目的港船上交货
	Delivered Ex Quay	DEQ	目的港码头交货
	Delivered Duty Unpaid	DDU	未完税交货
	Delivered Duty Paid	DDP	完税后交货

E 组（EXW）指卖方仅在自己的地点为买方备妥货；F 组（FCA、FAS 和 FOB）指卖方须将货物交至买方指定的承运人；C 组（CFR、CIF、CPT 和 CIP）指卖方订立运输合同，但对货物灭失或损坏的风险以及装船和启运后发生意外所发生的额外费用不承担责任；D 组（DAF、DES、DEQ、DDU 和 DDP）指卖方须承担把货物交至目的地国所需的全部费用和风险。以上所有术语下当事人各自的义务均用 10 个项目列出，卖方在每一项目中的地位“对应”了买方在同一项目中相应的地位。《1990 年通则》的重要特点之一是在每种贸易中都规定了卖方可以凭电子单证代替传统的纸质单据。

2000 年《2000 年通则》被使用，它是在《1990 年通则》的基础上修订产生的，于 2000 年 1 月 1 日起

生效。《2000 年通则》与《1990 年通则》相比变化很小，只是在下面两个方面做了实质性改变。

（1）在 FAS 和 DEQ 术语下，办理清关手续和交纳关税的义务。

（2）在 FCA 术语下装货和卸货的义务。

此外在交付义务、清关、费用、提交单据等方面还做了非实质性的修改。

《2000 年通则》被使用十年后，国际商会又颁布了《2010 年通则》，并于 2011 年 1 月 1 日起实施。《2010 年通则》将贸易术语变为 11 种，删除了《2010 年通则》中的 DDU（Delivered Duty Unpaid）、DAF（Delivered At Frontier）、DES（Delivered Ex Ship）和 DEQ（Delivered Ex Quay）四种贸易术语，增加了指定目的地交货（Delivered At Terminal，DAT）和指定地点交货（Delivered At Place，DAP）两种贸易术语。

《2010 年通则》将这 11 种贸易术语分为两部分：第一部分为适用于任何运输方式的术语，包括 EXW、FCA、CPT、CIP、DAT、DAP 和 DDP；第二部分为只适用于水上运输的贸易术语，包括 FAS、FOB、CFR 和 CIF。考虑到对于一些大的区域贸易集团而言，如欧洲单一市场，国与国之间的边界手续已不那么重要了，新版本首次正式明确这些术语不仅适用于国际销售合同，也适用于国内销售合同。具体到具体义务时新版本在几处明确了进出口商仅在需要时才办理出口/进口报关手续和支付相应费用。

虽然《2010 年通则》于 2011 年 1 月 1 日正式生效，但是其实施之后《2000 年通则》并非就自动作废。因为国际贸易惯例本身不是法律，对国际贸易当事人不产生必然的强制性约束力。国际贸易惯例在适用的时间效力上并不存在“新法取代旧法”的说法，即《2010 年通则》实施之后并非《2000 年通则》就自动废止，当事人在订立贸易合同时仍然可以选择适用《2010 年通则》甚至《1990 年通则》。

鉴于《通则》不时修改，所以，合同当事方如果希望在销售合同中使用《通则》，应该清楚地指明所引用的《通则》的版本，以免在执行合同的过程中产生争议。

2. 《1990 年美国对外贸易定义修订本》

1919 年，美国 9 个商业团体在纽约制定了《美国出口报价及其缩写条例》，后来于 1941 年在美国第 27 届全国对外会议上对该条例作了修订，改名为《1941 年美国对外贸易定义修订本》。该修订本中所解释的贸易术语共有以下 6 种：

（1）EXW——Ex Work（Point of Origin）（产地交货）；

（2）FOB——Free On Board（在运输工具上交货）；

（3）FAS——Free Along Side（在运输工具旁交货）；

（4）C&F——Cost & Freight（成本加运费）；

（5）CIF——Cost, Insurance and Freight（成本加保险费、运费）；

（6）EX DOCK——（Named Port of Importation）（目的港码头交货）。

其中，对 FOB 的解释有六种，只有 FOB Vessel 基本类似于国际商会《通则》中对 FOB 的解释。

1990 年《美国对外贸易定义》又被加以修订，改称为《1990 年美国对外贸易定义修订本》（Revised American Foreign Trade Definition 1990）。该修订本与《1941 年美国对外贸易定义修订本》相比，卖方和买方相应会承担一些新的责任。同时，在许多地方对于原有责任的解释也更加清楚，使各有关当事人对其各自的责任与权利更加明确，也使得对外贸易进一步标准化，避免出现误解。在《1990 年美国对外贸易定义修订本》中，C&F 术语的代码改为 CFR；EX DOCK 术语的代码改为 DEQ（duty paid）。

《美国对外贸易定义》在美洲国家被广泛使用。由于它对贸易术语的解释，特别是第 2 种和第 3 种术语的解释与《通则》有明显的差异，所以，在同美洲国家进行交易时应加以注意。近年来，美国商会等 7 个美国商业金融机构建议使用国际商会的《通则》来代替这一条例。

3. 《1932 年华沙—牛津规则》

《华沙—牛津规则》（Warsaw—Oxford Rules）是国际法协会为解释 CIF 合同，于 1928 年在波兰首都华沙制定的，故称之为《1928 年华沙规则》。该规则只解释了一种贸易术语，即 CIF 术语，共包括 22 条。其后，在 1930 年的纽约会议、1931 年的巴黎会议和 1932 年的牛津会议上，此规则被修订为 21 条，并更名为《1932 年华沙—牛津规则》，沿用至今。这一规则主要说明 CIF 买卖合同的性质和特点，以及买卖双方所承担的风险、责任和费用的划分问题。

在以上三个有关贸易术语的国际贸易惯例中，国际商会的《通则》是包含内容最多、使用范围最广和影响最大的一种。

案例分析

FOB 合同项下买卖双方责任纠纷案

一、案情介绍

国外一进口公司（下称“买方”）与我国一进出口公司（下称“卖方”）签订一笔 1000 公吨食品出口合同，价格为 FOB 大连，1996 年 11 月 5 日前装运，付款方式为不可撤销即期信用证。1996 年 10 月 21 日，卖方收到买方银行按合同规定开来的信用证及买方转来的其与我国某航运公司（下称“承运人”）签订的装运期为 1996 年 11 月 10 日～15 日的运输合同副本。卖方随后备妥货物并办理好出口手续，于 11 月 13 日在买方指定的船舶抵达大连港时将合同货物装船。14 日凌晨 2 点，货物装载完毕。2 点 30 分左右，值班船员向船长报告，载货货舱出现火情。船长随即组织船员启用二氧化碳灭火系统，但约 20 分钟后仍不见火情有所减弱，发现该灭火系统已经失灵。船长只好下令使用消防水系统灭火，才将火势扑灭。

经商检部门鉴定，1000 公吨食品中已有 300 公吨被烧毁，其余 700 公吨也因严重水湿和污染而丧失原商用价值。卖方立即将其通报买方，征询处理意见。次日，买方来电称，鉴于该批货物已经丧失其既定商用价值，要求卖方负责将毁损货物卸船，并重新备齐货物装船；否则，拒收已毁损货物，并将指示银行撤销已开出的信用证。卖方则认为，货物已安排装船，合同义务已经履行，因此无义务卸货、重新备货，并应获得已装船货物价款。承运人见货物几乎全部毁损，拒绝签发已装船清洁提单，而且要求托运人（卖方）将毁损货物卸下，并负担船期损失，但遭托运人拒绝。卖方见买方欲拒付货款转而要求承运人赔偿，被承运人以火灾免责为由拒绝。

本案的复杂奇巧之处就在于，货物刚刚装船尚未签发提单即遭火灾。三方当事人均遇此麻烦。卖方欲到银行议付货款但得不到提单；买方信用证已经开立，但货物已经毁损。一旦卖方议付了货款，将款货两空；承运人眼见货物被大火毁损，万一签发了已装船清洁提单，提单所有人向其索货，只有烧焦的残货可交。为此，各方极力为己辩护，推卸责任。一时间，谁是谁非，莫衷一是。其实，遇到复杂案情，只有依据有关法律法规及国际惯例，查清事实，弄清各当事人之间的法律关系，再复杂的案情也可澄清，得到公正合理的解决。

二、案情分析

1. 买方可否要求卖方负责替换货物

买方不可以这样做。这个问题的实质是国际货物买卖中的风险划分或风险转移问题。《1980 年联合国国际货物销售合同公约》第三十一条 A 款规定：“卖方应把货物移交给第一承运人”，第六十七条规定：“自货物按照销售合同交付给第一承运人以转交给买方时起，风险就转移到买方承担”。国际商会修订的《1990 年国际贸易术语解释通则》中对 FOB 合同项下的风险划分更为具体，即货物在装卸港越过船舷前的风险由卖方承担，越过船舷后的风险由买方承担（《2010 年国际贸易术语解释通则》已经取消“船舷”概念）。本案中卖方已将合同规定货物装载于货舱内，风险也已由卖方在货越船舷那一瞬间转移至买方承担。卖方对此后货物的任何损失与灭失不再负有责任。火灾发生在货物入舱后，即发生在买方承担货物风险的期间，故火灾导致的货物损毁应由买方承担而与卖方毫无关系。因此，FOB 和 CFR 合同项下买方及时办理货物运输保险十分必要。需要强调的是，货物风险的转移与买方是否已经控制了货物所有权无关。买方不得以提单仍在卖方手中或无权支配货物为由而拒绝接受这种转移。上述《公约》第六十七条就规定：“卖方有权保留控制货物处置权的单据，并不影响风险的转移”。由上述分析可知，买方要求卖方替换新货，纯属无理要求（当然协助处理另当别论）。如买方确需此货，卖方又有货可供，可以安排替换，但已是另一贸易合同问题了。

2. 买方可否拒付货款

从买卖合同角度看，买方是否有权拒绝付款取决于卖方是否根据合同或有关法律规定存在违约行为。上述《公约》第四十九条（2）款规定：“如果卖方已交付货物，买方就丧失宣告合同无效的权利”。第五十三条规定：“买方必须按照合同和本公约规定支付货款和收取货物”。这里提到的支付货款在 FOB、CFR 及 CIF 合同项下是指装运单据的交付，只要卖方将合同规定的货物在装运港装上船，取得了提单并连同其他合同（或信用证）要求的单证交给买方，就完成交货，即“象征性交货”。本案系 FOB 合同项下纠纷，卖方只要向买方交付单据，后者必须支付货款。已装船货物的灭失不影响卖方取得货款的权利，当然也不解除买方支付货款的义务。所以，只要卖方将 1000 公吨食品的装运单据交付给买方，后者则必须付款而不得以没有实际收到货物为由拒绝付款。

从信用证角度看，它是银行应开证申请人的请求以自身的名义向受益人开立的有条件的付款承诺。国际商会《跟单信用证统一惯例》规定，信用证一旦开立，只要提供的单证齐全、正确，银行就首先要向受益人付款，而这种付款行为与开立信用证所依据的买卖合同无关。开证行履行信用证项下义务“不受申请人与开证行或与受益人之间已有关系下产生索偿或抗辩的制约”，而不可撤销信用证在其有效期内，未经受益人同意开证行不得对信用证内容进行修改或撤销。从以上有关规定看，卖方只要取得有关单证并在信用证有效期内向银行议付，便可取得货款。开证行不得接受开证申请人要求撤销付款的承诺；否则，开证行负有信用证项下违约之责。至于开证申请人可能威胁开证行不付款赎单或实际无力付款，则是开证申请书项下的法律契约关系问题，而与信用证的履行无关。

3. 卖方对卸下损毁货物是否负有责任

在 FOB 出口业务中，卖方（托运人）的义务有二：一是根据货物买卖合同及有关法律规定，负责将货物按合同规定装上买方指定的船舶，对货物处理责任即告终止；二是按有关货物运输法律规定，妥善包装货物，正确标记，准确申报，及时办理办妥出口手续，安排货物装船。对于承运人来说，托运人应完成其应尽义务。本案中，卖方均已做好了上述工作，合同义务和法律义务均已完成，对损毁货物的处理已不再负有责任，在未受委托情况下也没有处理的权利。在实际工作中，这种法律义务界限常被模糊。凡在装货港发生货物问题，承运人一概要求托运人解决。托运人以为事情发生在装货港，似乎应负责解决，为顺利装船，取得提单，往往满足承运人要求。比如在装货过程中突降大雨，船员未及时关舱，使部分货物水湿受损，船长往往要求托运人负责替换货物；否则，就以不签发清洁提单迫其就范，使托运人蒙受本不该承担的损失。

本案中，货物刚刚装船即遇非承运人本人所致火灾而损毁，承运人本可以援引火灾除外条款免除其赔偿责任。但调查发现，船舶装备的二氧化碳灭火系统失灵，被迫启用消防水灭火，致使发生全部货损。二氧化碳系统失灵，属船舶在开船前不适航，是由于承运人疏忽管理船舶所致，故承运人就丧失了申请免除赔偿责任的权利，使本可转移给买方的责任由自己承担。

三、结论和启示

通过对上述案件分析，大家应注意以下问题。

1. 在货物买卖合同下，合同双方应根据合同及有关法律规定，弄清各自应承担的义务

要深刻理解 FOB、CFR 及 CIF 合同的共同点和不同点，准确把握责任、费用和风险划分界限。遇到复杂情况，依据合同和有关法律规定，查清事实，快速作出相应处理，以免错过对己方的有利时机。在执行 FOB、CFR 合同时，要特别注意货物保险问题。卖方通知要及时，买方办理要及时。否则，发生本案这种情况，过失方只能自认倒霉。据悉，不知何故，本案中买方就尚未办理货物运输保险。有一点是肯定的，即通常情况下，保险公司是不会负责赔偿的。几百万元的损失只好由货物买卖合同中的一方自负，其教训很深刻。

2. 作为租船人，应了解有关船舶的基本知识

租船时应要求船东提供船壳险及船东互保协会的保险单副本及船舶入级证书。因为船东投保时，保险公司一般会指定专业检验部门对船舶是否适航进行各项严格检验，如有不符要求的项目，会有遗留项目批注，而一流船级社也会对船舶进行定期检验。运输易燃货物时，尤其应注意了解船舶是否具备二氧化碳灭火系统及其系统状况，可要求船东出示船级社对此的定期检验报告，以做到心中有数，防患于未然。

（原载《国际经贸》，1997（15））

练习题

一、选择题

1. 国际结算的核心制度是______。

A. 信用制度　B. 银行制度　C. 贸易制度　D. 外汇管理制度

2. 传统的国际贸易和国际结算中的信用主要是______两类。

A. 系统信用和银行信用　B. 系统信用和司法信用

C. 商业信用和司法信用　D. 商业信用和银行信用

3. 甲国向乙国提供援助款 100 万美元，由此引起的国际结算是______结算。

A. 国际贸易　B. 非贸易　C. 有形贸易　D. 无形贸易

4. 商品进出口款项的结算属于______。

A. 双边结算　B. 多边结算　C. 贸易结算　D. 非贸易结算

5. 下列哪项不属于国际结算范畴。______

A. 有形贸易类　B. 物物交换类　C. 无形贸易类　D. 金融交易类

6. 国际商会的以下出版物中，规定贸易术语的是______。

A. UCP 600　B. URC 522　C. ISP98　D. INCOTERMS 2000

7. 国际商会的以下出版物中，适用于跟单托收业务的是______。

A. UCP 600　B. URC 522　C. ISBP 681　D. INCOTERMS 2010

8. 国际商会的以下出版物中，适用于跟单信用证的是______。

A. UCP 600　B. URC 522　C. ISP 98　D. INCOTERMS 2010

9. 国际商会的以下出版物中，适用于备用信用证的是______。

A. UCP 600　B. URC 522　C. ISP98　D. INCOTERMS 2000

10. 国际商会的以下出版物中，适用于银行保函的是_______。

A. UCP 600 B. URC 522 C. ISP 98 D. ICC 758

二、问答题

1. 国际结算的性质是什么？有什么特点？
2. 国际结算是如何分类的？国际贸易结算在国际结算中的地位是怎样的？
3. 国际结算有哪些主要内容？
4. 如何理解支付票据化、货物单据化、履约证书化？
5. 国际结算主要涉及哪些相关国际惯例和规则？
6. 国际结算的未来发展趋势是什么？

第二章 国际结算票据

Instruments in International Settlement

学习目标和要点

——掌握票据的概念、性质与功能

——熟悉汇票的必要项目和缮制方法

——理解票据各当事人的责任和义务

——了解票据的出票行为及具体方式

案例导读

卖方A公司与买方B公司签订了一笔贸易合同。因一时资金周转困难，B公司向C公司借款用于支付A公司款项。C公司同意借款后，B公司从T银行取得一张汇票交付A公司。当A公司持该汇票向H银行提示要求付款时，该银行拒付，其理由是该银行已经接到T银行转来的B公司通知，声明该批货物存在质量问题，要求止付该汇票。在多次与B公司协商未果的情况下，A公司向法院提起诉讼，要求T银行无条件支付该笔票款，并赔偿其延期付款损失及相关费用。

问题：试分析法院应如何判决。

分析：本案中A公司是正当持票人，T银行应承担出票人责任。法院应判决T银行无条件支付A公司汇票金额，并赔偿因延期付款所造成的损失，并支付相关费用。

第一节 票据概述

国际贸易由最早的现金结算到如今的非现金结算，从商人间直接结算到以银行为中介的转账结算，从“凭货付款”到“凭单支付”（票据结算），在其发展衍变过程中先后出现各种票据。这些票据的使用大大减少了国际贸易中的现金需求，极大方便了交易的进行，使得票据在国际结算理论和实践中占据重要地位。

一、票据的概念

票据的概念[7]有广义和狭义之分。广义的票据是指商业上的权利单据，是作为某人的、不在其实际占有下的金钱或商品的所有权的证据。就票据形式而言，它是记载一定文字、代表一定权利的书面凭证，如股票、债券、提单、发票等。狭义的票据主要指金融单据（Financial Document），是以支付金钱为目的的证券。它由出票人签名于其上，无条件地约定由自己或另一人支付一定金额，依据规定的要式签发，是可以流通转让的证券，如汇票、本票、支票等。国际结算中的金融票据专指狭义票据，其中使用最为广泛的就是汇票，而本票和支票可以看做是汇票的特例。

在国际结算领域，票据占有极其重要的地位。因为现代国际结算主要是非现金结算，其中担当支付工具和信用工具的角色就是票据。票据在货币和商品的让渡中，反映债权债务关系的发生、转移、偿付，它是以支付一定金额货币为目的的特定证券。

二、票据的特性

票据之所以在国际贸易中可以代替现金成为主要结算工具，在于票据本身具备的特性，也正是这些特性，使之在国际结算中的作用得以发挥。

1．流通性（Negotiability）

流通性[8]是票据的基础特性。票据的流通性具有两方面特点：一是票据转让不以通知债务人为必要，即无须事先通知票据的债务人。这有别于一般性债权转让。依据我国《民法通则》，一般的债权转让必须通知债务人方能生效，即债务人在不知情的情况下并不对受让人承担履行债务的责任；二是票据流通过程中强调保护善意并支付对价而获得票据的持票人[9]，即受让人不受其前手权利缺陷[10]的影响。

按照《民法通则》，让与人只能把自己合法拥有的权利转让给他人。若让与人所转让的权利非其合法拥

---

7 A credit instrument, known as a document of title, is a written or printed paper by means of which rights can be transferred from one person to another. In a broad sense, instruments refer to all kinds of commercial certificates, such as invoices, bills of lading, paper money, insurance policies, warehouses warrants, stocks, checks, drafts, promissory notes, etc. In a narrow sense, however, instruments are such unconditional negotiable securities in writing addressed by one person to another, signed by the drawer, directing the drawee to pay a certain sum of money to the payee or holder at a definite time. Instruments most commonly used in international payments and settlements are negotiable instruments in a narrow sense, i.e., bill of exchange, promissory notes, and checks.

8 A credit instrument is an instrument of the rights representing a unilateral promise to pay a fixed amount of money to the instrument's legal holder. As a negotiable instrument, it may be transferred to another person either by mere delivery or by endorsement and delivery.
When payable to a bearer, a negotiable instrument may be transferred by mere delivery; when payable to a named person or order, a negotiable instrument may be transferred by endorsement and delivery; and if the payee is restricted to a named person only, a negotiable instrument will lose its capability of being transferred and the payer will only pay the named payee. An instrument thus transferred is said to be negotiated without notifying the drawer or drawee.
The person to whom a negotiable instrument is negotiated can sue on it in its own name. He has the full right and legal title to the instrument.

9 善意持票人（Holder in Due Course，HDC）又称“正当持票人”。英美票据法对某一类持票人特定的名称。善意地花了对价，取得一张表面完整、合格的未到期票据的持票人。善意持票人是票据的派生当事人。他具有以下特征：（1）所得票据表面完全正常；（2）没有过期；（3）没有发现该汇票曾被退票；（4）不知道前手的权利有任何缺陷；（5）善意地取得汇票，支付了对价，从而对票据拥有完全的权利。英美票据法从保护正当持票人的利益出发，将票据关系与其基础关系严格区别，不问票据的对价关系以及资金关系如何，凡善意地付了对价的票据受让人的权利不受其前手票据权利瑕疵的影响，因此正当持票人权利优先于前手。如果票据签字被伪造，则伪造签名后的持票人不能对汇票有任何权利的要求，任何对汇票的清偿也不能作为对债务的清偿。任何持票人应初步推定为正当持票人。但是，在汇票涉及诉讼时，如有证据表明，承兑、出票和以后的流通转让是受到欺诈、胁迫、暴力和恐吓或非法行为的影响，则持票人不能作为正当持票人，除非他能提出反证，证明其善意地付出对价是在上述欺诈或非法行为之后。

10 票据权利的缺陷是指持票人对票据享有的所有权有缺陷。票据的持有人如以欺诈、胁迫、暴力或恐吓等手段，或以不合法的方式支付对价，或在票据的流通转让过程中违反诚信原则，或在相当于欺诈的情况下取得票据，则在这类票据取得和流通的过程中都会损害一部分人的利益，从而也会产生票据风险。

有，或其权利存有缺陷，则受让人的权利同样是非法的或是有缺陷的。受让人的权利不能优于让与人。然而，在票据流通转让中，受让人的权利可以优于让与人，即倘若让与人的权利是有缺陷的，受让人出于善意并付了对价，那么他将得到票据文义规定的全部权利。

2. 无因性（Non-causative Nature）

票据是一种无需过问原因的证券[11]。这里所说的“原因”是指产生票据上的权利与义务关系的原因。票据的原因体现票据的基本关系，主要包括两方面内容：一是出票人和付款人之间的资金关系；二是出票人与收款人、背书人与被背书人之间的对价关系。票据当事人的权利与义务就是以这些基本关系为原因，这种关系就是票据原因。事实上，任何票据关系的产生都有其原因。但是，票据是否成立，不受票据原因的影响。票据当事人的权利与义务，也不受票据原因的影响。票据满足无因性的要求也满足了票据流通的条件。付款人在付款前只需审核票据是否符合要式性的要求，如果符合，付款人就应立即付款，而不问持票人取得票据的原因。所以，我们常说，票据是一种“要式不要因”的有价证券。

3. 要式性（Requisite in Form）

票据的要式性[12]是指票据的作成。从形式上看，所记载的必要项目必须齐全，各个必要项目又必须符合规定，此时票据方可产生法律效力。票据的要式性，有时也可说成是票据的书面形式要件，即只要票据从书面形式上所包含的必要条件符合票据法规定，那么它就是有效汇票。具体主要包括两个方面：一是票据开立时必须具备一定的必要记载事项，任何必要记载事项的缺失将导致票据无效；二是票据在发生各种票据行为时必须满足一定的形式要求，是为票据行为生效的必要条件。

上述是票据的三个基本特性，此外票据还有以下特性。

4. 可追索性（Recourses）

这是指票据的付款人或承兑人如果对有效合格票据拒绝付款或承兑，正当持票人有权通过法定程序向所有票据债务人起诉、追索，以求得票据权利。

5. 提示性（Presentment）

票据上的债权人（一般为持票人）请求债务人（付款人）履行票据义务时，必须向付款人出示票据，请求付给其票款。若持票人不提示票据，付款人就没有履行付款的义务。因此，票据法规定了票据的提示期限，超过规定的期限，付款人的付款责任即行解除。

6. 返还性（Returnability）

票据的持票人支取票款后，应将签收的票据交还给付款人，该票据即完成其支付工具的使命而退出流通领域。正因为票据具有返还性，所以它不可能无限期地流通，而是在到期日被付款后即结束其流通。

三、票据功能

票据因其形式简明，又具有流通性，其功能与作用在经济生活中越来越明显，各国纷纷先后立法予以保护。

---

11 A negotiable instrument is independent of the commercial relations, from which it originated itself or its transfer. It is obvious that there should be a certain reason for a negotiable instrument to be made out. For instance, when a drawer draws a draft on a drawee, there must be commercial or funds relationship between drawer and drawee, say, the seller and the buyer. When the payee transfers the draft to a transferee, the transferee will not mind how the instrument was generated and his only concern is that the instrument must be in a qualified form and must contain the essential items required by the relative negotiable instrument law. Just because of the non-causative nature, a negotiable instrument possesses the characteristic of negotiability as its name shows.

12 A negotiable instrument must contain the prerequisite items required by the law. Different countries have different laws on negotiable instruments and hence different requirements for the form of a negotiable instrument. Despite of the differences, the requisite in form are to a great extent very similar. The processing for a negotiable instrument and all acts of a negotiable instrument i.e. issuing, endorsement, presentment, and acceptance must be subjected to the laws on negotiable instruments.

1. 支付工具

现代国际结算是以票据为基础的非现金结算，票据正替代现金成为支付工具的主体，在国际贸易中减少了现金的使用，同时提高了结算效率。债务人使用票据替代现金来偿付债权人，主要是因为票据与现金相比具有更加安全、方便携带等特点。

2. 流通工具

作为一种支付工具，票据经过背书可以从前手转让给后手，而且可以多次背书转让。因背书具有担保作用，背书人越多，票据的担保性越强，票据因而在市场上得以广泛地流通，成为一种重要的流通工具。同时，票据的广泛使用也拓宽了市场流通渠道。

3. 信用工具

票据本身并不是商品，不含内在价值，它是建立在信用基础上的书面支付凭证。出票人在票据上立下书面的支付信用保证，付款人或承兑人允诺按照票面规定履行付款义务。例如，某项商品的交易，约定买方在收到货物后的某个时间付款，买方可以开立一张本票，这张本票就是买方届时付款的信用凭证。

4. 融资工具

如果票据是远期付款的，其本身就相当于持票人对付款人的融资，付款人待票据到期后再付款给持票人。如果持票人在汇票到期前需要资金，可以把票据作为一种有价资产向银行或其他金融机构进行贴现，提前获得扣除贴现利息后的余额。

四、票据法规

票据法是指对票据的形式、内容以及相关当事人之间权利义务关系等做出规定并予以执行的法律规范的总称。

（一）大陆法系

1. 法国法系

票据法肇始于法国。1673 年，法王路易十四颁布《陆上商事条例》，首次以成文法方式制定了票据法规则，这被认为是近代各国票据法的开端。1808 年颁布的《法国商法典》在旧商法的基础上，系统规定了汇票和本票规则。1865 年，法国又专门制定了《支票法》。属于这一法系的国家除法国外，还有意大利、西班牙、比利时、希腊、土耳其等国。

2. 德国法系

17 世纪晚期，德国各联邦也相继制定了自己的票据法。1847 年，德国以普鲁士邦法为基础，首先制定了统一的《普通票据条例》。1871 年，德国在原有立法的基础上经修改制定了《票据法》，并于 1908 年又制定了单行的《支票法》。属于这一法系的国家除德国外，还包括奥地利、瑞士、丹麦、瑞典、匈牙利、日本等国。

（二）英美法系

英美法系[13]国家在商法规则上采取判例法和习惯法形式，但在票据立法上，基于独特的法理，采取了成文法形式。1882 年，英国国会首先通过并颁布了《票据法》（Bill of Exchange Act，1882），该法规定了汇票和本票的基本规则。1957 年，英国又制定了《支票法》，该法实际上是作为《票据法》的补充，并不具

13 British and USA legal system: Bill of Exchange Act 1882 is the respective laws on negotiable instruments established by the United Kingdom in 1882. The British law covered the British Commonwealth of Nations such as Canada, India, Australia and New Zealand. Although it has been influenced a lot by the United Kingdom, the United States has its own law relating to negotiable instruments, i.e., the chapter 3 Commercial Paper of the USA Uniform Commercial Code of 1952.

有独立的支票立法意义。

美国于1896年由非官方组织首先制定了包括票据示范规则在内的《统一流通证券法》，该法后为美国多数州所采用。1952年，美国的统一州法委员会和美国法律协会又联合编纂了《美国统一商法典》，并专篇规定了汇票、本票和支票。现该法典为美国大多数州所采用。属于英美法系的国家除了英美外，还包括印度、加拿大、澳大利亚以及某些英属殖民地国家。

（三）日内瓦统一票据法[14]

第一次世界大战以后，在国际联盟的组织和推动下，出现订立统一国际票据法的热潮。1930年，国际联盟在日内瓦召集了由31个国家参加的统一票据法会议，会议不仅制定了统一汇票本票法规则，并由参加国家通过和签署了《统一汇票本票法公约》《解决汇票本票法律冲突公约》和《汇票本票印花税公约》。1931年，在国际联盟的召集下，有37个国家在日内瓦召开第二次统一票据法会议，会议制定了统一支票法规则，通过并签署了《统一支票法公约》《解决支票法律冲突公约》和《支票印花税公约》。尽管这一会议签署的《统一汇票本票法公约》和《统一支票法公约》目前均已失效，但对于统一和协调大陆法系国家的票据法具有一定意义。

（四）我国的票据立法

1995年，全国人大常委会通过了《中华人民共和国票据法》[15]，这是新中国成立以来制定的首部票据法。1997年，国务院批准颁布了《票据管理实施办法》，同年中国银行又颁布了《支付结算办法》。以上三者共同构成了我国票据立法的基本体系。2004年8月28日，第十届全国人民代表大会常务委员会第十一次会议通过了《关于修改〈中华人民共和国票据法〉的决定》，对《中华人民共和国票据法》进行了修正。我国的票据立法目前仍处在初级阶段。由于商业信用的缺失，我国票据立法中仍以银行信用为主导，这与国外立法存有较大差异。

第二节　汇　　票

汇票是一种最基本、最常用的票据，也是国际结算中使用最为广泛的票据。它是出票人向付款人开出的无条件的支付命令。我国关于汇票的基本理论，是以《中华人民共和国票据法》为基础，结合英国1882年《票据法》而形成的。《中华人民共和国票据法》的立法中更强调银行信用，而英国1882年《票据法》更注重汇票的流通性，因此在具体规定上会存在一些细微差别。

一、汇票的定义

《中华人民共和国票据法》第19条规定："汇票是出票人签发的，委托付款人在见票时或者在指定日期无条件支付确定的金额给收款人或者持票人的票据。"

英国1882年《票据法》第3条第1款规定："汇票是一人向另一人开出并签字的，要求其在见票时或固定的将来时间或能够确定的将来时间，支付一定金额的货币给特定人，或该特定人的指定人，或来人的无

14 The Uniform Law for Bill of Exchange and Promissory Notes of Geneva of 1930.

15 People's Republic of China Law on Negotiable Instruments: The thirteenth meeting of the Eighth People's Congress adopted People's Republic of China Law on Negotiable Instruments on tenth May 1995. The law was implemented on 1st January 1996, which was revised again on 28th August 2004. It is the first Law on Negotiable Instruments in our country. The instrument consists of seven chapters with 111 clauses, which contains the relative definitions and instrumental action etc. of the bill of exchange, promissory notes and checks. The chapter V specifies the terms and conditions related to the foreign-related legal bills and its transactions.

条件书面命令。”[16]

《日内瓦统一法》未给出汇票的具体定义。

汇票是一种要式证券，所以形式上必须具备必要的项目。我国《票据法》第22条明确规定，汇票应包括：“汇票”字样、无条件支付命令（委托）、确定的金额、付款人名称、收款人名称、出票日期和出票人签章等。各国票据法的规定大同小异，但根据汇票的定义，一张有效的汇票，内容上必须满足下列基本条件（见图2-1）。

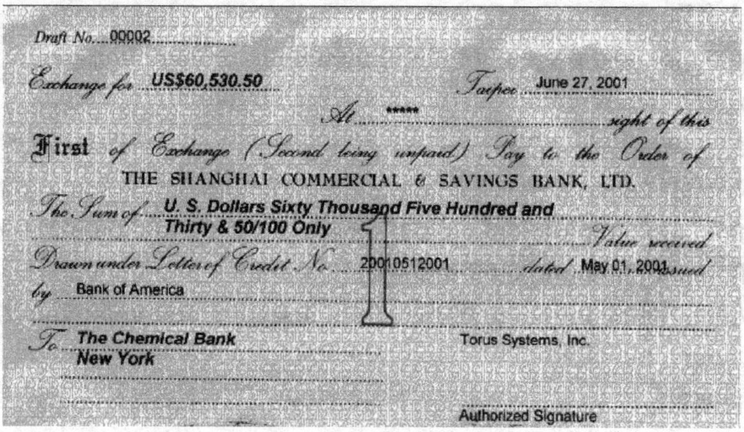
Draft No. 00002
Exchange for US$60,530.50 Taipei June 27, 2001
At ***** sight of this
First of Exchange (Second being unpaid) Pay to the Order of
THE SHANGHAI COMMERCIAL & SAVINGS BANK, LTD.
The Sum of U. S. Dollars Sixty Thousand Five Hundred and Thirty & 50/100 Only
Value received
Drawn under Letter of Credit No. 20010512001 dated May 01, 2001 issued
by Bank of America
To The Chemical Bank New York
Torus Systems, Inc.
Authorized Signature

图2-1 汇票样本

（一）“汇票”字样[17]

标明“汇票”字样的主要目的是表明票据的性质和种类，以区别于其他票据。“汇票”一词在英文中有不同的表示方法，如Bill of Exchange、Bill、Exchange或Draft。

（二）汇票是无条件的支付命令[18]

汇票是一人向另一人开出的付款命令，而不是向另一人的付款请求或授权。例如，“We hereby authorize you to pay to our account to the order of A”或者“Please let the bearer have seven pounds，place it to my account and you will oblige”都不是支付命令，因此不能称为有效汇票。汇票的付款必须是无条件的，如果付款命令中包含某些前提条件，那么它将不再成为汇票。汇票的付款不能限定于特殊的环境和事件，因为这些特殊的环境和事件在正常的流通过程中持票人根本无从知晓。如果汇票表明其是根据某一协议或交易开立的，除非表明付款受到该协议或交易的约束，否则汇票中提到的协议或交易只能构成开立汇票的缘由，而不能成为付款的条件。

（三）确定的金额

票据上的权利必须以金钱表示，不可用货物数量来表示。汇票的金额必须确定，不能模棱两可，如“大

16 A bill of exchange is an unconditional order in writing，addressed by one person to another，signed by the person giving it，requiring the person to whom it is addressed to pay on demand or at a fixed or determinable future time a sum certain in money to or to the order of a specified person，or to bearer.

17 Usually the word “Exchange” is clearly indicated on the face of a bill of exchange. The purpose of indicating this word on a bill of exchange is to distinguish a bill from a promissory note or a check, and at the same time to help the relevant parties better handle relative business, although it is not specifically required in the UK bills of Exchange Act of 1882.

18 “Unconditional order” means implementation or completion of an order can not be attached to any condition or subject to any restriction, whether expressed or implied. Otherwise, the command is invalid or it is not a valid bill of exchange. “In writing” means that the bill must be written by hand, or by typewritten or printed and oral expressions can not be admitted to change or contradict the terms of a bill of exchange. In practice, drawing a bill in pencil is usually not encouraged by banks because of easy opportunity for fraudulent alteration.

约支付 1 000 美元”、“付 2 000 欧元左右”、“付 10 万或 15 万日元”、“付 1 000 美元加利息”等都是不明确和不确定的，均应被视为无效汇票。

（四）付款人名称

汇票的付款命令所指向的人被称为“付款人”，一般也是该汇票的受票人（Drawee）。但是，受票人未必一定就是付款人，因为他可以拒付，也可指定其他人担当付款人。付款人在汇票中必须已经命名或者已经合理暗示，但付款人不能是虚构的，同时应具有完全民事行为能力。

（五）收款人名称

汇票上关于收款人的记载又称为“抬头”。它也应像付款人一样具有一定确定性。

汇票的抬头分为：

（1）限制性抬头。例如，Pay ABC company only 或 Pay ABC company not transferable。该类汇票不能流通转让。

（2）指示性抬头。例如，Pay to the order of ABC company 或 Pay to ABC company or order。这类汇票在收款人一栏中总有“order”字样，可以经背书而转让。

（3）持票来人抬头。例如，Pay bearer 或 Pay ABC company or bearer。这类汇票的收款人无须背书，仅凭交出即完成转让。

（六）出票日期和地点

出票日期（Date of Issue）是指汇票签发的具体时间。主要有以下三个作用。

1. 决定汇票的有效期（Expiry Date）

持票人如不在规定时间内要求票据权利，票据权利自动消失。《日内瓦统一法》规定，即期汇票的有效期从出票日起算 1 年；我国《票据法》规定见票即付的汇票有效期为 2 年。

2. 决定付款的时间（Time of Payment）

决定付款的时间，即汇票的到期日。汇票可以是见票即付，也可以是在将来某一时间付款，但付款时间必须能够确定。例如，汇票规定在付款人收到汇票随附的提单时付款，但事实上付款人能否收到提单和什么时候能收到提单均无法确定，此时汇票就没有固定的付款日期，则该汇票是不能成立的。

汇票到期日的计算是以出票日为基础的，确定了出票日及相应付款期限（Tenor），也就确定了到期日。

3. 决定出票人的行为能力

若出票时法人已经宣布破产或清理、丧失行为能力，则汇票不能成立，这体现了汇票的法律意义。

汇票中一般都包括出票地点，以确定汇票是国内汇票还是国外汇票，以及其所适用法律。汇票中没有记载出票地点不是构成汇票无效的理由，《中华人民共和国票据法》第 23 条规定：“汇票上未记载出票地的，出票人的营业场所、住所或者经常居住地为出票地。”

（七）成套汇票

商业汇票通常是两张一套，两张汇票的金额和内容完全相同，但实际的债务只有一笔。因此，这一套两张汇票通常写有“一张支付，另一张随即失效”字样。例如，在成套汇票的第一张上记载“凭此第一张汇票支付（第二张相同内容日期者不付）给……”，“Pay this first bill of exchange（second of the same tenor and date being unpaid）to—”，俗称“付一不付二”；第二张汇票上则写明“付二不付一”。

（八）汇票必须由出票人签字

签章原则是票据法最重要和最基本的原则。票据责任的承担以签章为条件。汇票必须由一人向另一人开出。开立、签字并交付汇票的人被称为“出票人”（Drawer），汇票的出票人和付款人可以是自然人也可以是法人，但两者必须是不同的人。汇票只有经过出票人签字方能生效，签字可能是在出票时，也可以是在出票后的一段时间。如果汇票上没有出票人的签字，那么汇票对各方当事人均不具约束力。

二、汇票的种类

汇票根据不同角度、依据不同条件，有很多划分方法。

（一）按付款期限的不同，可分为即期汇票和远期汇票

即期汇票（Sight Bill 或 Demand Draft）是指见票即付的汇票，或没有规定付款期限的汇票（如果汇票中没有载明付款时间，汇票将被看做即期汇票）。一般含有“Pay on demand”、“Pay at sight”、“Pay on presentation”等字样；远期汇票（Time Bill 或 Usance Draft）是指在一个固定的或能够确定的将来时间付款的汇票。具体分为以下三种形式：

（1）在未来某一固定日期付款的远期汇票，也称板期汇票，如 Pay at 20 Dec. 2010；

（2）在出票后一定时间付款的远期汇票，如 Pay at 30 days after date 或 Pay at three months after date；

（3）见票后一定时间付款的远期汇票，如 Pay at 60 days after sight。

（二）按出票人不同，可分为商业（承兑）汇票和银行（承兑）汇票

《中华人民共和国票据法》第 19 条规定，按汇票的出票人不同，汇票分为商业汇票（Commercial Draft）和银行汇票（Bank's Draft）。商业汇票是由公司、企业或个人出具的汇票，汇票的付款人可以是公司、企业或个人，也可以是银行；而银行汇票的出票人和付款人均为银行，其开立依据是银行信用。

另外，按照承兑人的不同，又可细分为商业承兑汇票和银行承兑汇票。

（1）商业承兑汇票（Trader's Acceptance Bill）

商业承兑汇票是指以企业或个人为付款人并由其进行承兑的远期汇票。商业承兑汇票是建立在商业信用基础上的，一般用于托收付款方式。

（2）银行承兑汇票（Banker's Acceptance Bill）

银行承兑汇票是指由企业或个人开立的以银行为付款人并经银行承兑的远期汇票。银行承兑汇票是建立在银行信用基础上的，通常其信用度要高于商业承兑汇票，因而更易于流通转让。这种汇票一般用于远期信用证付款方式。

（三）按是否随附相关单据，可分为光票和跟单汇票

1. 光票（Clean Draft）

光票是指在流通过程中，不随附任何商业单据的汇票。光票的流通全凭出票人、付款人或背书人的信用。光票中，银行汇票居多。

2. 跟单汇票（Documentary Draft）

跟单汇票是指在流通付款过程中需要随附商业单据（发票、提单、保险单等）的汇票，一般为商业汇票。跟单汇票体现了货款与单据对流的原则和机制，对进出口双方提供一定安全保障。在国际贸易结算中，多以跟单汇票为结算工具。

（四）按照记载权利人方式的不同，可分为记名汇票、指示汇票和无记名汇票

1. 记名汇票，又称“抬头汇票”

记名汇票是指出票人在汇票上明确载明收款人的姓名或商号的汇票。出票人签发这种汇票后，必须将汇票交付给收款人才产生票据的效力。同时，收款人若要转让票据仅能按背书交付的方式进行。该类汇票记载“禁止转让”等文句。

2. 指示汇票

指示汇票是指出票人不仅明确载明收款人的姓名和商号，而且还要附加“或其指定的人”字样的汇票。这种汇票的持票人可以背书转让,在国际贸易中使用较为广泛。出票人对这种汇票不得禁止持票人背书转让，否则与其记载自相矛盾。

3. 无记名汇票

无记名汇票是指出票人在出票时没有在票据上载明收款人的姓名或商号，或仅载明将票据金额付给“来人”或“持票人”字样的汇票。收款人仅凭交付而无须背书即可转让该汇票，持票人也可以在此汇票上记载自己或他人的姓名，使之变为记名汇票。在此应注意，依据《中华人民共和国票据法》第 22 条之规定，未载明“收款人名称”的为无效汇票。因此，在我国不承认无记名汇票。

（五）按照汇票的流通范围不同，可分为国内汇票和国外汇票

（1）国内汇票（Domestic Draft）是指“出票、背书、承兑、保证、付款”等行为都发生在中华人民共和国境内的汇票。

（2）国外汇票（Foreign Draft）是指按照《中华人民共和国票据法》第 95 条规定，“出票、背书、承兑、保证、付款”等行为中，既有发生在中华人民共和国境内又有发生在中华人民共和国境外的汇票。

英国 1882 年《票据法》第 4 条第 1 款规定，国内汇票是指表面上看来：（1）出票和付款都在英属岛屿内的汇票；（2）在英属岛屿内出票并开给其内的某个居民。任何其他汇票都属于国外汇票。

三、票据行为

一般票据具有的票据行为包括出票、提示、承兑、背书、付款等环节，也称“票据的使用”。

（一）出票

出票[19]（Issuance）是指出票人按照一定要求和格式签发汇票并将其交付给收款人的票据行为。在国际结算业务中，出票人一般是贸易中的出口方。出票又称“签发”或“开立”。本质上讲，它是出票人创设票据权利、委托付款人向收款人无条件支付一定金额的基本票据行为，通常为“主票据行为”，而背书、承兑等属于“附属票据行为”。若主票据行为无效，则附属票据行为自然也无效。

汇票的出票必须包括“开立”（Draw）和“交付”（Deliver）两个行为动作。开立是指出票人在汇票上记载前述的各种事项；交付是指出票人将汇票交付给受票人。出票行为完成后即产生票据法上的效力，尽管票据的效力大小对各当事人各有不同。

（二）提示

提示[20]（Presentation/Presentment）是指持票人将汇票交给付款人，要求付款人对汇票进行承兑或付款的行为。提示分为提示承兑（Presentment for acceptance）和提示付款（Presentment for payment）两种类型。

1. 提示承兑

提示承兑是指持票人向付款人出示汇票，并要求付款人承诺付款的行为。《中华人民共和国票据法》第 39 条规定：“定日付款或者出票后定期付款的汇票，持票人应当在汇票到期日前向付款人提示承兑。”第 40 条规定：“见票后定期付款的汇票，持票人应当自出票日起一个月内向付款人提示承兑。汇票未按照规定期限提示承兑的，持票人丧失对其前手的追索权。见票即付的汇票无须提示承兑。”

19 To issue is the beginning of a bill of exchange. It comprises two acts by the drawer: ①to draw a draft and sign on it; and ②to deliver the draft to the payee. The bill is issued by the drawer only on condition that the drawer completes these two acts.

20 When a bill of exchange is presented to the payer for acceptance or payment by the holder, it is called presentation. Presentation is an act that the holder requests his whole rights of instruments.

英国1882年《票据法》规定，只有见票后一定时间付款的汇票，或者汇票中明确要求提示承兑的汇票，或者是在付款人的居住地和经营地以外的其他地方付款的汇票，才需要提示承兑。对于其他种类的汇票，提示承兑是任选的，提示的目的是为了获得付款人的承兑，以确定其作为汇票当事人的责任，或者是在被拒绝承兑时获得对前手的追索权；即使没有提示也不能免除其他当事人的责任。

2. 提示付款

持票人应在汇票到期前向付款人提示汇票，要求付款人对汇票付款。按照《中华人民共和国票据法》第53条的规定，即期汇票应在出票后一个月内提示付款，远期汇票应在付款到期前十天内提示付款。

英国1882年《票据法》规定，即期汇票应在出票后的合理时间内提示付款；远期汇票在到期日提示付款。提示付款由持票人或代持票人接受付款的人，在营业日内的合理时间，在合适的地点，向汇票中所指定的付款人，或者向被授权代表付款的人做出的提出。所谓"合适的地点"指：（1）汇票中所指明的付款地；（2）如果汇票中没有特别指明付款地，但给出了付款人或承兑人的地址，则在该地址提示付款；（3）如果汇票中既没有指明付款地也没有给出付款人或承兑人的地址，汇票在付款人或承兑人的已知营业地，若无，在其已知的日常居住地提示付款。

（三）承兑

承兑[21]（Acceptance）是指远期汇票的付款人在持票人提示的汇票上签字，从而承诺在汇票到期时，按照承兑的条款向持票人付款的票据行为。在承兑汇票以前，付款人不对汇票承担任何责任。付款人在承兑汇票之后成为汇票的承兑人（Acceptor），也成为汇票的主债务人，这时出票人退居汇票从债务人地位。承兑是一种从属票据行为。

承兑包含两个动作：

（1）付款人在汇票正面写明"已承兑"（Accepted）字样，注明日期并签字；

（2）将已经承兑的汇票交给持票人。

只有经过以上两个动作，承兑才是有效的和不可撤销的。国际银行业务的惯例是由承兑行发出承兑通知书给持票人，用来代替交付已承兑汇票给持票人。见票后若干天付款的汇票，其承兑日就是见票日，并由此推算到期日，待到期日承兑行主动付款记入持票人账户。

（四）付款

票据的最终目的是凭以付款。付款（Payment）是指付款人或承兑人向持票人支付汇票金额以解除汇票债务的票据行为。只有正当付款[22]（Payment in Due Course）才能解除汇票的责任。正当付款必须满足以下三个条件。

（1）付款应当在汇票到期日当天或到期日后做出，而不能在到期日之前。在汇票到期前付款仅仅是汇票的贴现，而不能解除汇票债务。如果付款在汇票到期前做出，而汇票仍然保留在持票人手中，持票人可能继续转让汇票，后手因不知道汇票已经付款而支付了对价，这就会产生后手再次要求承兑人付款的情况。因此，《中华人民共和国票据法》第55条规定，持票人获得付款的，应当在汇票上签收，并将汇票交给付款人。第58条规定，"对定日付款、出票后定期付款或者见票后定期付款的汇票，付款人在到期日前付款的，由付款人自行承担责任。"

（2）付款必须由付款人或承兑人或其代理人做出。由汇票的出票人或背书人的付款，或是陌生人的付

21 Acceptance is an act by which the drawee promises to make payment at the bill maturity through his signification of his assent to the order given by the drawer. An acceptance also includes two acts by the drawee: ①to sign on the face of the bill; and ②to deliver it to the person presenting for acceptance.

22 The so-called "payment in due course" means that the payment is to be only made by the drawee or acceptor at or after the maturity of the bill to the holder thereof in a good faith and without notice that his title to the bill is defective. In other words, there are three conditions: ①payment must be made on or after the maturity date of bill and can not be made in advance; ②payment must be made to the holder who will be the payee of the bill or the endorsee if the bill has been endorsed; ③payment must be made in a good faith and without notice that the holder's title to the bill is defective.

款，都不能解除汇票债务。

（3）付款的对象必须是善意的持票人，并且未发现其有任何权利缺陷。汇票的持票人是汇票的收款人或被背书人，如果汇票是来人抬头，那么任何来人都是汇票的持票人。付款时应未发现持票人的任何权利缺失。例如，一人偷窃了一张来人抬头汇票并向承兑人提示付款，承兑人在不知道汇票是被偷来的情况下付了款，属于正当付款。

（五）背书

汇票上的票据权利可以由一持票人转移给其他持票人行使，这种行为称做"汇票的流通"。如果汇票中包含"禁止流通"（Not negotiable，Not transferable）的字样，汇票是不能流通的。可以流通的汇票包括指示性抬头汇票和来人抬头汇票两类。来人抬头汇票通过交付就可以直接流通，而指示性抬头汇票只有经过背书才能流通。

背书（Endorsement）[23]是指在票据背面或者粘单上记载有关事项并签字，将票据权利由一人转移给另一人的票据行为。在汇票上背书并交出汇票的人称为"背书人"（Endorser），接受背书人的背书并取得票据权利的人称为"被背书人"（Endorsee）。汇票的收款人和被背书人统称为汇票的"持票人"（Holder）。

背书必须写在汇票（背面）上，单独写在其他文件上并不构成背书。这一规定存在两个特例：其一，如果汇票上已经没有空间继续背书，可以在汇票上加贴一张"粘单"（Allonge），构成汇票的一部分，继续在其上背书；其二，如果法律允许汇票的复印件作为汇票的一部分，也可以在复印件上背书。

背书必须由背书人签字，如果背书中只有背书人的签字而没有其他内容，背书仍是有效的。背书必须完整转让全部汇票金额。部分背书，即只转让给被背书人一部分汇票金额，或将全部汇票金额同时转让给两个或两个以上的被背书人，不构成有效的票据转让。例如，汇票的金额是 100 美元，背书中出现"Pay $30 to A or order"或者"Pay $50 to A or order，and $50 to B or order"的字样，该背书视为无效背书，被背书人并未获得该票据权利。

背书是一种从属票据行为，可分为限制性背书、指示性背书和空白背书。

（1）限制性背书即不可转让背书，是指背书人对支付给被背书人的指示带有限制性词句，例如，"Pay to ABC bank, not transferable"（付给 ABC 银行，不得转让）。

（2）指示性背书是指背书人先做被背书人记载，然后签字。例如，"Pay to the order of ABC bank, James Chen"（付给 ABC 银行，背书人 James Chen 签字）。

（3）空白背书是指背书人只在票据背面签名而并没有指定被背书人。

经背书后，汇票的收款权利便转让给受让人。汇票经背书可不断转让下去。对受让人而言，所有在其以前的背书人（包括原出票人）都称为其"前手"；而对于出让人来说，所有在其让与之后的受让人都称为其"后手"。前手对后手负有担保汇票必然会被承兑或付款的责任。

在国际市场上，一张远期汇票的持有人若想在付款人付款之前取得票款，可以将汇票进行贴现。贴现（Discount）意指远期汇票承兑后，尚未到期，由银行或贴现公司从票面金额中扣减按一定贴现率计算的贴现息后，将余款付给持票人的行为。

贴现后票款余额的计算公式：

23 Endorsement means that the payee or holder (endorser) of a bill signs his or her name on the back of the bill or together with the name of the transferee (endorsee) to transfer his /her rights in a bill of exchange to the transferee . It also contains two acts: ①the payee or holder signs on the back of a bill; and ②deliver it to the endorsee. When a bill is payable to a specified person only or to a specified person not transferable, the bill can not be negotiated; when a bill is payable to a bearer, it can be negotiated by mere delivery without endorsement.

$$\text{贴现后余额} = \text{票面金额} - \frac{\text{票面金额}\times\text{贴现率}\times\text{天数}}{360} - \text{有关费用}$$

（六）拒付（Dishonour）

持票人在向付款人提示汇票要求承兑或付款时，付款人可能因某种原因拒绝承兑或付款，这时该汇票即遭拒付，在实际业务中又称“退票”[24]。付款人拒付后，持票人应该及时将该笔汇票遭拒付的事实通知其前手，前手再通知自己的前手，直至出票人，以便于持票人向他们进行权利追索。若持票人未能做到及时通知，则丧失其追索权。

第三节　本　　票

本票是出票人自己即期或在某固定日期或在可确定的将来日期付款的承诺。与汇票相比，其最明显的不同在于本票不需要承兑，因此也不存在远期承兑本票。

一、本票的概念

英国 1882 年《票据法》第 83 条第（1）款规定：“本票为一项书面的无条件支付的承诺，由一人开致另一人，并由制票人签名，承诺凭票即期或定期或在可以确定的将来时间，支付一定金额的货币给规定之人或其指定人或来人。”[25]

我国《票据法》第 73 条对本票的定义是：“本票是持票人签发的，承诺自己在见票时无条件支付确定金额给收款人或者持票人的票据。本法所称本票，是指银行本票。”

二、本票的必要项目

根据《日内瓦统一票据法》的规定，一张有效本票必须具备以下必要项目（见图 2-2）。

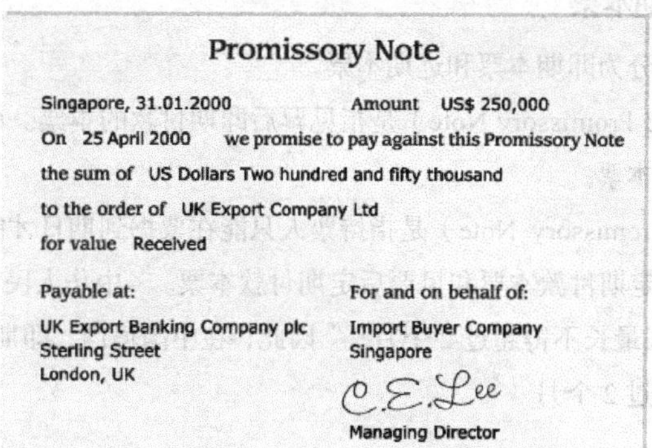
Promissory Note

Singapore, 31.01.2000　　Amount　US$ 250,000

On　25 April 2000　　we promise to pay against this Promissory Note

the sum of　US Dollars Two hundred and fifty thousand

to the order of　UK Export Company Ltd

for value　Received

Payable at:　　For and on behalf of:

UK Export Banking Company plc
Sterling Street
London, UK

Import Buyer Company
Singapore

C.E.Lee
Managing Director

图 2-2

（1）必须写明“本票”字样。

（2）无条件付款承诺。本票中包括一个付款承诺，本票中未必一定出现“promise”的字样，任何明确构成付款承诺的字样都是有效的。

---

24 Act of dishonor is a failure or refusal of acceptance or payment of a bill of exchange when presented.

25 A Promissory Note is an unconditional promise in writing made by one person to another signed by the maker engaging to pay on demand or at a fixed or determinable future time a sum certain amount in money to or to the order of a specified person or to bearer.

（3）收款人或其指定人。

（4）制票人签字。

（5）制票日期和地点。

（6）付款期限（未载明付款期限的，视为见票即付）。

（7）支付一笔确定金额。

（8）付款地点（未载明付款地点的，出票地视为付款地）。

本票的出票人和付款人是同一个人，因此本票不需要提示承兑，也不需要出票人承兑，本票自身就是一个付款承诺，这也是本票与汇票之间的一个最大区别。

本票的出票人和收款人是不同的人。如果本票被制成按出票人的指示收款，则不能构成一张本票，除非其被出票人背书给其他人。

三、本票的种类

（一）商业本票和银行本票

按制票人不同，本票分为商业本票和银行本票。

（1）商业本票（Trader's Promissory Note）指公司、企业或个人签发制成的本票，相当于制票人发行的无抵押债券。持票人最终能否获得票款取决于制票人的信誉。商业本票一般被当做融资工具来使用，对制票人而言，通过发行本票可以获得一笔无抵押贷款，降低融资成本；对持票人而言，可以随时在票据市场上背书或贴现，收回资金。

（2）银行本票（Banker's Promissory Note）是指由商业银行开给记名收款人的即期不定额本票，可以当做现金，随时到银行提款。商业银行还发行即期定额付给来人的银行本票，即“银行券”。

《中华人民共和国票据法》规定，在中国境内流通的本票只能是银行本票。

此外，国库券、可转让存单、信用卡、旅行支票等也属于特殊的本票。

（二）即期本票和远期本票

按付款期限不同，本票分为即期本票和远期本票。

（1）即期本票（Demand Promissory Note）是指见票后即期付款的本票。由于本票不需要承兑，因此不存在承兑后一段时间付款的本票。

（2）远期本票（Time Promissory Note）是指持票人只能在票据到期日才能请求制票人付款的本票。具体又分为定期本票、出票后定期付款本票和见票后定期付款本票。《中华人民共和国票据法》第 79 条规定：“本票自出票日起，付款期限最长不得超过 2 个月。”因此，在中国境内，即期本票应在 2 个月内提示付款，远期本票的付款期限不能超过 2 个月。

第四节　支　　票

支票（Check/ Cheque）是以银行为付款人的即期汇票，现实中最常见的是现金支票和转账支票，常用做支付工具。支票的持票人在签发支票后，应负票据上的和法律上的责任。

一、支票的定义

英国 1882 年《票据法》第 73 条规定：“支票是以银行为付款人的即期汇票。”具体讲，“支票是由银行客户向该银行开出，由出票人签字，授权银行对某一特定的人或其指定人或持票来人即期支付一定货币金额的书面的无条件的命令。”[26]

《中华人民共和国票据法》第 82 条对支票的定义是：“支票是出票人签发的，委托办理支票存款业务的银行或者其他金融机构在见票时无条件支付确定的金额给收款人或者持票人的票据。”根据支票定义，支票的主要特点：一是见票即付；二是付款人为银行。

二、支票的内容

根据《日内瓦统一法》的规定，支票必须具备以下必要项目：

（1）写明“支票”字样。

（2）无条件支付命令。

（3）付款银行的名称和地点。

（4）出票人名称和签字。

（5）出票日期和地点（未载明出票地点者，持票人名称旁的地点视为出票地点）。

（6）写明“即期”字样（若未写明，则仍然视为见票即付）。

（7）一定金额。

（8）收款人或其指定人。

我国《票据法》规定，支票上的金额可以由受票人授权补记，未补记之前的支票不得使用；支票上未记载收款人名称的，经受票人授权也可补记；支票上未记载付款地点的，付款的营业场所为付款地点；未记载出票地点的，出票人的营业场所、住所或者经常居住地为出票地。出票人的签章应当与其在付款人处（银行）所预留签名或印鉴相符。

三、支票的种类

按照不同用途，支票一般划分为普通支票、现金支票和转账支票。我国《票据法》第 83 条明确规定：“支票可以支取现金，也可以转账，用于转账时，应当在支票正面注明。支票中专门用于支取现金的，可另行制作现金支票，现金支票只能用于支取现金。支票中专门用于转账的，可另行制作转账支票，转账支票只能用于转账，不得支取现金。”非专供转账或支取现金的支票即为普通支票。普通支票可支取现金，也可以转账，当用于转账时，需在支票正面加以注明。

四、本票、支票与汇票的区别

（一）本票与汇票

（1）双方的基本当事人不同。本票有两个基本当事人，即制票人和收款人；汇票的基本当事人三个，即出票人、付款人和收款人。

（2）本票是一种无条件支付承诺；汇票是一种无条件支付命令。

（3）本票出票人与付款人为同一人，因而无承兑行为；汇票具有承兑行为。

（4）本票的主债务人就是出票人；远期汇票的主债务人在承兑前是出票人，承兑后则成为承兑人，也成为主债务人。

---

26 A Chque is a bill of exchange on a bank payable on demand. In detail, a cheque is an unconditional order in writing addressed by the customer to a bank signed by that customer authorizing the bank to pay on demand a sum certain amount in money to or to the order of a specified person or to bearer.

（二）支票与汇票

（1）支票的付款人只是银行；汇票的付款人可以是银行，也可以是企业。

（2）支票为即期票据；汇票有即期和远期之分。

（3）支票无承兑行为；汇票有承兑行为。

（4）支票上可以划线表示转账；汇票则无须划线。

（5）支票的主债务人是出票人；远期汇票的主债务人在承兑前是出票人，在承兑后则成为承兑人。

案例分析

银行承兑汇票权利纠纷案

一、案情介绍

1996年1月22日，原告赛格公司根据与案外人深圳市联京工贸有限公司和无锡市北塘恒昌车辆贸易总公司（下称“恒昌公司”）签订的代理进口摩托车发动机总成的协议，对外开立了信用证。为此，恒昌公司按照约定签发了金额分别为450万元和650万元，到期日分别为1996年11月16日和12月16日，收款人都是赛格公司的两张银行承兑汇票，均被本案被告无锡市郊区农业银行（下称“郊区农行”）承兑。

这两张银行承兑汇票，被恒昌公司在交付给原告赛格公司前遗失。恒昌公司曾于1996年8月2日在《南方日报》登报声明汇票作废，又于同年9月2日向无锡市郊区人民法院申请公示催告。无锡市郊区人民法院于当日通知被告郊区农行停止支付。在法律规定的公示催告届满时，恒昌公司未向无锡市郊区人民法院申请除权判决。

恒昌公司后来交付给赛格公司的是遗失的银行承兑汇票第一联的复印件和郊区农行于1996年8月28日出具的说明函。在银行承兑汇票第一联复印件上的汇票签发人签章栏内，加盖了郊区农行的汇票专用章，但没有恒昌公司的签章。郊区农行的说明函内容是：由于银行承兑汇票被出票人遗失，出票人已经登报声明作废，因此同意在遗失汇票的底联费用上加盖本行汇票专用章，作为收款人向本行收款的有效依据；汇票到期后，收款人必须派员凭此复印件结算票面款项。赛格公司按复印件记载的日期，在到期后持上述遗失汇票第一联的复印件向郊区农行提示付款时，遭到郊区农行拒付，因此提起诉讼。

（案例资料来源：人民网法律法规库，http:/www.people.com.cn/item/fifgk/gwyfg/1998/113312199820.html）

二、分析和启示

票据是要式证券，票据的制作以及票据行为必须严格符合法律规定。出票是指出票人签发票据并将其交付给收款人的票据行为。本案外人恒昌公司虽然签发并经被告郊区农行承兑了两张银行承兑汇票，但这两张银行承兑汇票在向原告赛格公司交付之前即被恒昌公司遗失，故恒昌公司并未完成出票的票据行为，赛格公司也未实际持有该银行承兑汇票。现在赛格公司据以主张票据权利的，只是恒昌公司交付给它的银行承兑汇票第一联的复印件。该复印件上虽有“汇票”字样、金额、付款人名称、收款人名称等复印内容，但无出票人恒昌公司的签章，且未经郊区农行的承兑，随附的郊区农行说明函又对支付限定了条件，这些内容均不符合票据法对汇票的规定，所以复印件上虽有郊区农行加盖的汇票专用章，也不能作为有效汇票使用。当然，恒昌公司是因赛格公司为其代理进口了摩托车发动机总成，才出具汇票给赛格公司。赛格公司虽因票据无效而丧失了票据权利，但是因其代理行为而对恒昌公司享有的债权并未丧失。由于赛格公司于恒昌公司之间的债权债务系原因关系，属于民法调整，与本案的票据关系无关，赛格公司可另行起诉。

练习题

一、选择题

1. 票据的作成，形式上需要记载的必要项目必须齐全，各个必要项目又必须符合票据法律规定，方可使票据产生法律效力，此为票据的_______。

A. 要式性　B. 无因性　C. 提示性　D. 流通转让性

2. 出票人在票据上立下书面的支付信用保证，付款人或承兑人允诺按照票面规定履行付款义务，此为票据的_______。

A. 结算作用　B. 信用作用　C. 流通作用　D. 转让作用

3. 票据所有权通过交付或背书及交付进行转让，这是票据的_______。

A. 要式性　B. 设权性　C. 提示性　D. 流通转让性

4. 票据上的债权人在请求票据债务人履行票据义务时，必须向付款人提示票据，方能请求给付票款，此为票据的_______。

A. 要式性　B. 设权性　C. 提示性　D. 流通转让性

5. 票据的有效性应以地国家的法律加以解释_______。

A. 出票地　B. 行为地　C. 付款地　D. 交单地

6. 票据的背书是否合法，以_______法律加以解释。

A. 出票地　B. 行为地　C. 付款地　D. 交单地

7. 关于汇票付款期限的记载方式中，必须由付款人承兑后才能确定具体的付款日期的是_______。

A. at sight　B. at ×× days after sight

C. at ×× days after date　D. at ×× days after shipment

8. 汇票背书人的责任不包括_______。

A. 担保票据能得到承兑或付款　B. 票据遭拒付时可被后手追索

C. 将票据权利转让给被背书人　D. 在票据遭到拒付时及时作成拒绝证书

9. 以下关于支票的说法，正确的是_______。

A. 是一种无条件的书面支付承诺　B. 付款人可以是银行，工商企业或个人

C. 可以使即期付款或远期付款　D. 是以银行为付款人的即期汇票

10. 支票的出票人和付款人的关系是_______。

A. 债务人和债权人　B. 债权人和债务人

C. 银行的存款人和银行　D. 供应商和客户

二、问答题

1. 票据具有哪些基本特征？

2. 汇票有哪些基本当事人？他们的地位如何？

3. 远期汇票有几种类型？远期汇票的到期日如何计算？

4. 根据《中华人民共和国票据法》的规定，汇票上有哪些必要记载事项？有哪些可记载事项？

5. 汇票的承兑有哪些类型？一般承兑和限制承兑在法律效力上有哪些不同？

6. 汇票的背书过程中应注意哪些问题？

7. 持票人在被拒付后，如何行使自己的追索权？

8. 汇票、本票和支票有哪些相同点和不同点？

三、案例分析

1. 持票人将汇票背书给 W & Co.公司，并将汇票和一封寄给 W & Co.公司的信一起密封好投进邮箱，却被持票人的雇员 H 偷走。H 伪造了 W & Co.的背书，并将汇票背书给自己，在汇票到期时将汇票提示给付款行要求付款。

请问：付款行能否对该汇票付款？

2. 我国某出口公司在广交会上与一外商签订一笔出口合同，并凭外商在广交会上递交的以国外某银行为付款人的金额为 5 万美元的支票在 2 天后将合同货物装运出口。随后，该出口公司将支票通过我国内银行向国外付款行托收支票时，被告知该支票为空头支票，由此造成钱货两空的损失。

请问：本案例中的出口公司应吸取哪些教训？

第三章 国际银行汇付

International Banking Remittance

学习目标和要点

——了解顺汇与逆汇的含义

——熟悉国际结算汇款的定义、当事人的类别以及汇款方式

——领会汇款结算过程及其在国际贸易中的具体运用

——掌握汇款结算方式的风险及其防范

案例导读

国内A公司和国外B公司签订了一份出口合同，付款条件为获取提单后70天内电汇付款。合同签订后，A公司将货物装上船，取得提单并交给B公司。货物到港后，B公司以货物存在质量问题为由拒绝付款，A公司因此遭受巨大损失。

问题：分析导致A公司遭受损失的原因。

分析：这是一个典型的汇付风险案例。70天后付款其实是出口商向进口商提供的单方面融资，且出口商还须承担进口商拒付的风险。本案中，在对B公司的资信不了解的情况下，A公司冒然采取电汇付款方式，导致自身蒙受巨大损失。

第一节 汇付的概念与性质

汇付即汇款（Remittance）。国际结算方式中的汇付，即是国际汇付，也称“国际汇兑”（International Exchange）。在国际结算中，汇款，特别是电汇，具有手续简便、速度快捷的特点。因此，汇付成为国际结算的重要方式之一。

一、概念

汇付[27]是指银行接受企业的委托，通过银行自身的通讯网络，使用合适的支付凭证，将款项交付收款人的一种结算方式。其实质就是贸易双方利用银行间的资金划拨渠道，将一方的资金支付给另一方，以完成贸易双方间债权债务的清偿。

在汇款结算方式中，进口商（债务人）主动将资金和汇款申请书一并交汇出行，由其依据申请书上的各项要求填写支付委托书作为支付工具给汇出行；汇出行使用不同的结算工具将资金转移给汇入行，由汇入行解付给出口商（债权人）。

二、汇付方式

根据国际结算的定义，任何一种结算方式，包括跟单托收和信用证，都涉及资金的转移和结算工具的传递。汇付根据结算资金流向和结算工具的传递方向分为两种方式。

（一）顺汇（Favorable Remittance）

顺汇法又称"汇付法"，它是汇款人（通常为债务人）主动将款项交给银行，委托银行以某种结算工具，通过转托国外银行将汇款付给收款人（通常为债权人）的一种汇款方法。它的特点是资金流向和结算工具的流向一致。

（二）逆汇法（Reverse Remittance）

逆汇又称"出票法"，它是由收款人（通常为债权人）出具汇票，交给银行，委托银行通过国外代理行向付款人（通常为债务人）收取汇票金额的一种汇款方式。它的特点是资金流向和结算工具的流向相反。

银行国际业务中的汇款因其资金流向和结算工具的流向一致，显然属于顺汇方式；而跟单托收和信用证业务，因其资金流向和结算工具传递方向相反，则属于逆汇方式如图 3-1 所示。

顺汇⟷汇　款⟷商业信用
逆汇⟷托　收⟷商业信用
逆汇⟷信用证⟷银行信用

图 3-1

三、汇付业务的当事人

在一笔汇付业务的全过程中，通常涉及以下四方当事人。

（一）汇款人（Remitter）

汇款人[28]是委托银行汇出款项的人。在贸易结算实务中，汇款人即债务人（Debtor）或进口商（Importer）或委托人（Principal）。汇款人在委托银行汇出款项时，需填具汇款申请书，并交付汇款资金及汇费。

（二）收款人（Payee）

收款人[29]又称为"受益人"（Beneficiary），是汇款的最终受益者。收款人通常是出口商（Enporter）或债权人（Creditor），但也可以是汇款人本人，其权利是凭证取款。

（三）汇出行（Remitting Bank）

汇出行[30]是受汇款人委托而汇出款项的银行。汇出行通常是汇款人所在地或进口地银行，其职责是按汇款人的要求将款项通过一定途径汇给收款人。

---

27 Remittance, as a frequently used payment method in international trade, can be defined as the payment of a sum due from a buyer to a seller through a bank by certain means of payment according to the terms and time stipulated in the contract.

28 A remitter, also called the payer, is the person who applies to his bank for remittance of funds to the payee or beneficiary in a foreign country. In international trade, remitter is the importer under the sales of contract. In remittance, a remitter should first submit a remittance application, which, upon acceptance by the remitting bank, evidences a contract between the remitter and the remitting bank.

29 A payee or beneficiary is the person who is addressed to receive the remittance. In international trade, the payee is usually the exporter under the sales of contract.

30 A remitting bank is the bank that transfers funds at the request of remitter to its correspondent or its branch in another country and instructs the latter to pay a certain sum of money to the payee or beneficiary. A remitting bank is the importer's bank.

（四）汇入行（Paying Bank）

汇入行[31]也称“解付行”，通常是收款人所在地银行或出口地银行，它必须是汇出行的联行或代理行。它的职责是证实汇出行委托付款指示的真实性，通知收款人办理取款。

以上是一笔汇付业务所需的基本当事人，尽管汇款的方式和手段有所不同，但上述当事人的角色不会发生根本性变化。此外，在某些汇付业务中，根据汇兑条件的需要，还可能涉及其他当事人。例如，在汇出行与汇入行未建立账户关系的情况下，通常需由转汇行代汇出行向汇入行拨付汇款资金。

四、汇款当事人之间的关系

（一）汇款人与收款人

在实际业务中二者关系表现为两个方面：在非贸易汇款中，由于资金单方面转移的特性，使汇、收双方表现为资金提供与接受的关系；在贸易汇款中，由于商品买卖的原因，使汇、收双方表现为债权与债务的关系。

（二）汇款人与汇出行

二者是委托与被委托的关系。汇款人委托汇出行办理汇款时，要出具汇款申请书。这是当事双方委托与接受委托的契约凭证，它明确了双方在该项业务中的权利与义务。

（三）汇出行与汇入行

二者既有代理关系又有委托与被委托的关系。往往代理关系在前，即两行事先签有业务代理协议或存在账户往来关系，在代理协议规定的业务范围内，两行各自承担所尽之责。就一笔汇款业务而言，汇出行通过汇款凭证，传递委托信息，汇入行接受委托承担解付汇款义务。

（四）收款人与汇入行

二者通常表现为账户往来关系，即收款人在汇入行开有存款账户。二者也可能没有关系，汇入行亦有责任向收款人解付该笔款项。在进出口业务中，当买卖双方采用汇款方式进行结算时，说明由卖方先将货物发运至买方，再由买方付款；或者由买方向卖方预先支付款项，然后卖方发货，因而汇款方式是建立在商业信用的基础上的支付方式。汇款方式不仅运用于贸易和非贸易结算，凡是属于外汇资金的调拨都可采用这种方式，所以它是外汇银行的一项主要业务。

第二节 汇付的种类与流程

在国际结算中，根据汇出行付款的方式，或汇款申请书的传递方式的不同，可以将汇付分为电汇、信汇、票汇三种，它们具有不同的结算程序和特点。

一、信汇

（一）概念和含义

信汇[32]（Mail Transfer，M/T）是汇出行应汇款人的申请，通过邮政渠道将款项汇交汇入行并委托其向收款人解付款项的汇款方式。信汇不需发电报，所以费用较电汇低廉，但因邮递在途时间，收款较晚，对于金额较小或者不急于使用的款项，用这种方式比较合适。信汇与电汇相似，只不过传递付款指令的工具不同，

---

31 Paying bank, also known as the receiving bank, is the bank that is entrusted by the remitting bank to pay a certain amount of money to a beneficiary named in the remittance advice. A paying bank is the exporter's bank.

32 Mail transfer means that the remitting bank, on the request of the remitter, transfers the funds by mailing a payment order or advice, authorizing the paying bank to make payment to the payee or beneficiary. Mail transfer is typically used for remittance of small sums or of little urgency. Since the payment order is sent to the paying bank by mail, M/T is used solely depends on the remitter.

只需有权签字人签章，无须编制“密押”。

（二）信汇基本业务程序

信汇的基本业务程序如下。

（1）汇款人填写汇款申请书，并在申请书中标明采用信汇方式。同时，将所汇款项和所需费用交汇出行。

（2）汇出行接受汇款申请，并向汇款人签发回执。

（3）汇出行向汇入行邮寄信汇申请书（M/T Advice 或 Payment Order，P/O），指示其向出口商解付金额。

（4）汇入行出具信汇通知书，通知收款人取款。

（5）收款人收款并向汇入行签署收据。

（6）汇入行向收款人解付金额。

（7）汇入行将付讫借记通知书寄给汇出行，通知汇款解付完毕。

（三）信汇的特点

信汇的特点如下。

（1）资金转移速度慢。信汇采用航邮方式传递，汇款在途时间较长，收款时间也较长。

（2）风险较大。信汇申请书需要通过航空信函送达，因此途中有信函遗失或延误的风险。

（3）银行可短期占用资金。信汇在途时间较长，银行可以占用一个邮程时间的资金。

（4）费用较电汇低廉。

二、电汇

（一）概念和含义

电汇[33]（Telegraphic Transfer，T/T）是汇出行应汇款人的申请，通过电报或电传等电信手段将款项汇至汇入行并委托其向收款人解付款项的汇款方式。

银行进行电汇业务最早使用的电信方式是加“密押”（Test Key）的电报。20 世纪 60 年代后，银行普遍采用了电传方式，较之电报，电传不但费用低，且安全性高。20 世纪 90 年代开始，大多数银行已使用 SWIFT 系统来发送汇款指令，通常 SWIFT 的费用只有电传的 18 %左右，且 SWIFT 的“密押”比电传的“密押”保密性更高。SWIFT 系统的普遍运用使得电汇成为目前最主要的汇款方式。

（二）电汇基本业务程序[34]

电汇的基本业务程序如下。

（1）汇款人填写汇款申请书，并在申请书中标明采用电汇方式。同时，将所汇款项和所需费用交汇出行。

（2）汇出行接受汇款，并向汇款人签发回执。

（3）汇出行根据汇款申请书的指示，发出加押电报/电传/SWIFT，将款项汇至汇入行，指示其向出口商解付金额。为防止因申请书中出现的差错而耽误资金汇出或引起汇出资金的意外损失，汇出行应仔细审核申请书，不清楚的地方须与汇款人及时联系。为了使汇入行证实电文是汇出行发出的，汇出行在正文前要加列双方银行所约定使用的“密押”。

---

33 Remittance by cable, telex, or SWIFT (Society for the Worldwide Interbank Financial Telecommunication) is called Telegraphic Transfer，(T/T) or cable transfer. That is, the remitting bank, at the request of the remitter, transfers funds by means of cable, telex, or SWIFT message to the paying bank, asking the latter to pay a certain sum of money to the beneficiary.

34 In a telegraphic transfer, the remitter submits the remittance application in which telegraphic transfer is chosen by the remitter. Based on the instruction of the remitter, the remitting bank sends a payment order or advice by cable, telex, or SWIFT to the paying bank, entrusting the paying bank to make payment to the payee or beneficiary. Upon receipt of the payment order, the paying bank should authenticate the test key, which is special authenticating code word, to make sure its realness.

（4）汇入行收到电文，核押（SWIFT 自动核押）无误后，缮制电汇通知书，通知收款人收款。

（5）收款人持通知书一式两联向汇入行取款，并在收款人的收据上签章后，汇入行即凭以解付汇款。

（6）汇入行借记（Debit）汇出行账户，取出头寸，解付汇款给收款人。

（7）汇入行将付讫借记通知书（Debit Advice）寄给汇出行，通知汇款解付完毕（见图 3-2）。

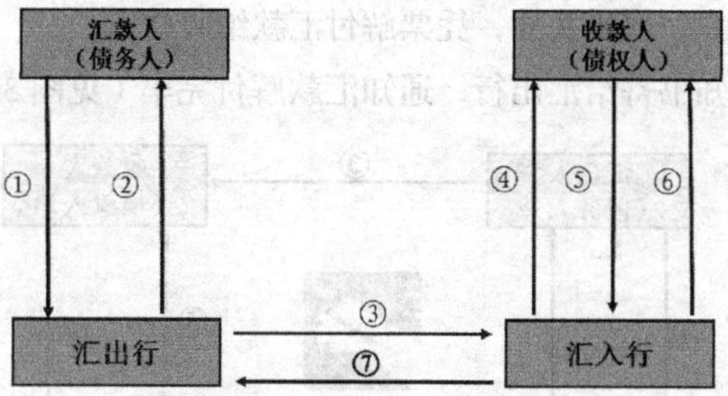

图 3-2　电汇业务流程图

（三）电汇的特点[35]

电汇的特点如下。

（1）快捷。三种汇款方式中电汇是最为快捷的一种。

（2）安全。电汇通常是银行间的直接通信，减少了中间环节，使得产生差错的可能性大大缩小，因此电汇方式的使用越来越多。

（3）费用较高。电汇支付方式下，汇出行收取的费用由汇款手续费和电信费组成，因此电汇相对于信汇与票汇来说，其费用较高。

（4）银行难以利用汇款资金。在电汇业务中，由于汇款信息和支付指令的发起至到达仅需极短时间，故银行难以占用客户的在途汇款资金，这也是其汇费相对较高的原因之一。

（5）电汇汇率是一种基准汇率。电汇汇率也称“电汇价”，是以电汇方式支付外汇所使用的汇率，由于电汇汇率极少受到利率及汇率波动的影响，故其一向被视做汇率的基准。外汇市场上所显示的汇率通常就是电汇买卖汇率，其他外汇汇率的确定以电汇汇率为基准。

三、票汇

（一）概念

票汇[36]（Remittance by Banker's Demand Draft，D/D）是指汇款人购买本地银行汇票，自行寄给收款人，收款人凭以向汇票上指定的付款银行取款。票汇除使用汇票外也有使用本票与支票等票据的。

（二）票汇业务基本流程

票汇业务的基本流程如下。

（1）汇款人填具汇款申请书，交款付费给汇出行，申请书上说明使用票汇的方式。

（2）汇出行作为出票行，开立银行即期汇票交给汇款人。

（3）汇款人将汇票汇寄给收款人。

---

35 Transferring funds by telegraphic transfer is safe and fast, and the time that funds are kept with the bank is very limited. Thus, it is currently the most popular way of remitting funds in international businesses.

36 Remittance by banker's demand draft is often referred to as demand draft (D/D). in selecting demand draft, a remitter instructs the remitting bank to draw a demand draft on its affiliate bank, ordering the drawee bank to make payment at sight to the payee or beneficiary upon presentation. Thus, the procedures of demand draft are quite different from mail transfer and telegraphic transfer. D/D is often used when the client wants to transfer the funds to his beneficiary himself. The process of a demand draft is as follows: ①First of all, the draft is drawn; ②After the draft is drawn, it is handed to the remitter, who may send or carry it abroad to the person in whose favor it is drawn; ③Upon receipt of the draft, the payee namely the beneficiary can either present it for payment at the counter of the drawee bank or collect the proceeds through its own bank for his account.

（4）汇出行将汇款通知书，又称“票根”（Advice of Drawing），即汇票式五联中的第二联寄汇入行。汇入行凭此联与收款人提交汇票正本核对。近年来，为简化手续，汇出行已不寄汇款通知书了。汇票因此取消了汇款通知书联，从一式五联改成一式四联。

（5）收款人提示银行即期汇票给汇入行，要求付款。

（6）汇入行借记汇出行账户，取出头寸，凭票解付汇款给收款人。

（7）汇入行将付讫借记通知书寄给汇出行，通知汇款解付完毕（见图 3-3）。

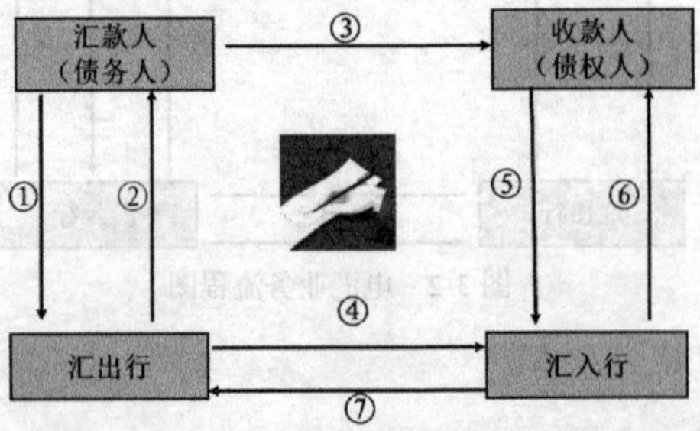

图 3-3　票汇业务流程图

（三）票汇的特点

票汇具有如下特点。

（1）具有很强的灵活性。汇票可以由汇款人自行邮寄或自行携带；除非汇出行开出的是划线汇票且同时注明“Not Negotiable”（不能转让）字样，否则汇票可背书转让。

（2）风险较大。自行邮寄或自行携带使得汇票遗失或毁损的可能性大大增加，背书转让又可能引起纠纷，这一切都增加了风险。

（3）费用较低。票汇支付方式下，汇出行收取的费用一般仅为汇款手续费，如是贸易项下汇票同样收取无兑换手续费。由于汇票可以自行携带或背书转让，所以可以不发生其他费用，即使采用自行邮寄的办法，费用一般也低于电汇及信汇，因此在三种汇款方式中，票汇费用最低。

采用票汇方式时应注意以下问题。

票汇可用银行汇票，也可用本票或支票；可预付，也可后付。但应注意，即使采用预付方式，有时对出口商也会带来风险，因为如果票据中规定的付款行并非出口商所在地的银行，那么，出口商就须将票据交当地银行，委托它的付款行代收票款。这里一方面要防止进口商出具假票据进行诈骗，另一方面还要注意不能错过票据的有效付款期限。

在出口业务中，对于资信不好的客户或新客户，应尽量避免使用票汇方式。

另外，出口商在收到进口商寄来的本票后，应先交到当地银行核对印鉴，以防止对方出具假本票，在核对无误后，再发货。对于支票，也应及时查询其有效性，避免出现空头支票。

第三节　汇付在国际结算中的应用

在国际贸易中，以汇付方式结算买卖双方债权债务时，根据货款交付和货物运送先后时间的不同，汇款分为先付款后交货和先交货后收款两种类型，前者称为“预付货款”（Payment in Advance），后者称为“货到付款”（Payment after Arrival of Goods）[37]。预付货款的结算方式有利于出口商，对进口商不利，因此在预付货款方式下进口商要做好风险防范；反之，货到付款对出口商不利，对进口商有利，在货到付款方式下，出口商要做好风险防范。

37 In international trade, remittance as a method for settlement of claims and debts, according to the time of shipment and of payment, falls into two categories: the so-called “cash before shipment” method and “shipment at first settlement later” method.

一、预付货款

（一）含义

预付货款是进口商先将货款的全部或一部分汇交出口商，出口商收到货款后，在一定时间内或立即将货物运交进口商的结算方式。

（二）种类

预付货款，一般有以下两种方式。

（1）随订单付现（Cash with Order）。随订单付现指进口商于发出订单时，或于订立进出口合同后即须将全部货款用汇付方式付给出口商。

（2）支付定金（Down Payment）。在一般的进出口合同中，使用预付方式，通常是全部预付。在进行生产资料商品的交易时，如大型机械、成套设备、飞机等，按惯例从生产开始，进口商就要预付部分金额，有时将此作为定金。如果预付金额过大，进口商一般要求出口商提供预付担保，一般由银行担保以保证预付金额的安全。

（三）特点

1. 预付货款对出口商有利

（1）货物未发出，就已收到货款，等同于得到无息贷款。

（2）收款后再发货，降低了货物出售的风险，如果进口商毁约，出口商可没收预付款；

（3）出口商可以充分利用预收货款，甚至可在收到货款后再购货发运。

2. 预付货款对进口商不利

（1）未收到货物，已先垫付了款项，将来如果不能收到或不能如期收到货物，或所收货物与合同不符时，将蒙受损失或承担风险。

（2）货物到手前付出货款，造成资金占用及利息损失。

因此，预付货款的方式只适用以下情况[38]。

（1）进出口双方关系十分密切，特别是它们属于一个系统内的分支机构。

（2）买卖的是紧俏商品，在货源有限时，进口商为了保证购到货物而不得不答应出口商提出的预付货款的条件。

（3）出口商和进口商初次成交，出口商对进口商资信不甚了解，顾虑进口商收货后不按合约履行付款义务。为了收汇安全，出口商提出预付货款作为发货的前提条件。

（四）预付货款的风险防范

预付货款的结算方式有利于出口商，对进口商不利。进口商为保障自身利益、降低风险，一般要通过银行与出口商达成解付款项的条件协议，称为“解付条件”。它由进口商在汇出汇款时提出，由解付行在解付时执行。主要的解付条件是：出口商取款时，要出具个人书面担保或银行保函，担保收到货款后如期履约交货，否则退还已收到货款并附加利息；或保证提供全套货运单据等。除了附加“解付条件”外，进口商有时还会向出口商提出对进口商品折价支付，作为抵补预付货款造成的资金利息损失。

二、货到付款

（一）含义

货到付款是指出口商先发货，当进口商收到货物后，在一定时间内或立即将货款汇交出口商的结算方式，

38 Payment in advance usually appears in transactions in small amount or in particular business lines. The buyer has to advance the capital too early and undertake the risk of late delivery or non-delivery.

有时也称为“赊销”（Sell on Credit）或“记账赊销”（Open Account，O/A）。

（二）种类

货到付款一般有以下两种形式。

1. 售定（Sold Out）

售定是指进出口双方签约后，出口商发运货物，进口商收到货物后在约定期限内将货款汇交出口商的结算方式。售定的特点是货价和付款时间均事先确定。我国的鲜活商品的出口往往采用售定的方式，这些商品的时间性较强，出口商往往先交货，提单随货物一起交给进口商，便于进口商按时提货。

2. 寄售（Consignment）

寄售是一种委托代售的贸易方式。出口商先将货物运抵进口国，委托代售商按双方商定的条件在进口商当地市场代销，待货物售出后，代售商将扣除佣金和费用后的货款汇交出口商。寄售方式下协商的双方不是买卖关系而是委托代理关系。在这种结算方式下，货物的价格及最终收回货款时间都是不确定的。这种方式对出口商来说是最差的收款条件。

（三）特点

1. 货到付款对出口商不利

（1）出口商先发出货物，要承担进口商收货后不履约付款的风险。

（2）货款往往不能及时收回，出口商的资金被占用。

2. 货到付款对进口商有利

（1）进口商不用承担资金风险，货物如不符合要求就可以不付款，在整个交易中处于主动地位。

（2）进口商如迟付货款，实际上是占用了出口商的资金。

（四）选择货到付款方式应考虑的因素

采用货到付款方式，出口商主要应考虑下列因素。

（1）如果出售的商品是鲜活商品，因为其数量、质量不固定，通常采用售定的方式。

（2）如果出口的货物是属于滞销品或者是为了开拓新市场，则通常采用寄售方式。另外，寄售的商品通常是凭规格、样品或不看实物难以成交的商品。

（3）寄售方式下，由于寄售双方之间是一种委托关系，而不是买卖关系，国外代售人对代售货物可能产生的一切费用和风险不承担任何责任，因此对代售人的选择至关重要。

三、用于贸易从属费用的结算

在预付货款和货到付款这两种汇付方式下，进出口商各自承担的风险不平衡，在双方互不了解、互不信任的情况下，要达成协议较难。因此，汇付在国际贸易中多用于从属费用的结算。

属于贸易项下的从属费用种类很多，主要包括运费、保险费、佣金、退款、赔款、广告费、包装费、延期付款的利息等。运费和保险费是国际贸易中支付次数最多、最普通的一项费用，必须计算到货物的成本中去。例如，有的 FOB 出口合同，进口商要求出口商代办装船或投保，出口商垫付了运费、保险费，进口商就要偿付由出口商垫付的费用。

第四节 汇付的风险与防范

一、汇付方式的特点

国际贸易中运用汇付方式结算具有以下特点。

（一）风险大

预付货款和货到付款依据的都是商业信用。对于预付货款的买方及货到付款的卖方而言，一旦付款或发货就失去了制约对方的手段，他们能否收货或收款完全取决于对方的信用，如果对方信用不好，很可能款货两空。因而，汇款只在国际贸易结算的一些特殊场合和情况下使用。

（二）资金负担不平衡

对于预付货款的买方及货到付款的卖方来说，资金负担较重，整个交易过程中需要的资金几乎全部由自己提供。对于出口商来说，货到付款的风险在于款货两空。

（三）手续简便、费用少

汇付方式的手续是最简单的，就像一笔没有相对给付的非贸易业务，银行的手续费也最少（只是一笔数额很少的汇款手续费）。因此，在交易双方相互信任的情况下，或在跨国公司的不同子公司之间，用汇款支付方式是最理想的。汇付方式尽管有不足之处，但是在进行国际贸易结算时也经常使用。

二、汇付方式的风险

汇付结算方式是目前国际贸易结算中用得最多的一种结算方式，但是一直以来都没有一种统一的对进出口双方都有效的约束机制。与跟单托收和跟单信用证相比，汇付具有较高的风险，安全性也比较差。对办理此业务的银行来说，也存在被诈骗的可能。对于进出口双方而言，都存在“款货两空”的可能性。

在汇付结算方式中，进出口双方都承担着比较大的风险，按照出口商承担风险的大小，汇付风险可分为以下几种。

（一）赊销

这种先货后款的方式是一种给了进口商较大信用、较长融资时间的结算方式。在这种情况下，出口商没有得到进口商的任何付款或者付款承诺，就完全丧失了对货物的控制权，出口商能否得到货款完全依赖于进口商的信誉，而没有任何具体的措施强迫进口商在一定的时间内清偿债务。出口商既失去了对货物的控制权，也失去了对货物的法律权利，而进口商则在没有支付任何货款的情况下得到了货物，并且可以按照自己的意愿处理货物。赊销这种结算方式对于出口商来说承担的风险太大，而对于进口商则几乎没有任何风险，这在国际贸易的操作中是十分不公平的。因此，目前这种方式使用得很少，仅仅对一些特殊的领域特殊的商品采用。

（二）货到付款

它其实就是实务中通常所说的“后 T/T”。具体又可以分为寄售和售定两种，在付款时间点上两者有细微的差别，但是都是出口商向进口商提供的单方融资渠道，并且出口商还要承担进口商拒付的风险。在国际贸易实务中，如果采用“后 T/T”，多用售定方式，即买卖双方签订合同，在进口商收到货物后立即将全部货款以电汇的形式付给出口商。

（三）预付货款

它在实务中通常被称为“前 T/T”。在这种方式下，进口商承担相对较大的风险，它为出口商提供了融资并且还要单独承担出口商不按照合同规定提供货物甚至不提供货物的风险；相反，出口商则可以在收到货款后从容地安排，使用客户资金慢慢备货，风险十分小。“全部前 T/T”更是出口商梦寐以求的结算方式，可以说几乎没有任何风险。但是，正如前面所述，任何一种一方承担巨大风险，而另一方承担很小风险的不公平的结算方式都不可能被广泛长期的使用。相互监督、风险共担、利益共享的双赢模式才是贸易永恒的规则。因此，在国际贸易实务中，真正的“全部前 T/T”并不多见，更多的则是“部分前 T/T”，即预付定金的方式，这样既保证了出口商的利益，也相对降低了进口商的风险。

三、国际汇付的风险防范

对于国际结算方式的选择，进出口商都应有深刻的认识。任何结算方式都有利有弊，任何一种对某一方绝对有利，而另一方需要承担巨大风险的结算方式都不可能长期广泛地使用，在操作中我们要更多地考虑各种结算方式的弊端和影响。结合相关风险管理理论，站在出口商的角度，为了有效地避免汇付结算风险，可以采取以下风险防范措施。

（1）对赊销和“完全后 T/T”采用汇付结算方式要非常谨慎。一般情况下要尽量要求客户开立信用证或采取其他结算方式，不到万不得已不要采用这种方式。因为出口商一旦失去对货物的控制权，货款就完全没有保障，通过法律途径追索更是一个漫长的过程。

（2）对客户进行有效的资信调查，弄清对方的资信情况，仅和那些资信可靠、经营作风正派的贸易商采用汇付结算方式。在当今的国际市场上，竞争越来越激烈，呈现鲜明的买方市场特性，为了在竞争中取得主动地位，不仅仅需要价格和产品上的优势，还需要为客户提供更多的融资支持和服务，为此一些出口商为了迅速扩大市场，盲目地选择客户，为不法分子留有可乘之机。

（3）如果采用预付定金的方式，出口商一定要注意预付的比例。比例过高，进口商不易接受，比例太低又失去意义。预付金一般为合同总值的 25%～30%，或者以起运地到目的港所需运输费用的两倍或者略高一点。这样，首先预付金并不多，如果是有一定信用的进口商，这种方式并不会触及其根本利益，从而体谅出口商的苦衷而给予配合；其次，进口商预付了货款，就在一定程度上受到了牵制，即使日后想毁约，也会考虑其预付金而勉强履约。

退一步而言，即便进口商届时果真不提货不付款，出口商还可以降价销售或另作处理，其损失部分可以由进口商的预付金来抵补，最坏结果也是可以将货物全部运回。

（4）注意货运单据的保存，严格执行“付款交单”（Deliver Documents Against Payment）的原则。这一点需要建立完善的制度，也需要财务严格把关。

（5）对结算金额要有一定的控制，给客户适当的授信额度，即使出现问题，遭受损失也不会太大，避免客户资不抵债情况发生。

案例分析

货物延期到港遭拒付案

一、案情介绍

2001 年 11 月底，内地 A 公司与台湾地区 B 公司签订一份出口各式打火机合同，总价值 10118.00 美元，数量为 111000 只（1×20′ 集装箱），规定从上海运往台湾基隆港，到港时间不得晚于 12 月 17 日，支付方式为 B 公司收到目的港的代理的接货通知书后 48 小时内将全部货款电汇（T/T）给 A 公司。由于装运期较为紧迫，A 公司立即备货，并预定了 12 月 10 日船期（预计整个航程需要 7 天）。货物如期装船后，A 公司将正本提单寄送 B 公司。但是，货物途径高雄时因港口原因多停靠了 2 天，于 12 月 19 日才抵达目的港，B 公司于次日提货后，提出暂时拒付全部货款，待货物全部收完后再付，理由是：货物未能如期到港，致使该批货物无法赶上当地圣诞节的销售高峰，其部分客户已经纷纷取消订单，造成该批货物大量积压，B 公司因此蒙受巨大经济损失。A 公司多次电告 B 公司，告知货物未能如期到港（延误 2 天），A 公司对此无法控制，再者因备货时间短促，A 公司已尽力将该批货物装上最早船期。A 公司多次催促 B 公司办理付款，B 公司均不予理睬。2 个月后，A 公司只好请台湾地区某一友好客户 C 与 B 公司协商，B 公司才有所松口，但提出付款的条件，即要求A公司降价30%才可以付款（据说有价值30%的货物积压仓库）。经A公司一再努力与之协商，最后以A公司降价15%而告结束。此案中，A公司直接损失1500多美元。

二、分析与启示

此案虽已了结，但给我们以深刻教训。

1. 在签订合同时是否接受客户提出的特殊条款，应以我方能否保证这一条款的实现为前提，切莫掉以轻心、盲目接受。所谓特殊条款，一般是指非我方销售确认书（S/C）上原有或应有的，而是对方在签约时提出的对我方带有限制性的条件。本案中，B公司要求A公司保证货物不得晚于2001年12月17日到达目的港，即属于客户的特殊条款。根据国际贸易海洋运输惯例，船方（或船代）可向托运人提供大约到港日，但并不承担法律责任，仅供托运人参考，因为货物在整个运输过程中易受各种自然和社会因素的影响，船方（或船代）对整个航程都无法准确预计，更何况作为托运人的A公司。另外，本案的交货时间紧迫，签约后仅为10天不到，A公司又无法提前装运，更无法保证这一条款条件的实现。在实际业务中，客户经常会对货物质量、运输、检验和支付方式等提出特殊要求，即特殊条款，对此，我们应谨慎对待，切莫盲目接受。

2. 谨慎选择支付方式

本案中，A公司接受了货物到港后对方付款（电汇），实际上属于赊销（O/A），是A公司收汇风险最大的一种方式。因A公司先发货，且正本提单已经寄出，完全丧失物权，若客户借故拒付，A公司则相当被动。因此，可以说，A公司选择这样一种方式，为对方日后拒付款项埋下了隐患。所以，在不了解对方资信或在大宗交易情况下，要尽可能避免使用或误用赊销方式，最好使用预付款（先收款后发货）、信用证，或二者兼用。这样，可在一定程度上规避出口收汇风险。

（资料来源：林俐，鲁丹萍，陈俊. 国际贸易实务. 北京：清华大学出版社，2006）

练习题

一、选择题

1. 以下结算方式中属于顺汇的是_______。

A. 信用证　B. 汇款　C. 保函　D. 托收

2. 银行办理汇付业务通常无法占用客户资金的汇款方式是_______。

A. 电汇　B. 票汇　C. 信汇　D. 以上都是

3. 以下结算方式中，受益人取款时最灵活的是_______。

A. 信汇　B. 票汇　C. 电汇　D. 邮寄

4. 汇款人在委托汇出行办理汇款时要出具_______，它是汇款人与汇出行之间的契约。

A. 汇票通知书　B. 支付委托书　C. 汇款申请书　D. 电报证实书

5. 代理行向收款人解付电汇款项之前需要_______。

A. 核对汇出行授权人签章　B. 核对汇出行密押

C. 核对汇出行电文格式　D. 核对汇出行汇票票根

6. 客户要求银行使用电汇方式向国外收款人汇款，则电讯费一般由_______承担。

A. 汇出行　B. 汇入行　C. 汇款人　D. 收款人

7. 适宜电汇方式结算的债权债务，一般是_______。

A. 零星的、小额货款　B. 付款时间紧急的大额货款

C. 贸易从属费用　　D. 不紧急的款项

8. 对进口商不利的贸易结算方式是______。

A. 延期付款　　B. 赊销　　C. 售定　　D. 预付货款

9. 对出口商有利的贸易结算方式是______。

A. 先结后出　　B. 赊销　　C. 延期付款　　D. 售定

10. 伦敦一家银行委托国外代理行向收款人办理汇款解付，头寸调拨应该______。

A. 主动借记对方账户　　B. 主动贷记对方账户

C. 授权借记对方账户　　D. 授权贷记我方账户

二、问答题

1. 什么是顺汇法？什么是逆汇法？
2. 汇付业务主要当事人有哪些？其各自责任和权利是什么？
3. 汇付有哪些种类？简述其各自业务流程。
4. 比较信汇、电汇和票汇的特点。
5. 汇款在国际贸易结算中的运用方式有哪几种情况？
6. 银行在办理汇出、汇入汇款时如何注意风险防范？

三、案例讨论

出口商A与进口商B签订价值32万美元的贸易合同。一直以来双方采取信用证结算方式，彼此进行多笔交易已两年有余。后来，B因出现资金周转困难，提出以部分预付货款、部分货到付款方式结算，具体为B先付全部货款的30%，到货后一个月内一次性付清余款。B声称货到后就可从其国内经销商处获得货款，并向A支付。A考虑到B是其老客户，一向按期履约，遂同意对方请求。A收到B的 30%货款后，即行发货，但数月一直未收到B的余款。经多方了解，方知B已破产倒闭，其利用最后一次交易诈骗A 近10万美元。

请问：作为出口商，应从本案中汲取哪些教训？

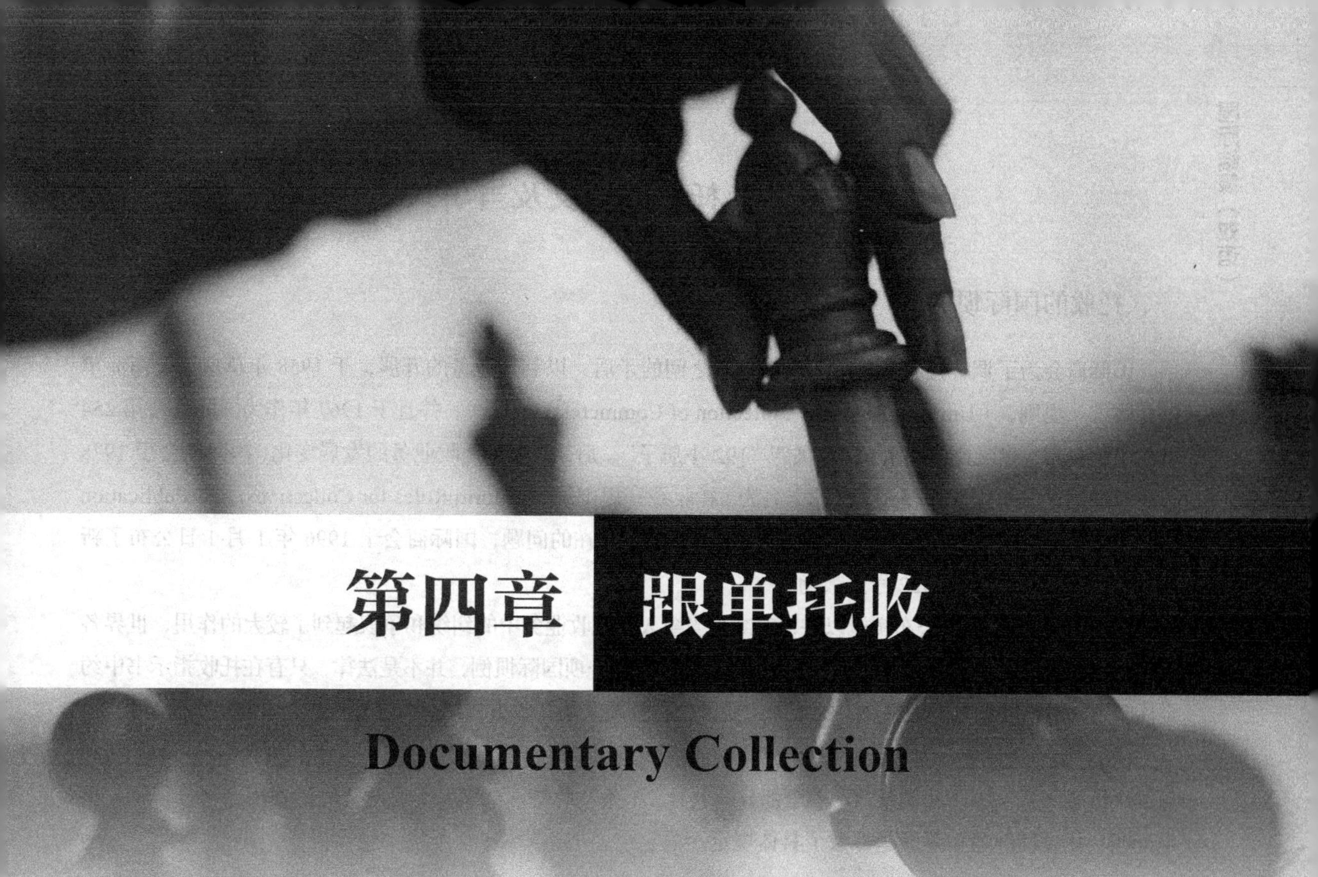

第四章 跟单托收

Documentary Collection

学习目标和要点

——掌握托收的含义及特点

——了解《托收统一规则》的内容

——熟悉托收的当事人及托收业务的种类

——掌握托收的风险及防范措施

案例导读

出口商A向进口商B出口一批货物，总值10万美元，付款条件是D/A见票后20天。该出口商按合同规定按时将货物装运并将单据备齐，于4月12日在托收行C办理托收。但是直到5月26日才收到进口商B的来电，称至今没有收到出口货物在托收项下的单据。出口商A详细调查后发现在：托收指示及相应的单据上，进口商的地址不详。6月12日出口商A收到代收行的拒绝承兑付款的通知。由于这批货物没有来得及提货，且因受到雨淋而严重受潮，进口商拒绝承兑付款。最终出口商A遭受到严重损失。

问题：在本案例中谁将对损失承担责任，出口商应该吸取哪些教训？

分析：出口商自己应该承担责任。根据URC522的规定：托收指示应该记载进口商详细的地址，如果由于地址记载不详所导致代收行无法向进口商承兑交单，使之无法及时提货从而导致货物损失的责任，不能由托收行及代收行来承担，只能由出口商自己负担。

通过这个案例，出口商应该吸取的教训是：任何被委托的银行只能按照托收指示来行事，托收指示应该详细、明确、具体。

第一节　托收的含义及当事人

一、托收的国际惯例

国际商会为了调解托收业务中各个当事人之间的矛盾，以利于业务的开展，于 1958 年草拟了《商业单据托收统一规则》（Uniform Rules for Collection of Commercial Paper），并且于 1967 年作为国际商会第 254 号出版物公布，建议各国采用。它也被叫“192 小册子”。后来，由于托收业务的发展变化，国际商会于 1978 年对该规则进行了修订和补充，将其定名为《托收统一规则》（Uniform Rules for Collections, ICC Publication NO. 322，简称 URC322）。根据实际使用中的情况和存在的问题，国际商会于 1996 年 1 月 1 日公布了新的 URC，即国际商会第 522 号出版物。

《托收统一规则》自公布实施以来，对减少当事人在托收业务中的纠纷和争议起到了较大的作用，世界各国银行很快采纳了该规则。但是，《托收统一规则》作为一项国际惯例，并不是法律，只有在托收指示书中约定按其行事时，才能对当事人产生约束力。我国银行界在采用托收方式结算时，参照这个规则的解释办理。

《托收统一规则》分为“总则和定义”“托收形式与结构”“提示的形式”“义务和责任”“付款”“利息、手续费和开销”“其他条款”7 个部分，共计 26 条。此外，URC522 还对托收的费用、部分付款、拒绝证明、托收情况通知等问题都做了具体规定。

二、托收的概念

国际商会制定的《托收统一规则》（URC522）第 2 条中关于托收是这样定义的：

托收（Collection）是指接到托收指示的银行根据所收到的指示处理金融单据和/或商业单据以便取得付款/承诺，或者凭付款/承诺交出商业单据，或凭其他条款或条件交出单据。

“Collection means in accordance with instructions received, the handling by banks of:

Obtaining payment and payment and/or acceptance of financial documents, or

Delivering documents against payment and/or against acceptance, or

Delivering documents on other terms and conditions”

其中的金融单据（Financial Documents），又被称为“资金单据”，是指汇票、本票、支票或者其他用于获得货币付款的票据。商业单据（Commercial Documents）是指发票、运输单据、物权单据或者其他类似单据，或者除了金融单据以外的单据。

托收方式一般都是通过银行办理，所以又被称为“银行托收”。银行托收通常的做法是：出口商根据买卖合同先行发运货物，然后开立汇票（也可不开汇票），连同商业单据（或不连同货运单据）向出口地银行（Exporter's Bank）提出托收申请，委托出口地银行（托收行）通过其在进口地的代理行或者往来银行（代收行）向进口商收取货款。

三、托收业务的当事人

URC522 第 3 条[39]规定，托收业务涉及四个基本当事人（Basic Parties to Collection），即委托人、托收

---

39 Parties to a Collection. a. For the purposes of these Articles the “parties thereto” are: ①The “principal” who is the party entrusting the handling of a collection to a bank. The principal is also sometimes called the remitter; ②The “remitting bank” which is the bank to which the principal ha entrusted the handling of a collection; ③The “collecting bank” which is any bank, other than the remitting bank, involved in processing the collection; ④The “presenting bank” which is the collecting bank making presentation to the drawee. b. The “drawee” is the one to whom presentation is to be made in accordance with the collection instruction.

行、代收行和付款人。有时根据业务需要，可能出现的当事人还有提示行和需要时的代理人（见图 4-1）。

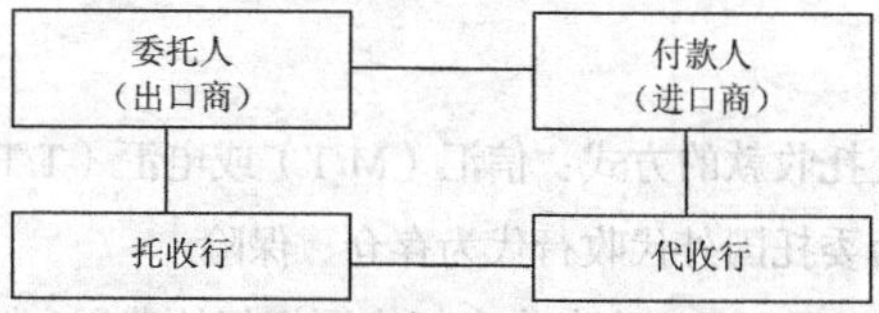

图 4-1　托收基本当事人

（一）委托人

委托人（Principal）是指委托银行办理托收业务的当事人，委托人一般是出口商。

作为合同中的出口方，委托人托收货款时受买卖合同的约束；作为托收业务的委托人，受托收申请书的约束。

委托人的主要责任和义务如下。

（1）根据买卖合同的规定交付货物，这是出口商最基本的义务，也是卖方托收货款的前提条件。

（2）提交符合合同规定的单据。主要的单据有商业发票、货运单据、保险单据等，还可能有一般的单据，例如产地证书、装箱单、重量单、商检证书等。

（3）委托人需填写托收申请书，开立汇票，并将托收申请书和汇票连同商业单据一并交托收行。

（4）委托人承担受托银行办理托收的手续费（见图 4-2）。

APPLICATION FOR COLLECTION

To:　　　　　　　　Date:

We enclose for collection

Please follow instruction Prefixed "×"

DRAFT NO.__________ AMOUNT__________ TENOR__________

DRAWN ON____________________

The following documents marked with "×" are attached

Draft	B/L	Invoice		Ins. Pol/Cert.	Cert. Of Origin	Cert. Of Qual./Quan.
		Comm.	Cust.			

☐Deliver documents against payment　　☐ Do not Protest

☐Deliver documents against acceptance　　☐Protest for ☐ Non-payment

☐All collection charge are for account of drawee　　☐Non-acceptance

cable advice of☐ Non-acceptance

☐All collection charges are for account of drawee　　☐Non-payment

☐ Have proceeds remitted by cable

☐Airmail expenses for forwarding documents for account of drawee　　☐ Waive or ☐ do not waive charges if refuse by drawee

☐Allow drawee discount of US$______.

☐Interest to be collected at___% p.a. from________to________

☐In case of need refer to____________________

☐Credit our account with proceeds.

Special instructions:

Your faithfully

图 4-2　托收申请书样例

托收申请书是委托人与托收行之间关于该笔托收业务的契约性文件，也是银行进行该笔托收业务的依据。托收申请书的内容如下。

（1）托收的交单条件。

（2）票款收妥后代收行汇交托收款的方式：信汇（M/T）或电汇（T/T）。

（3）关于远期付款交单是否委托国外代收行代为存仓、保险。

（4）银行费用如何处理。一般是贸易双方各自负担本国银行的费用，但应明确如果付款人不支付代收行的费用，提示行是否就不交单。

（5）如果付款人拒绝付款或承兑，是否要做成拒绝证书。

（6）明确在付款交单条件下，遇拒付时，对于货物的处理办法。

（7）付款时间的附加规定。这些附加规定包括：付款人延迟付款是否加收利息，提前付款是否给予贴息等。

（8）关于指定代收行的意见。

托收申请书的内容填写要点如下。

（1）付款人。付款人为进口商，应填写详细的名称、地址、电话、传真号码。进口商的资料不详细容易造成代收行工作的难度，使出口商收到款项的时间较晚。

（2）申请人。申请人为出口商，应填写详细的名称、地址、电话、传真号码。

（3）代收行。一般是付款人的账户行。出口商在该栏内填写国外代收行的名称和地址，这样有利于国外银行直接向付款方递交单据，有利于早收到货款。如果没有填写或不知道进口方的开户银行，则申请人银行将为申请人选择进口商所在国家或地区的一家银行进行通知，这样出口商收到款项的时间将会较长，因此出口商最好知道进口商所在地的国外开户银行。按惯例，若委托人无此明确指示，或者其指定银行与托收行无代理关系或资信不高，托收行可另行指定代收行乃至另外指定提示行。

（4）委托人对于该项托收的有关业务编号。

（5）汇票的时间和期限。申请书上要求填写的汇票内容要与汇票上的一致。

（6）托收的金额、币种和付款期限。

（7）所提交单据的名称和份数，提交给银行的正本和副本的单据名称和数量。

（8）交单条件（付款交单还是承兑交单）。

（9）遇意外情况或遭拒付时的通知手段（电信还是航邮）及是否要做拒绝证书。依惯例，无此明确指示者，银行可任选通知手段及按不做拒绝证书处理。

（10）迟付利息的利率、计息期限算法以及是否不得放弃收息。按照惯例，如果未声明不得放弃收取迟付利息，则当付款人拒付利息时，银行可以放弃收息。

（11）托收费用（包括手续费及其他有关费用、托收行的费用与代收行的费用）中哪些由付款人负担及是否不得放弃向付款人收取这一费用。按照惯例，如果未声明不得放弃收取这一费用，则当付款人拒付这一费用时，银行可放弃收取这一费用。

（12）代收行得到付款后以何种方式（电信还是航邮）向托收行拨付款项及做付款通知。按照惯例，无此明确指示者，银行可任意选择拨付及通知方式。

（13）客户委托人名称、地址和签字/签章以及银行账号、电话号码等。

（14）其他还可以有诸如指定需要时的代理人及其代理权限，请代收行或付款人代为缮制的单据及其式样和用语要求，以及对于远期 D/P 托收是否允许提前付款及其贴息算法或是否允许分期付款交单等指示。若因托收申请书中指示有误或指示不完全、不明确等造成托收延误/损失将由委托人承担。

（二）托收行

托收行（Remitting Bank）是指接受委托人的委托，办理托收业务的银行。托收行一般是委托人的往来银行，即出口地银行。

托收行主要有以下责任和义务。

（1）制作托收委托书。托收行根据托收申请书的内容制作托收委托书。托收业务中存在两份委托协议，一份是托收申请书，即委托人与托收行之间的委托代理合同；另一份是托收委托书（托收指示），即托收行与代收行之间的委托代理合同。

（2）托收行根据委托人的指示办理业务，并对自己的过失负责。托收行与委托人之间是委托代理关系。托收行必须按照委托人的指示办事。

（3）仔细核验单据。托收行要仔细核验收到的单据是否与托收申请书中所列单据一致，托收行只需表面核验单据的种类及份数是否正确，而对单据的内容以及单据的真伪无审核义务。

（三）代收行

代收行（Collecting Bank）是指接受托收行的委托向付款人办理收款业务并且交单的银行。代收行一般是托收行的国外代理行，即进口地银行（Importer's Bank）。

代收行主要有以下责任和义务。

1. 按照托收委托书的指示行事

代收行要严格按照托收委托书的指示办理业务，不得擅自更改托收委托书的内容，并对自己的过失负责。

2. 核验单据并妥善保管好单据

代收行与托收行一样，都要对收到的单据进行表面的核验，确定所收到的单据的种类、份数是否与托收委托书所列的内容一致，如果不相符，应及时通知代收行。除此之外，代收行还有一个更重要的义务就是要妥善保管好单据，在付款人未按托收指示书的规定付款或承兑前，不能将单据交给进口商。当付款人拒绝付款或拒绝承兑时，代收行应毫不迟延的通知托收行。

3. 谨慎处理货物

《托收统一规则》规定："未经银行事先同意，货物不得以银行的地址直接发送给该银行、或者以该行作为收货人或者以该行为抬头人。然而，如果未经银行事先同意而将货物以银行的地址直接发送给了该银行，或以该行做了收货人或抬头人，并请该行凭付款或承兑或凭其他条款将货物交付给付款人，该行将没有提取货物的义务，其风险和责任仍由发货方承担。""银行对与跟单托收有关的货物即使接到特别批指示也没有义务采取任何行动包括对货物的仓储和保险，银行只有在个案中如果同意这样做时才会采取该类行动。并且银行对货物采取任何保护措施所发生的任何费用和/或花销将由向其发出托收的一方承担。"所以，从原则上讲，代收行并没有管理货物的义务（见图 4-3）。

图 4-3　托收基本当事人间的契约关系

（四）付款人

付款人（Drawee）是指根据托收委托书被提示单据要求付款的当事人，一般是合同中进口商。它的基本义务就是付款。付款人向代收行付款是基于与委托人之间的贸易合同关系，付款人与代收行之间并不存在契约关系。

（五）提示行

提示行（Presenting Bank）是指向付款人提示单据，要求付款人付款的银行。如果代收行与付款人无账户关系或者两者不在同一个城市，那么代收行通常转托另一家银行提示单据。

（六）需要时的代理人

需要时的代理人（Representative in case of Need）是委托人指定的代其处理业务的当事人。托收业务中，如果发生拒付，委托人可以指定付款地的代理人代为料理货物存仓、转售、运回等事宜。委托人必须在托收委托书上写明该代理人的代理权限。

四、托收指示

（一）托收指示的定义

托收指示（Collection Instruction）是托收行寄送托收单据给代收行的寄单面函（Covering Letter）。根据 URC522[40]，托收的所有单据必须伴随托收指示，并注明托收受《托收统一规则》的约束，同时做出完全和准确的指示，银行仅被允许根据该项托收指示所做出的各项指示和按照国际商会第 522 号出版物办理。除非托收指示另有授权，代收行将不予理会除向其发出托收的一方（银行）以外的任何一方（银行）的任何指示。因此，托收行的主要责任就是严格按照委托人的托收申请书缮制托收指示，做到托收指示的内容与托收申请书的内容严格一致。

（二）托收指示的重要性

国际商会《托收统一规则（URC522）》指出，托收指示的重要性主要体现在以下 3 点。

（1）所有托收业务都必须附有一个单独的托收指示，该项托收业务离不开该托收指示。

（2）代收行仅被托收指示中载明的指示所引导。

（3）代收行不得从其他地方（包括委托当事人之外的其他人或委托当事人在托收指示之外的其他地方所提出的指示）寻找指示，代收行也没有义务审核单据以获得指示；即使个别单据上带有指示，银行也不予理会。

托收指示应包含 URC522 第四条所规定内容，同时必须注明“本项托收业务受国际商会第 522 号出版物的约束”（This collection is subject to Uniform Rules for Collection—1995 Revision ICC Publication no. 522）。否则容易引发各方当事人之间的异议和纠纷，而使对方不愿意接受办理该项托收业务。

第二节　托收的种类及业务流程

按照托收项下是否随附商业单据，托收分为光票托收和跟单托收。

一、光票托收

光票托收[41]（Clean Collection）是指出口商仅开立汇票而不随附任何商业单据，委托银行收取货款的一种托收方式。这种方式一般用于收取货款余额、代垫费用、佣金以及样品费等结算。

---

40 As Article 4- Collection Instruction of URC522, all documents sent for collection must be accompanied by a collection instruction indicating that the collection is subject to URC522 and giving complete and precise instructions. Banks are only permitted to act upon the instructions given in such an instruction collection, and in accordance with these Rules.

41 Clean (bills for) collection means collection of financial documents not being accompanied by commercial documents. Commercial documents mean invoice, transport documents, documents of title, insurance policy or other similar documents.

光票托收的汇票有即期与远期之分。采用即期汇票时，代收行收到汇票后应该立即向付款人提示，要求付款；采用远期汇票时，代收行收到汇票后，应立即向付款人提示，先要求承兑，以确定到期付款的责任。承兑后，代收行收回汇票，于到期日再做提示要求付款。如果付款人拒绝付款或者拒绝承兑，应该由代收行在法定期限内及时将拒付情况通知给托收行，并转告委托人，除非托收另有规定。

二、跟单托收

跟单托收[42]（Documentary Collection）是指随附商业单据的托收。按照商业单据项下是否附有金融单据，跟单托收又可以分为两种：一种是既有商业单据又有金融单据的托收，这种托收是凭汇票付款；另一种是只有商业单据的托收。由于有些国家，如日本、德国对汇票要征收印花税，为了减免税收负担，在信誉和信任度较高的公司之间常采用只有商业单据的托收。

跟单托收按照委托人指示银行交单的条件不同，又可以分为付款交单和承兑交单。跟单托收通常附有代表货物所有权的物权凭证，所以银行在交单时一定要慎重，要严格按照托收指示书规定的条件交单。

（一）付款交单

付款交单[43]（Documents against Payment，D/P）是指出口商的交单是以进口商付款为条件的，即出口商取得装运单据，委托银行办理托收，并且指示银行只有在进口商付清货款后，才能把商业单据交给进口商。

按照出口商开立汇票期限的不同，付款交单又可以分为即期付款交单和远期付款交单。

1. 即期付款交单（Documents against Payment at Sight，D/P at sight）

即期付款交单[44]是指出口商装运货物后，开立即期汇票，连同装运单据交给银行，通过银行向进口商提示，进口商见票后立即付款，进口商在付清货款后向银行领取商业单据。

即期付款交单业务流程如图 4-4 所示。

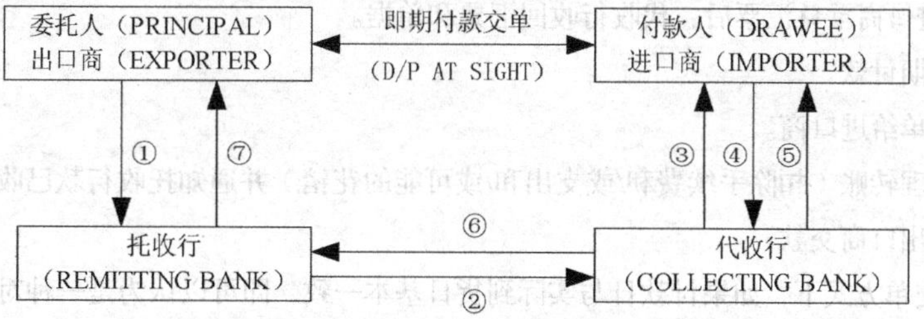

图 4-4 即期付款交单业务程序

说明：

① 出口商（委托人）根据合同规定装货后，开立即期汇票，连同商业单据（或者不开立汇票，仅将商业单据）交托收行，填写托收申请书，委托其代收货款。

② 托收行将即期汇票连同商业单据（若无汇票，仅将商业单据）寄交进口地代收行委托代收。

③ 代收行向进口商提示汇票与单据（或仅提示商业单据）。

④ 进口商付款。

42 Documentary collection may be described as collections on financial instruments being accompanied by commercial documents or collections on commercial documents without being accompanied by financial documents, that is, commercial documents without a bill of exchange.

43 Documents against payment mean that the collecting bank is allowed to release the documents to the drawee only upon full and immediate payment. D/P usually takes two forms: D/P at sight and D/P at a fixed time after sight.

44 Under D/P at sight, the draft drawn is a sight draft which should be immediately payable by the importer on presentation.

⑤ 代收行交单给进口商。

⑥ 代收行办理转账（扣除手续费和/或支出和/或可能的花销）并通知托收行款已收妥。

⑦ 托收行向出口商交款。

2. 远期付款交单（Documents against Payment after Sight，D/P after sight）

远期付款交单[45]是指出口商装运货物后，开立远期汇票，连同装运单据交给银行，通过银行向进口商提示，进口商审核无误后即在汇票上进行承兑，于汇票到期日付清货款后再领取商业单据。

远期付款交单业务流程如图 4-5 所示。

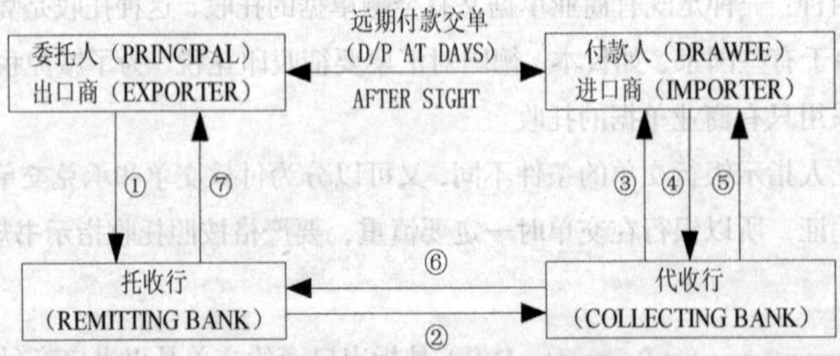

图 4-5　远期付款交单业务程序

说明：

① 出口商（委托人）根据合同规定装货后，开立远期汇票，连同商业单据（或者不开立汇票，仅将商业单据）交托收行，填写托收申请书，委托其代收货款。

② 托收行将远期汇票连同商业单据（若无汇票，仅将商业单据）寄交进口地代收行委托代收。

③ 代收行向进口商提示汇票与单据，让其承兑（若不使用汇票，提示行必须在不晚于付款行到期日向付款人提示）。进口商承兑汇票后，代收行收回汇票和单据。

④ 进口商到期付款。

⑤ 代收行交单给进口商。

⑥ 代收行办理转账（扣除手续费和/或支出和/或可能的花销）并通知托收行款已收妥。

⑦ 托收行向出口商交款。

在远期付款交单方式下，如果付款日与实际到货日基本一致，即可以认为是一种对进口商的资金融通。如果付款日晚于实际到货日，进口商为了早点拿到货物，可以采取两种做法：一是在付款到期日前付款赎单，扣除提前付款日至原付款到期日之间的利息给代收行，作为进口商享受的一种提前付款的现金折扣；另一种做法是对于资信较好的进口商，代收行允许其凭借信托收据（Trust Receipt，T/R）借取货运单据，先行提货，于汇票到期日再付清货款。

信托收据就是进口商向代收行借取装运单据时，提供的一种书面保证文件。用来表示愿意以代收行的受托人的身份代为提货、报关、存仓、保险和出售并承认货物所有权仍属于银行，货物出售后的货款交给银行。这种行为是代收行给进口商提供的信用便利，与出口商无关，因而如果代收行借出单据后，当汇票到期不能收到货款，则代收行应对出口人负全部责任，这种方式具有了银行信用的性质。如果是由出口商主动授权代收行向进口商凭信托收据借出装运单据提货，这种做法称为“付款交单凭信托收据借单”（D/P．T/R）。如果汇票到期，进口商拒付，则与代收行无关，由出口商自己承担拒付风险。

45 Under D/P at a fixed time after sight, the draft drawn is a time (usance) draft which is payable at a future date, and the documents will not be released on presentation but will be released only against payment at maturity.

（二）承兑交单

承兑交单[46]（Documents against Acceptance，D/A）是指出口商的交单是以进口商在汇票上承兑为条件，即出口商装运货物后，开立远期汇票，连同商业单据，通过银行向进口商提示，进口商在汇票上做承兑手续后，代收行即将商业单据交给进口商，在汇票到期时，再履行付款义务。所以，承兑交单方式只适用于远期汇票的托收。承兑交单是出口商先交商业单据，货物所有权转移发生在收款之前，所以能否收到货款有赖于进口商的信用，因此出口商对承兑交单方式应该采取谨慎的态度。

承兑付款交单业务流程如图 4-6 所示。

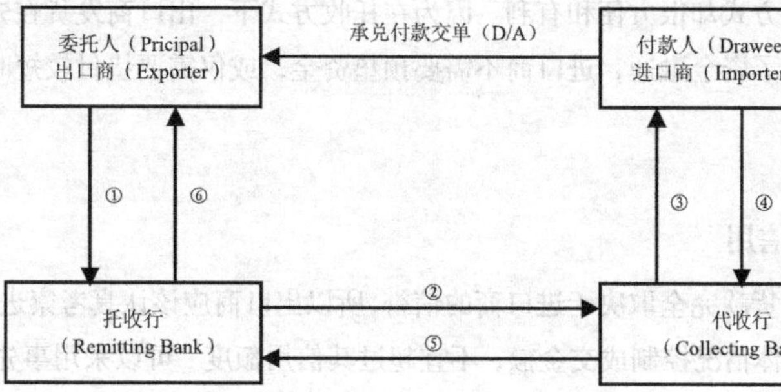

图 4-6　承兑交单业务程序

说明：

① 出口商（委托人）根据合同规定装货后，开立远期汇票，连同商业单据（或者不开立汇票，仅将商业单据）交托收行，填写托收申请书，委托其代收货款。

② 托收行将即期汇票连同商业单据（若无汇票，仅将商业单据）寄交进口地代收行委托代收。

③ 代收行向进口商提示汇票与单据，让其承兑（若不使用汇票，提示行必须在不晚于付款行到期日向付款人提示）。进口商承兑汇票后，同时将汇票和单据交予进口商。

④ 进口商到期付款。

⑤ 代收行办理转账（扣除手续费和/或支出和/或可能的花销）并通知托收行款已收妥。

⑥ 托收行向出口商交款。

第三节　托收的特点及风险防范

一、托收的性质及特点

（一）托收的性质

托收的性质为商业信用。银行在办理托收业务时，只提供服务，不提供信用。银行仅以委托人的代理人身份行事，既无保证付款人必然付款的责任，也无检查审核商业单据是否真实、有效，能否代表合同规定的义务。如果进口商破产或丧失清偿债务的能力，出口商则可能收不回或晚收到货款。在进口商不付款赎单时，代收行没有义务代为保管货物，除非事先约定。如果货物已到达，出口商还要承担在进口地办理提货、交纳

---

46 Documents against acceptance（D/A）means the collecting bank may deliver the documents against the drawee's acceptance. The draft under D/A term is a time draft. The collecting bank will advice the remitting bank of the date of acceptance and holds the bill until maturity when the collecting bank will present it to the drawee for payment.

进口关税、存仓、保险、转售以致被低价拍卖或运回国内的损失。

（二）托收的特点

对于出口商来讲，付款交单（D/P）方式比承兑交单（D/A）方式更为有利[47]。在D/P方式下，进口商在未付清货款前，代收行不能将有关的商业单据交付进口商，因此，进口商不可能在未付清款货的情况下提走货物，货物的所有权与控制权、处置权仍属于出口商。然而，在D/A方式下，进口商只要在远期汇票上履行承兑手续，即可以从代收行处取走商业单据，提取货物。如果进口商提货后，汇票到期却拒不付款，或进口商破产倒闭无力偿付，出口商会因此遭受损失。

对于进口商来说，托收方式却很方便和有利。因为在托收方式下，出口商发货在先，进口商付款在后，这等于出口商为进口商提供了资金融通，进口商不需要预垫资金，或仅需要垫付较短时间的资金。

二、托收的风险防范

（一）托收属于商业信用

出口商发货后能否收到货款完全取决于进口商的信誉，所以出口商应该认真考察进口商的资信情况和经营作风，并根据进口商的具体情况控制成交金额，不宜超过其信用额度。可以采用事先调查、定期调查、临时性调查等多种方式，防患于未然。

（二）应该争取选择对自己有利的贸易术语成交

出口合同应争取以CIP或者CIF成交，由出口商办理货运保险。一旦货物在运输途中遇到风险，进口商拒绝付款，出口商可以凭借保险单向保险公司索赔。

（三）制单环节要谨慎

托收项下银行只是检查单据，而非审核单据。《URC522》指出，由银行核实其所收到的单据与托收指示所列的内容表面是否相符，若发现单据缺少，银行有义务用电讯或其他快捷方式通知委托人。除此之外，银行没有进一步审核单据的义务。银行对于任何单据的形式、完整性、准确性、真伪性或法律效力，或对于单据上规定的或附加的一般性和/或特殊条件概不承担责任。银行对于任何单据所表明的货物的描述、数量、重量、质量、状况、包装、交货、价值存在与否，以及发货人、承运人、收货人或保险人或其他任何人的诚信、行为和/或疏忽、偿付能力、行为能力也概不负责。

出口商为了降低自身的风险，要仔细审核单据，以保证出口的货物与合同要求相符合，防止由于制单的错误导致进口商拒付货款。

（四）要特别注意远期付款交单的规范性

远期付款交单被国际商会认为是不规范的做法。《URC522》规定[48]，托收不应含有远期汇票而同时规定商业单据要在付款后交付。如果托收含有远期付款的汇票，托收指示书应注明商业单据是凭承兑交付款人还是凭付款交付款人。如无此项注明，商业单据仅能凭付款交付，代收行对因迟交单据产生的任何后果不负责任。如果托收单据中含有远期付款汇票，且托收指示注明付款交付商业单据，则商业单据只能凭付款交付，代收行对于因任何迟交单据所产生的后果概不负责。

---

47 From the above discussion, to the exporter D/P is safer than D/A, and D/P at sight is safer than D/P at a fixed time after sight.

48 According to URC522, collections should not contain bills of exchange payable at a future date with instructions that commercial documents are to be delivered against payment. If a collection contains a bill of exchange payable at a future date, the collection instruction should state whether the commercial documents are to be released to the drawee against acceptance or payment. In the absence of such statement, commercial documents will be released only against payment and the collecting bank will not be responsible for any consequences arising out of any delay in delivery of documents.

有些拉美国家的银行习惯将 D/P 当作 D/A 来处理，因此增加了出口商的风险，并且可能引起纠纷和争议。拉美国家客商认为，托收方式既然是种对进口商有利的结算方式，就应体现其优越性。D/P 远期本意是出口商给进口商的资金融通。然而，现在的情况是货到后，若按 D/P 远期的做法，进口商既不能提货，又要承担因货压港而产生的滞迟费。若进口商想避免此种情况的发生，则必须提早付款从而尽早提货，那么这 D/P 远期还有什么意义？所以，有些拉美国家的做法是将所有的 D/P 远期均视作 D/A。

案例分析

案例 1　远期付款托收业务纠纷

一、案情介绍

2003 年 2 月，国内出口商 A 公司与美国进口商 B 公司签订了一笔丝绸的贸易合同，付款条件是 D/P 50 DAYS。A 公司于 2003 年 3 月 25 日发货，29 日将有关单据交至国内甲银行（托收行）。经审核，单单一致，甲银行当日将单据（包括全套正本提单）寄往其指定的代收行乙银行。4 月 6 日，乙银行来电称单据收妥。

根据乙银行 4 月 6 日的电报，甲银行推算出该单据的付款到期日应为 5 月 25 日，但到期后款项未达。经甲银行多次与 A 公司联系，得知 A 公司与 B 公司之间正就付款一事商洽。5 月 30 日，甲银行发电催收，乙银行回电称尚未收到 B 公司的付款指示。

6 月 3 日，乙银行来电告知 B 公司做出承兑，到期日为 7 月 22 日。然而，乙银行于到期日再次通知甲银行 B 公司未付款，等待甲方指示。甲银行通知 A 公司，并请其处理。7 月 28 日，乙银行来电称 B 公司准备赎单，要求提供正确单据（产地证）。经联系 A 公司得知，B 公司需持纺织品产地证通关，而 A 公司提交的却是一般原产地证。A 公司遂于 8 月 5 日将纺织品产地证寄给 B 公司。8 月 15 日甲银行预计该单据已寄达 B 公司，便致电乙银行请其协助敦促 B 公司付款。9 月 2 日，A 公司通知甲银行 B 公司已付款，甲银行遂发电要求乙银行划拨款项，但乙银行一直未作答复。

鉴于其后多次催款毫无进展，加上货物早已抵港，而乙银行与 B 公司都未曾就仓储费、滞纳金等问题提出任何要求，所以甲银行怀疑货物早已被 B 公司提走。于是，10 月 9 日，甲银行建议 A 公司与船公司接洽，了解货物下落。7 天后 A 公司书面通知甲银行：B 公司已于 6 月 14 日凭正本提单将货物提走。甲银行立即致电乙银行，请其在 7 日内将货款及利息（提货日至发电日利息）汇至甲银行，否则退回全套单据。7 日后，款项仍未到，甲银行根据 A 公司的书面指示要求乙银行立即退单。10 月 25 日，甲银行收到乙银行付款通知。至此，这起长达 9 个月之久的远期付款托收纠纷才得以解决。

二、分析与启示

在本案例中，甲银行在托收指示中清楚地列明 TENOR 为 50 天，并有文字说明“DELIVER DOCUMENTS AGAINST PAYMENT”。乙银行作为代收行，却置托收行的托收指示于不顾，将 D/P 50 DAYS 当作 D/A 50 DAYS 处理，在付款人未履行付款责任的情况下擅自放单，并对甲银行的多次催收电报采取推诿责任的态度，甚至在 7 月 28 日来电中仍以 B 公司准备赎单的谎言蒙蔽甲银行，直到甲银行查明货已于 6 月 14 日被提的事实并要求其退单时才不得不付清货款。乙银行的所作所为不仅违反了国际惯例，而且严重损害了其声誉。据此，甲银行尖锐地指责乙银行协助 B 公司提货的同时又推卸付款责任的行为，以至于乙银行不敢面对这个问题，更是难以对甲银行进行抗辩。另外，A 公司在此案例中虽与甲银行紧密配合，最终收回全部货款及利息损失，但其未重视进口国的贸易规定，只提交了一般原产地证，使进口商不能顺利通关是造成延迟收汇的原因之一。

此类案例的如下特点值得注意：进出口双方订立的贸易合同中规定采用 D/P 远期方式结算货款；代收

行由出口公司按进口商意图指定；代收行收到托收行注明以 D/P 远期方式结算的出口单据时，擅自将其改为 D/A 方式放单给进口商；进口商串通代收行，千方百计拖延和拒付出口方货款。

因而，托收业务中，在选择交单方式时，应优先采用 D/P 即期方式，并指定信誉可靠的代收行转交单据，代收货款，尽量避免采用 D/A 或 D/P 远期方式。因为在中国，银行界一般认为 D/P 远期和 D/A 不一样，应区别对待。D/P 远期是对方见单据后一定期限内付款，D/A 是只要进口商签字同意到期付款就行，区别是前者仍将物权证明控制在手中，而后者丧失了。但在某些国家，两者在法律上是一样的，都作为 D/A 处理，风险之大可想而知；而 URC522 明确规定，其规定如与一国一洲或当地所必须遵守的法律或条件规定相抵触，则要受当地法律的制约。此外，全套正本单据应通过托收行寄出，不可将正本提单直接寄给买方，以免丧失货物的控制权。同时，单据提交银行后出口商应与进口商保持密切联系，若对方提出改变付款方式或延期支付，应要求其提供银行担保，并加收利息；当货款未能按期收回时还应主动联系船公司，掌握货物下落，并将信息及时反馈给托收行，以便托收行采取相应措施及时对外交涉。

（案例来源：李湘滇 国际贸易实务教学案例案例 广州科技贸易职业学院）

案例 2　　托收行未完全执行托收指示案

一、案情介绍

在一笔托收业务中，托收行在托收指示中规定：“DOCS TO BE RELEASED ONLY AGAINST ACCEPTANCE”以及“PAYMENT ON DUE DATE TO BE GUARANTEED BY XX BANK（代收行）. TESTED TLX TO THIS EFFECT REQUIRED.”代收行办理承兑交单后，向托收行寄出承兑通知书，明确指出“THE BILL ACCEPTED BY DRAWEE”，到期日为 1994 年 9 月 13 日。不久，当托收行查询有关承兑情况时，代收行复电再次告知“DOCS HAVE BEEN ACCEPTED BY DRAWEE TO MATURE ON 940913”。在上述承兑通知书及查询答复中，代收行均未表明担保付款，亦未发出承诺担保的电传；托收行亦未就此提出任何异议。承兑汇票到期后，进口商拒付货款，代收行即向托收行发出拒付通知。托收行认为托收指示中要求凭代收行到期付款的担保放单，而代收行已将单据放给付款人，因此要求立即付款。代收行反驳道，放单是基于付款人的承兑，代收行根据国际商会第 522 号出版物没有担保到期付款的责任。虽经多次交涉，此纠纷仍未得到解决。

二、分析与启示

1. 本案争论的焦点是代收行未完全执行托收指示的责任问题。托收行认为，根据国际法律一般原则，如代收行做不到托收行所要求的担保付款，应该回复托收行；至于未征求托收行意见便放单给付款人，则是严重违反合同约定的行为，代收行应对此负责。代收行强调，放单系根据 URC522 第 11 条承担责任，托收指示规定凭承兑放单，代收行正是在付款人承兑后才放单的；至于托收指示要求代收行担保，同时要求发加押电证实，而事实上代收行并未发出这样的电传，在有关的承兑通知书及函电中也仅仅明确通知托收行付款人已承兑，托收行却未提出任何异议，代收行因此认为自己未承担任何担保责任。

2. 根据国际商会第 522 号出版物关于托收指示的规定，如果代收行不能遵守指示，应当回复托收行，而代收行却未这样做，只是在托收行查询单据下落时才告知仅凭承兑放单。应该说，代收行在这一点上违反了 URC522 的规定。然而，我们并不能因此得出代收行应当承担责任的结论。

首先，托收行的指示不符合托收业务的基本原则，实际上改变了托收的性质。在托收中，银行作为接受客户委托的中间环节，只是为客户提供必要的服务，并不因此承担额外的风险。作为代收行，其义务无非是在进口商付款或承兑的情况下放单，强行赋予其担保客户付款的义务并不是银行业务中的通行做法。

其次，托收行在寄单面函中不仅指示代收行担保到期付款，而且要求代收行以加押电加以证实。尽管代收行并未明确通知托收行拒绝接受该指示，但也未按照托收行的要求以加押电形式告知托收行照此执行。代收行对托收行发出的两项密切相关的指示均未做出反应，而其中的加押电证实一项是不能通过默示方法来完成的，将这两项要求结合起来看，托收行的指示是不能默示接受的。因此，不能仅凭代收行未作答复的事实，就简单认定代收行已接受了托收行关于担保到期付款的指示。

3. D/A 作为客户之间融通资金的一种便利手段在业务中经常会用到。因此，有的托收行就千方百计地要求代收行承担担保进口商付款的责任，以便将商业信用转化为银行信用。作为代收行，对此必须有足够的认识。如果发现托收行的指示难以做到，应当毫不延迟地通知托收行，以免产生不必要的纠纷。

（案例来源：邓静 http://lawyerhelp.findlaw.cn/lawyer/article/d3940.html）

练习题

一、选择题

1. 国际商会的以下出版物中，适用于跟单托收的是_______。

A. UCP 600　B. URC 522　C. ISP 98　D. INCOTERMS 2010

2. 通常除_______外，均可使用光票托收方式。

A. 出口货款尾款　B. 出口货款　C. 佣金　D. 样品费

3. 托收业务中使用的汇票是_______。

A. 银行汇票，属于银行信用　B. 商业汇票，属于商业信用

C. 商业汇票，属于银行信用　D. 银行汇票，属于商业信用

4. 在托收业务中，以下关系中除_______之间关系外，均属于委托代理关系。

A. 委托人和委托行　B. 委托行和代收行

C. 代收行和付款人　D. 委托人和“需要时的代理人”

5. 即期付款交单中，出口商_______。

A. 出具远期汇票　B. 出具即期汇票　C. 无需出具汇票　D. B、C 选项均可

6. 远期付款交单中，出口商往往开立_______，通过代收银行向进口商提示。

A. 即期汇票　B. 远期汇票　C. 银行汇票　D. 银行承兑汇票

7. 承兑交单方式下开立的汇票是_______。

A. 即期汇票　B. 远期汇票　C. 银行汇票　D. 银行承兑汇票

8. 买卖双方以 D/P. T/R 条件签订合同，货到目的港后，买方凭 T/R 向代收行借单提货，事后若收不回货款，_______。

A. 代收行应负责向卖方偿付　B. 由卖方自行负担货款损失

C. 由卖方与代收行协商共同负担损失　D. 由买方自行负担货款损失

9. 托收出口押汇是_______。

A. 出口地银行对出口商的资金融通　B. 出口地银行对进口商的资金融通

C. 进口地银行对出口商的资金融通　D. 进口地银行对进口商的资金融通

10. 托收方式下的 D/P 和 D/A 的主要区别是_______。

A. D/P 属于跟单托收，D/A 属于光票托收　B. D/P 是付款后交单，D/A 是承兑后交单

C. D/P 应该即期付款，D/A 应该远期付款　D. D/P 风险相对较大，D/A 风险相对较小

11. 为防范托收方式风险，在与进口商签订贸易合同时，出口商应注意______。

A. 考查进口商的资信和经营作风

B. 了解进口国或地区的商业习惯

C. 熟悉进口国的贸易管制和外汇管理条件

D. 尽可能采用 CIF 条件成交，否则应投保卖方利益险

12. 由出口商指定的代收行如果是______，对于托收业务开展将更加便利。

A. 一家大银行　　B. 托收行的位于进口商所在地的代理行

C. 在出口商所在国　　D. 按照进口商指示行事的银行

13. 区别金融单据和商业单据的重要性在于帮助决定______。

A. 进口代收还是出口托收　　B. 票据托收还是货物托收

C. 现金托收还是支票托收　　D. 光票托收还是跟单托收

14. 银行有责任审核收到的单据以确保______。

A. 单据的真实性　　B. 单据正常

C. 单据是托收指示中列明的　　D. 单据的格式是正确的

二、问答题

1. 托收和汇付都属商业信用，但在国际贸易结算中，使用跟单托收要比汇付方式多。

2. D/P 与 D/A 对出口商来说，哪个风险更大？为什么？

3. 托收是商业信用还是银行信用，为什么？

4. 什么是信托收据？进口商凭信托收据借取货运单据后到期不付款，由谁承担责任？

三、案例讨论

1. 上海 A 出口公司出售一批货物给香港 B 商，价格条件为 CIF 香港，付款条件为 D/P 见票 40 天付款。A 公司同意 B 商指定香港 M 银行为代收行。A 公司在合同规定的装运期内将货物装船，取得清洁提单，随即出具汇票，连同提单和商业发票等委托中国 N 银行通过香港 M 银行向 B 商收取货款。七天后所装货物安全运抵香港，因当时该商品的行市看好，B 商凭信托收据向汇丰银行借单，提取货物并将部分货物出售。不料因到货过于集中，货物价格迅速下跌，B 商以缺少商业发票为由在汇票到期时拒绝付款。

请问：A 公司应如何处理此事？说明理由。

2. 广州某 A 公司与香港 B 公司达成出口某货物合同，付款条件为 FOB 广州，D/P 见票后 60 天。A 公司按合同规定将货物交付给买方指定的承运人香港 C 公司驻广州办事处，并由该公司负责运往荷兰鹿特丹。香港 C 公司在其驻广州办事处接管货物后即签发联合运输提单正本一式三份，通过其驻广州办事处交给 A 公司。联运提单所示的托运人为 A 公司，并载明货物“凭香港 B 公司指示交付”。A 公司随即将全套提单连同其他单据委托广州的银行收款。因 B 公司到期拒不付款，接受银行委托的香港代收行只得将全部单据通过银行退回 A 公司。A 公司经向香港 C 公司查询货物下落时才获悉 C 公司已按联运提单所载“凭香港 B 公司指示交付”的文字，将从香港把货物运至鹿特丹的船公司出具的正本提单交给香港 B 公司，货物也早已被荷兰的收货人凭香港船公司的提单提走。

A 公司遂以承运人无单放货为由，在广州法院对 C 公司提起诉讼，并要求赔偿全部损失。法院判决支持原告的全部理由和请求。但是，由于 C 公司已经宣告破产清理，驻广州办事处早已停业，而 B 公司在不久前也已倒闭停业，A 公司要追回损失事实上已无可能。

请问：1. 分析案例，A 公司损失的直接原因是什么？本质原因呢？

2. 在选用托收方式结算时，出口方应该如何进行风险防范？

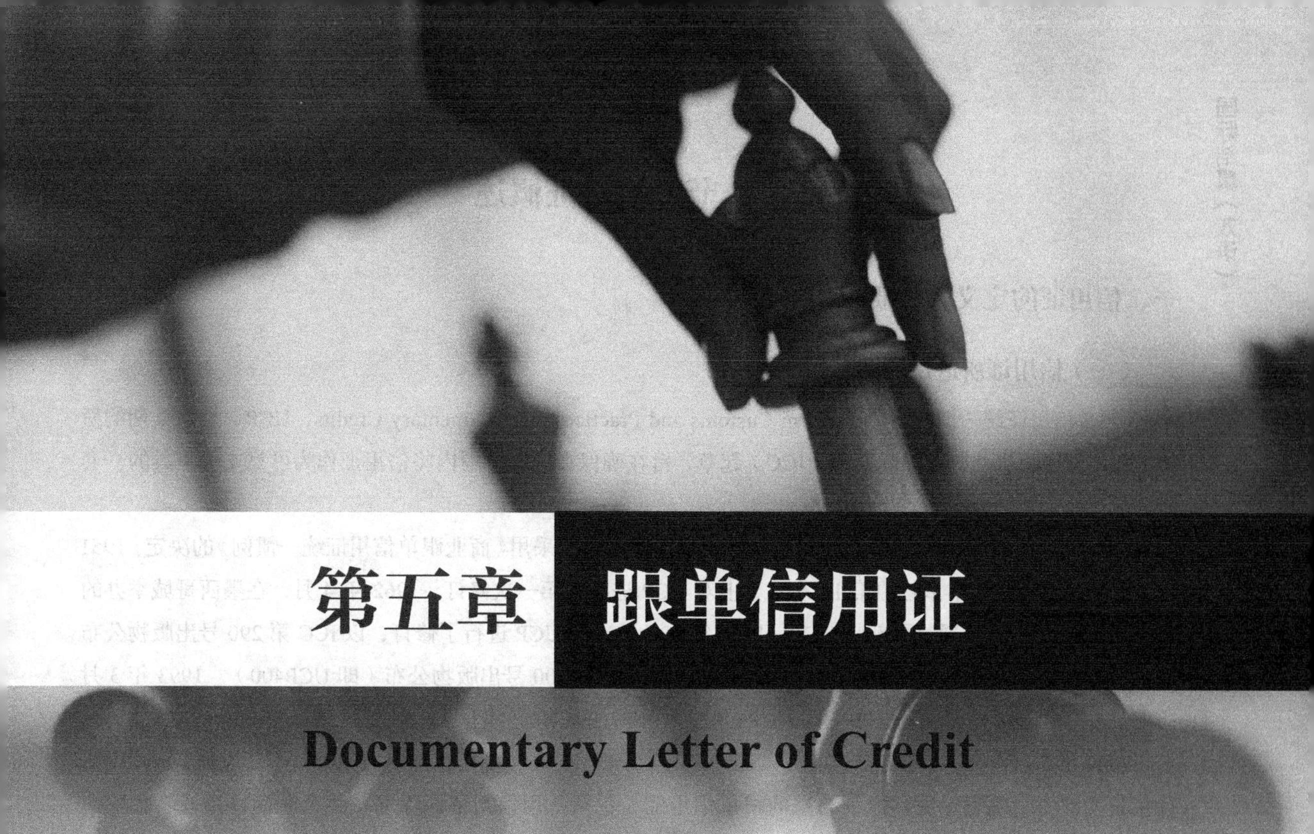

第五章 跟单信用证

Documentary Letter of Credit

学习目标和要点

——掌握信用证的定义、性质和作用

——了解信用证所适用的国际惯例

——熟悉信用证的种类和内容

——掌握信用证的使用及其风险防范

案例导读

中国甲公司向比利时乙公司订购货物，合同中约定货物的标准达到M级别，并要求对方在出厂时提供给甲方M级标准合格证书，甲公司在申请开立信用证时未要求对方提供M级合格证书作为议付单据。发货后，甲公司在未付款的情况下先提到货物，后发现质量与合同规定的M级标准不符，于是请当地检验检疫部门出具证明，提交给银行，要求银行拒付。

问题：银行可否拒付？理由是什么？

分析：银行不可拒付。虽然银行知道对方违约的事实，但是根据UCP600第五条之规定，银行只需按照单证相符的原则处理，且处理的只是单据，只要对方提供的单据与信用证要求相符，即构成相符交单，就必须付款。本案中，甲公司在开立信用证时并未要求提供M级标准合格证书，尽管在合同中有此规定，但银行不审核合同，也不审查对方是否实际违约，只审核对方提交的单据是否构成相符交单。只要构成相符交单，银行就应该付款。

第一节 信用证概述

一、信用证的定义、性质和作用

（一）信用证所适用的国际惯例

《跟单信用证统一惯例》（Uniform Customs and Practice for Documentary Credits，UCP）是在长期的贸易实践中发展起来的，由国际商会（ICC）起草，旨在确保在世界范围内将信用证作为可靠支付工具的一套惯例。

1933 年 5 月在维也纳举行的 ICC 第 7 次年会通过了关于采用《商业跟单信用证统一惯例》的决定。1951 年 1 月，ICC 在里斯本举行的第 13 次年会上对 UCP 进行了第一次修订。1962 年 4 月，在墨西哥城举办的第 19 次年会上，ICC 通过了新版 UCP。1974 年 ICC 再次对 UCP 进行了修订，以 ICC 第 290 号出版物公布（即 UCP290）。1983 年 ICC 再度进行了修订，后以 ICC 第 400 号出版物公布（即 UCP400）。1993 年 3 月 10 日，ICC 第 500 号出版物公布（即 UCP500），并于 1994 年 1 月 1 日起生效。

2007 年 7 月 1 日，ICC 正式启用了"UCP600"[49]。UCP600 第 1 条指出 UCP600 是一套规则，适用于所有在其文本中明确表示受本惯例约束的跟单信用证，包括备用信用证。除非信用证明确修改或者排除，UCP600 各条款对信用证所有当事人均具约束力。

UCP600 的条文编排参照了《国际备用信用证惯例》（International Standby Practice 1998，ISP98）的格式，对 UCP500 的 49 个条款进行了大幅度调整及增删，变成现在的 39 条。

第 1~5 条为总则部分，包括 UCP 的适用范围、定义条款、解释规则、信用证的独立性等；第 6~13 条明确了有关信用证的开立、修改、各当事人的关系与责任等问题；第 14~16 条是关于单据的审核标准、单证相符或不符的处理的规定；第 17~28 条属单据条款，包括商业发票、运输单据、保险单据等；第 29~32 条规定了有关款项支取的问题；第 33~37 条属银行的免责条款；第 38 条是关于可转让信用证的规定；第 39 条是关于款项让渡的规定。

（二）信用证的定义

从国际贸易流程的角度来看，信用证是银行（即开证行）依照进口商（即开证申请人）的要求和指示，对出口商（即受益人）发出的、授权出口商签发以银行或进口商为付款人的汇票，保证在交来符合信用证条款规定的汇票和单据时，必定承兑和付款的保证文件。

UCP600 第 2 条关于信用证的定义为："信用证是指一项不可撤销的安排，无论其名称或描述如何，该项安排构成开证行对相符交单予以承付的确定承诺。"[50]

信用证的基本当事人之间的契约关系如图 5-1 所示。

国际商会对信用证的解释为：跟单信用证是银行有条件的付款承诺；详细地说，信用证是开证银行根据申请人的要求和指示、向受益人开立的、有一定金额的、在一定期限内凭规定的符合信用证条款的单据、即期或在一个可以确定的将来日期承付一定金额的书面保证。

---

49 The Uniform Customs and Practice for Documentary Credits, 2007 Revision, ICC Publication NO. 600 ("UCP") are rules that apply to any documentary credit ("credit" including, to the extent to which they may be applicable, any standby letter of credit) when the text of the credit expressly indicates that it is subject to these rules. They are binding on all parties thereto unless expressly modified or excluded by the credit.

50 In UCP600, Article 2: Complying presentation means a presentation that is in accordance with the terms and conditions of the credit, the applicable provisions of these rules and international standard practice.

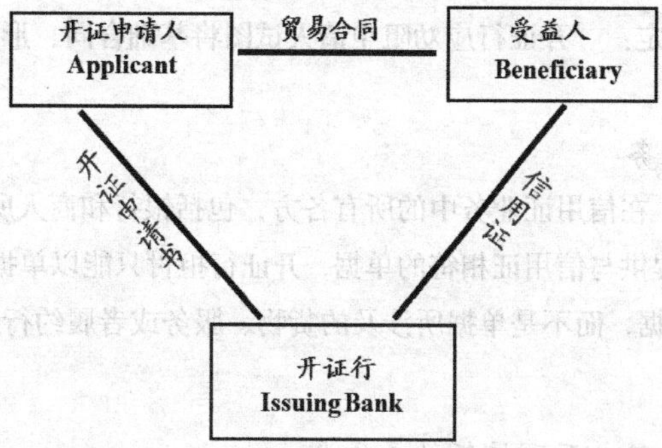

图 5-1　信用证业务（三方契约关系）

（三）信用证的性质

1. 开证行负第一性付款责任

开证行承担第一性的付款责任，但是是有条件的付款承诺。只要规定的单据提交给被指定银行或开证行，并且构成相符交单（相符提示），则开证行必须承付[51]（Honour）。

根据 UCP600 第 7 条 a 款[52]，如果信用证为以下情形之一，开证行负第一性付款责任。

（1）信用证规定由开证行即期付款、延期付款或承兑；

（2）信用证规定由被指定银行即期付款但其未予付款；

（3）信用证规定由被指定银行延期付款但其未承诺延期付款；或其虽承诺延期付款，但在到期日未予付款；

（4）信用证规定由被指定银行承兑，但其未承兑以其为付款人的汇票；或虽承兑了汇票，但未在到期日付款；

（5）信用证规定由被指定银行议付但其未议付。

2. 信用证是独立的文件

信用证是与买卖合同相分离的独立文件。

UCP600 第 4 条 a 款对于信用证与合同是这样规定的：就其性质而言，信用证与可能作为其开立基础的销售合同或其他合同是相互独立的交易。即使信用证中提及该合同，银行亦与该合同完全无关，且不受其约束。

a 款[53]还规定："因此，银行关于承付、议付或履行信用证项下其他义务的承诺，不受申请人基于其与开证行或与受益人之间的关系而产生的任何请求或抗辩的影响。受益人在任何情况下不得利用银行之间或申请人与开证行之间的合同关系。"

51 Credit means any arrangement, however named or described, that is irrevocable and thereby constitutes a definite undertaking of the issuing bank to honour a complying presentation.

52 a. Provided that the stipulated documents are presented to the nominated bank or to the issuing bank and that they constitute a complying presentation, the issuing bank must honour if the credit is available by: i. sight payment, deferred payment or acceptance with the issuing bank; ii. sight payment with a nominated bank and that nominated bank does not pay; iii. deferred payment with a nominated bank and that nominated bank does not incur its deferred payment undertaking or, having incurred its deferred payment undertaking, does not pay at maturity; iv. acceptance with a nominated bank and that nominated bank does not accept a draft drawn on it or, having accepted a draft drawn on it, does not pay at maturity; v. negotiation with a nominated bank and that nominated bank does not negotiate.

53 a. A credit by its nature is a separate transaction from the sale or other contract on which it may be based. Banks are in no way concerned with or bound by such contract, even if any reference whatsoever to it is included in the credit. Consequently, the undertaking of a bank to honour, to negotiate or to fulfill any other obligation under the credit is not subject to claims or defences by the applicant resulting from its relationships with the issuing bank or the beneficiary. A beneficiary can in no case avail itself of the contractual relationships existing between banks or between the applicant and the issuing bank.

UCP600 第 4 条 b 款[54]规定：“开证行应劝阻申请人试图将基础合同、形式发票等文件作为信用证组成部分的做法。”

3. 信用证是单据化业务

信用证业务是单据买卖。在信用证业务中的所有各方，包括银行和商人所处理的都是单据，而非货物。受益人要保证收款就一定要提供与信用证相符的单据，开证行拒付只能以单据上的不符点为由。UCP600 第 5 条规定[55]：银行处理的是单据，而不是单据所涉及的货物、服务或者履约行为。

（四）信用证的作用

1. 信用证解决了贸易双方互不信任的矛盾[56]

对进口商来说，信用证可以保证进口商在支付货款时即可取得代表货物的单据，并可通过信用证条款来控制出口商的按质、按量、按时交货。对出口商来说，信用证可以保证出口商在履约交货后，按信用证条款规定向银行交单取款，即使在进口国实施外汇管制的情况下，也可保证凭单收到外汇。

2. 信用证对进出口商的作用

对于进口商[57]来说，开证时只需缴纳部分押金，单据到达后才向银行赎单付清差额。如为远期信用证，进口商还可以凭信托收据（Trust Receipt，T/R）向开证行借单先行提货出售，到期再向开证行付款[58]。对于出口商[59]来说，在信用证项下货物装运后即可凭信用证所需单据向出口地银行叙做押汇，取得全部货款。

3. 信用证对银行的作用

对于开证行[60]来说，首先开立信用证无需动用自身的资金，可避免资金积压，而且还有开证手续费的收入；其次，授出的信用是有保证金或担保的。如果开证行履行了付款义务，其能够以出口商交来的货运单据作为保证，在进口商不付款的情况下，开证行可以处理货物，以抵补货款。如果出售的货款不足以抵偿欠款，开证行仍然有权向进口商追偿不足部分。

对于出口地银行或者议付行[61]来说，一旦出口商交来符合信用证条款规定的单据，就可以凭开证行的担保，向出口商垫款议付，并且收取手续费和贴现利息，然后再向开证行或其指定的偿付行索偿。

二、信用证当事人的权利和义务

信用证业务所涉及的基本当事人为三个：开证申请人、受益人和开证行。除此以外，还可能出现保兑行、

54 b. An issuing bank should discourage any attempt by the applicant to include, as an integral part of the credit, copies of the underlying contract, proforma invoice and the like.

55 Banks deal with documents but not with goods, services or performance to which the documents may relate.

56 First, once confirming documents are presented to the nominated negotiating bank, beneficiary will be sure to secure negotiation or outward documentary bill purchased; Second, once credit has been received by the beneficiary, it means that the foreign exchange has been permitted by the competent authorities; Third, once credit has been received by the beneficiary, it means that the goods have been approved for importation; Forth, beneficiary may obtain finance of packing loan secured by mortgage of credit received from issuing bank before shipment being effected.

57 Applicant makes reimbursement against issuing bank's surrendering documents including B/L which should be presented to the carrier for the release of goods to the applicant.

58 Applicant may apply part value of credit for margin to be given in advance to issue a credit in order to reduce the occupation and use of flowing funds.

59 Credit stipulates shipment date to control the time of delivery of goods. Credit calls for inspection certificate to control the quality of goods at the time of shipment.

60 The functions of credit relating to issuing bank are as follows: ①The issuing bank at the request and on the instruction of the applicant issues a credit, it grants its credit, but not funds to the other party. By means of issuing a credit, issuing bank receives income of opening credit commission; ②Issuing bank effects payment to the beneficiary and/or negotiating bank against presentation of documents which were complied with the terms and conditions of the credit, and it will release documents to the applicant against the latter's reimbursement to it.

61 The functions of credit relating to nominated negotiating bank are as follows: ① Drafts and/or documents were presented to the negotiating bank domiciled in the export country which believes issuing bank's definite undertaking of payment written in the credit, it is willing to negotiate them and gives value to the beneficiary; ②By means of negotiating documents, the negotiating bank gains income of examining documents charge.

通知行、被指定银行、转让行和偿付行等。具体如图 5-2 所示。

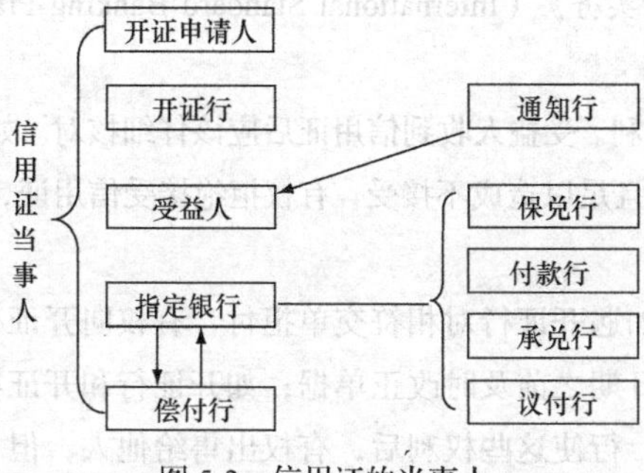

图 5-2　信用证的当事人

（一）开证申请人

在国际贸易中，开证申请人（Applicant）[62]通常是进口商（Importer）或买方（Buyer）。有时开证申请人也称“开证人”（Opener/Issuer），他还是运单的收货人（Consignee）。开证申请人（买方）的有如下权利和义务[63]。

1. 在合同规定期限内开立信用证的义务

进口商根据贸易合同的规定在其有业务往来的银行申请开立信用证。

2. 提供开证担保

开证行为了避免风险通常要求申请人提供一定形式的担保，如现金、动产或不动产，亦可以是第三者提供的保证。

3. 付款责任

在交单相符的情况下，开证行履行其付款义务后，开证申请人应该及时向开证行偿付货款并赎单。

4. 得到合格单据的权利

在赎单前开证申请人有权检验单据，如果发现交单不符，有权拒付。履行付款义务后，有权在适当的地点对货物检验，如果发现货物的品质或者数量与信用证规定不符合，进口商无权要求开证行赔付。如果属于卖方的过失，则在信用证之外买方向卖方索赔。如果属于运输或者保险公司的责任范围，买方有权向运输和保险部门索赔。

5. 信用证的欺诈例外原则（fraud exception principle）

对于受益人利用信用证的欺诈行为，开证申请人也有权请求银行拒付，或请求法院通过支付令强制银行停止对信用证的支付。

（二）受益人

受益人（Beneficiary）[64]一般是出口商或卖方，是接受信用证并享受其利益的一方。受益人受两个合同的约束：与开证申请人之间的贸易合同和与开证行之间的信用证。受益人的权利和义务[65]如下：

62 Applicant (importer) completes a sales contract with the exporter and fills in a credit application form ands ends it to his bank for approval. Applicant means the party on whose request the credit is issued.

63 Applicants' responsibilities: timely apply for credit issuance, hand over margin for credit issue, timely effect payment, and timely amend credit. Applicants' rights: rejection on credit issuance, rejection on amendment of credit, right on documents review and return, and right on claim and return of goods.

64 Beneficiary (seller) refers to the party in whose favor a credit is issued. The seller (beneficiary) examines the details of the letter of credit to make sure that the credit meets all the conditions of the contract. If necessary, he contacts the buyer and asks for any necessary amendments to be made.

65 Beneficiary's rights: require amendment or reject the credit; may take lien and stoppage in transit or resell the goods if importer goes bankrupt or is unable to pay; after shipment, exporter may claim reimbursement on bank, etc. Beneficiary's responsibilities: ship goods on time as required by credit; complete all the documents carefully and make presentation to the bank on time; make correction on the documents if there are any discrepancies, etc.

（1）信用证项下受益人所提交的单据，必须做到单单一致、单证一致，必须符合UCP600和《审核跟单信用证项下单据的国际标准银行实务》（International Standard Banking Practice，ISBP）的规定，受益人权利的兑现以提交相符单据为前提。

（2）受益人有要求改证的权利。受益人收到信用证后应该仔细核对。如果发现信用证与合同不符，有权要求修改。如果修改后仍不符，且足以造成不接受，有权拒绝接受信用证，甚至单方撤销合同，要求开证申请人赔偿。

（3）如果受益人交单后，如遇开证行对相符交单拒付，有权向开证行提出质问并要求赔偿损失；如果交单不符，可以在交单截止日期之前及时改正单据；如开证行和开证申请人一起倒闭，受益人有权行使留置权、扣货并行使停运权。行使这些权利后，有权出售给他人，但之前要通知开证申请人，如在合理时间内未得到付款或者答复，才能出售给他人，但易腐品除外。如果开证行倒闭，可以直接向开证申请人要求付款。如果是保兑信用证，开证行倒闭后可向保兑行要求付款，保兑行也倒闭的，可以要求开证申请人付款。

（三）开证行

开证行（Issuing Bank）[66]指应开证申请人要求，为其开立信用证的银行。

开证行受三个合同的约束：（1）与开证申请人之间的付款代理合同；（2）与受益人之间的信用证；（3）与通知行或指定银行之间的代理协议。

它的主要权利[67]和义务[68]如下：

（1）根据开证申请人的指示开立信用证；

（2）承担第一性的付款责任；

（3）相符付款时，开证行有权从开证申请人处获得偿付；

（4）开证行负有审核单据的义务；

（5）开证行负有保管单据的义务。

（四）保兑行

根据开证行的授权或要求对信用证加具保兑（Adding Confirmation）的银行，即为保兑行[69]（Confirming Bank）。保兑行多在受益人所在地或城市。保兑信用证下的受益人可获得开证行和保兑行的双重独立付款保证。

保兑行的权利[70]和义务[71]如下：

66 Issuing bank refers to the bank that issues a credit at the request of an applicant or on its own behalf.

67 Issuing bank's rights: ①When the issuing bank determines that a presentation does not comply, it may refuse to honour. ②When the issuing bank determines that a presentation does not comply, it may in its sole judgment approach the applicant for a waiver of the discrepancies.

68 Issuing bank's responsibilities: ①Provided that the stipulated documents are presented to the issuing bank and that they constitute a complying presentation, the issuing bank must honour. ②An issuing bank is irrevocably bound to honour as of the time it issues the credit. ③The issuing bank must examine a presentation to determine, on the basis of the documents alone, whether or not the documents appear on their face to constitute a complying presentation. ④The issuing bank shall have a maximum of five banking days following the day of presentation to determine if a presentation is complying. ⑤The issuing bank decides to refuse to honour, it must give a single notice to that effect to the presenter. In a word, Issuing Bank is the first obligator, deals exclusively with documents, the undertaking of it to pay is irrevocable and final, and it is always in the core position.

69 Confirmation means a definite undertaking of the confirming bank, in addition to that of the issuing bank, to honour or negotiate a comply presentation. Confirming bank refers to the bank that adds its confirmation to a credit upon the issuing bank's authorization or request. A confirming bank is irrevocably bound to honour or negotiate as of the time it adds its confirmation to the credit. Negotiate, without recourse, if the credit is available by negotiation with the confirming bank.

70 Confirming Bank's rights: if a bank is authorized or requested by the issuing bank to confirm a credit but is not prepared to do so, it must inform the issuing bank without delay and may advise the credit without confirmation; if the nominated bank remits to the issuing bank directly for claiming, the confirming bank will bear no responsibility for the credit.

71 Confirming bank's obligations: definite undertaking to pay; should pay, accept, negotiate drafts drawn by the beneficiary without recourse; when it advise amendments to the beneficiary without extending its confirmation to amendment, it must definitely inform the beneficiary and the issuing bank.

（1）如果规定的单据被提交至保兑行或者任何其他被指定银行并构成相符交单，保兑行必须根据信用证的种类予以承付；

（2）自为信用证加具保兑之时起，保兑行即不可撤销地受到承付或者议付责任的约束；

（3）保兑行偿付另一家银行的承诺独立于保兑行对于受益人的承诺；

（4）UCP600 第 8 条 d 款规定，被授权加具保兑的银行有权不予照办，但是必须毫不迟疑地通知开证行，并仍可通知此份未经加具保兑的信用证[72]。

在未经开证行授权或要求的情况下，一家银行与受益人达成协议（往往在受益人的要求下）对信用证加具保兑的行为，习惯上被称为“沉默保兑”[73]（Silent Confirmation）。沉默保兑行并不享有 UCP 中规定的保兑行的权利，除非在它与受益人达成的协议中另行规定。

（五）指定银行

指定银行[74]（Nominated Bank），也称“被指定银行”，是指除了开证行以外，信用证可在其处兑用的银行。如信用证可在任一家银行兑用，则任一银行均为被指定银行。被指定银行可以是即期付款行、延期付款行、承兑行、保兑行，也可以是议付行。UCP600 第 2 条定义中指出：指定银行意指有权兑用信用证的银行，对于可供任何银行兑用的信用证，任何银行均为指定银行。

UCP600 第 12 条规定[75]：

第一，除非被指定银行是保兑行，对被指定银行发出的承付或者议付的授权并不赋予指定银行承付或者议付的义务，除非该被指定银行明确同意并照此通知受益人；

第二，通过指定一家银行承兑汇票或者承担延期付款承诺，开证行即表明授权该被指定银行预付或者购买经其承兑的汇票或者由其承担延期付款责任的承诺，被指定银行对于承兑信用证和延期付款信用证这两种远期信用证可以办理贴现；

第三，非保兑行身份的被指定银行接受、审核并寄送单据的行为既不使该被指定银行具有承付或者议付的义务，也不构成承付或者议付。

（六）通知行

通知行[76]（Advising Bank）一般是开证行在受益人所在地的代理行或分行。

通知行具体责任如下：

（1）验明信用证的真实性。通知行通知信用证或修改的行为表示其已确信信用证或修改的表面真实性；

（2）通知行的审证责任。通知行与开证行是委托代理关系。通知行接受开证行指示，及时传递信用证并证明其真实性，除此之外，并不承担任何责任。

UCP600 增加了第二通知行的概念。通知行可以通过另一银行（第二通知行）向受益人通知信用证及修

---

72 In UCP600, Article 8, d. If a bank is authorized or requested by the issuing bank to confirm a credit but is not prepared to do so, it must inform the issuing bank without delay and may advise the credit without confirmation.

73 Silent confirmation: sometimes the advising bank will add their confirmation on the beneficiary's sole request without the authorization or instructions from the issuing bank.

74 Nominated bank means the bank with which the credit is available or any bank in the case of a credit available with any bank.

75 In UCP600, Article 12, a. Unless a nominated bank is the confirming bank, an authorization to honour or negotiate does not impose any obligation on that nominated bank to honour or negotiate, except when expressly agreed to by that nominated bank and so communicated to the beneficiary.

In UCP600, Article 12, b. By nominating a bank to accept a draft or incur a deferred payment undertaking, an issuing bank authorizes that nominated bank to prepay or purchase a draft accepted or a deferred payment undertaking incurred by that nominated bank.

In UCP600, Article 12, c. Receipt or examination and forwarding of documents by a nominated bank that is not a confirming bank does not make that nominated bank liable to honour or negotiate, nor does it constitute honour or negotiation.

76 In UCP600, Article 2: Advising bank means the bank that advises the credit at the request of the issuing bank. Usually it is the issuing bank's correspondent bank.

改。第二通知行通知信用证或修改的行为表明其已确信收到的通知的表面真实性，并且其通知准确地反映了收到的信用证或修改的条款。

（七）议付行[77]

议付行（Negotiating Bank）在信用证中的作用是按照信用证上开证行的邀请，对受益人提交的单据进行审核，经审核若认为符合信用证条款，则应对受益人预付货同意预付款项，购买汇票及/或单据，并向开证行/保兑行（如果有，但自身又未对信用证加具保兑）或信用证规定的付款行索偿。

议付行应该严格审核单据，获取货权抵押。开证行对议付行议付的单据是否偿付，取决于单据本身是否符合信用证条款，即构成指定银行议付的重要前提是相符交单。通常若遇开证行拒付，议付行是可以向所有人进行追索的，即议付行保有追索权。

议付行有权拒绝议付。信用证可以指定议付的银行，也可以在信用证中规定由任何银行自由议付。议付行多在受益人所在地或城市。

（八）代付行

代付行（Payment Bank）是开证行的付款代理人，是开证行在信用证中指定的为信用证项下汇票的付款人，或付款信用证项下执行付款的另一家银行。开证行通常委托通知行作为代付行，但有时也可委托其他银行为代付行。

代付行[78]有权拒绝付款。开证行和代付行的关系是代理关系。若不存在代理合同关系，开证行指定某银行为代付行，该被指定银行有权拒绝付款。

代付行一经接受开证行的代付委托，审单付款后不得向受益人追索，即付款后无追索权，它只能向开证行索偿。有时代付行根据开证行的指示不必审单，只凭议付行声明单证相符，即可按信用证要求付款，此时代付行对受益人同样无追索权。

（九）偿付行

开证行若授权另一家银行代为偿付被指定银行、保兑行（均称为索偿行）的索偿时，则该银行为偿付行。偿付行（Reimbursing Bank）一般是信用证结算货币清算中心的联行或者代理行，主要是为了头寸调拨的便利。

在指定偿付行的情况下，索偿行一方面向偿付行邮寄索偿书，另一方面向开证行寄单，开证行若收到与信用证不符的单据，有权向索偿行追回已经偿付的款项，但开证行不得向偿付行追索。

（十）交单人

UCP600 第 2 条定义中指出交单人（Presenter）[79]是指做出提示的受益人、银行或其他一方。交单[80]意指

---

77 There are two essentials for making negotiation: the negotiating bank should have got authorization from the issuing bank; the authorized negotiating bank will honour drafts and/or documents. Negotiating bank's obligation: ask reimbursement from the issuing bank and the confirming bank; examine the documents. Negotiating bank's rights: ①Unless a nominated bank is the confirming bank, an authorization to negotiate does not impose any obligation on that nominated bank to negotiate, except when expressly agreed to by that nominated bank and so communicated to the beneficiary; ②Receipt or examination and forwarding of documents by a nominated bank that is not a confirming bank does not make that nominated bank liable to negotiate, nor does it constitute negotiation.

78 Payment Bank's Rights: It may refuse to pay if the credit amount exceeds the agreement between payment bank and the issuing bank; it may refuse to pay if the documents do not comply with the terms and conditions of the credit. Payment Bank's Obligation: It checks the documents and effect payment; the payment of the paying bank is final and has no right of recourse to the presenter of documents.

79 Presenter means a beneficiary, bank or other party that makes a presentation.

80 Presentation means either the delivery of documents under a credit to the issuing bank or nominated bank or the documents so delivered.

信用证项下单据被提交至开证行或被指定银行，抑或按此方式提交的单据。

三、信用证的形式和内容

（一）信用证的形式

1. 信开本信用证

它以银行印制的信函形式来表示，其记载的内容比较全面，开立时填入具体内容即可。开证行将信用证正本用邮寄的方式给通知行转交受益人；该信用证正本为有效文件，是开证行与出口商之间的具有法律效力的合同。

2. 电开本信用证

以加注密押的电报或者电传形式开立的信用证，为电开本信用证。它又分为简电本和全电本、SWIFT 信用证。

（1）简电本是指仅记载信用证证号、开证申请人名称、总金额、装运期限以及信用证有效期等主要内容的电开本。简电本的内容比较简单，其目的就是预先通知出口商，以便其早日备货。

（2）全电本是指开证行以电文形式开出的内容完整的信用证。该信用证是否为有效文本要根据其条款来判断。

如果电文中注明"This is an operative instrument. No airmail confirmation to follow"，则这样的电开本就是有效文本，可以作为交单议付的依据。

如果电文中注明"airmail confirmation to follow"，则是以邮寄的证实书作为有效文本和交单议付的依据。

（3）SWIFT 信用证又称"环球同业银行金融电讯协会"，是国际银行同业间的国际合作组织，成立于1973 年。目前全球大多数国家大多数银行已使用 SWIFT 系统。SWIFT 的使用为银行的结算提供了安全、可靠、快捷、标准化、自动化的通信业务，从而大大提高了银行的结算速度。由于 SWIFT 的格式具有标准化，目前信用证的格式主要都是用 SWIFT 电文。

银行做全电开证时，可采用 SWIFT 方式，利用 SWIFT 系统所设计的特殊格式来传递信用证。

SWIFT 系统设计的信用证格式代号为 MT700、MT701，必须加注密押。

（二）信用证的内容

（1）开证行的名称（issuing bank）：一般在信用证中首先写出，应为全称加详细地址。

（2）信用证号码（L/C number）：一般必须填写。

（3）信用证形式（form of credit）：一切信用证均应明确表示是可撤销的还是不可以撤销的。如果不写明，就视为不可撤销的信用证。

（4）开证日期（date of issue）：必须写明开证日期，这是信用证是否生效的基础。

（5）受益人（beneficiary）：即出口商，是唯一享有利用信用证支取款项权利的人，因此必须写明受益人的完整名称和详细的地址。

（6）开证申请人（applicant）：信用证为买卖合同签约双方约定的支付工具，信用证的申请人应是买卖合同中的买方（进口商），应标明其完整的名称和详细地址。

（7）信用证金额（L/C amount）：是开证付款责任的最高限额，应能满足买卖合同的支付，必须用大小写金额表示。

（8）有效期限（terms of validity，expiry date）：是受益人向银行交单取款的最后期限，超过这一期限，银行不再负担付款责任。

（9）生效地点、交单地点（expiry place）：必须明确，一般为开证行指定的出口地银行。

（10）汇票出票人（drawer）：信用证受益人，只有可转让信用证经过转让后，出票人才可能不是原证受益人。

（11）汇票付款人（drawee）：必须根据信用证的规定来确定。

（12）汇票出票条款（drawn clause）：表明汇票是根据某某号信用证开出的。

（13）对单据的要求：信用证一般列明需要的单据，并详细说明单据的名称、份数和具体要求。一般为商业发票、运输单据、保险单据。

（14）货物描述内容（goods description）：包括货名、数量、单价以及包装、唛头、价格条件等最主要的内容和合同号码。

（15）装运地/目的地（port of shipment / port of destination）：信用证一般会规定关于运输的事项，即装货港、卸货港、目的地、装运期限。

（16）分装/转运：信用证上还必须说明可否分批装运、可否转运。

（17）开证行对有关银行的指示条款：包括对议付行、通知行、付款行的指示条款。对于通知行，常需要说明通知受益人时加注或者不加注保兑；对于议付行或者代付行，一般规定议付金额背书条款、索汇方法、寄单方法。

（18）开证行的保证条款：表明付款责任，是开证行做出的单方面的承诺。

（19）开证行的签章：一般情况是采用双签，就是两人签字的做法，由开证行有权签名人的签名。

（20）其他特别条件：说明特别要求，如限制某银行议付，限制某国承运等。

信开本的内容基本包括信用证上的所有内容；全电本的内容目前银行都采用 SWIFT。与信开本相比，SWIFT 信用证将保证条款取消了，但是其要求必须加注密押，密押经过核对正确无误后，SWIFT 信用证才能生效。

第二节 信用证的基本流程

一、申请开立信用证

进出口双方在货物买卖合同中确定采用信用证结算方式后，开证申请人就必须按照合同规定向进口地银行申请开立信用证[81]。申请开证的进口商或者开证申请人应填写开证申请书，以作为银行开证的依据。

二、开证行开立信用证

开证行一旦接受申请并开出信用证，在法律上就与申请人构成了开立信用证的权利与义务的关系，开证申请书就成为两者之间的契约。

开证行有权要求申请人交纳一定的抵押金或者以其他形式作为银行执行其批示的担保，然后开出信开本或电开本信用证。

81 The documentary credit operation consists of five big business parts, namely opening a documentary credit, receiving documents from issuing bank, accepting and advising credit, negotiating the credit and remitting the documents and claiming reimbursement. The former two belong to inward credit practice of Importer's bank while the latter three belong to outward credit practice of Exporter's bank.

三、通知与转递

出口地银行收到信用证后，应通知或者转递受益人；受益人接受信用证后，进行发货、交单、取款。

1. 信用证的通知

针对电开本而言。通知行将信用证的内容填写在通知书上发给受益人，通知行有义务仔细审查信用证条款的完整性及真实性。

2. 信用证的转递

针对信开本而言。信开本的信用证在寄送到出口地银行时，由银行核对印鉴。如果相符，银行只须将原证照转给受益人，办理这种业务的银行称为“转递行”（Transmitting Bank）。

四、受益人审证并提交单据

受益人在收到信用证时，必须严格根据合同来审证。我国的通知行现在已经基本不代为受益人审核信用证了，所以受益人要自行审核。审核信用证主要看信用证条款是否与合同一致，审核的内容一般有以下项目：

（1）信用证是否属于通知行正式通知的有效信用证；

（2）审核信用证的种类；

（3）审核信用证是否加保兑；

（4）审核开证申请人和受益人；

（5）审核信用的金额和币种；

（6）审核付款期限和有关货物的描述；

（7）审核信用证的到期日；

（8）审核装运期、转船、分批装运条款和有效期；

（9）审核信用证付款方式和提交的单据；

（10）审核信用证上印就的其他条款和特殊条款。

受益人审证无误后，可以按期出运，准备好信用证项下要求的金融单据和商业单据，在信用证规定交单截止日期之前，连同信用证一并送到指定银行获得货款。本环节要注意交单期限和单据的质量。

五、议付与索汇

1. 银行审单、寄单

指定银行收到受益人提示的单据后，应该按照表面上“单单一致，单证一致”的原则审核。无误后根据信用证有关规定向受益人付款、承兑汇票或予以议付。议付时，需从汇票金额中扣除自议付之日起至开证行向议付行付款期间的利息及手续费，将剩下的净款支付给受益人，并将已做了批注的信用证退还给受益人。此后，指定行可以按照信用证条款中有关寄单的规定，将单据寄交开证行，要求开证行偿付。

2. 索偿

开证行若指定偿付行，指定银行应该一方面把单据寄交开证行，一方面直接向偿付行索偿。若未指定偿付行，所指定银行可以将单据一次或分次寄开证行并同时向开证行索偿。

信用证规定的索偿方式一般分为四类：单到付款、主动借记、授权借记和向偿付行索偿。

（1）单到付款是指议付行向开证行寄单、索偿，开证行审单无误后付款。

（2）主动借记是指开证行或其总行在议付行开立账户。信用证规定，议付后可立即借记其账。

（3）授权借记是指开证行在议付行虽然开立账户，但信用证规定，必须在开证行收到正确单据后，再授权议付行借记其账户。

（4）向偿付行索偿是指开证行指定第三家银行为偿付行，偿付行一般是在开证货币的发行国。

六、开证行审单偿付

开证行收到单据，在最多 5 个银行工作日内审单完毕，确定单证相符后，就向指定银行偿付。如果信用证另有偿付行，开证行不办理偿付，而只接受单据。

七、申请人付款赎单

开证行接受单据后，按照它与开证申请人预先订立的偿付协议交单给开证申请人。申请人按照预先订立的协议，偿付单据款项给开证行。开证申请人把运输单据提交当地承运人或其代理人，提取货物。

即期跟单议付信用证收付程序如图 5-3 所示。

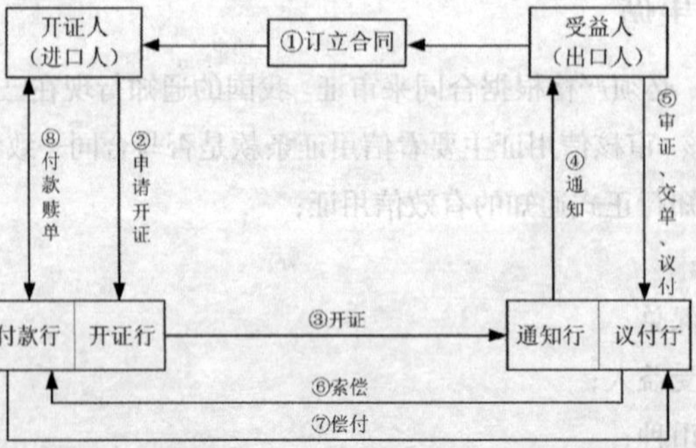

图 5-3　即期跟单议付信用证收付程序示意图

说明：

① 进出口商签订买卖合同，并约定以信用证进行结算；

② 进口商向所在地银行申请开立信用证；

③ 开证行开出信用证；

④ 通知行将信用证通知给受益人——一般为出口商；

⑤ 出口商首先审核信用证。接受信用证后，将货物交与承运人，取得相关单据；出口商备齐信用证规定的单据和汇票后向议付行提示，要求议付；议付行审单无误后，垫付货款给出口商（议付）；

⑥ 议付行议付后，将单据和汇票寄付款行索汇；

⑦ 付款行收到与信用证相符的单据后，审单偿付；

⑧ 开证行通知进口商备款赎单；进口商审核单证相符后，付清所欠款项（申请开证时已交保证金），开证行将信用证下的单据交进口商，不再受开证申请书的约束；

⑨ 进口商凭单据向承运人提货。

第三节　信用证的种类

一、可撤销与不可撤销信用证

根据开证行对所开出的信用证所负的责任来区分，信用证分为可撤销信用证和不可撤销信用证。《跟单信用证统一惯例》（UCP600）第 2 条中规定，信用证一经开立即为不可撤销。这与 UCP500 是有所区分的。

1. 可撤销信用证（Revocable Letter of Credit）

可撤销信用证[82]是指在开证之后，开证行无需事先征得受益人同意就有权修改其条款或者撤销的信用

82 A credit may be amended or cancelled or revoked by the issuing bank without the beneficiary's consent and even without prior notice to the beneficiary up to the moment of payment by the bank at which the issuing bank as made the documentary credit available.

证。这种信用证对于受益人来说是缺乏保障的。

虽然可撤销信用证有上述特征，但是，根据 UCP 500 第 8 条 b 项规定，即便是可撤销信用证，只要受益人已经按信用证规定交单，指定银行已经凭单证相符做出付款、承兑或议付，那么，信用证就不可再行撤销或修改了。

2. 不可撤销信用证[83]（Irrevocable Letter of Credit）

不可撤销信用证[84]是指未经开证行、保兑行（如有）以及受益人同意，既不能修改也不能撤销的信用证。这种信用证对于受益人来说是比较可靠的。

不可撤销信用证有如下特征。

（1）有开证行确定的付款承诺。

对于不可撤销跟单信用证而言，在其规定的单据全部提交给指定银行或开证行、符合信用证条款和条件时，即构成开证行按照信用证固定的时间付款的确定承诺。开证行确定的付款承诺如下。

① 对即期付款的信用证——即期付款。

② 对延期付款的信用证——按信用证规定所确定的到期日付款。

③ 对承兑信用证——凡由开证行承兑者，承兑受益人应出具以开证行为付款人的汇票，并于到期日支付票款；凡由另一受票银行承兑者，如信用证内规定的受票银行对于以其为付款人的汇票不予承兑，应由开证行承兑并在到期日支付受益人出具的以开证行为付款人的汇票；或者，如受票银行对汇票已承兑，但到期日不付，则开证行应予以支付。

④ 对议付信用证——根据受益人依照信用证出具的汇票及/或提交的单据向出票人或善意持票人履行付款，不得追索。

（2）具有不可撤销性。

这是指自开立信用证之日起，开证行就受到其条款和承诺的约束。如遇要撤销或修改，在受益人向通知修改的银行表示接受该修改之前，原信用证的条款对受益人依然有效。

当然，在征得开证行、保兑行（如有）和信用证受益人同意的情况下，即使是不可撤销信用证也是可以撤销和修改的。

二、保兑与不保兑信用证

根据是否有另一家银行对之加以保兑，不可撤销信用证又可分为保兑信用证[85]和不保兑信用证两种。

1. 保兑信用证（Confirmed L/C）

（1）保兑信用证的概念。

一份信用证上除了有开证行确定的付款保证外，还有另一家银行确定的付款保证，这样的信用证就是保兑信用证。

保兑行对信用证所负担的责任与信用证开证行所负担的责任相当，即当信用证规定的单据提交到保兑行

83 A credit that constitutes a definite undertaking of the issuing bank, provided that the stipulated documents are presented to the nominated bank or to the issuing bank and that the terms and conditions of the credit are complied with, to say, accept drafts and/or documents presented under the documentary credit.

84 According to UCP600, "irrevocable" means the definite, irrevocable undertaking of the issuing bank to pay the seller provided that the terms and conditions are met. This credit gives the beneficiary great assurance of payment, whether it will be paid or not depends on the undertaking of the foreign issuing bank, and the precondition for payment is that the stipulated documents are presented and all the stipulations of the credit are complied with, and gives the applicant less flexibility as the credit can only be amended or cancelled if all parties thereto agree. More attention is, in an irrevocable credit, the term "irrevocable" is clearly indicated and a credit is irrevocable even if there is no indication to that effect. Therefore, a credit according to UCP600 issued is considered to be irrevocable unless otherwise stipulated.

85 According UCP600, confirmation is only added to an irrevocable credit at the request or the authorization of the issuing bank.

或任何一家指定银行时，在完全符合信用证规定的情况下则构成保兑行在开证行之外的确定承诺。因此，保兑的信用证的特点是：

① 有开证行和保兑行双重确定的付款承诺；

② 保兑行的确定的付款承诺。

（2）保兑行对信用证加具保兑的具体做法如下。

① 开证行在给通知行的信用证通知书中授权另一家银行（通知行）在信用证上加保。例如：

□ without adding your confirmation

╳ adding your confirmation

□ adding your confirmation, if requested by the Beneficiary

② 通知行用加批注等的方法，表明保证兑付或保证对符合信用证条款规定的单据履行付款并签字。例如：

This credit is confirmed by us. We hereby added out confirmation to this credit.（此是由我行加保的信用证。我行因此给该信用证加具保兑。）

2. 不保兑信用证（Unconfirmed L/C）

不保兑信用证是未经另一家银行加保的信用证。即便开证行要求另一家银行加保，如果该银行不愿意在信用证上加具保兑，则被通知的信用证仍然只是一份未加保的不可撤销信用证。通知行在给受益人的信用证通知中一般会写上：

This is merely an advice of credit issued by the above mentioned bank which conveys no engagement on the part of this bank.（这是上述银行所开信用证的通知，我行只通知而不加保证。）

不保兑信用证的特点是：只有开证行一重确定的付款责任。

3. 沉默保兑[86]

沉默保兑指的是虽然开证行并未授权指定银行对信用证进行保兑，而指定银行加具了它的保兑的情况。这种保兑代表了保兑行和受益人之间的协议，仅对受益人和保兑行有效。

三、即期付款信用证

即期付款信用证（Sight payment L/C）是受益人开立即期汇票，或不需即期汇票仅凭单据即可向指定银行提示请求付款的信用证。[87]

付款行付款后无追索权。

例如：

╳ by payment at sight

□ by deferred payment at:

□ by acceptance of drafts at:

□ by negotiation

四、承兑信用证

承兑信用证（Acceptance L/C）是开证行对于受益人开立以开证行自己为付款人或以其他银行为付款人

86 Sometimes, the beneficiary may ask the advising bank or another bank to add its “confirmation” to the credit despite not being so authorized by the issuing bank. This kind of confirmation is called “silent confirmation”.

87 A sight credit is one that provides for payment immediately at the counters of the issuing bank or the confirming bank or the nominated paying bank upon presentation of documents in conformity with the credit terms.

的远期汇票，在审单无误后，应承担承兑汇票并于到期日付款责任的信用证。[88]

具体做法是：受益人开出以开证行或指定银行为受票人的远期汇票，连同商业单据一起交到信用证指定银行。银行收到汇票和单据后，先验单，如单据符合信用证条款，则在汇票正面写上“承兑”字样并签章，然后将汇票交还受益人（出口商），收进单据。待信用证到期时，受益人再向银行提示汇票要求付款，这时银行才付款。银行付款后无追索权。

例如：

☐ by payment at sight

☐ by deferred payment at:

╳ by acceptance of drafts at:

☐ by negotiation

五、延期付款信用证

延期付款信用证（Deferred Payment Credit）是指不需汇票，仅凭受益人交来单据审核相符，确定银行承担延期付款责任起，延长一段时间及至到期日付款的信用证。

在业务处理上，延期付款信用证[89]与承兑信用证类似，所不同的是受益人不需要出具汇票，只需将符合信用证规定的单据交到指定银行；指定银行在验单无误后收入单据，待信用证到期再行付款。

延期付款信用证由于没有汇票，也就没有银行承兑，对于受益人来说明显的不利处在于无法像承兑信用证那样去贴现银票。如果受益人急需资金而向银行贷款，银行贷款利率比贴现率高，不利于企业对资金的利用。

例如：

☐ by payment at sight

╳ by deferred payment at:

☐ by acceptance of drafts at:

☐ by negotiation

六、议付信用证

议付行议付或购买受益人在信用证项下交来的汇票/单据，只要这些汇票、单据与信用证条款相符，就将被开证行正当付款，这种信用证即为议付信用证（Negotiation L/C）。[90]

信用证议付的具体操作方法是：受益人开具汇票，连同单据一起向信用证允许的银行进行议付。议付银行则在审单后扣除垫付资金的利息，将余款付给受益人。然后，议付行将汇票与单据按信用证规定的方法交与开证行索偿。

议付行是票据的买入者和后手。如果因单据有问题，遭开证行拒付，其有权向受益人追索票款。这是议付行与付款行的本质区别。

议付信用证下受益人开出的汇票有即期和远期之分。

---

88 An acceptance credit is one that indicates a bank which is called accepting bank, it may be the issuing bank or another nominated bank, to accept the face value of draft drawn on this bank at maturity. It must be a usance credit and the draft thereunder must a time bill drawn on the issuing bank, the advising bank, or any other drawee bank.

89 A deferred payment credit is one that indicates a bank which is called also paying bank to pay on a specified future time after the date of the bill of lading or after the presentation of documents. Deferred payment credit and acceptance credit are usance (time) credit. While the difference between the two is that the latter may certainly require drafts and the former may not at all. The reason of no drafts required for deferred payment credit is mainly to avoid the stamp duty.

90 A negotiation credit is one under which the issuing bank authorizes other nominated banks which is called negotiating bank to negotiate sight or time drafts presented and/or documents by the beneficiary.

即期汇票的情况是：受益人开立以开证行为付款人、以受益人（背书给议付行）或议付行为收款人的即期汇票，到信用证允许的银行进行交单议付；议付银行审单无误后立即付款，然后将汇票和单据寄开证行索偿。

远期汇票的情况是：受益人开立远期汇票，到信用证允许的银行交单议付；议付行审单无误后，将汇票、单据寄交开证行承兑；开证行承兑后，寄出"承兑通知书"给议付行或将汇票退给议付行在进口地的代理行保存；等汇票到期时提示开证行付款，款项收妥后汇交出口商。如果出口商要求将银行承兑汇票贴现，则议付行在进口地的代理行可将开证行的承兑汇票送交贴现公司办理贴现，出口商负担贴现息。但是，议付行未买入单据，只是审单和递送单据，并不构成议付。

按信用证议付的范围不同，议付信用证又可分为限制议付信用证和自由议付信用证两种。

1. 限制议付信用证[91]

这是指定议付银行的信用证，在限制信用证中有具体的议付行名称。例如：

Credit available with Bank of China，Heilongjiang

☐ by payment at sight

☐ by deferred payment at:

☐ by acceptance of drafts at:

╳ by negotiation

against the documents detailed herein:

╳ and Beneficiary's drafts drawn at sight on The Bank of Tokyo Ltd., Tokyo, Japan.

2. 自由议付信用证[92]

这是不指定议付行的议付信用证。例如：

Credit available with Any Bank in China，Heilongjiang

☐ by payment at sight

☐ by deferred payment at:

☐ by acceptance of drafts at:

╳ by negotiation

against the documents detailed herein:

☐ and Beneficiary's drafts drawn at sight on The Bank of Tokyo Ltd., Tokyo, Japan.

七、可转让信用证

可转让信用证（Transferable L/C）[93]是指信用证的受益人（第一受益人）可以要求信用证中特别授权的转让银行，将该信用证全部或部分转让给一个或数个受益人（第二受益人）使用的信用证。

可转让信用证的定义包含了如下几层意思。

（1）可转让信用证适用于中间贸易。它适用于以卖方作为中间商人，向买方成交的交易。由卖方再去寻找供货人将已成交的货物发给买方。这里的卖方是第一受益人，供货人是第二受益人。

91 Under a restricted negotiation credit, the authorization from the issuing bank to negotiate the drafts drawn under the credit and/or documents is restricted to a specific nominated bank, and the beneficiary can only negotiate the drafts and/or documents with the negotiating bank.

92 In a free negotiation credit, the issuing bank invites or authorizes any bank to negotiate the drafts and the beneficiary may present the drafts and/or documents to and receive money from any bank of his choice.

93 According to UCP600, Article 38, a transferable credit means a credit that specifically states it is "transferable". A transferable credit may be made available in whole or in part to another beneficiary (second "beneficiary").

（2）只有被明确注明“可转让”（Transferable）字样的信用证才可以被转让。

（3）只能转让一次。但是，第二受益人将信用证转回第一受益人不在禁止之列。

（4）信用证的受益人有权要求转让。

（5）办理转让的银行是信用证指定的转让行。第一受益人必须通过转让行办理信用证转让业务，不能由第一受益人自行转让信用证给第二受益人。

（6）转让的金额可以是部分的，也可以是全部的。

（7）转让的对象可以是一个或几个。

可转让信用证能否分割转让给几个第二受益人，应视信用证是否允许分批装运而定。若允许分批装运，便可以分割转让给数个第二受益人，且每个第二受益人仍然可以办理分批装运。

（8）除少数条款，信用证只能按照原证规定的条款转让。

（9）根据 UCP600 规定，即使信用证未表明可转让，并不影响受益人根据现行法律规定，将信用证项下应得的款项让渡给他人的权利。但是，这仅是款项的让渡，而不是信用证项下执行权力的让渡。

八、背对背信用证

背对背信用证（Back to Back L/C）[94]是指一个信用证的受益人以这个信用证为保证要求一家银行开立以该银行为开证行、以这个受益人为申请人的一份新的信用证。也称转开信用证。其中的原始信用证又称为“主要信用证”，而背对背信用证被称为“第二信用证”。背对背信用证主要用于中间商的贸易活动，其特点如下：

（1）背对信用证的开立并非原始信用证申请人和开证行的意旨；

（2）背对背信用证与原证是两个独立的信用证，同时并存；

（3）背对背信用证的第二受益人不能获得原证开证行的付款保证，只能得到背对背开证行的付款保证；

（4）开立背对信用证的银行就是该证的开证行，一经开立，该行就要承担开证行责任。

九、对开信用证

对开信用证（Reciprocal L/C）[95]是以交易双方互为开证申请人和受益人、金额大致相等的信用证。

对开信用证中，第一份信用证的开证申请人就是第二份信用证的受益人；反之，第二份信用证的开证申请人就是第一份信用证的受益人。第二份信用证也被称作“回头证”。第一份信用证的通知行一般就是第二份信用证的开证行。

生效方法：分为两份信用证同时生效或者两份信用证分别生效。

对开信用证广泛用于易货贸易、来料加工贸易、补偿贸易等。

十、预支信用证

预支信用证（Anticipatory L/C）是在信用证中列入特别条款授权保兑行或其它指定银行在交单前预先垫

94 B/B credit is one issued dependent on another credit, which may happen when a credit in favor of the beneficiary is not stated to be transferable, or, although transferable, it cannot meet the commercial requirements of transfer in accordance with the stipulation in the UCP600.

95 In the operation of a reciprocal credit there are two credits under which the applicant of one credit (the original credit) may assume the position of the beneficiary of the second credit (the reciprocal credit), and the issuing bank of the original credit may become the advising bank of the reciprocal credit. Te amount of the two credits can be equivalent, or roughly. A reciprocal credit is mostly used in a barter trade, a trade of processing of incoming materials, incoming drawings and samples, and/or compensation trade; there are usually two transactions and credits involved.

款付给受益人的一种信用证。预支信用证[96]主要用于出口商组货而资金紧张的情况，所以这种信用证的预支是凭受益人光票和按时发货交单的保证进行的，有些信用证则规定受益人要提交货物仓单作抵押。具体分类如下。

1. 根据预付金额，分为全部预支和部分预支信用证

预支全部金额信用证（Clean Payment Credit）的做法是由出口商开出光票（Clean Bill）预支全部货款，也称"预付货款方式"。除开具光票外还须附上一张保证书（Statement），保证书的内容是讲明出口商负责交付信用证规定的所需单据，保证按时交货。若受益人事后未补交单据或将预支款挪作他用，或未采购契约规定的契约货物而带来的风险时，垫款银行不承担责任，其风险应由进口商或开证银行按信用证规定的条款偿还已垫款的本息。

2. 根据预付货款的条件，分为红条款信用证和绿条款信用证

（1）红条款信用证（Red Clause Letter of Credit）

红条款信用证用于预支信用证所列金额的部分款项，预支部分金额条款用红颜色打印字体，以示明确、醒目，故称"红条款信用证"。在国际贸易实务中，近年来对预支部分款项的条款也未用红色字体，也可通用。

红条款内容须表明允许出口商预支部分金额，然后在指定日期补交单据后，银行扣除预支款的本息，付清余额。进口商同意采用红色条款信用证，一旦出现风险，其预支款应由进口商承担责任，故采用红条款信用证时应慎重行事。

（2）绿条款信用证（Green Clause Letter of Credit）

绿条款信用证与红条款信用证的功能相类似，但绿条款信用证所含的内容与作法比采用红条款信用证更为严格。

采用绿条款信用证的做法，是出口商须将预支资金所采购的契约货物，以银行的名义存放仓库，将仓库单据交付银行持有，以保证该预支金额依信用证规定使用，并受到控制以减少资金被挪用的风险。在国际贸易的实务中，进口商同意采用绿条款信用证时，进口商须向开证银行提供担保或抵押，而且一般来讲凡采用绿条款信用证的，其项下预支金额数量较大，故为了明确其功能，必须在信用证中注明"绿条款信用证"字样。

十一、循环信用证

一种信用证规定该信用证的使用方法是带有条款和条件，使其不许修改信用证，而能够更新或复活。这种信用证就是循环信用证（Revolving L/C）。[97]

在进出口买卖双方订立长期合同，分批交货，而且货物比较大宗单一的情况下，进口方为了节省开证手续和费用，即可开立循环信用证。

它可分为以下两种。

（1）按时间循环使用的循环信用证

按时间循环的信用证是受益人在一定的时间内可多次支取信用证规定的金额。

（2）按金额循环使用的循环信用证

按金额循环的信用证是信用证金额议付后，仍恢复到原金额可再次使用，直至用完规定的总额为止。

96 Anticipatory credit mainly refers to a red clause credit, which is based on the anticipated payment of the credit amount. In other words, it is a credit with special clause in red added thereto that authorizes the advising bank or the confirming bank or any other nominated bank to make some or all advances to the beneficiary before presentation of the documents. An anticipatory credit is also called as a packing credit.

97 This is the so-called revolving credit according to the credit amount to be used repeatedly, which reviews itself after its all or partial amount is drawn. In other words, a revolving credit is one by which the amount of the credit is renewed or reinstated to the original amount after it has been utilized without specific amendments to the credit.

在按金额循环的信用证条件下，恢复到原金额的具体做法有：

① 自动式循环。每期用完一定金额，不需等待开证行的通知，即可自动恢复到原金额。

② 非自动循环。每期用完一定金额后，必须等待开证行通知到达，信用证才能恢复到原金额使用。

③ 半自动循环。每次用完一定金额后若干天内，开证行未提出停止循环使用的通知，自第×天起即可自动恢复至原金额。

根据信用证付款方式，UCP600 将信用证的种类划分如下（见图 5-4）。

- 信用证
  - 承付信用证
    - 即期付款信用证
    - 延期付款信用证（远期信用证）
    - 承兑信用证（远期信用证）
  - 议付信用证
    - 自由（公开）议付信用证
    - 限制议付信用证

图 5-4 UCP600 按付款方式划分的信用证种类

第四节 信用证方式下银行的风险

信用证方式是建立在银行信用基础上的支付方式，业务比较复杂，涉及的当事人多。在信用证业务中，除进出口商面临各种风险外，银行同样面临巨大风险。银行的风险主要表现在两个方面，一方面是银行提供服务时面临的服务风险；另一方面是银行在提供融资业务时面临的融资风险。

一、服务风险

这主要是指银行在信用证方式下提供服务时可能面临的风险。具体如下。

（一）银行提供开证服务时面临的风险

信用证是一种有条件银行付款保证。当开证行向出口商开出信用证时，则构成开证行的一项承诺，即出口商只要提供与信用证条款相符的单据，开证行就应履行付款责任。当开证行对外付款后，尽管此时开证行往往掌握进口商申请开证时预先交付的信用证金额一定比例的保证金，但进口商并未向开证行付款赎单或并未完全支付信用证中的金额，这样开证行就要承担对外付款后进口商不赎单或拒付的风险。

（二）银行通知信用证时可能面临的风险

信用证的通知一般是由开证行在信用证中指定出口地银行承担。按照 UCP600 的规定，当出口地银行接到对方银行开立的信用证时，应通过核对密押号码（TEST NO.）和预留印鉴（SIGNATURE）等方式来表面审核所收到信用证的真伪。如不能确定信用证真伪，出口地银行在不承担任何责任的前提下，告知出口商此信用证尚未确定真实性的事实，并以最快方式联系开证行加以确认。如果通知信用证时未满足上述要求，则通知行应承担相应责任。

（三）出口地被指定银行提供服务时可能面临的风险

根据 UCP600 规定，任何信用证都应标明是付款信用证、延期付款信用证、承兑信用证，或议付信用证。当这些信用证的付款、承兑或议付责任由开证行指定的出口地银行来承担，并且这些银行接受指定时，这些被指定银行就要代替开证行审核出口商提交的单据，并在“相符交单”（单证一致、单单一致、单内一致，Complying Presentation）条件下向出口商（受益人）付款、承兑远期汇票或者议付单据，然后向开证行寄送单据，或向开证行或其指定的偿付行索汇。

如果在向开证行寄单索汇时，因疏忽大意未发现单据存有不符点，或者恰遇开证行信誉不佳时，这些银行就会面临被拒付而遭受损失的风险。在向偿付行索汇时，如果开证行并未及时向偿付行发出偿付授权书，或当偿付行收到索汇书的时间早于收到开证行偿付授权书的时间，则索汇行将面临偿付行拒付的风险。

（四）保兑行向受益人付款后可能遭遇开证行的拒付的风险

信用证业务中的保兑行通常由开证行在信用证中指定的、信誉优良、规模较大、实力雄厚的银行来担任，一般为出口地银行。当接收了开证行的指定并同意对信用证加具保兑时，保兑行便承担了与开证行相同性质的付款保证责任。

出口商依据保兑信用证的要求发货后，通常向保兑行提交单据要求付款。保兑行凭审核后的相符交单付款，然后向开证行寄单索汇。如开证行信誉不佳或者进口国的政治风险较大（这也可能是出口商要求进口商开立保兑信用证的原因），保兑行则面临不能及时或无法索回款项的风险。

（五）循环信用证下开证行面临进出口商合谋套取银行信用的风险

循环信用证是为进出口商贸易结算业务提供便利的一种特殊信用证方式。这种信用证通常是因进出口双方发生经常性贸易往来，为节省进口商多次申请开证的费用，而由开证行向出口商开出的，它允许进口商在一定期限内多次使用。在这一信用证方式下，进口商一次交付一定比例的保证金，就可由开证行对出口商多次提交的出口单据予以认可。这种情况下，如果进出口商联手欺诈，出口商可获取数额远大于进口商开证保证金的资金，而后二者瓜分。此时，开证行就会遭受损失。

二、融资风险

信用证业务中的银行不仅提供中间业务服务，同时还提供资金融通服务。在融资业务中，银行同样面临各种风险。

（一）押汇之后面临拒付风险

无论是提供出口押汇的银行，还是提供进口押汇的银行，均面临押汇（购买单据）后资金无法回收的风险。对于出口押汇而言，押汇行面临开证行拒付的风险，或在向出口商追索时，出口商丧失偿付能力的风险；对于进口押汇而言，开证行若对进口商资信了解不够，对进口市场行情产生误判，则面临进口商不愿或无力偿还押汇票款（还本付息）的风险。

（二）汇票贴现后付款行拒付的风险

远期信用证下受益人提交远期汇票要求出口地银行贴现后，当汇票的付款人（此时一般为开证行）资信不佳时，贴现银行在汇票到期后，持票向开证行收款，有遭汇票付款人拒付的可能。这样，贴现行就承担一定的风险。此外，按照票据法的相关规定，尽管此时作为汇票正当持票人的贴现行有权向受益人追索融资款，但同样也面临出口商不退款或者无款可退的风险。

（三）打包放款银行面临的风险

叙做打包放款的银行面临出口商不发货、延迟发货、挪用放款、未做到专款专用，或开证行拒付的风险。打包放款本应是出口地银行在出口商发运货物前，给予出口商预先准备货物的一种贷款，但如果出口商得到借款后不用于备货，或将贷款挪作他用，或即使用在准备货物上，但迟迟不发运货物，使得打包放款下的信用证过期，出口商就不能获得信用证下开证行的付款。因为打包放款是以国外来证作抵押的贷款，这种情况下，打包放款银行发放的贷款就无法按期回收。此外，即便出口商确将借款做信用证项下备货之用，但若开证行或进口商以各种理由拒付信用证款项，出口商就无法收回货款，进而影响贷款回收，使打包放款银行处于尴尬境地。

（四）预支信用证下开证行面临出口商不发货或延迟发货的风险

预支信用证是开证行指示出口地银行向出口商融资，以便于出口商按照信用证的要求准时向进口商发货的一种信用证。如果出口商获得信用证项下的预支款项后不发货，或延迟发货，或干脆一走了之，则开证行和进口商一样面临损失的风险。

（五）假远期信用证下开证行面临进口商不付款的风险

假远期信用证是开证行向进口商融资的一种信用证。当开证行或其指定银行将远期汇票金额按即期向出口商付款后，会面临进口商虽承兑远期汇票，但到期不付款的风险。

案例分析

信用证“软条款”案

一、案情介绍

1998 年 12 月 25 日，我国 A 银行收到日本 B 银行的即期不可撤销信用证，申请人为日本的 D 公司，受益人为我国的一个外贸公司下属的食品加工企业 C。银行收到信用证后认真审查了该证，发现有一软条款“Inspection Certificate Issue by Mr.zhang of d,xx office in two copies”。工作人员在通知受益人时，指出了该软条款，提醒受益人注意。受益人称该张先生现驻其公司，未提出异议。后 C 公司在信用证有效期内分为两次发货，并提交规定单据到 A 银行议付。第一次议付时间是 1999 年 1 月 29 日，金额为 USD26800，准时收回货款。问题出在第二次议付上。

第二次议付时间是 1999 年 2 月 5 日，议付金额为 USD107520，因该证有偿付行，议付行及时收到了押汇款。可时隔几日开证行发电至议付行称该单据有不符点，“检验证书上签字系伪造”，拒付并要求退回已收到的偿付行的款项。同时，申请人 D 公司驻我国办事处也来人到 A 银行，称他们收到的为空箱，根本没有货。A 银行意识到问题的严重性，经研究做出决定：首先要保证资金安全，收到的款项不能退回。同时根据 UCP500 第十五条“银行对于任何单据的形式，完整性、准确性、真实性、伪造或法律效力，或对于单据上规定的或附加的一般性（及/或）特殊性条件概不负责”的规定给开证行发电据理力争，毫不退让。经过交涉，使开证行最终在 1999 年 3 月 15 日同意付款。

二、案情分析

本案例中，开证申请人授权签发检验证这一条款，不仅违反了有关进出口商品检验需由一个独立贸易关系人之外的第三者、一个有资格、有权威性的检验专业机构来执行的惯例，而且也违背了 UCP500 号第四条规定：“在信用证业务中，各有关当事人处理的是单据，而不是与单据有关的货物服务或其他行为。”因此，D 公司的做法违背了国际惯例。

我国 A 银行工作人员在通知受益人时，已经指出了该信用证中的软条款，我国的 C 企业还是接受了这种绵里藏针的“软条款”，这会使出口商承担很大的收汇风险。在实务中如果要求签字式样须与开证行的留样相符，进口商可以在开证行留张三的印鉴而派李四去签单，这样，如果行情看涨时他可以签发检验证，而到付款时万一行情下跌，可以利用“印鉴不符”拒付。我国的 C 企业因盲目接受“软条款”信用证而造成收汇困难。

此案例只是形形色色“软条款”的一种形式。常见的“软条款”形式还有如下几种。

1. 某单据需要进口商或其指定的代表会签方有效。如：“Commercial invoice in 3 copies counter signed by ×× international（HK）LTD.”一般来说，出口方签发的商业发票只需出口方签字或当地贸促会会签即可，寄给开证行交申请人或其指定人会签，很容易造成延误交单期的不符点。

2. 暂不生效条款。This credit is not operative, it will become operative as soon as the applicant obtains the Italian import license; We shall advise you of receipt of import license after which dated the credit will become valid.

3. 货样寄申请人经确认后受益人才可交单或装运。这种条款要求货样经过确认后方可装船，以确认货样的文件作为议付单据。如果对方故意拖延交单，对装船和结汇都有影响。

4. 通过修改信用证做文章的软条款。如：“卸货港（或装运日等）将以修改证的形式通知”，这种使装运处于不确定状态的条款，使得信用证要素不全，出口商如果贸然加工备货，修改证不到，则会增加仓储费支出。

本案例反映的另外一个问题是银行业务人员的警惕性不高。从该笔信用证本身的两次议付看，颇有可疑之处。这其中有三个时间、三个金额的比较：收到信用证的时间为1998年12月25日，金额为USD134400；第一次议付时间为1999年1月29日，金额为USD26880；第二次议付时间为1999年2月5日，金额为USD107520。假如说该公司从收到信用证开始备货，那么出第一批货用了近35天，而短短的6天后，又备齐了整整4倍于第一批的货，而时间仅用了1/6，难道这不奇怪吗？由此，货物存在质量和短装问题也就不奇怪了。

同时，A银行对客户C的资信、生产能力了解不够。A银行在处理纠纷过程中了解到该公司确实存在一定欺诈现象。首先，货物质量存在问题；其次，货物短装，虽未超过UCP500规定标准，却未相应减少货款，而是依照信用证金额足额索汇；再次，C公司不配合银行工作，迫于无奈方说出事情真相。银行给客户做出口押汇，要对客户的资信有充分了解，落实还款保障。从本案例看，A银行业务人员忽略了这根本的一点。

三、结论和启示

通过本案，我国进出口企业及银行在信用证结算中应做好以下几项工作。

1. 反复磋商，绵里拔针

卖方在收到信用证后应重点审核信用证内容与买卖合同是否一致，搞清楚其条款对出口方的利弊，对确有必要进行修改和删除的部分，应及时向开证申请人提出。

2. 成交前，要做好外商的资信调查工作，要了解客户

不少外贸企业以为只要拿到信用证，认为有银行信用作保证，就可以高枕无忧，这种想法是错误的。资信不好的商人尽管开了信用证，但他仍可用软条款的办法拒付货款、迟付货款，甚至骗取货物，而议付银行对此无能为力。因此，一笔成功的交易取决于有一个善意的客户。

3. 睁大慧眼，识破欺诈

软条款在正常的贸易中屡见不鲜，其危险性和危害性也是不容置疑的。在有验货条款的情况下，经再三催促，如果买方根本不派人来验货，使卖方千辛万苦备好的出口货物到头来成为不值钱的库存货，卖方被逼无奈，不得不将好端端的货物作降价处理；那么，买方的欺诈之心昭然若揭。这种先把现货演变成存货然后再从中获利的“魔法师”国内外大有人在，我们还是小心谨慎为好。卖方对于一些不知底细的客户，一定要保持头脑冷静，一旦发现买方心术不正，宁可放弃一两笔生意不做，也绝不能稀里糊涂地钻进他们事先设计好的圈套里。

4. 加强银企合作，增强抗风险能力

虽然依据UCP500第七条、第十二条，作为通知银行没有提醒受益人软条款的义务，但银行为了提高服务

质量，不妨多站在出口商的角度去审证，重点审核开证行的资信能力、付款责任和索汇路线是否清楚，及时和出口商沟通，将风险关口前移，树立银行为企业服务的新形象。此外，信用证毕竟是为基础贸易服务的一种结算工具，多了解一些单证以外的客户资信情况，对银行给客户做出口押汇、落实还款保障还是很有帮助的。

5. 灵活变通，让生意做成

有时，进口商为了防范自己被卖方坑蒙拐骗，在信用证里加软条款，但事实上，他们的确是想让生意最终做成的。对这种情况下的软条款，卖方要灵活对待，采取一些变通的方法，既满足信用证条款的要求，又认真制作单据、准时装船出运，且保证货物品质，实现自己的出口利益。如果买方订购的数量多、金额大，卖方则应要求信用证允许分批装运，生产一批，发运一批，收汇一批，如此循环可避免长时间占压大笔资金。更重要的是这种“化整为零”的做法使“船小好掉头”，万一订单履约中市场行情发生了意外变化，卖方可以避免库存风险。

（资料来源：郭燕、杨楠楠. 国际贸易案例精选 [M]. 中国纺织出版社，2004. 1）

练习题

一、选择题

1. 国际商会的以下出版物中，适用于商业信用证的是_______。

A. UCP 600　B. URC 522　C. ISP 98　D. INCOTERMS 2010

2. 信用证是一种_______文件。

A. 非正式的付款担保　B. 有条件的付款承诺

C. 无条件的付款承诺　D. 无任何风险的担保

3. 下列说法正确的是_______。

A. 单证相符时，开证行或保兑行应独立履行其付款承诺。除受买方申请人制约，不应受其他当事人干扰。

B. 信用证是独立文件，与销售合同分离。

C. 信用证作为一种结算工具，其是否有效执行，取决于该笔交易是否得到银行认可。

D. 采用信用证方式，银行不仅处理单据，还要监管货物。

4. 跟单信用证业务中，三角契约安排规定开证行与受益人之间权责义务受______约束。

A. 销售合同　B. 开证申请书　C. 担保文件　D. 跟单信用证

5. 所谓信用证“严格相符”原则，是指受益人必须基本做到_______。

A. 单据与信用证条款严格相符　B. 单据与合同条款严格相符

C. 信用证与合同严格相符　D. 单据与信用证、合同严格相符

6. 不可撤销保兑信用证的鲜明特点是_______。

A. 给予受益人双重的付款承诺　B. 有开证行确定的付款承诺

C. 给予买方最大的灵活性　D. 给卖方以安全性

7. 信用证的特点表明各有关银行在信用证业务中处理的是_______。

A. 相关货物　B. 相关合同　C. 抵押权益　D. 相关单据

8. 在信用证业务中，_______不必向受益人承担付款的责任。

A. 开证行　B. 保兑行　C. 通知行　D. 付款行

9. 一般说来，保兑行一经对信用证加具保兑，其责任是_______。

A. 在议付行不能付款时，承担付款责任　　B. 承担第一性的付款责任

C. 在开证行不能付款时，承担付款责任　　D. 在开证申请人不能付款时，承担付款责任

10. 由被授权议付的银行对汇票或所附单据实施购买的信用证称为_______。

A. Negotiation Credit　　B. Transferable Credit

C. Acceptance Credit　　D. Reciprocal Credit

11. 关于议付信用证项下的汇票，下述正确说法的是_______。

A. 既可以是即期汇票，也可以是远期汇票　　B. 只能是即期汇票

C. 只能是远期汇票　　D. 不需要汇票

12. _______是一类允许出口商在装货交单前可以支取全部或部分货款的信用证。

A. 即期付款信用证　　B. 预支信用证　　C. 对开信用证　　D. 保兑信用证

13. 在使用可转让信用证时，转让行不可以改变的是_______。

A. 商品单价　　B. 信用证总金额

C. 有关商品品质规格的条款　　D. 装运期和信用证有效期

14. 下列信用证中，将使用保兑信用证的是_______。

A. 我向国际收支困难的国家出口　　B. 我从国际收支困难的国家进口

C. 我向发达国家出口　　D. 我从发达国家进口

15. 可转让信用证下负责办理交货的是______。

A. 第一受益人　　B. 开证申请人　　C. 中间商　　D. 第二受益人

二、问答题

1. 如何理解 UCP600 的适用问题？UCP600 比 UCP500 有哪些方面进步？
2. 什么是信用证？它具有哪些特点？简述其交易流程。
3. 保兑行和开证行在信用证中的作用有哪些相同点和不同点？
4. 信用证交易中，主要涉及哪些当事人？他们各自的责任和义务是什么？
5. 四种不同适用方式的信用证之间有什么区别？
6. SWIFT 系统开立的信用证主要包括哪些内容？

三、案例讨论

中国某公司收到国外开来的不可撤销信用证，由设在我国境内的某外资银行通知并加以保兑。中方在货物装运后，正拟将有关单据交银行议付时，忽接该外资银行通知，由于开证行宣布破产，该行不承担信用证的议付或付款责任，但可接受我出口公司委托向买方直接收取货款业务。

请问：中方对此应如何处理？

第六章 进口信用证实务

Practices of Inward Letter of Credit

学习目标和要点

——掌握申请开立、修改信用证的内容、原则及其程序

——掌握开证行开出信用证的方式

——了解《UCP600》对单据处理的有关规定和银行对不符单据的处理

——熟悉不同兑付方式信用证下有关银行的责任

案例导读

2010 年 10 月 8 日，进口商 A 公司申请开立跟单即期信用证，金额为 125000 美元，从我国香港地区进口原材料。2010 年 12 月 5 日，开证行 I 收到议付行 N 寄来的全套单据，发现以下不符点：（1）信用证过期；（2）迟装。

I 银行向申请人 A 公司提示单据，询问其是否接受上述不符点。由于进口的原材料是 A 公司的生产急需品，故 A 公司同意接受不符点，拟赎单提货。但是，A 公司又称受益人 B 公司尚欠其货款 52000 美元，想从本次款项中扣除，欲以 73000 美元赎单。

问题：开证行 I 银行会否满足 A 公司的要求？为什么？

分析：开证行 I 银行要求 A 公司直接与 B 公司商定。因为这种做法不符合国际惯例。（2010 年 12 月 8 日，开证行 I 银行以上述不符点为由，向议付行 N 银行发出拒付通知。经 A 和 B 商定之后，2010 年 12 月 10 日，A 称 B 已同意以 73000 美元赎单，I 银行致电 N 银行，要求其确认；12 月 12 日，N 银行发来确认电，12 月 13 日 A 公司赎单，I 银行对外付款 73000 美元。）

第一节　申请开立信用证

一、开立信用证的条件[98]

开立信用证的条件如下。

（1）申请人必须是具有法人资格和进口经营权的企业，并在开证行开立本币或外币账户，其财务、经营状况正常且资信良好[99]，与开证行保持稳定的结算业务往来并获得开证行给予的进口开证授信额度[100]。

（2）企业经营的进口商品在批准经营范围之内。

（3）进出口双方选择以信用证作为结算方式。

（4）是“对外付汇进口单位名录”在册企业。

（5）提供一定比例的保证金及/或其他形式的担保，对于资信良好的优质客户，可减免保证金。

二、进口商开证前应注意的问题

在提出开证申请之前，进口商必须明确以下事项。

（1）在跟单信用证业务中，有关各方面处理的是单据而非货物。因此，在签合同时，应清楚对方的资信状况，确保卖方是一家能提供所售货物的信誉企业。

（2）进口商应明确要求受益人必须提交的单据的种类、份数及抬头等。例如，货运单据应保证进口商能在目的地提货，不得有任何货物或包装缺陷的记载，要求提供全套提单，未经授权的人不能提货等。

（3）申请开立信用证前，一定要落实进口审批手续及外汇来源。

（4）开证时间的掌握应以卖方收到信用证后能在合同规定的装运期内出运为原则。

（5）合同签订后，进口商应该按照合同的规定办理申请开立信用证的手续。但是，有的进口合同规定必须满足一定的条件才能对外开证。例如，合同规定：①在卖方确定交货期后才申请开证；②在卖方领到出口许可证后开立信用证；③在出口商支付履约保证金后才开证；④进口商收到出口商提供的、由银行出具的履约保函之后开证。只有在这些条件满足之后，进口商才应该去履行申请开立信用证的义务。

三、申请开立信用证的程序

（一）选择开证行

我国一些稍具规模的企业为结算方便的需要，或因银行间的同业竞争，通常在2～3家银行开立人民币或外汇账户，因此在选择开证行时必须对开户银行进行认真筛选。一般首选在国内外信誉较好的银行，选择这样的银行，容易被受益人接受，减少可能产生的费用（如选择信誉欠佳的银行，受益人可能要求对信用加具保兑，由此产生额外的保兑费）；其次，在银行信誉相差无几时，选择费用低、收取开证保证金额或比例

98 Credit information is essential to make a judgment as to whether the applicant is in compliance with the terms of those to whom the bank will offer its credit and the operation and standard of such a investigation are basically the same as those of an inspection of general credit receivers. Specifically, the bank shall examine the following aspects of the applicant at first: ① operational conditions and profits; ② financial analysis; ③ turnover of funds; ④ standing in its industry and development trend of the industry; ⑤ operator; ⑥ correspondence with banks.

99 The issuing bank will under take the first-time responsibility of payment once a credit is issued, so it should find out the credit information of the applicant before issuing a credit to make the guarantee of payment available.

100 Review of credit line: Business of documentary credit issuance belongs to a business of credit line in the bank. The bank will establish a credit line for a customer upon his request of issuing a letter of credit according to his credit, mortgage of pledge and trade background. The credit line for issuing a credit will be included in the comprehensive credit line for the customer. During the life of the letter of credit, the bank will keep it informative and follow each step of the operation, and put the whole process of operation under its supervision.

较低的银行为开证行。

（二）填写开证申请书

1. 开证申请书的主要内容

进出口双方在贸易合同中确立以信用证方式结算，进口方即可按贸易合同规定向当地银行申请开立信用证，填写开证申请书。开证申请书是开证行开立信用证的依据，也是开证行与开证申请人之间的法律契约。按照UCP600的规定，开证申请书的内容必须完整准确，为了防止混淆和误解，开证申请书中不应罗列过多的细节。开证申请书必须明确写明对信用证的各项要求，尤其是据以付款、承兑或议付的单据的种类、文字内容及出具单据的机构等。开证申请书内容分为正反面两部分：正面为开证申请书的主要内容，反面为开证申请人声明。开证申请书的主要内容有：

（1）开证申请人；

（2）受益人；

（3）与货物运输有关的内容：如最迟装运日期、是否允许转运、是否允许分批装运、起运港、目的港等；

（4）信用证的性质，是议付、承兑、即期付款还是延期付款；

（5）汇票内容；

（6）货物描述；

（7）装运唛头；

（8）单据要求；

（9）其他指示：如银行费用由谁承担、票据须在什么时候提交、金额和数量可否上下浮动等；

（10）申请人根据合同要求加列的特殊条款。

开证申请人声明

×××银行：

我公司已办妥一切进口手续，现请贵行按我公司申请书第一页中的内容开出不可撤销跟单信用证。我公司声明如下：

一、我公司同意贵行依照国际商会第 600 号出版物《跟单信用证统一惯例》办理该信用证项下一切事宜，并同意承担由此产生的一切责任。

二、我公司保证按时向贵行支付该证项下的货款、手续费、利息及一切费用等所需的外汇和人民币资金。

三、我公司保证在贵行单到通知书中规定的期限内通知贵行办理对外付款／承兑，否则贵行可认为我公司已接受单据，同意付款、承兑，并有权主动直接从我公司在贵行的本外币账户中扣款。

四、我公司保证在单证表面相符的条件下办理有关付款、承兑手续。如因单证有不符之处而拒绝付款、承兑，我公司保证在贵行单到通知书中规定的日期之前将全套单据如数退还贵行并附书面拒付理由，由贵行按国际惯例确定能否对外拒付。如贵行确定我公司所提拒付理由不成立，或虽然拒付理由成立，但我公司未能退回全套单据，贵行有权主动办理对外付款、承兑，并直接从我公司账户中扣款。

五、该信用证及其项下业务往来中如因邮递、电传、电讯发生遗失、延误、错漏，贵行当不负责。

六、该信用证如需修改，由我公司向贵行提出书面申请，由贵行根据具体情况确定能否办理修改。我公司确认所有修改当由信用证受益人接受时才能生效。

七、我公司在收到贵行开出的信用证、修改书副本后，保证及时与原申请书核对，如有不符之处，保证在接到副本之日起，两个工作日内通知贵行。如未通知，当视为正确无误。

八、如因申请书字迹不清或词义含混而引起的一切后果由我公司负责。

（盖章）

（授权人签字）

年月日

2. 进口开证申请书的填制

进口开证申请书需填写以下内容。

（1）申请人（Applicant）。填写申请人的全称及详细地址，有的要求注明联系电话、传真号码等。

（2）受益人（Beneficiary）。填写受益人的全称及详细地址。

（3）到期日和地点（Expiry Date and Place）。填写信用证的有效期及到期地点。

（4）信用证金额（Amount）。分别用数字和文字两种形式表示，并且表明币种。如果允许有一定比率的上下浮动，要在信用证中明确表示出来。

（5）分批装运（Partial Shipment）、转运（Transshipment）。根据合同的实际规定打“X”进行选择。

（6）装运地/港（Loading on Board/dispatch/taking in charge at/from）。按实际填写。

（7）付款方式（Credit available. . .with/by）。在所提供的即期、承兑、议付和延期付款四种信用证有效兑付方式中选择与合同要求一致的类型。

（8）货物描述（Description of Goods）。所有内容（品名、规格、包装、单价、唛头）都必须与合同内容相一致，价格条款里附带“as per INCOTERMS2010”、数量条款中规定“more or less”或“about”、使用某种特定包装物等特殊要求必须清楚列明。

（9）单据条款（Documents Required）。各银行提供的申请书中已印就的单据条款通常为十几条，申请人填制这部分内容时应依据合同规定，不能随意增加或减少。选中某单据后对该单据的具体要求（如一式几份、是否需要签字、正副本份数、单据中应标明的内容等）应如实填写，若申请书印制好的要求不完整，应在其后予以补足。

（10）附加指示（Additional Instructions）。该栏通常体现为以下一些印就的条款，如需要已印就的上述条款，可在条款前打“×”，对合同涉及但未印就的条款还可以做补充填写。

（11）银行专用栏（For Bank's Use Only）。开证申请人申请开立信用证，必须提供保证金。保证金占信用证总金额的百分比，是依开证申请人的公司信誉及其与往来银行之间的关系，经友好协商确定的。

3. 开证申请书填制应注意的问题[101]

（1）所填写事项应正确、完整，并且内容不得相互矛盾。

（2）申请书内容不能违背买卖合同上的有关条件，重要的条款须按合同的内容填写。

（3）合同规定的条款应转化在相应的信用证条件里，因为在信用证结算方式下，只要单据表面与信用证条款相符合，开证行就必须按规定付款。如信用证申请书中含有某些条件而未列明应提交与之相应的单据，银行将认为未列此条件，而不予理睬。

（4）所要求的单证种类及格式、递送方法等应能确保开证行的债权。

（5）填写申请书时应遵守有关国际惯例和银行业务程序。

（6）不宜将买卖合同上的详细内容都填列上，要简单明了。

（7）不得将与信用证无关的内容写入申请书中，也不得将模棱两可、可做弹性解释的或有争议的条款写入申请书中。

（三）提交进口合同复印件、进口许可证给开证行备案

由于开证行一旦开出信用证，只要受益人交单相符，就承担了不可撤销的付款责任。因此，日后付汇时，

101 The issuing bank should: ①review the terms and conditions of the proposed documentary credit to ensure that they are in compliance with the policies of the bank and in accordance with the legal requirements or regulations of the issuing bank's country; ②review whether the applicant's instruction, as to the method of notifying the beneficiary are acceptable or whether the bank is authorized to choose its own correspondent for advising the documentary credit.

为了避免因有关文件不具备而导致银行付汇与国家政策相矛盾的情况发生，我国国家外汇管理局规定，申请人在申请开证时，就必须备妥有关文件。如果合同项下进口的货物属进口许可证管理的商品，进口商一般要在申请开立信用证之前完成进口许可证的申办工作，并将一联正本提交开证银行作为开立信用证的先决条件。

此外，银行还会要求贸易商提供进口合同复印件作为参考和备案。不过此项要求对于进口商而言，没有什么风险或难度，而且还有机会得到银行专业人士对于合约条款与内容的意见和建议，尤其是涉及有关金融条款和资金安全方面的内容。

第二节 信用证的开立与修改

一、开证行的审核

在进口商申请开证时，银行为规避自身的风险，通常进行“三查一保”。“三查”是指审查开证申请人的资信情况，查验有关进口开证必须提供的有效文件，审查开证申请书和开证申请人声明；“一保”是指开证申请人必须向开证行缴纳开证保证金。

（一）开证行审核申请人的资信

因为信用证是一种银行信用，开证申请人的资信好坏直接关系到开证银行的利益，因此要像办理一般贷款业务一样，对申请人进行全面了解。银行对开证申请人一般是审核下述几个方面。

（1）如果申请人是首次申请开证，开证行应严格审核申请人的注册情况、经营状况、财务状况及经济效益，以及申请人是否有进出口经营权。对于首次来银行办理进口业务的客户，应递交：①工商营业执照副本。②批准其经营进出口业务的批文原件。③客户隶属关系批件（如有）。④法人代表授权书，内容应包含客户单位的中、英文企业全称（应与许可证、营业执照相符）；列明经营业务及被授权人的签样、印章、企业公章、财务章。该授权书必须有法人代表亲笔签名并加盖公章，客户企业公章、法人代表必须与进出口企业批文（如有）、工商营业执照中相关内容相符；客户应在授权书中明确表示，有关业务受国家及有关职能部门颁布的相关法规及规定约束；严格按国际惯例履行有关权利义务。

（2）如果申请人不是首次申请开证或与开证行已有业务往来，主要审查以往业务往来中有无不良记录以及目前的经营状况、财务状况和经济实力等。

（3）审查该笔业务的贸易背景。开立无贸易背景的信用证必须在外汇管理部门备案，而开立该类信用证是各银行风险监控的重点，有的银行规定必须是总行才有权办理此类业务，省行作为一级分行和市行作为二级分行均无权办理。因此，一般情况下，开立信用证均需提供贸易背景。开证行应了解信用证项下的贸易情况，并对下列情况予以特别注意。①热门商品（特别是已经明显形成炒买炒卖的商品），由于价格变化时间短、幅度大，当市场价不利于开证申请人时，申请人拒付的可能性将大大增加。因此，开证行通常对此类产品的进口开证应谨慎处理。②开立无货权凭证的信用证，如陆运的仓单、货物承运收据，空运的航空运单等，由于开证行无法掌握物权而可能面临申请人不付款造成银行垫款、又不掌握货物的“款货两空”的危险，因此风险较大。在这种情况下，开证行也应谨慎处理。另外，对于有 1/3 提单必须在装船前由申请人自寄给受益人的条款的信用证，由于银行不一定能掌握物权，也需十分谨慎。

（二）审查开证时提供的有效文件

银行在接受开证申请书时，应同时查验申请人提供的有效文件，如进口许可证、贸易进口付汇核销单、有关部门的登记文件等。

（三）审查开证申请书和开证申请人声明

开证申请书既是开证行开立信用证的依据，又是开证行与开证人之间法律性书面契约。开证申请人声明是开证申请人申请开立信用证应承担的义务和责任的书面承诺。开证行收到申请人填制好的开证申请书后，必须对以上两项内容进行审查，主要是审核申请书正面的重点内容。

（1）申请书的内容有无违反国际惯例的条例。

（2）申请人、受益人的名称、地址是否齐全。

（3）申请开证的金额大小写是否齐全、一致。

（4）货物描述中的单价与数量的乘积与总价是否一致，有无折扣、佣金。

（5）货物的规格是否齐全，有无附件说明等。

（6）起运港和目的港及转运港（如有），目的港在境内，需外汇管理部门批准。

（7）货物的分批、转运条款。

（8）申请书中的单据条款是否合理，有无前后矛盾之处。

（9）信用证的种类及指示信用证的开出方式。

（10）信用证的到期日（有效期）和到期地点。

（11）申请书中的附加条款及其他说明是否合理，有无前后矛盾之处。

（12）申请书下面的企业公章，法人代表签字（章）和财务专用章等是否齐全。

（四）要求存入开证保证金

信用证一经开出，开证行承担第一性的付款责任，所以开证行为了保证自身资金安全、维护自身信誉，对不同的开证申请人收取不同比例的保证金或抵押品，或第三者出具的担保等，主要是为了防止申请人违约、破产或因为市场行情的变动导致申请人无力付款赎单的风险。

开证行要求申请人存入保证金，但可有一定程度的减免。

（1）申请人与开证行有业务往来、资信好，或办理了抵押、质押手续的，或由其他金融机构、有实力的公司为其出面担保的，开证行可免收保证金。

（2）申请人与开证行有业务往来、但账户金额有限，或有过不良记录、信誉欠佳的，或首次申请开证又无担保和抵押、质押品的，开证行将收取全额保证金。

（3）申请人在开证行的账户余额或抵押品或质押品小于开证金额，或担保人不愿全额担保等，开证银行要收取一定比例的保证金，具体缴纳保证金的数额与申请人的资信、货物的市场销售等情况有关。

大多数要求开立跟单信用证的客户都需要在一段时间内多次开立，而不仅仅是一笔交易。若每进行一笔业务都搞一次资信调查，手续较繁杂。因此，银行往往根据资信调查情况规定一个授信额度，此额度是减免保证金开证的最高限额，有了额度之后，若开证金额未超过额度，不收保证金，超过授信额度的才收取保证金。国外保证金通常不计利息。

（五）开证行选择通知行

开证行在选择国外通知行时，通常会考虑通过其在出口商所在地的分支机构或代理行。因为分支机构或代理行之间定期交换密押、印鉴（签字样本），所以通过密押的审核和确定印鉴一致更容易确定信用证的真伪。

二、信用证开立方式

开证行对以上所述内容审核无误并收取保证金和开证费用以后，即按申请书的要求开立信用证。信用证的开立有两种形式，即信开和电开。

（一）信开

信开（Credit Opened by Airmail）是指以信函方式将信用证的内容打在信用证的格式上，经有权签字人签字后，以航空邮递方式将信用证寄给国外通知行通知受益人。最初，信用证都是信开的，装运日期较长或金额较小的信用证可采用此方式。现在一般很少使用。

（二）电开

电开（Credit Opened by Telecommunication）是指开证行以电讯方式将信用证通知受益人或通知行。20世纪80年代使用加押电报（Cable）开立信用证，如90年代前我国较多使用加押电传（Telex）开立信用证，90年代中后期至目前我国普遍使用的SWIFT开立的信用证，均属于电开信用证。电开证中又有简电开证和全电开证之分。

1. 简电开证（Brief Cable Credit）

简电开证又称“预先通知信用证[102]（Pre-advice Credit）”，是指开证行只是通知已经开证，将信用证主要内容，如信用证号码、受益人名称和地址、开证行名称、金额、货物名称、数量、价格、装运期及信用证有效期等预先通告通知行，但详细条款将另航寄通知行。由于简电本内容简单，在法律上是无效的，所以不足以作为交单承付或议付的依据。该简电通知中必须注明“详情后告”（“Full details to follow”）或类似用语，或声明以邮寄证实书作为有效信用证文件。

在实务中经常发生简电通知与随后收到的证实书条款不一致的情况，使受益人不敢完全依据简电通知提前备货，以防日后证实书与简电通知有不同规定造成受益人方面的被动局面。为此，UCP600进一步明确规定：已发出该预先通知的开证行将不可撤销地承诺毫不延误地开立证实书，且条款与预先通知无不一致处。这加大了开证行及申请人的责任，保护了受益人的利益，便于其依据简电通知提前做好备货、商检等工作，充分发挥“简电通知”的“提前通知”作用。如果开证行不准备承担不可撤销的责任去开立信用证或修改时，则应在预先通知中用文字表明。无论如何，按照UCP600第1条的要求，开证行在预先通知中应该表明开立的信用证是否受UCP600的约束，以使受益人知道，他已收到的预先通知信息的信用证是否应按照UCP600办理。

2. 全电开证（Full Cable Credit）

全电开证是指开证行以电讯方式开证，把信用证全部条款传达给通知行。全电开证本身是一个内容完整的信用证，因此可凭以交单承付或议付。有些银行在电文中注明“有效文本”，借以明确该全电本性质。未标明“详情后告”或“随寄证实书”等字样的电开信用证或修改，应视为有效电开信用证或修改。

如果采用SWIFT开证，必须使用SWIFT手册规定的代号（tag），必须依照UCP600的内容及其规定。在信用证中可省去开证银行的承诺条款，但不能免除银行所应承担的义务。SWIFT 信用证采用标准化的电文格式，并在电文的末尾有密码，若来往密码不相符，会被系统自动拒绝。

信用证开立之后，开证银行通常将其先交给进口商审核。进口商应及时地参照开证申请书核对信用证的内容，如果发现有不相符的内容或不妥之处，或者因临时情况变化需要对信用证进行修改的，应立即向开证银行递交修改申请书（进口商一般应该在接到信用证副本之日起2个工作日内通知开证银行是否需要修改），要求开证银行办理修改信用证的手续。如果进口商在上述期限内未通知银行，则视为信用证正确无误，开证

102 UCU600 Article 11b: A preliminary advice of the issuance of a credit or amendment (“pre-advice”) shall only be sent if the issuing bank is prepared to issue the operative credit or amendment. An issuing bank that sends a pre-advice is irrevocably committed to issue the operative credit or amendment, without delay, in terms not inconsistent with the pre-advice.

银行即正式对外开出信用证。

三、信用证的修改

修改信用证是指要求对已经开出的信用证所列的内容或条件予以变更，其变更的条款称为“修改”条款。

（一）UCP600对信用证修改的规定

UCP600第10条[103]关于“修改”，主要做出了如下规定：

（1）除可转让信用证另有规定以外，未经开证行、保兑行（如有）以及受益人同意，信用证既不能修改也不可撤销；

（2）通知修改给受益人时，保兑行可以选择不延伸其保兑至修改。如果保兑行选择这样做，它必须不延误地将此情况通知开证行和受益人，且必须承认该保兑对于原始信用证部分仍然有效，不受修改影响。如果受益人拒绝修改，原来保兑的信用证仍有效，保兑行的责任同样有效；

（3）自发出信用证修改书之时起，开证行就不可撤销地受其发出修改的约束。保兑行可将其保兑扩展至修改内容，且自其通知该修改之时起，即不可撤销地受到该修改的约束；

（4）UCP600第10条d分条还首次规定，通知修改的银行应当将任何有关接受或拒绝接受修改的通知转告发出修改书的银行；

（5）即使所有的当事人都同意接受部分修改，也不允许在一个修改中仅接受一部分修改。不允许接受部分修改的理由是：如果所有的当事人都同意接受部分修改，则该部分修改应该由开证行发出一个新的修改后，再由有关当事人对此表示确认同意。

（二）信用证修改的提出

实际业务中，对信用证提出修改的大多是出口商。出口商提出修改，通常是由于信用证与合同不符，或某些条款受益人认为无法办到。开证申请人为了维护自身的切身利益，往往要求信用证所列内容和条件尽可能地详细，甚至会出现如下情况：

（1）信用证类别与贸易方式不符，条款混杂，应用不当；

（2）信用证所列内容与合同要点不相符，其内容可能存在缺、漏、错，概念不清，词句不明，数字不准确等情况；

（3）信用证所列内容，具有弹性解释条款、保留条款和不合理条款等；

（4）信用证项下的单据，名目多，份数多，特殊要求多，而且文字冗长，为了表达其要求，在信用证中，既列有申请函，又有附件等。

信用证列明的受益人在接到信用证时，须详细地予以审核，凡发现上述所列有不妥当的内容时，应迅速

103 UCU600 Article 10: a. Except as otherwise provided by article 38, a credit can neither be amended nor cancelled without the agreement of the issuing bank, the confirming bank, if any, and the beneficiary. b. An issuing bank is irrevocably bound by an amendment as of the time it issues the amendment. A confirming bank may extend its confirmation to an amendment and will be irrevocably bound as of the time it advises the amendment. A confirming bank may, however, choose to advise an amendment without extending its confirmation and, if so, it must inform the issuing bank without delay and inform the beneficiary in its advice. c. The terms and conditions of the original credit (or a credit incorporating previously accepted amendments) will remain in force for the beneficiary until the beneficiary communicates its acceptance of the amendment to the bank that advised such amendment. The beneficiary should give notification of acceptance or rejection of an amendment. If the beneficiary fails to give such notification, a presentation that complies with the credit and to any not yet accepted amendment will be deemed to be notification of acceptance by the beneficiary of such amendment. As of that moment the credit will be amended. d. A bank that advises an amendment should inform the bank from which it received the amendment of any notification of acceptance or rejection. e. Partial acceptance of an amendment is not allowed and will be deemed to be notification of rejection of the amendment. f. A provision in an amendment to the effect that the amendment shall enter into force unless rejected by the beneficiary within a certain time shall be disregarded.

予以修改。进口商提出修改常常是由于本国或国际市场形势的变化，如进口国要求进口商品必须提交新的某种单据等。银行在开证时有时也会出现偏差，如字母打错、地名打错或遗漏某个项目，发现后也需要修改。

（三）修改信用证的内容

总的来说，信用证的每一条款都有被修改的可能，但修改较多的为以下几项：

（1）修改信用证金额；

（2）取消单据的变更或增加单据的变更；

（3）修改信用证的有效期限或装运期限；

（4）保险种类的变动；

（5）更换出口商名称及地址或允许转运。

（四）修改信用证的原则

修改信用证的原则有以下几个方面：

（1）对提出的修改，注意是否与其他条款相抵触，是否遵守了外汇管理的相关规定；

（2）非经当事人的同意不得修改，因此开证行在办理修改时，必须经开证行、保兑行（若有）及受益人的一致同意；

（3）当同一信用证修改书上涉及两个或两个以上条款时，必须全部接受，不得同意一部分拒绝另一部分。

（4）如果开证银行选择一家银行将信用证通知给受益人，其修改的通知也要通过这家银行办理；

（5）开证行自发生修改之日起，就受这个修改的约束。保兑行可以对修改加保兑，并在通知这个修改时就受其约束；也可不对修改加保兑，即仅将修改通知受益人，但要及时将此情况通知给开证行及受益人；

（6）受益人应发出一个通知，表示其接受还是拒绝修改，但也可不表态，通过其提交的单据来判断是否接受了修改；

（7）修改通知书中要注明本次修改的次数。

（五）修改信用证实务

1. 申请人提交修改申请书

当申请人要求修改信用证，或受益人接洽申请人要求修改时，申请人要向开证行提交修改申请书。修改申请书的内容主要包括两个方面：一是被申请修改的信用证的情况，如信用证的号码、受益人名称及地址、通知行等；二是关于修改的指示。修改申请书须由申请人签章。

2. 开证行审查修改申请书内容

开证行接到信用证修改申请书后，应根据申请书所列的信用证号审核：①修改后的条款有无相互抵触之处；②是否注明修改手续费由申请人还是由受益人负担；③若修改涉及原证的有效期、金额、商品等超出了原有效凭证规定的范围，须提交符合修改条件的有效凭证。

3. 缮制信用证修改书

银行审核信用证修改申请书后，即可缮制信用证修改书，电修改要加列密押。然后，要将修改书副本附于信用证上留底备查，同时将另一份修改书副本送交申请人。若原证规定向偿付行索汇，当修改涉及延展装运期、效期、增加金额时，还应通知偿付行。如果受益人没有通过申请人而是通过通知行要求开证行修改信用证时，开证行接到请求后，通常要与申请人联系。开证行虽然有权接受该请求，但若没有申请人的同意，就可能因违背申请人的指示而无法获得偿付。若申请人不同意，开证行则应拒绝修改；若同意，就缮制信用证修改书，由原通知行通知受益人。

第三节 不符点单据的处理

无论开证行还是议付行在收到全套单据和汇票后，都应遵循相符交单原则，根据信用证的规定认真审核单据。若单据与信用证条款不一致或单据之间彼此矛盾，即构成不符交单，开证行对不符点单据有权拒绝付款。

一、UCP600 对单据处理的有关规定

UCP600 第 16 条规定：

（1）当按照指定行事的指定银行、保兑行（如有）或者开证行确定交单不符时，可以拒绝承付或议付[104]；

（2）当开证行确定交单不符时，可以自行决定联系申请人放弃不符点，但是这并不能延长第 14 条 b 款（按指定行事的指定银行、保兑行（如有）及开证行各有从交单次日起至多 5 个银行工作日用以确定交单是否相符。这一期限不因在交单日当天或之后信用证截止日或最迟交单日届至而受到缩减或影响）所指的期限[105]；

（3）当按照指定行事的指定银行、保兑行（如有）或开证行决定拒绝承付或议付时，必须给予交单人一份单独的拒付通知[106]。该通知必须声明[107]：①银行拒绝承付或议付；②银行拒绝承付或者议付所依据的每一个不符点；③银行留存单据听候交单人的进一步指示；开证行留存单据直到其从申请人处接到放弃不符点的通知并同意接受该放弃，或者其同意接受对不符点的放弃之前从交单人处收到其进一步指示；③银行将单据退回；④银行将按之前从交单人处获得的指示处理；

（4）拒付通知必须以电讯方式（如不可能，则以其他快捷方式）在不迟于自交单之翌日起第 5 个银行工作日结束前发出[108]；

（5）按照指定行事的指定银行、保兑行（如有）或开证行在按照第（2）项 a 项或 b 项发出通知后，可以在任何时候将单据退还交单人[109]；

（6）如果开证行或保兑行未能按照本条行事，则无权宣称交单不符[110]；

（7）当开证行拒绝承付或保兑行拒绝承付或者议付时，并且按照本条发出了拒付通知后，有权要求返还已偿付的款项及利息[111]。

二、议付行对不符单据的处理

作为议付行，对不符单据的处理有以下三种方式。

---

104 When a nominated bank acting on its nomination, a confirming bank, if any, or the issuing bank determines that a presentation does not comply, it may refuse to honour or negotiate.

105 When an issuing bank determines that a presentation does not comply, it may in its sole judgment approach the applicant for a waiver of the discrepancies. This does not, however, extend the period mentioned in sub-article 14 (b).

106 When a nominated bank acting on its nomination, a confirming bank, if any, or the issuing bank decides to refuse to honour or negotiate, it must give a single notice to that effect to the presenter.

107 The notice must state: i. that the bank is refusing to honour or negotiate; and ii. each discrepancy in respect of which the bank refuses to honour or negotiate; and iii. a) that the bank is holding the documents pending further instructions from the presenter; or b) that the issuing bank is holding the documents until it receives a waiver from the applicant and agrees to accept it, or receives further instructions from the presenter prior to agreeing to accept a waiver; or c) that the bank is returning the documents; or d) that the bank is acting in accordance with instructions previously received from the presenter.

108 The notice required in sub-article 16 (c) must be given by telecommunication or, if that is not possible, by other expeditious means no later than the close of the fifth banking day following the day of presentation.

109 A nominated bank acting on its nomination, a confirming bank, if any, or the issuing bank may, after providing notice required by sub-article 16 (c) (iii) (a) or (b), return the documents to the presenter at any time.

110 If an issuing bank or a confirming bank fails to act in accordance with the provisions of this article, it shall be precluded from claiming that the documents do not constitute a complying presentation.

111 When an issuing bank refuses to honour or a confirming bank refuses to honour or negotiate and has given notice to that effect in accordance with this article, then it shall be entitled to claim a refund, with interest, of any reimbursement made.

（一）退单修改

若不符点是由于受益人在制单时的疏忽所致，通常由议付行退还让其修改，再交银行议付。如果是打字拼写方面的错误，有时为了争取时间，在受益人授权后，银行也可代劳。但若是提交的单据不全，则必须由受益人补齐。受不符点的性质和提示单据日期的限制，退给受益人修改的方法只适合制单疏忽和所交单据不全的情形，不是在任何时候都能用，因为单据必须在允许的期限和信用证的有效期内提示。

（二）担保议付

要求受益人提供一份保证书，然后再进行议付。保证书上要注明：①单据与信用证条款不相符的内容；②若对不符点单据议付，银行遭受损失及付出的费用由受益人负担。议付行可在寄单通知书中声明，以示议付的保留性质。若开证行接受不符点付款，保证书随之失效。若开证行拒绝接受不符点，则受益人应当赔偿。当然，议付行也可以拒绝接受保证书，还可以根据保证书提出人的资信情况及单证不符的具体内容仅做部分议付。保证书对开证行来说没有什么效力，它只是受益人和议付行之间的一种协议，所以保证书一般不必向开证行提示，尽管有时向偿付行提示。这种保证书一般是由受益人的往来银行出具的。

（三）授权议付

议付行通过电传将不符点告知开证行，征询可否议付，得到开证行的授权后再行议付或者承兑。前提是受益人同意或要求这样做并承担有关的费用。这就是通常所说的“电提”。电提的特点是解决问题快，对临近提示期的单据较适用。若开证行回电同意，电文上的措辞一般是“如果无其他不符点，你们可以承兑、议付[112]”。如开证行不同意，受益人要采取补救措施。由于采用电提能最快得到开证行的回复，所以也有可能及时采取措施。一般来说，这种方法可在金额较大、不符点较明显时运用。具体使用时还应注意以下几点：

（1）若单证不符点很复杂，很难在电文中详细说明。陈述不清，易引起纠纷而遭拒付；

（2）不符点如被进口商接受，并不表示开证行已同意付款，等到单据送达开证行、进口商赎单后，议付行收到正式贷记通知时，才能确定其最后的付款；

（3）开证行的回复若含糊不清，易引起误会时，为安全起见应改为托收来办理；

（4）若不符点十分严重，拒付的可能性极大，如货物装船过期、货物溢装、信用证超额等，应建议出口商改用托收方式办理，单寄开证行，这种做法已由银行信用改为商业信用，风险较大；

（5）照常议付。尽管有不符点，从实践经验中得知这些仅是微不足道的，仍能照旧议付；

（6）不予受理，将单据退回受益人。

以上第二种和第六种做法，适合于不能更正的不符点，如货物迟装，品质、包装条件与来证规定不符等。这种不符往往是在受益人装货前已经征得进口商的同意，但来证未经开证行做出相应修改所造成的。

三、开证银行或进口企业对不符单据的处理

开证行或进口商审核单据时，如发现单证不符或单单不符，应根据具体情况做出以下必要的处理：

（1）如果进口企业愿意接受不符点，可指示开证行对外付款；

（2）如果不符点较为“一般”，可通过寄单方式，由国外银行通知出口商更正单据；

（3）如果不符点较为“严重”，可由国外银行做出书面担保后付款，或者改为货到检验后付款；

（4）如果不符点“十分严重”，开证银行可以拒绝接受单据；但开证行必须毫不迟延地以电讯方式通知

112 You may accept, negotiate if otherwise in order.

国外寄单的银行，并列明银行拒收单据的所有不符点，要求寄单的银行说明它是否保留单据、听候交单人处理或退回交单人。

第四节　付款和承兑

一、信用证不同兑付方式下有关银行的责任

任何一笔信用证均须明确表示其适用于何种兑付方式。按照兑付方式的不同，信用证可分为付款信用证、承兑信用证和议付信用证。

（一）付款信用证下有关银行的责任

注明“付款兑付”的信用证称为“付款信用证”，按付款期限的不同付款信用证又分为即期付款信用证和延期付款信用证。付款信用证业务所涉及的银行主要是付款行、开证行及保兑行（如有）。

1. 付款行的责任

（1）按照 UCP600 第 6 条[113]规定，付款信用证均须指定某家银行或任何银行为付款行，并授权其在即期付款信用证下付款或延期付款信用证下承担延期付款责任。规定在指定银行付款的信用证同样也可以在开证行付款。

（2）除非被指定银行同时又为保兑行，否则，被指定银行有决定是否付款、承担延期付款责任的自主权。除非被指定银行已明确同意并告知受益人，否则，它接受、审核、转交单据的行为并不意味着它对付款、承担延期付款负有责任。

（3）如开证行指定另一银行作为付款行，开证行即授权该银行凭表面与信用证条款相符的单据办理付款。

（4）UCP600 在第 12 条中关于“指定”的 b 项中规定，通过指定一家银行承担延期付款承诺，开证行即授权该被指定银行预付或购买其已做出的延期付款承诺。

2. 开证行的责任

（1）按照 UCP600 第 7 条[114]规定自信用证开立之时起，开证行即不可撤销地受到承付责任之约束。

（2）若规定的单据被提交至被指定银行或开证行，并构成相符交单，开证行必须按下述信用证所适用的情形予以承付：①信用证规定由开证行即期付款、延期付款；②信用证规定由被指定银行即期付款而该被指

113 a. A credit must state the bank with which it is available or whether it is available with any bank. A credit available with a nominated bank is also available with the issuing bank. b. A credit must state whether it is available by sight payment, deferred payment, acceptance or negotiation. c. A credit must not be issued available by a draft drawn on the applicant. d. i. A credit must state an expiry date for presentation. An expiry date stated for honour or negotiation will be deemed to be an expiry date for presentation. ii. The place of the bank with which the credit is available is the place for presentation. The place for presentation under a credit available with any bank is that of any bank. A place for presentation other than that of the issuing bank is in addition to the place of the issuing bank. e. Except as provided in sub-article 29 (a), a presentation by or on behalf of the beneficiary must be made on or before the expiry date.

114 Issuing Bank Undertaking: a. Provided that the stipulated documents are presented to the nominated bank or to the issuing bank and that they constitute a complying presentation, the issuing bank must honour if the credit is available by: i. sight payment, deferred payment or acceptance with the issuing bank; ii. sight payment with a nominated bank and that nominated bank does not pay; iii. deferred payment with a nominated bank and that nominated bank does not incur its deferred payment undertaking or, having incurred its deferred payment undertaking, does not pay at maturity; iv. acceptance with a nominated bank and that nominated bank does not accept a draft drawn on it or, having accepted a draft drawn on it, does not pay at maturity; v. negotiation with a nominated bank and that nominated bank does not negotiate. b. An issuing bank is irrevocably bound to honour as of the time it issues the credit. c. An issuing bank undertakes to reimburse a nominated bank that has honoured or negotiated a complying presentation and forwarded the documents to the issuing bank. Reimbursement for the amount of a complying presentation under a credit available by acceptance or deferred payment is due at maturity, whether or not the nominated bank prepaid or purchased before maturity. An issuing bank's undertaking to reimburse a nominated bank is independent of the issuing bank’s undertaking to the beneficiary.

定银行未予付款；③信用证规定由被指定银行延期付款而该被指定银行未做出延期付款承诺，或虽已做出延期付款承诺，但到期并未予付款。

（3）开证行保证向对相符交单已经予以承付并将单据寄往开证行的被指定银行进行偿付。无论被指定银行是否于到期日前已经对相符交单予以预付或者购买，对于延期付款信用证项下相符交单金额的偿付应于到期日办理。开证行偿付被指定银行的责任独立于开证行对于受益人的责任。

3. 保兑行的责任

（1）自对信用证加具保兑之时起，保兑行即不可撤销地受到承付责任之约束。

（2）倘若规定的单据被提交至保兑行或其他任何被指定银行并构成相符交单，保兑行必须按下述信用证所适用的情形予以承付：①信用证规定由保兑行即期付款、延期付款；②信用证规定由另一被指定银行即期付款而其未予付款；③信用证规定由另一被指定银行延期付款而其未承担延期付款承诺，或者虽已承担延期付款承诺但到期未予付款。

（3）保兑行保证向对相符交单已经予以承付并将单据寄往保兑行的另一被指定银行进行偿付。无论另一被指定银行是否于到期日前已经对相符交单予以预付或者购买，对于延期付款信用证项下相符交单金额的偿付应于到期日办理。保兑行偿付另一被指定银行的责任独立于保兑行对于受益人的责任。

有关付款信用证下银行的责任，应注意以下两点。

第一，即期付款信用证下的付款行、开证行及保兑行（如有）并不必须对即期付款信用证“立即付款”。这是因为，按UCP600的规定，上述银行收到单据翌日起算有不超过5个银行工作日的审单时间，而不是要求上述银行对即期付款信用证下提交的单据“见单即付”。

第二，付款行、开证行及保兑行（如有）在付款信用证下的付款是“终局性”的，即对收款方无追索权。

（二）承兑信用证下有关银行的责任

注明“承兑兑付”的信用证称为承兑信用证。承兑信用证业务所涉及银行主要有承兑行、开证行及保兑行（如有）。

1. 承兑行的责任

（1）按照UCP600第6条规定，承兑信用证须指定某家银行或任何银行为承兑行，并授权其在承兑信用证下承担承兑和到期付款的责任。规定在指定银行承兑的信用证同样也可以在开证行承兑。

（2）除非被指定银行同时又为保兑行，否则，被指定银行有权决定是否承担承兑责任。除非被指定银行已明确同意并告知受益人，否则，它接受、审核、转交单据的行为并不意味着它对承兑负有责任。

（3）如被指定银行决定承兑汇票，则开证行即授权该行仅凭表面与信用证条款相符的单据承兑汇票，并于到期日向受益人或受益人的指定人付款。

2. 开证行的责任

（1）自信用证开立之时起，开证行即不可撤销地受到承付责任之约束。

（2）倘若规定的单据被提交至被指定银行或开证行，并构成相符交单，开证行必须按下述信用证所适用的情形予以承付：①信用证规定由开证行承兑；②信用证规定由被指定银行承兑而该被指定银行未承兑以其为付款人的汇票，或者虽已承兑汇票但到期未予付款。

（3）开证行保证向对于相符交单已经予以承付并将单据寄往开证行的被指定银行进行偿付。无论被指定银行是否于到期日前已经对相符交单予以预付或者购买，对于承兑信用证项下相符交单金额的偿付应于到期日办理。开证行偿付被指定银行的责任独立于开证行对于受益人的责任。

3. 保兑行的责任[115]

（1）自为信用证加具保兑之时起，保兑行即不可撤销地受到承付责任之约束。

（2）倘若规定的单据被提交至保兑行或其他任何被指定银行并构成相符交单，保兑行必须按下述信用证所适用的情形予以承付：①信用证规定由保兑行承兑；②信用证规定由被指定银行承兑而该被指定银行未承兑以其为付款人的汇票，或者虽已承兑汇票但到期未予付款。

（3）保兑行保证向对于相符交单已经予以承付并将单据寄往保兑行的另一被指定银行进行偿付。无论另一被指定银行是否于到期日前已经对相符交单予以预付或者购买，对于承兑信用证项下相符交单金额的偿付应于到期日办理。保兑行偿付另一被指定银行的责任独立于保兑行对于受益人的责任。

（三）议付信用证下有关银行的责任

注明"议付兑付"的信用证称为"议付信用证"。议付信用证业务所涉银行主要有议付行、开证行及保兑行（如有）。

1. 议付行的责任

（1）按照 UCP600 的规定，构成"议付"至少有三个必不可缺的因素：①办理议付的银行必须是被授权议付的银行（在自由议付信用证项下，所有银行均被视为被授权议付的银行）；②被授权议付的银行必须向受益人预付或同意预付款项；③议付所购买的对象必须是信用证下的相符交单。

（2）UCP600 第 14 条"审核单据的标准"规定[116]，议付行必须仅以单据本身为基础来审核单据，以决定单据是否在表面上构成相符交单。

（3）UCP600 第 12 条[117]规定，除非被指定银行为保兑行，被开证行指定办理议付的银行有决定是否办理议付的自主决定权。

2. 开证行、保兑行的责任

（1）开证行和保兑行（如有）对凭表面上与信用证条款相符的单据办理议付的银行负有偿付责任。

（2）按 UCP600 规定，如信用证中指定的议付行是保兑行，则保兑行必须承担议付义务，且因其兼具保兑行身份而失去追索权。除保兑行外，任何议付行均可议付自由议付信用证，且保有追索权。

（3）但是，当议付信用证规定由其他被指定银行议付而该被指定银行未予议付时，开证行和保兑行对于相符交单的责任是相同的，即无追索权的终局性付款。

具体而言，无追索权的议付与无追索权的付款的主要区别是：议付信用证下的无追索权议付责任使议付行有权在议付时扣除议付手续费及自议付时至从开证行或偿付行收回款项期间的利息等；而无追索权地履行议付信用证下的付款义务时，付款行扣除的是付款手续费，不再扣除议付利息等。

---

115 Confirming Bank Undertaking: a. Provided that the stipulated documents are presented to the confirming bank or to any other nominated bank and that they constitute a complying presentation, the confirming bank must: i. honour, if the credit is available by ①sight payment, deferred payment or acceptance with the confirming bank; ②sight payment with another nominated bank and that nominated bank does not pay; ③deferred payment with another nominated bank and that nominated bank does not incur its deferred payment undertaking or, having incurred its deferred payment undertaking, does not pay at maturity; ④acceptance with another nominated bank and that nominated bank does not accept a draft drawn on it or, having accepted a draft drawn on it, does not pay at maturity; ⑤negotiation with another nominated bank and that nominated bank does not negotiate. ii. negotiate, without recourse, if the credit is available by negotiation with the confirming bank. b. A confirming bank is irrevocably bound to honour or negotiate as of the time it adds its confirmation to the credit. c. A confirming bank undertakes to reimburse another nominated bank that has honoured or negotiated a complying presentation and forwarded the documents to the confirming bank. Reimbursement for the amount of a complying presentation under a credit available by acceptance or deferred payment is due at maturity, whether or not another nominated bank prepaid or purchased before maturity. A confirming bank's undertaking to reimburse another nominated bank is independent of the confirming bank's Undertaking to the beneficiary. d. If a bank is authorized or requested by the issuing bank to confirm a credit but is not prepared to do so, it must inform the issuing bank without delay and may advise the credit without confirmation.

116 A nominated bank acting on its nomination, a confirming bank, if any, and the issuing bank must examine a presentation to determine, on the basis of the documents alone, whether or not the documents appear on their face to constitute a complying presentation.

117 Unless a nominated bank is the confirming bank, an authorization to honour or negotiate does not impose any obligation on that nominated bank to honour or negotiate, except when expressly agreed to by that nominated bank and so communicated to the beneficiary.

二、开证行偿付的一般程序

（一）审核议付通知书或索汇通知书

当议付行电索时，开证行通常是先收到索汇函电，此时应根据电文中提供的信用证号码核对信用证的副本，并以此核对议付金额是否超出信用证的金额、单据的提交是否符合信用证的交单期限；发出索汇指示的银行是否为信用证的指定银行；是否注有不符点或凭保议付等，核对无误后在信用证上批注有关内容。

（二）审核单据

收到议付单据后，应全面加以审核。注意核对单据的种类、份数是否与所附的相符以及单据是否由指定的银行提交。如提交了信用证未规定的单据，开证行可不予审核，可视情况退还交单银行或照转申请人。如提交的单据没有体现某次修改的内容，应视同受益人尚未接受该次修改，但不能认定是“不符交单”。如发现不符点，须接洽申请人，若申请人提出拒付，则开证行不予偿付。

（三）开证行偿付

开证行如何对议付行或其他索偿行进行偿付，是在信用证中加以规定的。通常是结合双方账户设立情况而确定。一般有以下几种。

1. 单到付款

单到付款，即开证行收到议付行寄来的单据，经审核认为无误即将款项偿付给议付行。具体操作，或是贷记议付行在开证行的账户，或通过双方共同的账户行办理[118]。

2. 授权借记

这实际上是单到付款的另一种安排。当开证行收到单据并确认“相符交单”后，向议付行发出授权，授权议付行借记开证行的账户[119]。

3. 主动借记

当开证行在议付行开有账户时，其开出的信用证可能规定议付行在议付后，可立即借记开证行的账户。这对议付行十分有利，当日即可获得开证行的偿付[120]。

若开证行在开证时已向申请人收取了现汇保证金，则对外偿付的款项从保证金账户中支付；若收取的是本币保证金，应由申请人申请购汇，按付汇日开证行挂牌汇率售汇支付；若使用信用额度开证，在申请人自备资金付款赎单后，才能恢复其相应的授信额度。

三、银行间的偿付安排

UCP600 第 13 条[121]就银行间的偿付安排作出以下规定。

---

118 Upon receipt of the documents in compliance with this L/C，we shall credit your account with us or remit the proceeds to the bank nominated by you.

119 Upon receipt of the documents in compliance with this L/C，we shall authorize you to debit our account with you.

120 Please debit our account with you under advice to us.

121 Bank-to-Bank Reimbursement Arrangements：a. If a credit states that reimbursement is to be obtained by a nominated bank (“claiming bank”) claiming on another party (“reimbursing bank”), the credit must state if the reimbursement is subject to the ICC rules for bank-to-bank reimbursements in effect on the date of issuance of the credit. b. If a credit does not state that reimbursement is subject to the ICC rules for bank-to-bank reimbursements, the following apply: i. An issuing bank must provide a reimbursing bank with a reimbursement authorization that conforms with the availability stated in the credit. The reimbursement authorization should not be subject to an expiry date. ii. A claiming bank shall not be required to supply a reimbursing bank with a certificate of compliance with the terms and conditions of the credit. iii. An issuing bank will be responsible for any loss of interest, together with any expenses incurred, if reimbursement is not provided on first demand by a reimbursing bank in accordance with the terms and conditions of the credit. iv. A reimbursing bank's charges are for the account of the issuing bank. However, if the charges are for the account of the beneficiary, it is the responsibility of an issuing bank to so indicate in the credit and in the reimbursement authorization. If a reimbursing bank's charges are for the account of the beneficiary, they shall be deducted from the amount due to a claiming bank when reimbursement is made. If no reimbursement is made, the reimbursing bank's charges remain the obligation of the issuing bank. c. An issuing bank is not relieved of any of its obligations to provide reimbursement if reimbursement is not made by a reimbursing bank on first demand.

如果信用证规定被指定银行（索偿行）向另一方（偿付行）获取偿付时，则信用证中必须声明是否按照信用证开立日生效的《国际商会关于跟单信用证项下银行间偿付的统一规则》办理。

如果信用证中没有规定偿付按照《国际商会关于跟单信用证项下银行间偿付的统一规则》办理，则适用于下列规定。

（1）开证行如通过另一方（偿付行）对付款行、承兑行或议付行（均称索偿行）履行偿付时，开证行必须给偿付行对此类索偿予以偿付的授权。该授权书须与信用证规定的兑付方式保持一致，且不应规定截止日期。在使用第三国货币结算时，开证行往往在信用证中指定一家银行代其偿付。出口地银行可直接向该行要求划款，以早日收回货款，这家被指定的银行就是偿付行。偿付行一般是开证行开有账户的国外联行或代理行。

（2）偿付行无义务一定接受开证行的偿付授权。如索偿行未能按照信用证约定从偿付行得到偿付，开证行不能解除自身的偿付责任。如偿付行未能在首次索偿时即行偿付，或未能按信用证约定的，或双方同意的方式进行偿付，开证行应对索偿行的利息损失和有关费用负责。

（3）偿付行的偿付不是开证行的最终付款。当开证行发现单证不符时，有权向索偿行追索已偿付的款项，附加利息，而不是向偿付行追索。

（4）开证行不应要求索偿行向偿付行提供单证相符证明。但是，有些信用证中规定索偿时提供单证相符证明。根据 UCP600 第 1 条，信用证的规定优于惯例，因而索偿行在此种信用证项下索偿时，仍应提供单证相符证明。

（5）偿付行的费用应由开证行承担。然而，如费用系由受益人承担，开证行有责任在原信用证中和偿付授权中予以注明，并应在信用证使用时向索偿行收取。信用证未被使用时，偿付行的费用仍应由开证行承担。这是因为偿付行在接到开证行偿付授权书时要输入电脑，进行业务处理，同时便产生了服务费用。所以，当信用证未被使用时，仍应向开证行收取偿付费用。即使信用证规定由受益人负担，因受益人未索偿，偿付行无从扣收，所以仍应向开证行收取。

四、偿付行偿付

当需要偿付行偿付时，信用证中的偿付条款一般为“In reimbursement of your negotiation under this L/C, please drawn on our account with the ××× bank under advice to us.”当偿付行得到索偿书后，即应依索偿书中的指示向议付行偿付。

偿付行处理索偿时，要注意以下几点。

（1）偿付行收到索汇电函后有 3 个工作日的时间处理业务（从收到的次日起算）。若收到索汇电函是在非营业时间，则被视为是在下一个营业日收到的。

（2）偿付行对索偿行提出的到期利息的要求不予处理。

（3）偿付行无义务对索偿行以外的其他任何银行付款。

（4）如果偿付行未开具偿付保证（指偿付行在开证行的授权或要求下，向偿付授权中所指定的索偿行开立的一种独立的、不可撤销的保证书，保证在其偿付保证中的条款被满足后对索偿行进行偿付），并且偿付到期日是远期的，索偿时必须表明偿付的具体日期。

五、后期管理

开证行开出信用证后，应加强已开立信用证的后期管理。在业务中应该注意以下问题。

（1）重视改证。有的银行开证时严格把关，信用证开出后，对其修改放松了警惕，最终导致业务风险发生。因此，对信用证的修改，尤其是涉及增加金额、延展效期、单据和付款条件的修改，都应该像开证时一样谨慎严格。

（2）对大额、远期信用证实行跟踪管理。及时掌握申请人的销售、经营、财务等情况和信用证执行情况，注意搜集有关进口商的负面消息，要了解进口商是否有违反国家有关规定被处罚或有法律纠纷，甚至要赔偿大笔款项之类的消息以便及早作出反应，采取相应的措施。

（3）强化执行大额信用证报备制度。开证行开出信用证后应及时向上一级银行传真并邮寄有关报备表和信用证副本；经总行或管辖分行批准后开立的信用证，也须按时报备；对已报备信用证作出有关金额、有效期等重要内容的修改或撤证时，也须及时报备。

（4）做好开出信用证文件档卷的管理工作，保证各业务阶段及时抽卷处理。

第五节 进口信用证的风险与防范

尽管信用证方式是建立在银行信用基础上的支付方式，但由于此方式下的出口商、参事银行以及进口商等相关当事人在业务处理的过程中，以信用证条款为基础，处理的是单据，而非实际货物，以出口商提交的单据为中心，所以只要提交与信用证条款相符的单据，开证行就应付款。假如信用证项下出口商提交的单据与实际发运的货物相背离，信用证项下各当事人都可能面临更多潜在风险。

一、进口商面临的风险

1. 进口商获得的是虚假单据，进口商据此根本得不到货物

此种情况说明出口商利用信用证的上述特点，伪造虚假单据来骗取信用证下开证行或其指定银行的付款，进而使进口商蒙受损失。

2. 进口商凭单据提取的货物与合同的规定不符

这表明出口商巧妙利用信用证下银行付款仅凭单据，而不过问货物实际情况的特点，使得进口商可能获得残次、腐烂、低值甚至毫无价值的货物，进而蒙受巨大损失。

3. 出口商获得预支信用证项下银行的预付款后，延迟发货或携款潜逃，致使进口商遭受损失

预支信用证项下银行对出口商的预支款项，通常是在获得进口商及开证行的指示后进行的。预支的目的本来是为出口商融资以备货，但当出口商获取款项后却迟迟不发货或人去楼空，进口商预付的款项就要遭受损失。

二、进口商的防范措施

信用证方式下的进口商针对其面对的风险，应采取以下主要措施加以防范。

1. 做好开证前的准备工作

增加对出口商的了解，加强资信调查。在国际贸易业务中，不仅出口商需要了解进口商，而且进口商同样需要了解出口商。具体而言，进口商应了解出口商的生产状况、经营实力、经营规模、有无不良贷款记录等。

2. 开证时应要求信用证中加列有关货物状况的条款

进口商作为信用证业务中的买方，对出口商发运的货物极为关心，但由于信用证业务的特点之一就是单据与货物相脱离，因此进口商只有通过在信用证中加列一些关于货物的条款来约束出口商保质保量地及时发货。具体内容如下。

（1）要求出口商提交相关商品的检验证书，如质检证书、数量、重量检验证书等。这样，进口商一定程

度上控制了出口商所发运货物，避免出口商不发货，或迟发货、发假货、发残货、少发货等违约风险的发生。

（2）对出口商发运货物过程加以规定并监督。关注货物最迟装船期、装运港、卸货地点等。对是否允许分批装运、是否允许转船等情况加以限制，避免出口商不按时发货，或货物虽已发出，进口商仍不能按时获得货物等风险的发生。

（3）对出口商发运货物后向银行提示单据的日期加以限定。此日期规定对于进口商而言同样重要。如果出口商发运货物，但却迟迟不能交来单据，除发生不必要的费用外，进口商也无法及时得到货物，贻误进口商国内市场最佳销售时机，占压进口商的资金，影响其资金周转。一般来说，信用证对出口商提交单据的日期有具体规定，即规定一个最迟交单期，规定货物装运日后 7 天、14 天或 15 天不等。若信用证对此未加规定，根据 UCP600，此日期通常为货物装运日后 21 天之内。

3. 对开信用证下，应该要求只有收到对方开来信用证时，本方银行开出的信用证方才生效

只有加列此条款，在“三来一补”贸易模式下，原料和设备的进口商才能避免对方货物出口后，由于不开证或不及时开证而影响己方生产的产品出口。

4. 加列“此信用证下预付款项应伴随出口商货物的准备以及发运情况分批支付”条款

预支信用证下，进口商应要求开证行在信用证中加列“此信用证下预付款项应伴随出口商货物的准备以及发运情况分批支付”条款。此外，若有条件，进口商应尽可能派人员异地现场监督出口商备货、发货。唯此进口商可避免银行预先支付款项后，出口商不发货或携款潜逃等风险。

案例分析

信用证中引用合同条款引起的争议案

一、案情介绍

1997 年第四季度，某市 A 公司与国外 T 公司达成协议，以 CFR 贸易术语、海运及信用证支付方式进口原料若干吨，价值十余万美元。双方签订合同后，A 公司根据合同内容，通过当地银行向 T 公司开出即期、不可撤销信用证一份。由于货物的品质规格比较复杂，所以证内规定：“品质按照××年签订的第××号购货确认书为准（Quality as per purchase confirmation No，×× dated ×××）”。合同内对货物品质的关键部分是规定水分不能过高，标准水分 5%，最高不能超过 8%；如当水分超过 5%时，则每超过 1% 单价应相应下调 1%。

国外 T 公司收到开出的信用证后，按时将货物装出，并将信用证内规定的全套单据送交当地银行索偿。后者按照有关规定，将单据寄至我国开证银行求偿。开证行因证内关于货物的品质规格涉及合同，所以就通知 A 公司检查全套单据是否符合要求。A 公司经仔细检查单据后，发现国外 T 公司提交的单据存在以下问题：商业发票上关于货物的水分注明是 5%，而在品质检验证书内，货物水分却注明 8%。根据以上情况，A 公司一方面通知开证行暂时停止付汇，并请银行将暂停付汇的原因通过对方银行转告 T 公司；同时也与 T 公司直接联系，说明根据合同规定，由于货物的实际水分已经超过标准水分 3%，所以应相应降价 3%。数日后，开证行收到国外银行转来的 T 公司的反驳意见。同时，A 公司也收到国外 T 公司措辞强硬的传真件，内容是要求 A 公司立即按照原价支付货款，对于降价问题则不予置理；强调合同内虽有规定，但不影响进口方 A 公司照原价付款。同时，T 公司还引用国际惯例来证明他们要求按原价付款是合理的，并指出，国际商会第 500 号出版物（即 UCP500）第 3 条 a 项中明确规定：“信用证与可能作为其依据的销售合同或其他合同，是相互独立的交易。即使信用证提及该合同，银行也与该合同完全无关，且不受其约束”。为此，T 公司明确表示不受合同约束，从而要求我 A 公司按照原价 100%支付货款。

A 公司多次与 T 公司交涉，要求其遵照合同规定降价 3%，但均遭拒绝。A 公司除组织有关业务人员

认真研究 UCP500 条款外，还请教当地外贸方面专家。最后，双方对一些看法取得以下共识：UCP500 规定："即使信用证中提及该合同，银行也与该合同完全无关，且不受约束（banks are in no way concerned with or bound by such contract（s），even if any reference whatsoever to such contract (s) is included in the credit）"和信用证内因不再重复而引用合同内对于货物品质规格的规定是两个不同的含义。因此，对 T 公司来说，在执行合同中，所交货物的品质，必须按合同规定，这样做并不违反信用证的性质，因为证内已经作了明确规定。

二、案情分析与启示

1. 关于在信用证内是否应该详细列明货物的品质规格问题，如果货物的品质规格规定得很详细，可在信用证中引用合同的有关规定，但最好将合同副本作为信用证不可分割的一部分随证一并开出。

2. 对外开出信用证时，最好开出的是付款信用证（Payment credit），证内一般应列明以下类似条款："我行（指开证行）凭提交符合信用证条款的单据付款（We hereby engage that Payment will be duly made against documents presented in conformity with the terms of this credit）"，有了这样的规定，开证行经过仔细审核国外交来的单据后（必要时，银行与进口商商议，取得共识）才予付款，使我方掌握主动权。

3. 对外开证时，一般只规定国外受益人应该提供的单据种类和份数（有时份数也不规定），除了对海运提单的内容做适当的规定外（如规定提单的装、卸货港、收货人、通知方、运费写法、已装船的清洁提单及毛重尺码等项），对其他单据的内容，一般不做或极少做出规定。虽说一些"惯例"对某些单据的内容做了一些较具体的规定，但对于受益人来说，既可以遵循，也可以不遵循这些"惯例"的规定。为此，建议在对外开出信用证时，对某些单据的内容，要列明具体要求，以避免国外提供的某些单据上只填写一些不着边际而且非常简单的内容，起不到该种单据应有的作用。

4. 在本案处理全过程中，银行（开证行）和 A 公司始终密切配合，对一些问题的处理非常谨慎，共同研究，取得共识，一致对外。可以说，银（银行）企（贸易公司）密切协作，是解决贸易纠纷的关键，也是安全收汇（出口）或合理付汇（进口）的关键。

练习题

一、选择题

1. 进口商在申请开证时，开证行要收取全额保证金的是______。
   A. 申请人与开证行有业务往来，资信好，或办理了抵押、质押手续的
   B. 申请人与开证行有业务往来，有其他金融机构、有实力的公司为其出面担保的
   C. 申请人与开证行有业务往来，但账户金额有限，或有不良记录、信誉欠佳的
   D. 申请人在开证行的账户余额、抵押品或质押品小于开证金额的

2. 下列有关信用证修改说法错误的是______。
   A. 当同一个信用证修改书上涉及两个或两个以上条款时，必须全部接受
   B. 若开证行选择一家银行将信用证通知给受益人，其修改通知也应提供给该银行
   C. 自发出信用证修改书之时起，开证行就不可撤销地受其发出修改的约束
   D. 如果所有当事人同意接受部分修改，则在一个修改中接受一部分修改是允许的

3. 按照 UCP600 规定，开证行审核单据和决定是否提出异议的合理时间是________。

A. 收到单据后的 5 个工作日　　B. 收到单据后的 7 个工作日

C. 收到单据后的 8 个工作日　　D. 收到单据后的 10 个工作日

4. 根据国际商会 UCP600 的规定，信用证项下汇票的付款人应是________。

A. 开证行　　B. 议付行　　C. 通知行　　D. 开证申请人

5. 下列属于议付行责任的是________。

A. 凭表面与信用证条款相符的单据承兑汇票，并于到期日向受益人或其指定人付款

B. 自信用证开立之时起，即不可撤销地受到承付责任的约束

C. 自信用证加具保兑之时起，即不可撤销地受到承付责任的约束

D. 必须以单据本身为基础来审核单据，以决定单据是否在表面上构成相符交单

6. 审核单据，购买受益人交付的跟单信用证项下汇票，并付出对价的银行是________。

A. 开证行　　B. 保兑行　　C. 付款行　　D. 议付行

7. 下列说法正确的是________。

A. 当开证行拒绝承付并且发出拒付通知后，有权要求返还已偿付的款项及利息

B. 保兑行可以选择不延伸其保兑至修改，也无需将此情况通知开证行和受益人

C. 装运日期较短或金额较小的信用证可以用信开方式开立

D. 应将买卖合同上的详细内容都填列在开证申请书中

8. 根据 UCP600，如信用证无特别规定，则受益人最后向银行交单议付的期限是不迟于提单签发日的________天，但无论如何不得迟于信用证的到期日。

A. 11　　B. 15　　C. 21　　D. 25

9. 信用证项下汇票遭到拒付时，首先行使追索权的应该是________。

A. 付款行　　B. 议付行　　C. 开证行　　D. 通知行

10. 保兑信用证的保兑行其付款责任是________。

A. 在开证行不履行付款义务时履行付款义务

B. 在开证申请人不履行付款义务时履行付款义务

C. 承担第一性付款义务

D. 付款后对受益人具有追索权

二、问答题

1. 如何理解 UCP600 的使用问题？
2. 信用证交易的特点是什么？
3. 进口商应何时开立信用证？若未按时开证，进口商应承担什么责任？
4. 银行在受理开证申请时应注意哪些事项？
5. 依据 UCP600 相关规定，通知行在受理信用证通知时，应承担哪些义务？
6. 银行在审查信用证项下单据时应掌握什么原则？
7. 在银行发给交单人的拒付通知中必须记载哪些事项？
8. 信用证项下，银行间偿付主要有那些条款？

三、案例讨论

A 公司通过其进口代理商 B 公司，向美国 C 公司进口作为生产原料的一批货物。A、B、C 三方签订货

物买卖合同，约定交易的产品、数量、价格、质量标准、支付方式、检验与索赔等基础条款，其中质量标准约定“符合美国××标准”，支付条件为提单记载的装船日后90天的延期付款信用证。货物运抵我国广州黄埔港后，因该批货物不符合我国相关环保标准，被出入境检验检疫局发出退运通知；另一方面，由于C公司已提交与信用证表面相符的单据，已得到开证行同意在指定日期付款的通知。如此，作为进口方的A公司面临着“款货两空”的风险。

请问：1. 本案中，C公司能否顺利得到付款行的支付？

2. 进口商如若操作不当，可能落入“款货两空”境地，应如何避免？

第七章 出口信用证实务

Practices of Outward Letter of Credit

学习目标和要点

——了解信用证审核和通知的相关惯例

——掌握出口信用证中的交单、审单与寄单操作

——理解催收、考核和收汇中的相关规定

案例导读

开证行收到H国M银行递交的议付单据，于第5个银行工作日的17:37发出拒付通知，比其公布的营业结束时间晚了7分钟。M银行以拒付超过了5个工作日而要求开证行承付单据。

问题： M银行的要求是否合理？

分析： 不尽合理。发出拒付通知最迟是自收到单据翌日起的5个银行工作日终了时，该规定并没有限制在开证行、保兑行或指定银行公布的营业时间内。UCP600对审单时间的规定只是不能拖延到交单翌日起的第6个银行工作日，而并没有规定银行的审单时间必须在正常营业时间以内。

第一节 信用证的审核与通知

受益人收到信用证后，必须对所收到的信用证以买卖合同为依据进行全面审查。如发现任何与合同不符而又不能接受或无法做到的条款和规定，应通知申请人进行必要的修改。虽然通知行只负责核对信用证的真实性并通知信用证，并无审核信用证的义务，但是在实务中通知行往往本着对受益人负责的原则而粗略审核信用证。

一、信用证审核

信用证是开证行向出口商开具的有条件的付款承诺。这里所谓的条件就是指出口商出口货物后向银行提交的单据必须符合信用证条款的规定，而且单据与单据之间也要一致，不得发生矛盾，即通常所说的“单证一致，单单一致”。出口商发运货物后，只要交来与信用证条款相符的单据，就可获得货款。因此，相对于其他结算方式而言，信用证项下出口商表面上没有风险。事实上，出口商所面临的风险可能会更隐蔽，尤其是信用证中的软条款，对出口商而言就是隐蔽的陷阱。出口商的风险不仅来自开证行，如开证行破产倒闭，从而造成无法清偿信用证款项，还有来自进口商利用信用证“软条款”（Soft Clause）的风险。这样的信用证被称为“软条款”信用证。因进口商具有单方面解除付款责任的权利，因此，“软条款”信用证[122]又被称为“陷阱”信用证。

（一）出口商对信用证的审核[123]

出口商对信用证的审核侧重与贸易有关的问题，以保证按合同交货使货物顺利出口，其依据主要有三，一是买卖合同，二是收证时的政策法令，三是备货和船期等实际情况。

审核信用证所涉及的内容包括：申请人、受益人的名称和地址是否准确；信用证的类型；信用证的有效性；信用证金额；货物描述；货物数量、重量；价格条件；装运港和目的港；装运期和有效期；分批装运；对船只和转船的规定；汇票；发票；货运单据等。具体说来，出口商审证主要注意以下几个方面。

（1）将信用证与买卖合同进行核对，审查信用证与合同的一致性。

（2）审查信用证条款的可接受性。有些名为“不可撤销”的信用证中会出现各种限制信用证生效的条款，有条件的付款条款和限制出口商履约、交单的条款，极大地损害了出口商的利益，即前述的“软条款”，应要求删除。最常见的软条款有：①限制信用证生效的条款，如“本证生效须由开证行以修改书形式另行通知”；“本证是否生效依进口商是否能取得进口许可证”。②限制出口商装运的条款，如“货物只能待收到申请人指定船名的装运通知后装运，而该装运通知将由开证行随后以信用证修改书的方式发出。受益人应将该修改书包括在每套单据中议付”。③限制出口商单据的条款，如“受益人所交单据中应包括由开证申请人或其代表签署的检验证书一份”或“受益人所交单据中应包括由开证申请人手签的说明运输船名的信函一封”。④限制出口商交单的条款，如“船样寄开证申请人确认后受益人才可交单”。⑤开证行特殊条件的付款条款，如“开证行在货到目的港后通过进口商品检验后付款”或“在货物清关或由主管当局批准进口后才支付货款”等。

（3）价格条款的完整性。FOB 和 CFR 价格术语下，信用证中均应说明“由进口商负责投保”，且含有运输单据条款，其中 FOB 项下注明“运费到付”，CFR 项下注明“运费已付”；而 CIF 价格术语下，信用

122 After beneficiary’s examination on the credit, if the contents of the credit are to be found conflicted with the terms and conditions of trade contract, the “trap” terms set by the applicant (so-called “soft clause” L/C). L/C with “soft clause”: the credit that can free issuing bank from its liability and all times and places when the beneficiary can not meet the requirements of credit by all means. By applying those clauses of credit, the payment will be effected by the intention of the importer, and the liability of the issuing bank is weakened. For example, Inspection Certificate of export goods should be signed by the applicant or his representatives; the goods should be shipped on board vessel named by the importer. The payment can only be effected after the importer gets custom’s import license, etc.

123 Upon receiving the letter of credit opened by overseas correspondent bank, the advising bank should check the signature or the test code of the credit to determine the apparent authenticity of the credit and then advise the credit to the beneficiary. Although the UCP articles stipulate that the advising bank has no liability to check it further, such banks usually review the clauses of the credit for the purpose of good banking service. The beneficiary must also carefully review the credit. It is usually for the beneficiary to check with his bank together.

证中的运输单据条款中注明“运费已付”，同时应包括保险单据条款。

（4）其他审证内容。①信用证的有效期和最后装运日，如离最后装运日太近应要求展延装期、效期；信用证的装期和效期为同一天即“双到期”时，须自行将装期提前10天办理托运；如信用证规定向银行交单的日期不得迟于装运日期若干天，要注意该期限是否合理，能否办到。②信用证的到期日和到期地点，按UCP600，所有信用证均须规定一个交单到期日和一个付款交单、承兑交单的地点，或除了自由议付信用证外的一个议付交单的地点。据此，凡未注明到期日的信用证应视作无效，规定的到期地点一般应在出口国。③货物的控制权。出口商在其交单后开证行付款以前应设法保持对货物的控制权。

下列情况是出口商在收到信用证时必须注意的：信用证规定提单抬头以进口商作为收货人；信用证要求空运单或邮包收据，并以进口商为收货人；信用证规定出口商在货物装运后将部分提单或全套提单直接寄给进口商。对这类情况，要三思而行。

（二）银行对信用证的审核

银行（通知行）对信用证的审核侧重于与收汇有关的问题，以保证国内货物出口后能安全收汇。通知行收到国外来证后，应考虑进口国的政治、经济形势与开证行的资信以决定是否通知信用证；如决定通知信用证，必须小心仔细地审查信用证的表面合理性。审查内容包括[124]：①开证行的资信；②受益人；③信用证付款责任；④信用证使用货币；⑤信用证偿付方式；⑥信用证有效性；⑦信用证期限；⑧保兑条款；⑨信用证项下银行费用；⑩其他项目。

具体操作表现为以下四个方面：

（1）当收到国外来证，需要提供通知服务时，通知行应严格按照UCP600的规定确定信用证的真伪。当不能确定信用证的真伪时，应及时通知有关当事人，避免因自身原因使假证过关，造成相关当事人的损失。当信用证以电讯方式发送至受益人时，如果该电讯中声明“详情后告”或类似词语，或声明邮寄证实书为有效信用证文件，则该电讯不被视为有效信用证文件。应在通知行向开证行查询后，等待有效信用证文件。

（2）信用证下被指定银行应首先考核开证行的资信，避免由于开证行信誉不佳而造成己方替代付款而开证行却拒不履行偿付义务情况的出现。开证行的资信主要取决于资产的大小、银行的分支机构多寡、历史的长短、往来关系的好坏、业务多少、过去的业绩记录等。同时，被指定银行应加强自身人员业务的训练，不断提高业务水平、严格审核出口商提交的单据，避免出现己方认为单证相符而开证行却发现不符点，进而造成拒付的情况。

出口地银行对开证行的资信调查，要靠平时资料的积累。对一些大银行的资信情况，则可以从其信用等级中了解大概。国际金融界每年都对世界性大银行的资信进行评级。最高评级为AAA或Aaa，最差为D。若一家银行被评为C级或D级，则其资信属于差的行列。

开证行资信不清楚的，应在仔细查清其资信后才能使用信用证；开证行所在国与出口商所在国无外交往来的，一般不接受；对于资信欠佳的银行或政局动荡或外汇汇率波动大的国家开来的信用证，应建议受益人尽量分散风险，或请其他银行对信用证加具保兑。

（3）关注开证行在信用证中有否保证付款的明确表示。凡是按照UCP600开立的信用证即有明确的保付条款。如开证行为减轻其应负责任而附加各种保留或限制，这种信用证对受益人的安全收汇没有保证，应要求开证行删除后才能接受。另外，信用证的索汇路线必须正常、合理。若索汇路线迂回、环节过多，

124 Points to be checked: The documentary credit appears to be a valid documentary credit; The type of the credit and its terms and conditions are in accordance with the sales contract; The documents required by the credit are obtainable and presentable; The credit does not contain conditions which are unacceptable or impossible to comply with; The goods description or unit prices, if any, are as stated in the sales contract; There are no conditions indicated in the credit requiring payment of interest, charges, or expenses not contracted for in the sales contract; The shipping and expiry dates indicated in the credit and the period for presentation of the documents are sufficient to enable the beneficiary to comply with tem in order to obtain payment; The port of loading, taking in charge, or place of dispatch and the port of discharge or delivery correspond to the sales contract; Te insurance requirement (whether is to be covered by the beneficiary or the buyer) is declared in the documentary credit.

应与开证行联系进行修改。

（4）被指定银行提供保兑服务时，同样应审核开证行的信誉状况以及所在国政治风险，避免发生保兑付款后因开证行拒付而给己方带来损失。当面临的风险较大时，保兑行可以拒绝接受开证行的保兑邀请指示。另外，开证行要求某银行提供保兑服务时常常说明开证行在此银行开有账户并存有一定金额。若没这种关系，被指定银行则应审慎行事。

二、信用证的通知

UCP600是构建信用证法律关系的基本国际惯例。在信用证法律关系中，信用证通知行担任着同样重要的角色，并可能对当事方权利义务产生重要影响。在UCP600的规制下，信用证通知行承担的是传递信息的义务，通知行应当对外承担证明信用证真伪的义务，但是通知行也可以不履行通知义务，但必须及时地通知相关各方。通知行主要履行以下义务。

（一）核对信用证的真实性

通知行尽管只是开证行的代理人，代行通知的义务，但是通知行对受益人仍然是承担相应义务的。该义务表现为，通知行所通知的信用证或其修改应当被证实是真实的，而且表面上是完整的。在现实的信用证交易中，信用证的开立系开证行和通知行之间通过交换密押的方式来核实信用证的真伪，通过SWIFT系统开立的信用证则由系统自动核实真伪，通知行在电子终端上收到信用证文本时，应当核实信用证的真伪，如果开证行决定通知该信用证，则应当告知受益人该信用证的真伪性质。此外，开证行还应当完整地将其收到的信用证通知给受益人。尽管UCP600在第35条[125]中表明，通知行对电讯传递中信息的缺失不承担责任，但是通知行应当保证其通知的信用证和收到的信用证是一一对应的关系，若因通知行的失误未能将信用证完整地通知给受益人，显然通知行当承担责任。

（二）信用证转通知行的义务和责任

UCP600在此条当中增加了第二通知行这一当事方。第二通知行的角色和第一通知行的角色是类似的，只不过第二通知行和第一通知行之间是委托代理关系。第二通知行从第一通知行处获取信用证，并向受益人发出通知，则第二通知行也得保证其和第一通知行之间的意思是真实的。若第二通知行不能保证该信用证的准确性和完整性而通知了信用证，则第二通知行也应当承担相应的责任。

（三）通知行对来证进行登记

通知行在核对密押或印鉴无误并确认信用证真实性和有效性之后，应立即对收到的信用证进行备案登记，内容通常包括：开证行名称、来证地区和国家、开证日期和收到日期、来证路线、信用证号码、受益人、金额和币别等。登记完毕后，一般应及时将信用证的副本归档备查。

（四）正式通知信用证

通知行在确认信用证的真实性并将有关信用证的情况备案后，向受益人通知信用证。若是信开信用证，通知行要缮制信用证的通知书，说明信用证的真实性，将通知书及正本信用证交给受益人；若是电开信用证，

125 Disclaimer on Transmission and Translation: A bank assumes no liability or responsibility for the consequences arising out of delay, loss in transit, mutilation or other errors arising in the transmission of any messages or delivery of letters or documents, when such messages, letters or documents are transmitted or sent according to the requirements stated in the credit, or when the bank may have taken the initiative in the choice of the delivery service in the absence of such instructions in the credit. If a nominated bank determines that a presentation is complying and forwards the documents to the issuing bank or confirming bank, whether or not the nominated bank has honoured or negotiated, an issuing bank or confirming bank must honour or negotiate, or reimburse that nominated bank, even when the documents have been lost in transit between the nominated bank and the issuing bank or confirming bank, or between the confirming bank and the issuing bank. A bank assumes no liability or responsibility for errors in translation or interpretation of technical terms and may transmit credit terms without translating them.

通知行要照来电复印，复印本随附面函通知受益人，原本留存。

通知行和开证行之间是委托代理关系，即开证行委托通知行将信用证通知受益人。作为开证行的代理人，通知行的义务很简单，只需要履行告知的义务即可，而无须承担兑付或议付信用证的义务。本条中提到一个例外，如通知行同时担任保兑行的话，则通知行承担保兑行的责任，也就是 UCP600 第 8 条里所列明的责任和义务。

（五）开证行应使用同样的路径发出信用证和随后的修改

UCP600 强制性地要求信用证通知行一旦被选择，则信用证的修改等通知同样要经此路径做出，不允许信用证开证行变更通知行，或者通知行变更第二通知行。UCP600 在此条当中并未规定未能按照此项要求行事的银行须承担何种法律后果，或对信用证的效力产生何种影响。

（六）通知行的义务并非强加的义务

尽管开证行将信用证开给通知行，并不代表通知行必须确定地承担通知责任，但开证行的要约如果没有得到通知行的同意，通知行仍然不需要承担通知行的义务。和普通民法里的要约承诺不同的是，UCP600 规定，如果通知行不同意开证行的指示，通知行应当负有立即告知开证行的义务。UCP600 中的此项规定是为了保证交易能够正常进行，确保信用证能够及时地通知受益人。

（七）无法确定信用证真伪时也应及时通知相关各方

UCP600 第 9 条规定，通知行在不能确定信用证真伪时，应首先负有向发出指令的银行告知无法核实信用证真伪的义务。从这一点上来看，无论信用证真伪，一旦信用证到达通知行手中，通知行首先应当核实真伪；其次即便在信用证不能确定真伪时，通知行仍负有立即将信用证的情况告知发出指令银行的义务。UCP600 强行要求所有银行按照其规定行事，以保护受益人利益为宗旨。

信用证交易和其他交易不同的是，信用证是开证行发出的单方意思表示。一旦信用证开立则脱离了开证行的控制，信用证能否持续运转依赖于其他当事方的协助，在开证行和受益人之间存在诸多可能的当事人。信用证交易下存在真实的贸易合同关系，贸易合同的正常结算依赖于信用证的执行，同时贸易合同的执行又脱离于信用证而独立运作，时效性要求信用证能及时到达相关当事人。信用证的真伪确定是有着技术性的要求的，为了能够及时地告知受益人信用证的运行状况，通知行如果决定通知信用证，则在不能确定真伪的情况下，需要将信用证的真伪通知受益人。这既保证了受益人的相关权益，又合理地保护了通知行自己的利益。

第二节　交单、审单与寄单

信用证交易的最后环节是出口商到银行提交全套单据，并在付款行审核无误后得到解付的款项，而付款行随即将全套单据寄给开证行，开证行则通知进口商付款赎单。其中主要涉及出口业务的三个主要环节，即出口商交单、银行审单和向开证行寄单。

一、出口交单

交单是指信用证受益人在规定时间内向银行提交信用证规定的全套单据，经银行审核后，根据信用证条款及不同付汇方式，由银行办理结汇。在信用证业务中，单据的提交起着非常重要的作用，因为这是信用证最终结算的关键。受益人向银行交单后是否能得到货款，主要取决于是否构成相符交单。

交单方式有两次交单（预审交单）和一次交单两种。

1. 两次交单（预审交单）

在运输单据签发前，先将其他已备妥的单据交银行预审，发现问题及时更正，待货物装运后收到运输单据，便可当天议付并对外寄单。这种方式有利于提高效率。

2. 一次交单

在全套单据备齐后一次性提交银行，此时货已发运。银行审单后若发现不符点需要退单修改，耗费时日，容易造成逾期而影响收汇。所以一般来说，出口企业宜与银行密切配合，采用两次交单方式以加速收汇。

交单时应注意三点：

（1）单据的种类和份数与信用证的规定相符；

（2）单据内容正确，包括所用文字与信用证一致；

（3）交单时间必须在信用证规定的交单期和有效期内。

提交单据的期限由以下三种因素决定：①信用证的失效日期；②装运日期后所特定的交单日期；③银行在其营业时间外，无接受提交单据的义务。

二、银行审单

信用证的指定银行或开证行收到受益人交来的单据后先要进行审核，如认为构成相符交单，则按信用证规定做出付款、承兑或议付。

银行必须合理谨慎地审核信用证要求的所有单据，以确定其表面上与信用证条款相符。规定的单据在表面上与信用证条款的相符性应由在这些条文中反映的《国际标准银行审单实务》（ISBP681）来确定。单据表面上互不相符，应视为表面上与信用证条款不符。

上述“其表面”一词的含意是，银行不需过问单据和已装运货物真假，也不需过问货物是否真正装运以及单据签发后是否失效。除非银行知道其为欺诈行为，否则与银行无关。因此，即使受益人缮制了表面上与信用证规定相符的假单据，也能得到货款。但是，如受益人已经以适当的方式装运了所规定的货物，在制作单据时未能达到信用证所规定的条件，银行也将拒绝接受单据，而受益人也不能得到货款。银行不审核信用证中未规定的单据，如果银行收到此类单据，将退还提交人或予以转交并对此不负责任。

（一）审单标准

长期以来，银行审单既要采取“严格相符”的原则，也要采取“实质一致”的原则。

1. 严格相符原则

严格相符原则是指在单据和信用证条款之间，字与字、字母与字母的相符。单据就像是信用证的“镜子影像”（Mirror Image）。即使是拼写错误，也会构成单证不一致，其结果将会造成大的不符问题和激增的诉讼案件，所以要求达到单证严格一致是很难的，也不易实行。

2. 实质一致原则

实质一致原则是允许单据有差异，只要差异对开证行、申请人利益不构成实质性损害，或不违反法庭“合理、公平、善意”的概念即可。根据国际商会意见，单据有实质性不符点，即构成单证不一致；单据没有实质性不符点，即达到单证一致要求。这相对来说比较现实。

（二）审单注意事项

审单的注意事项有以下几个方面。

（1）在审核单据时，对信用证中没有特别规定的，可以依据 UCP600 的相关条款进行衡量，以确定单据的合格性；如果在 UCP600 中也没有相关条款的，则应按银行业习惯来解释处理。审单过程中，应做到有依据的内容应“严格相符”，没有依据的内容则“实质一致”。

（2）银行对信用证未规定的单据将不予审核。UCP600 第 14 条第 b 分条[126]规定：银行将不审核信用证没有规定的单据，如果银行收到此类单据，可退还交单人或将其照转，并对此不承担责任。

（3）银行审单的合理时间是不超过收到单据次日起算的 5 个银行工作日。这对开证行及 / 或保兑行和对指定银行都适用，对其他银行则不适用。其他银行如果接到受益人提交的单据，被要求转递或寄单给开证行时，应使单据在信用证的有效期内尽快送达开证行。

（4）若信用证加列非单据条件，银行将认为这些条件未曾提及，并对这些条件不予理会。如果信用证含有某些条件而未列明需提交与之相符的单据，银行将视之为非单据条件，但与规定单据有联系的条件除外。

（三）审单方法

银行审单方法大体分两种，即纵审法和横审法。实务中，二者结合使用，不能做到“单证相符、单单一致。”

1. 纵审法

纵审是指根据信用证的条款逐字逐句地审核各种单据的内容，做到“单证一致”。

（1）当信用证有修改时，应先确认受益人对修改书是否书面表示拒绝或接受，然后再根据原信用证或原信用证与修改书审核有关单据；

（2）仔细分析信用证中涉及的每一种单据，即按单据条款核对相对应的单据，以达到单证一致。如果发现有与信用证不一致之处，应做好记录，以免遗漏；

（3）阅读信用证文句，并与单据核对；

（4）对照信用证要求来审核单据，剩下的则属于信用证未规定的单据，应退还交单人。

2. 横审法

横审是以商业发票为中心，与其他单据相对照，要求单据与单据之间所共有的项目相互一致，即所谓“单单一致”。

（1）以发票为中心，与其他单据逐个核对，先将被核对的单据全部阅读一遍，核对涉及发票的相同资料是否一致；

（2）最后核对提单与保险单；

（3）横审的目的是要达到“单单一致”；

（4）经过横审和纵审没有发现不符点，或发现不符点已经改妥，即可确定为相符交单。

（四）单据审核要点

1. 汇票[127]

（1）汇票的付款人名称、地址是否正确；

（2）汇票上金额大、小写是否一致；

（3）付款期限是否符合信用证或合同（非信用证付款条件）规定；

（4）检查汇票金额是否超出信用证金额，如信用证金额前有“大约”或类似词语可按 10% 的增减幅度掌握。

---

126 A nominated bank acting on its nomination, a confirming bank, if any, and the issuing bank shall each have a maximum of five banking days following the day of presentation to determine if a presentation is complying. This period is not curtailed or otherwise affected by the occurrence on or after the date of presentation of any expiry date or last day for presentation.

127 Examining a draft, the following points should always be noted: Is the L/C number required is absent or incorrect? Is presentation of the draft after the expiry date? Does the amount of the credit agree with the credit amount and invoice? Is the tenor the same as shown in the credit? Is the draft drawn by the beneficiary? Is the drawer's signature presented on the draft? Is the draft drawn on the nominated party in the credit? Is the draft endorsed by the payee or endorsed correctly? Are the amounts in words and in figures identical? Is there any interest clause? Does the draft contain any or all notations as stipulated in the credit?

（5）出票人、受款人、付款人是否符合信用证或合同（非信用证付款条件）的规定；

（6）信用证和发票上的币种是否一致；

（7）出票条款是否正确，如出票所依据的信用证或合同号码是否正确；

（8）是否按需要进行了背书；

（9）汇票是否由出票人签字；

（10）汇票份数是否正确，如“只此一张”或“汇票一式二份，有第一汇票和第二汇票”。

2. 商业发票

（1）抬头人必须符合信用证规定；

（2）签发人必须是受益人；

（3）货物描述必须完全符合信用证的要求；

（4）商品的数量必须符合信用证的规定；

（5）单价和价格条件必须符合信用证的规定；

（6）提交的正副本份数必须符合信用证的要求；

（7）信用证要求表明和证明的内容不得遗漏；

（8）发票的金额不得超出信用证的金额，如数量、金额均有“大约”，可按10%的增减幅度掌握。

3. 保险单据

（1）保险单据必须由保险公司或其代理人出具；

（2）投保加成必须符合信用证的规定；

（3）保险险别必须符合信用证的规定并且无遗漏；

（4）保险单据的类型应与信用证的要求相一致，除非信用证另有规定，保险经纪人出具的暂保单银行不予接受；

（5）保险单据的正副本份数应齐全，如保险单据注明出具一式多份正本，除非信用证另有规定，所有正本都必须提交；

（6）保险单据上的币种应与信用证上的币种相一致；

（7）包装件数、唛头等必须与发票和其他单据相一致；

（8）运输工具、起运地及目的地，都必须与信用证及其他单据相一致；

（9）如转运，保险期限必须包括全程运输；

（10）除信用证另有规定，保险单的签发日期不得迟于运输单据的签发日期；

（11）除信用证另有规定，保险单据一般应作成可转让的形式，以受益人为投保人，由投保人背书。

4. 运输单据[128]

（1）运输单据的类型必须符合信用证的规定；

（2）起运地、转运地、目的地须符合信用证的规定；

（3）装运日期／出单日期须符合信用证的规定；

（4）收货人和被通知人须符合信用证的规定；

128 Examining the transport documents, the following points should always be noted: Does it contain a “clean, shipped on board” notation? Does it contain the correct name and address of the consignee in the credit? Does the transport document contain the correct transport details stated in the credit (the vessel, the port of loading, the port of destination, buyer’s premises)? If required by the credit, is the “notify party” listed? Was the transport document issued within the period specified in the credit? Is the full set of originals being presented? Is the transport document not a charter party document, unless otherwise authorized by the credit? Is the quantity and description of the goods consistent with those on other documents of this transaction? Are the shipping marks and numbers consistent with those stipulated in the documentary credit? Does the transport document meet the stipulations of the credit? If the transport document states “on deck” stowage, is it allowed by the credit?

（5）商品名称可使用货物的统称，但不得与发票上货物说明的写法相抵触；

（6）运费预付或运费到付须正确表明；

（7）正副本份数应符合信用证的要求；

（8）运输单据上不得有不良批注；

（9）包装件数须与其他单据相一致；

（10）唛头须与其他单据相一致；

（11）全套正本都须加盖承运人的印章及签发日期章；

（12）应加背书的运输单据，须加背书。

5. 其他单据

如装箱单、重量单、产地证书、商检证书等均须先与信用证的条款进行核对，再与其他有关单据核对，求得“单证一致”“单单一致”。

6. 常见差错

（1）汇票大、小写金额有出入；

（2）汇票的付款人名称、地址打错；

（3）发票的抬头人一栏填错；

（4）有关单据如汇票、发票、保险单等的币种不一致或不符合信用证的规定；

（5）发票上的货物描述不符合信用证的规定；

（6）无相关规定情况下多装或短装；

（7）有关单据的类型不符合信用证要求；

（8）单单之间商品名称、数量、件数、唛头、毛重、净重等不一致；

（9）应提交的单据提交不全或份数不足；

（10）未按信用证要求对有关单据如发票、产地证等进行认证；

（11）漏签字或漏盖章；

（12）汇票／运输提单／保险单据上未按要求进行背书；

（13）逾期装运；

（14）逾期交单。

（五）信用证不符点处理方法[129]

信用证项下的不符点（Discrepancies）是指信用证项下受益人所提交的单据表面出现的一处或多处不符合信用证条款或条件的错误。当单据出现不符点后，信用证的开证行就可以免除付款的责任。

受益人提交不符点单据时，保兑行或指定银行可以按照下列方法之一处理：

（1）将所有单据退还给提交人更改，以便在信用证有效期内和最迟交单期内再次交单；

（2）仅仅退还不符点单据，让提交人更改，以便在信用证有效期内和最迟交单期内再次交单；

（3）在交单人授权下将信用证项下的不符点单据以等待批准方式寄送开证行，要求审查和批准接受单据

129 The advising bank/confirming bank has several options in dealing with discrepant documents: ①The advising or confirming bank can refuse to accept the documents and return them to the beneficiary so that they can be corrected or replaced; ②The correspondent bank notifies the issuing bank of the discrepancies by telex and requests authorization to effect payment despite them; ③The correspondent bank suggests to the beneficiary that he send the documents to the issuing bank for approval. In this way, the buyer will gain possession of the documents only against payment of the value of the goods; ④The correspondent bank may – though it is under no obligation to do so – honour the documents “under reserve”. If the buyer or issuing bank then refuses to make payment against the documents because of the discrepancies, the beneficiary must refund the amount, plus commission, expenses and interest, to the bank.

或拒绝接受单据；

（4）将所有单据退还交单人，请其直接寄单给开证行；

（5）如果交单人准许，以电报、电传发至开证行，要求凭不符点单据授权付款、承兑或议付；

（6）从受益人或其银行出具赔偿担保函，凭以议付、付款或承兑，该函保证如果开证行拒绝接受不符单据和拒绝偿付，任何议付、付款、承兑金额连同利息和有关费用将由担保函出具人偿还；

（7）根据实际经验，并征得受益人同意，办理“保留权利”的付款、承兑或议付，即如果开证行凭不符点单据拒绝偿付时，银行保留对受益人的追索权；

（8）寄单托收。

对于开证行、保兑行（如有）来说，当确定单据不符而拒付时，必须按照以下的规定处理：

（1）拒付必须以单据为依据；

（2）必须在5个银行工作日内发出拒付声明；

（3）以电讯方式通知寄单行；

（4）一次性说明全部不符点；

（5）说明单据听候处理或退回。

三、银行寄单

银行（议付行）审单后，如认为单据完全符合信用证条款或者虽然单证不符，但已经做电提、表提或担保议付的单据，应向开证行寄单索汇。银行缮制寄单索汇通知单，然后随附出口单据一并寄出。寄单索汇通知单（俗称“BP格式”）是议付行向开证行（或偿付行、保兑行等）说明已寄本通知单所附单据且单据完全符合信用证规定，要求开证行或保兑行收到单据后按议付行指示支付货款，或要求偿付行在收到索汇通知后偿付货款。各银行寄单索汇通知单的格式虽各不一样，但内容基本一致，通常主要包括议付行名称、地址、议付或寄单日期、业务编号、信用证号、收单行或开证行名称、地址，偿付行名称、地址，寄单及单证相符的文句、单据种类、份数、索汇路线、特殊指标、寄单行签章等。

缮制寄单索汇通知单应注意下列问题。

（一）寄单日期

议付日应掌握在装船日之后和信用证有效日期之前，同时应在信用证规定的交单期内。议付日应尽量避免倒签。如寄单日期超过信用证规定的有效期或交单期，一些银行的做法是在寄单索汇通知内仍注明实际寄单日期，在备注栏内声明受益人已在规定的日期内向议付行交单，或注明符合规定的实际交单日。如受益人交单的日期超过信用证规定，应按不符点处理。

（二）收单行

应填开证行或保兑行。如信用证另有规定，则按规定填写。应注明收单行的全称和详址，如单据由某银行转递，应加C/O ×××。例如，收单行为ABC Bank，转递行为XYZ Bank，应注“ABC Bank C/O XYZ Bank”，其中C/O为（in）Care of的缩写。

（三）偿付行、付款行名称

应按信用证规定填写偿付行或付款行名称、地址。如信用证对偿付行的偿付部门有明确规定，或该偿付行在信用证以外对偿付部门通信位置等有特殊要求，则必须按规定或要求注明有关内容，以免某些偿付行由于部门过多而辗转传递，延误时间。如属不符点出单，应直接向开证行索汇，偿付行一栏不填写内容。如偿付行是开证行的分支机构，如某银行的纽约分行可省略全称，只打“Your New York Branch”。

（四）信用证号

注明此笔信用证号，或按信用证规定，除证号外还可加注其他转证行编号、对开信用证编号、背对背信用证编号、保兑行编号等。如信用证无此类规定，同时业务又涉及两个或两个以上银行，则单据寄送哪个银行，应标注哪个银行编号。除非甲银行开出的信用证规定单寄乙银行，又未提供乙银行编号者，则必须注甲银行证号。

（五）付款期限

应注汇票或信用证规定的付款期限。如是远期信用证，应注信用证规定的远期期限，即期索汇。

（六）到期日与起息日

凡应由出口企业确定到期日的远期索汇，如出票后若干天或装船后若干天到期的索汇，均应计算并注明到期日。见票后若干天到期的应要求对方通知到期日。如信用证规定起息日，特别是电报索汇，应注起息日。

（七）索汇金额

索汇金额应包括如下内容。

（1）货款，即汇票或发票金额。

（2）除非信用证规定银行费用由受益人负担，否则应按规定计算和注明银行费用及合计金额，一并向买方收取。

（3）如需要在议付时扣除金额，如佣金、超证金额等，要注明应该扣除的金额及净金额。如有需要在议付时加入的金额，如信用证规定应由买方支付的额外费用、利息等，要注明应该加入的金额及总金额。

（八）寄送的单据和份数

寄送的单据一般包括汇票、发票、提单、保险单、包装单、产地证、检验证，以及各种证明、函件等。这些单据名称通常已印妥。应按信用证规定注明各项单据应寄的份数。如信用证规定两次寄单，并且规定每次应寄的份数。此时应按规定分别注明每次应寄的份数，如未规定每次份数，通常只留一份第二次寄出，其他全部第一次寄出。如某项单据只有一份，则应于第一次寄出。如信用证未规定分几次寄单，那么，按照惯例港澳联行来证一次寄出，其他均两次寄单。

（九）索汇路线

如果付款行（包括开证行、保兑行、偿付行或信用证指定的付款行）是我索汇货币的账户行，应要求该行贷记我（或我总行）账户。索汇指示举例如下：

“You are requested at sight/at maturity to credit the above total sum to our Head Office Beijing/our ×××branch a/c with you under telex/airmail advice to us”（请贵行于即期/到期日将上述总金额贷记我北京总行/我×××分行在你行账户并以电传/航邮通知我行）。

如果付款行非我索汇货币账户行，应要求其将货款汇交我账户行贷记我（或总行）账户。账户行通常选择在索汇货币的本国，如美元应付到美国，英镑付到英国清算等。索汇指示举例如下：

“You are requested at sight/at maturity to remit the above total sum by telex/airmail to ××× bank for the credit of our H.O. Beijing/our ××× branch’s a/c (a/c No. ×××) with them under their telex/airmail advice to us”（请贵行于即期/到期日将上述总金额以电传/航邮汇交×××银行贷记我北京总行/我×××分行在该行账户（账号×××）并由该行以电传/航邮通知我行）。

如果信用证规定允许电报索汇，或向偿付行索汇同时未规定禁止电索和邮寄汇票，则可以使用电索（电文如后），寄单索汇通知单内应做相应说明，避免重复付款。例如：

"We have claimed reimbursement as per our telex today requesting you（or reimbursing bank）to credit the above total sum to our H. O. Beijing/our ××× branch's a/c with you (them) under your (their) telex/airmail advice to us"（我行已于今日电传索汇，要求你行（或偿付行）将上述总金额贷记我北京总行 / 我 XXX 分行在你行（偿付行）账户并由你行（它行）电传 / 航邮通知我行）。

如果开证行在议付行或其总行开有索汇货币账户，可按信用证要求，使用主动借记或授权借记的索汇方式。例如：

（1）主动借记："We have today debited the above total sum to your a/c with us/our H. O. Beijing"（我行已于今日将上述总金额借记你在我行 / 我北京总行）。

（2）授权借记："Upon receipt of our documents, please authorize us/our H. O. Beijing by telex/airmail to debit the above total sum to your/your ××× office a/c with us /them"（收到单据后，请以电传 / 航邮方式授权我行 / 我北京总行将上述总金额借记你行 / 你×××分行在我行 / 我北京总行账户）。

（十）其他项目

其他项目指议付行需要声明或提出的事项，通常注在备注栏内。

1. 表提不符点

例如：Discrepancies：① Late shipment；② L/C expired，please contact your customer for their acceptance（不符点：①过装期；②信用证过效期，请联系客户接受单据）。

例如：We are holding the beneficiary's guarantee covering the following discrepancies：① Late presentation of documents；② Copy of C/O i/o original one（我行持有受益人对下列不符点的担保书：①晚交单；②产地证副本代替正本）。

2. 声明

例如：Statement L/C expiry date：April 10，1994 just fallen on Sunday，which extended to the first following business day as Article of UCP600 mentioned（信用证到期日：1994 年 4 月 10 日恰逢星期日，按照 UCP600 条款规定，顺延到其后第一个营业日）。

3. 已扣代理人佣金

例如：Agent's 2%comm. USD 125.00 has been deducted from the invoice value and please pay according to L/C（代理人 2%佣金 USD 125.00 已从发票金额中扣除，请按信用证规定支付）。

4. 超证金额另作托收

例如：Draft No. BP1234567A for USD 280.00 representing excessive LC value which please collect，upon collection，please pay to Bank of China，New York for the credit of our H. O. Beijing a/c with them under their advice to us（BP1234567A 号汇票，金额 280.00 美元是超证金额请收款，款收妥后请付纽约中行贷记我北京总行账并由该行通知我行）。

5. 要求通知到期日

例如：Please advise us of the maturity date.（请通知我行到期日）。

6. 议付行确定和通知到期日

例如：The maturity date will fall on Apr. 5th, 1994.（到期日为 1994 年 4 月 5 日）。

7. 假远期信用证的承兑费和贴现息由买方负担

例如：Acceptance comm. and discount interest are for buyer's account（承兑费和贴现息由买方负担）。

寄单索汇通知单制妥后，应附汇票和单据寄开证行。如信用证规定向偿付行索汇，还应向偿付行寄一份索汇证明或索汇通知，如信用证规定汇票以偿付行为付款人，还应随附一套汇票。如信用证要求议付行发议付电，议付行应于议付寄单当天向开证行发电，电文举例如下：

Negotiated today your credit No. ×××USD ×××（今天议付你×××号信用证 USD×××）。

如电报索汇，应向付款行发索汇电报／电传，电文举例如下：

Fulfilled your credit No. 2256 USD 5 000.00 charges 210.00 pls credit our H.O. BEIJING a/c with you quoting our ref No. ×××（议付你行信用证第 2256 号 USD 5 000. 00 费用 210. 00，请贷记我北京总行在你行账户，注明我参考号×××）。

第三节　催收、考核与收汇

议付行在收到全套单据和汇票后，若构成相符交单，就应为出口商办理议付。随后议付行向付款行寄单索汇。如果付款行故意拖延，议付行必须进行催收，因为信用证是有有效期的，如果不能在有效期内成功收汇，将得不到货款。议付行审单完毕，确认单证相符，从受益人手中购入信用证所附全套单据后，会将全套单据寄往开证行要求偿付。因为无论是自由议付还是限制议付，议付行与开证行之间都是委托代理关系，议付行不承担最终付款的责任。所以，若议付行多次催收未果，或开证行以单证不符为由拒付，除非有证据表明议付行参与欺诈行为，否则议付行在善意议付信用证情况下，不承担任何责任。议付行如认为开证行拒付理由不成立，可以向开证行进行追索，也可向受益人行追索，要求返还议付款项。

一、催收

在付款行故意拖延时，议付行必须进行催收，催收时需考虑以下因素。

（1）按不同地区、不同货币、不同收汇方式、不同寄单方式确定合理收汇天数。

（2）信用证项下相符交单的货款，如超过合理收汇天数未收妥，应发出催收函电。对开证行无理迟付的货款，除及时催收外，还应向其追索迟付期间的利息及费用，索赔利率遵照总行规定执行。

（3）对开证行的无理拒付，应据理力争，并追索无理拒付造成的利息损失及相关费用。

（4）对不符点出单者，应积极配合受益人进行催收。

二、考核

（1）按不同寄单及索汇方式计算平均收汇天数，为调整收汇方式提供参考依据。

（2）对代理行做专项考核，并做出分析评估，为调整代理行政策提供依据。

（3）定期做出考核报告，总结对外交涉中成功的经验和失败的教训，客观地反映本行出口收汇的全貌。

（4）对出口业务环节中出现的差错及失误做出具体分析，改进工作方法，提高工作效率。

三、收汇

信用证项下出口收汇是指出口商收到国外开来的跟单信用证后，按照信用证的条款，向船公司办理了货物装运手续，且从船公司收到了装运单据。出口商将该装运单据以及信用证规定的其他单据，如汇票、发票、保险单和检验单等，一并提交银行，委托银行代为向国外开证行收汇。

（一）结汇方式

1. 押汇

银行以符合信用证规定的单据做抵押，扣收自押汇日至预计货款入账日的利息后为受益人垫付货款。受益人要求银行做出口押汇，应首先向银行提交总质押书及押汇申请书，申明若此项垫款遭开证行拒付，押汇银行有权向受益人追索。银行经审查，如确认收汇有把握，即可办理押汇手续，为出口公司结汇。

2. 定期结汇

该办法适用于对港澳地区联行来证项下出口收汇，即内地银行与港澳联行根据平均入账时间约定一个固定的期限，内地银行将符合信用证规定的单据寄给开证行（港澳联行）后，按规定的期限于到期日双方银行分别入账，并由内地银行给受益人结汇。

3. 即期结汇

银行审查出口单据，如认为符合信用证规定，就应立即给出口企业结汇。这种方式主要用于由出口地银行作为保兑行或付款行的即期信用证，或者，信用证授权由出口地银行审查单证相符后主动借记开证行账户的索汇。

4. 远期结汇

按规定应由出口地银行办理承兑、承担迟期付款责任的信用证结汇，由出口地银行审查单证相符后，将单据寄出（对于承兑信用证，出口地银行应先承兑汇票）并按规定期限于到期日为公司办理结汇。

5. 贴现

如信用证指定议付行办理贴现，同时规定由买方承担贴现利息和费用，如议付行接受，则可在向买方加收贴现利息和费用的情况下，为受益人办理贴现。另外，如远期单据寄出并收到对方寄来的承兑通知后，根据受益人的要求，可以由议付行扣除贴现利息及有关费用为受益人办理贴现。如有可能，议付行也可向当地人民银行申请办理再贴现。除采用结汇制以外，按外汇管理规定，外商投资企业可在外汇指定银行设立外汇账户，外汇指定银行可根据信用证规定和受益人要求，按上述不同方式将外汇记入该企业外汇账户。

（二）收汇的业务特点

收汇的业务特点如下：

（1）提交符合信用证条款的单据，能及时收回该单据项下的货款；

（2）受托银行会根据信用证条款和其专业的知识对提交的单据进行审核；

（3）当银行发现单据与信用证条款存在不符时，则会通知出口商对单据进行更改，避免单据到达开证行的柜台时遭其拒付。

（三）收汇的办理条件

收汇的办理条件如下：

（1）经工商行政管理机关核准登记、通过年检并有进出口经营权的企业法人；

（2）向银行提交整套信用证规定的正本单据；

（3）凭与信用证不符的单据委托收汇的，则出口商要向银行再提交其出具的担保。

（四）收汇的一般办理流程

收汇的一般办理流程如下：

（1）向银行提交整套正本信用证和信用证规定的单据；

（2）银行按照信用证条款对提交的单据进行审核；

（3）银行按照信用证的条款办理寄单和索汇；

（4）银行收到货款后，立即根据出口商的指示，将款项划入其指定的账户。若该指定账户为外币账户，银行则以原币划入；若为人民币账户，则银行通过结售汇，将人民币划入该账户；

（5）出口商通过银行向外管局作国际收支申报。

第四节　出口信用证的风险与防范

一、出口商面临的风险

出口商发运货物后，只要能提交满足信用证条款要求的单据，开证行就可以保证付款。因此，相对于其他支付方式而言，由于有银行信用的出现，出口商在信用证方式下面临的风险好像小了，但这只是表象而已。事实上，出口商面对信用证中不同要求的各种条款，其遭遇的风险可能更大。这主要体现在以下几个方面。

（1）信用证对货物的品质要求很细微、很严格，容易造成出口商有时不注意或难以满足这些条件。如对某些产品的出口，信用证要求出口商必须满足对方国家或某一国产品的质量标准等。这样出口商将面临巨大的收汇风险。

（2）开证行对信用证的有效期、货物的最迟装船期以及出口商的交单日期规定得比较短促。出口商较难满足这些条件，无法提供相应的单据，从而给对方提供出口商违反信用证规定的理由，极易造成对方拒付货款。

（3）信用证规定海运提单的收货人为开证申请人而不是银行，造成出口商难以控制货物，如规定“Full set of ocean bill of lading made out the applicant and notify…”。这时的提单仅仅是货物收据，失去其物权凭证的意义。进口商极易提取货物，出口商则可能因此丧失对货物的控制权。

（4）信用证规定 1/3 或 2/3 正本海运提单自寄开证申请人，这同样不利于出口商控制货物，如规定“1/3 or 2 / 3 original ocean bill of lading must be sent to the applicant directly after the date of shipment”。这种情况下由于提单通常为物权证书，且每份提单对货物的效力相同，因此如果出口商将一份或两份正本提单直寄申请人，则易发生进口商用提单提货后，指示开证行以各种理由挑剔出口商提交的单据并拒付。这样，出口商将面临款货两空的风险。

（5）信用证规定的有效日期及有效地点均在开证行所在地，如规定“The expiry date must be on 3rd Nov., 2010 and the place should be at our side”。这种情况下，因邮递单据的在途时间等原因，出口商的交单日期就必须提前，开证行对出口商提供的付款保证期限，从实际操作层面看就缩短了。出口商难于保证在最迟交单期限内将单据交至开证行，易形成不符点，因此出口商收汇大大增加风险。

（6）信用证方式下的银行费用均由出口商负担，加大出口商的成本，如规定“All bank charges are for beneficiary's a/c…”。信用证业务不仅涉及出口国银行，也涉及进口国银行，有时还可能涉及第三国银行。由于各个银行提供的服务不同，收费标准也不尽相同，因此，如果信用证业务中的所有银行费用均由出口商承担，势必增大出口商的业务成本，对出口商极为不利。

（7）信用证规定货物检验证书须由开证申请人指定的人签发，如规定“The inspection certificate should be issued and signed by our nominated person…”这样，当进口地市场行情发生变化或发生其他情况时，进口商可能故意拖延时间或不派人签发单据，造成信用证过期，出口商将面临收汇困难的局面。

（8）信用证规定某些单据如检验证书、发票、货物收据等须由特定人签发，而且签字式样应与开证行的预留字样相符，如规定“This document should be issued and signed by ××× and the signature must be in strict compliance with that on our side….”此种情况发生的原因类似于第七条的情况，但对出口商造成的影响可能更大。出口商提交单据的签字很难与开证行的预留印鉴相一致，因为进口商派出签单的人可能与预留印鉴的人不是同一个人。

（9）有的信用证中规定暂不生效条款。出口商需等到开证行另行通知后，该项条款方才生效，如规定"This credit will be an operative instrument upon receipt of the advice (s) from the issuing bank…." 此种情况下，业务的主动权完全掌握在开证行以及进口商手中。出口商表面上已经获得开证行的保证，但此保证被附加条件限制住了。出口商不能及时发货，其资金周转将受到很大影响。

二、出口商对风险的防范

在信用证结算方式下，当出口商接到带有各种条款的信用证时，面对开证行的付款保证，出口商要做到以下几点。

（1）对国外开证行的资信做一个大致的了解。出口商应初步了解开证行本身的对外付款情况、开证行国内的外汇管制状况、开证行的实力等。否则，出口商发货后提交的单据即使与信用证要求完全一致，出口商也可能得不到付款。

如对开证行的状况了解较少，出口商可以要求进口商指示开证行去邀请出口地银行对其开出的信用证加具保兑，这样当出口商拿到保兑信用证时，就可以获得除开证行之外的第二家银行的付款保障。因此，出口商面临的风险降低了。

（2）当出口商收到信用证时，应认真审核信用证中的各种条款。信用证条款是出口商获得付款的条件。当信用证中的条款难以满足或者对自己不利时，出口商应通过进口商要求开证行修改信用证，直至满意为止。这样，出口商的收汇才有保障。

（3）出口商应学会通过单据来控制货物。一般而言，海运提单是物权证书，海运提单的抬头应做成对出口商比较有利的空白抬头形式。这样，通过背书转让，出口商可以把单据交付给委托的银行，由此才能有效地操控货物。

（4）出口商需要在国内保险机构投保出口信用保险。尽管信用证方式建立在银行信用基础上，但对出口商而言并不是完全没有风险了。出口商在发运货物前可以向出口国保险机构投保出口信用保险以转移和降低收汇风险，从而保障收汇安全。

案例分析（1）

一笔出口业务的启示

一、案情介绍

1997 年，S 制药公司与巴基斯坦某客商签订了一笔出口扑热息痛的合同，价值 3 万美元，C&F 卡拉奇价，以巴基斯坦的大银行开立的信用证结算。

不久，巴 H 银行开来 3 万美元的信用证，通过中国银行通知给了 S 公司。信用证规定出口商必须提供 SGS 商检证明。由于信用证开立的较晚，又是信函寄来的，装船期已迫近，中国银行建议受益人商洽进口商修改信用证有效期，但进口商称改证费用高，拒绝改证。由于 S 公司是初次办 SGS 证，手续不熟悉，错过了有效期。巴国的进口商也同意接受 S 公司的推迟装船的建议，并发来传真进行确认。为了加快收汇的速度，S 公司提交了不符点的保函，委托中行代为寄单索汇。

10 天后，中国银行收到开证行的加押电传，提出单据超过有效期。经 S 公司与进口商联系，进口商称巴国内市场价格下跌，要求降价外理，幅度达 40%之多。由此可以看出，进口商早有预谋。S 公司向中行申请要求退单，但货运公司却称货不能出港。经查，原来巴基斯坦法律规定，进口货物抵达卡拉奇港口后，如需转卖，需第一买主出具 NO OBJECTION CERTIFICATION 文件；如退还出口商，还要履行再出口手续，并且还需国家银行等有关部门核准，涉及部门多，手续紧琐，费用高昂。为了防止滞港费的增加、减少费用，在几经交涉未果的情况下，S 公司只好同意降价。

二、案情分析与启示

从这个案例中可以看出，进口商欺诈企图十分明显。在开立信用证时就有意拖延时间，增加出口的手续，使出口商不能在信用证有效期内正常出单，目的就是为了造成单据的不符点，从而为其自己制造借口利用当地法律大幅降价，达到谋取暴利的目的。在实务中，我们还发现，即使单据与信用证相符，进口商也可能勾结某些信誉较差的银行无理拒付，至银行信誉于不顾，客观上为诈骗行为推波助澜。

尽管进口商的诈骗意图险恶，但如果出口地银行能严格把关，也能减少此类案件的发生。国际结算业务是一项风险性较高和收益可观的业务，外汇银行在办理国际结算业务时应加强自身的业务素质，多学习一些外汇法律和惯例知识，努力提高业务水平，时时为企业着想。为了更好地服务于进出口商，银行业务人员的学习应从以下几方面入手。

1. 多了解国外的法律制度和国际惯例规定，知己知彼，不但给本行的业务减少风险，而且也能给企业提供有益的帮助，从而达到规避风险的目的。如中东一些国家规定，保函依然有效。这项法律无形中把银行的责任无限延长了，银行和企业面临的风险也增大了。上述巴国的案例也正说明了这一点。各国法律和惯例五花八门，各种限制名目繁多，目的都是为了保护本国的利益。因此，银行业务人员在办理国际结算业务时，应随时掌握国外法律和银行的最新信息，防止不必要的风险发生。

2. 注意对国外银行资信及工作作风的调查。资金雄厚、海外网络众多的国际性大银行不仅可以使国际业务通畅进行，而且可以防范外汇风险的发生。一般来说，各家商业银行都有自己信赖的代理行，尤其中国银行还有许多海外分行，在调查国外银行的资信上有其独到优势。但是，我们也应该看到，银行并不是资产越大越好，还要综合评估，如资产负债比例等。例如，日本北海道拓技银行虽然名列世界银行的前十位，但由于贷款质量的低劣，最终破产倒闭。另外，资信良好并不等于工作作风优良，例如，亚洲某些国家的银行虽然是国有银行，但是也常常与客户相勾结，无视自身信誉，骗取国外资金。因此，在实际业务中应尽量避免与此类银行打交道。

3. 在处理与国外银行的纠纷时，银行国际业务从业人员要充分利用自己掌握的国际惯例知识，有礼有节、不卑不亢，必要时可以层层升级，投诉到其总行。遇到问题时，千万不要缩手缩脚，将问题一并推给自己的客户，这样不但有损于银行的形象，给银行的崇高信誉造成伤害，而且给国家造成损失。遇到经过交涉也无法解决的问题，应果断诉诸法律，通过法律手段达到避免损失或挽回损失的目的。即使对于非本身原因造成的差错，也应积极协助国内客商努力争取减少或避免损失，也可给国内客商提供必要的法律援助。

4. 国内的企业在国外客户赖账或强行作骗等情况下，要及时通过法律手段或委托国际性的讨债公司代为追讨货款，千万不能左顾右盼，又怕损失，又不愿得罪客户。要知道，时间长了，债权就有可能损失。据统计，国内委托讨债公司的业务，操作时间多数超过一年，有的甚至超过两年。这给债务人转移资产创造了机会，债权基本上都无法回收。因此，讨债越早越及时，债权受损失程度就越小。

通过这个案例，我们应该引起高度的重视，加强对国外外汇的法律及银行业务的研究，尽量多了解一些，真正起到为国内的公司保驾护航的作用。

（原载《国际商报》，1998 年 5 月 2 日。）

案例分析（2）

警惕信用证中的陷阱条款

一、案情介绍

D土特产进出口公司与也门皮雷胡斯有限公司成交一笔蜂蜜，议定以信用证方式结算。根据合同规定的7月交货期，D土特产进出口公司在备货后几次向买方催促开立信用证，但对方一直拖延至7月14日才开出。信用证有关货物和装运部分条款如下：

“800 cases of Bee Honey, in tins of 25kgs. Net each, 2 tins to a wooden case. Full set of clean on board bill of lading made out to order of Applicant marked ‘freight prepaid’, Shipment from Dalian port to Aden, not later than July 31, 1995.”（800箱蜂蜜。听装，每听净重25公斤，2听装一木箱。全套清洁已装船提单，做成申请人指示抬头。装运最晚于1995年7月31日前从大连港至亚丁。）

D土特产进出口公司接到信用证后经审证，除装运期过于紧迫外未发现其他问题。D土特产进出口公司为了不耽误信用证规定的装运期，在匆忙中办理租船订舱和有关装运手续。但是，有关人员在办理报关和缮制出口货物报关单、装货单时发现问题：实货包装为木条箱（wooden crate）；信用证上规定为木箱（wooden case）。审证员疏忽大意未发现此问题，因“crate”与“case”两者只二个字母有异。有关业务人员查对合同后发现合同又未明确规定。D土特产公司经研究决定改换包装，因为修改信用证已来不及，否则延误信用证装运期。经过加班突击改换包装、终于在7月31日装运完毕。8月2日有关单证人员即备好各种单据向议付行交单议付，但未想到议付行提出缺少买方证明书，指出信用证在最后其他条款中有这样规定：

“The buyer’s certificate that he had taken delivery of the goods at Aden.”（买方的证明书，证明已经在亚丁收妥货物）

D土特产公司经各方查找未见买方寄来此证明文件，于8月3日即电询买方。对方回电称：“你7月31日装运通知电及8月3日电悉。经联系船方代理称该轮至今仍未到达我港，我未收到货物，怎能出具收货证明？待收妥货物即传真你方。敬候，谢谢！”

8月22日下午D土特产公司终于接到收妥货物的传真文件。有关人员即于当天赶在银行营业结束前将该文件送至议付行办理议付。银行经过复审单据，仍然不同意议付，其理由是：7月31日装运，8月22日才备齐单据议付，即装运后22天交单议付，已经超过国际惯例的21天交单期限。故信用证已失效，不支持议付。

D土特产进出口公司召集有关人员研究，最后决定向议付行出具担保函件“凭担保议付”寄单。有关人员分析，所谓超过21天完全由于买方晚提供证明文件所致。对于8月22日发出传真文件就已经超过21天，估计买方对此问题可能接受，所以采用“凭担保议付”寄单。

9月2日D土特产公司接到议付行转来开证行电，对方除提出关于超过装运日后21天交单的问题外，另提出单据未表示装运标志的意见如下：

“根据你方提交的海运提单，背面第5条规定：‘Packing and marks: The Merchant shall have the goods properly packed and accurately and clearly marked before shipment The port of destination of the goods should be marked in letters not less than 5 cm high, in such a way as will remain legible until their delivery....’（包装与标志：在装运前，托运人应对货物加以妥善包装，货物标志必须正确、清晰，并须以不小于5厘米长的字体将目的港清晰地标明在货物的外部，上述标志须能保持到交货时仍然清楚易读。……）

船方在提单上对货物标志作如上规定，根据你方所提交的提单，表明该批货物为刷制标志，更谈不上标志中的目的港的有关信息要求。因此，提单上无标志一项违背了提单背面第5条的上述规定，也就是说该批货物的包装存在缺陷。货物或包装的缺陷则构成不清洁提单，开证申请人对此表示无法接受。单据暂代保管，听后处理。”

D土特产公司针对开证行上述单据不符点的意见，经有关人员与议付行共同研究，认为从单证相符的角度看，主要问题在于交单时间超过装运日后21天的不符点，但此不符点之所以产生，是由买方造成的，应利用此情况进一步向买方做工作。对于提单上无标志被认为不清洁提单，确属无理挑剔，所以对开证行应以此为突破点据理反驳。

D土特产公司故于9月4日向买方提出：

“关于第×××号合同项下800箱蜂蜜单据一事，根据合同规定交货期为7月。按贸易惯例，信用证应在合同规定的交货期之前开出，以便我方有充足时间办理装运和有关手续，你方却于7月14日才开出信用证，且信用证规定7月31日前为装运期，给装运工作带来诸多不便，使我方完全处于被动。

对于货物包装问题，虽然合同未明确规定，但我们在交易洽谈中曾经提过以木条箱包装。你方的信用证改变为木箱包装，如此改变包装却未通知我方。虽然时间紧迫，但为了我们双方友好贸易关系，我方当时未要求你方修改信用证，经我方努力又改换了包装，终于在7月31日完成了装运工作。由于你信用证又要求议付时提交由你方出具的收货证明书，使我方无法按时交单议付。你方从7月31日延至8月22日才发出该收货证明，拖延22天。据9月2日开证行来电称：

你方不接受单据，其理由是拖延22天交单。你方自己拖延22天提供证明单据，却反而不同意接受，我方对此难以理解。我们认为可能是开证行以此为借口拖延付款，请你方接洽开证行放弃该不符点。

至于货物未刷标志，按合同规定标志由卖方决定，所以我方根据具林况未刷制标志。

为今后长期双方贸易的发展，请按时付款。谢谢合作！”

与此同时，D土特产公司又致电开证行，对其9月2日来电答复如下：

“你9月2日电悉。关于第×××号信用证项下单据所谓不清洁提单一事，我方所提交的提单，不但承运人未在提单上加注货物或包装存有缺陷的条文或批注，而且提单正面承运人明显表示：‘Shipped on board the vessel named above in apparent good order and condition（unless otherwise indicated）the goods or packages specified herein…’这说明该提单项下所装的货物及其包装在当时都是良好的，没有任何缺陷的。所以，我们认为所谓不清洁提单是不存在的。

关于提单背面第5条规定的条文，你方引证原文不全。整个条文是：货主对装载的货物要刷制标志，标志中还要包括目的港，如由于标志不足或有不适当之处而产生的额外费用由货主承担。这并不是构成清洁与不清洁提单的条件。对于清洁提单的概念，根据UCP500第32条规定：‘清洁运输单据是指交单上并未明确宣称货物及/或包装有缺陷的条文或批注的运输单据。’我提单上并未有类似货物或包装有缺陷的另外批注，所以与不清洁提单毫不相干。”

9月8日开证行又复电。电文中对不清洁提单一事只字不提，仅对交单日期超过装运日后21天、构成迟期提单，再度强调不能接受单据。要求告知单据如何处理。

D土特产进出口公司认为超过21天交单问题系买方造成的，所以于9月10日又向买方催促。但买方在回电中对单据问题避而不谈，又提出货物经检验，水分太高，超过25%。要求降价才能付款。双方几经交涉，最后D土特产进出口公司被迫按降价10%处理而结案。

二、案情分析与启示

1. 国际贸易中以信用证方式结算货款的合同，一般都规定买方须于装运期前一个月左右开立信用证。由于本案合同没有类似规定，使买方在7月交货期施延至7月14日才开证，距离信用证装运期仅10余天。

在这样短的时间内既要备货、租船订舱，又要报关、报检、装运，难免出现差错。

2. 常见的提单为指示性提单，指示性提单又分为不记名指示（To order）和记名指示（To order of ×××）。记名指示多数为托运人指示（To order of shipper）和开证行指示（To order of ×××Bank）。本案中这种以开证申请人指示（To order of Applicant）的却很少见，而且带有一定风险。买方在信用证中加列这样条款，缺乏诚意，其目的就是为将来既能拒付货款又能顺利提货。

3. 本案的商品，听装的多数用木条箱包装，可以节省包装材料，而且双方在洽谈时已经提出使用木条箱包装。买方改换为木箱装，事先也没有与卖方商洽，卖方本可就此提出修改信用证条款，但遗憾的是，卖方采取另一种办法，即突击改换包装，结果浪费人力、物力，最后还无法议付。

4. 信用证要求买方在目的港收货的证明文件为议付单据之一，其实就是改变信用证方式的性质。因为，卖方装运后不能议付，须待货物到达目的港后，买方收到货认为对货物满意，愿意付款时才发出证明文件，卖方这时才能收款。本案中从大连港至亚丁港的航程需要20天左右才能到达，加上靠岸卸货的时间，最快22天买方才能出具收货证明。再等到该证明文件从亚丁寄到大连，早已超过装运日后21天。这是买方设置的一个圈套。可惜卖方没有看清买方的诈骗真面目。

5. D土特产进出口公司另一失策之处就是最后接受了买方提出降价10%的处理决定。买方提出降价10%处理的理由为货物检验水分太高。可见，买方不但收到货物而且将货物进行化验才知道水分超过25%，而且买方出具了收到货物的证明。开证行所谓不接受单据、单据暂代保管、听后处理意见，完全是谎言。开证行既已拒付，则根本无权处理单据，应将单据原封不动退还交单行。所以，D公司向开证行要求付款是正当的，也是合理的。

（原载《对外经贸实务》，1996（5））

练习题

一、选择题

1. 一笔有效的信用证，必须规定一个______。

A. 装运期　B. 有效期　C. 交单期　D. 议付期

2. 来证规定："Documents to be presented within 14 days after the date of B/L, but in any event within the credit validity."，假设最迟装运期为9月10日，实际装运日为9月6日，信用证有效期为9月25日，出口商最迟应在______交单。

A. 9月5日　B. 9月10日　C. 9月15日　D. 9月20日

3. 信用证上如未明确付款人，则受益人制作的汇票的受票人应为______。

A. 开证申请人　B. 开证银行　C. 议付行　D. 任何人

4. 以下当事银行中______向信用证受益人付款之前不必审核单据。

A. 议付行　B. 开证行　C. 偿付行　D. 付款行

5. 某信用证规定，交货数量为2500吨散装货，不准分批装运，但没有溢短装条款。据此，受益人提交的运输单据上，______。

A. 货物数量和总金额均可增减10%

B. 货物数量可增减5%，但总金额不能超过信用证金额

C. 货物和总金额均可增减 5%

D. 货物数量增减 10%，但总金额不能超过

6. 信用证中的指定银行（Nominated Bank）不包括________。

A. 付款行　　B. 承兑行　　C. 议付行　　D. 偿付行

7. 偿付行只有在________存有足够的款项并受到开证行的偿付指示时才付款。

A. 开户行　　B. 代理行　　C. 开证行　　D. 出口商

8. 按指定行事的指定行、保兑行（如果有的话）及开证行各有含交单日在内至多______个银行工作日用以判断交单是否相符。

A. 5　　B. 6　　C. 7　　D. 8

9. 信用证显示受益人为："ABC 公司，中国深圳建设路 10 号"。发票显示受益人为："ABC 公司，中国广州流花路 15 号"。受益人出具的品质证显示受益人为："ABC 公司，中国深圳建设路 10 号"。下列哪种说法正确？______。

A. 仅发票有不符点，因其显示的受益人地址与信用证不符。

B. 仅品质证有不符点，因其显示的受益人地址与发票不符。

C. 发票和品质证都有不符点，因两者不相一致。

D. 发票和品质证均无不符点。

10. 按 UCP600 规定，以下单据上显示的申请人地址与信用证中规定的申请人地址必须完全一致的是______。

A. 发票　　B. 保险单

C. 运输单据（收货人或被通知方）　　D. 产地证

二、问答题

1. 通知行在通知信用证及其修改过程中应承担哪些义务？
2. 为什么信用证修改前必须征得受益人、保兑行（如有）和开证行的同意？
3. 如何理解 UCP600 第十四条 a 款中的审单原则？
4. 银行的单据审核标准是什么？构成相符交单的原则是什么？
5. 受益人如何表示对信用证修改的接受？

三、案例讨论

信用证由 C 国的一家银行开给 K 国的受益人，货物是寻呼机，目的地在 H 国。同时，信用证要求一份空运单，其收货人为申请人以外的 H 国第三方。按照 C 国外贸管制规定，如果进口寻呼机，进口商必须事先从进口许可部门取得进口许可证，而且开证行在开证前必须事先审核该许可证；否则，禁止进口商和开证行开立信用证。然而，事实上申请人并没有取得该进口许可证，因此就 C 国而言，信用证的开立是违法的。

请问：此时信用证是否依然有效？为什么？

第八章 国际结算单据

Documents in International Settlement

学习目标和要点

——了解商业发票、运输单据、保险单据、官方单据的概念、作用

——熟悉提单、保险单据的种类

——掌握商业发票、提单、保险单、原产地证书内容与缮制

——掌握核对各单据的方法，确保单证相符、单单一致

案例导读

某一笔信用证要求提交由厂商签发的原产地证书，内容显示为冷冻设备，主要包括：

冷藏柜（由厂家 A 生产）制冷机、冷却器；

而受益人提交的原产地证书中缺少上述内容，仅包括厂商的名称和地址、原产地证明、信用证号码、日期和受益人签字等内容。

问题：开证行可否以受益人提交的原产地证书中缺少货物描述为由拒付？

分析：可以拒付。UCP600 第十四条 e 款并不要求除商业发票以外的所有单据上必须显示与信用证相一致的货物描述或货物统称。但是，ISBP681 第 183 段规定原产地证书必须看来与发票的货物相关联，可以使用与信用证不相矛盾货物统称，或通过与信用证要求的其他单据中的货物相关联表示。因此，开证行有理由以原产地证书上缺少货物描述为由拒付。

第一节　商业发票

广义的发票包括商业发票、海关发票、形式发票、领事发票、样品发票、厂商发票、证实发票等；狭义的发票专指商业发票。

一、商品发票的概念

商业发票[130]（Commercial Invoice）（见图 8-1）是出口商向进口商开立的凭以向进口商收款的发货清单，也是出口商对于一笔交易的全面说明。发票全面反映了有关交易的详细内容，是全部单据的核心，也是出口商必须提供的主要单据之一。

二、商业发票的作用

商业发票主要有以下几方面的作用。

1. 出口商履约情况的证明

商业发票是出口商开给进口商的售货证明，详细描述了交易的内容。进口商可以从发票上了解出口商所发运的货物是否符合合同的要求及信用证条款的规定。所以，商业发票是出口商履约情况的重要证明。

2. 进出口商双方记账的依据

商业发票通常列有所装运货物价款的详细计算过程，各国的企业都是以发票作为记账凭证的。

3. 进出口商报关、纳税的重要依据

商业发票是进出口双方向海关报关时提交的基本单据，商业发票中关于货物的描述、货价、产地等各项记载是各国海关确定税额、税率的依据。

4. 出口商缮制其他单据的基础

商业发票是结汇单据的核心，是交易和结算业务必备单据，其他单据均按照发票来制作。在信用证项下，确定是否“单单一致”时，主要是看其他各单据与发票是否一致。

5. 代替汇票

在不使用汇票的情况下，商业发票可以代替汇票作为付款的凭证。因为在征收印花税的国家，使用汇票须计征印花税，所以这些国家的进口商在信用证或托收结算方式下不要求出口商提供汇票，而是以商业发票替代，以免除缴纳印花税的负担。

此外，商业发票还可以作为出口商计算和支付佣金的依据，在保险索赔时也可作为货物价值证明。

三、商业发票的主要内容与缮制

商业发票没有统一规定的格式，每个出具商业发票的单位都有自己的发票格式。虽然格式各有不同，但是，商业发票填制的项目大同小异。

（一）商业发票的内容

一般来说，商业发票应该具备以下主要内容。

1. 首文部分

首文部分应该列明发票的名称、发票号码、合同号码、发票的出票日期和地点、船名、装运港、卸货港、发货人、收货人等。这部分一般都是已印刷的项目，后面留有的空格须填写。

130 A document which issued by the seller or the beneficiary of the Credit is to evidence the sale of goods in the terms required by the Credit or the contract. It contains a description and value of goods and terms of sale and other details as stipulated in the Credit or the contract.

2. 文本部分

发票的文本主要包括唛头、商品名称、货物数量、规格、单价、总价毛重/净重等内容。

3. 结文部分

发票的结文一般包括信用证中加注的特别条款或文句。发票的结文部分还包括发票的出票人签字。

ABC TRADING CO.,LTD

113 AIMIN ROAD,SHANGHAI,CHINA

COMMERCIAL INVOICE

Invoice No.

To: **Date:** ________________

S/C No. ________________

L/C No.

From ________________ **To** ________________

Marks & Nos.	Description of Goods	Quantity	Unit Price	Amount

Say Total:

signature

图 8-1 商业发票样本

（二）商业发票的缮制

1. 发票名称[131]（Commercial Invoice）

ISBP57 规定，若信用证只要求“发票”（Invoice），但未做进一步定义，则提示任何形式的发票均可以接受（如商业发票、海关发票、税务发票、最终发票、领事发票等），但临时发票（Provisional Invoice）、预开发票（Pro-forma Invoice）或类似性质的发票不可接受。

2. 发票编号（Invoice No.）

发票由各公司统一编号。发票作为中心票据，其他票据的号码均可与此号码相一致，如缮制汇票时的号码就是按发票号码填写。

3. 出票日期[132]（Date）

在全套单据中，发票是签发日最早的单据。它只要不早于合同的签订日期，不迟于提单的签发日期即可。

131 A Credit requiring an “invoice” without further definition will be satisfied by any type of invoice presented（commercial invoice, customs invoice, tax invoice, final invoice, consular invoice, etc.）. However invoice identified as “provisional”, “pro-forma” or the like are not acceptable unless specifically authorized in the Credit. When a Credit requires a document titled “invoice” will be acceptable.

132 UCP600 Article 14: A document may be dated prior to the issuance date of the Credit, but must not be dated later than its date of presentation. ISBP681: Unless required by the Credit, an invoice need not be dated.

4. 合同号（S/C No.）

合同号码应与信用证上列明的一致，一笔交易牵涉几个合同的，应在发票上表示出来。

5. 信用证号（L/C No.）

当采用信用证支付货款时，填写信用证号码。若信用证没有要求在发票上注明信用证号码，此项可以不填。当采用其他支付方式时，此项不填。

6. 收货人/抬头人[133]（Consignee）

此栏前通常印有"To" "Sold to Messrs" "For Account and Risk of Messrs."等字样。抬头人即买方名称，应与合同或信用证中所规定的严格一致。

7. 起运及目的地（From…To…）

起讫地要填上货物自装运地（港）至目的地（港）的地名，有转运情况应予以表示。这些内容应与提单上的相关部分一致。

例如：From Qingdao to New York. U.S.A. W/T Singapore。

8. 唛头及件数（Marks & Nos.）

标记唛码的英文可表示为 Marks、Marking、MKS、Marks & No.、Shipping Marks 等。唛头通常是由一个简单的几何图形和一些字母、数字及简单的文字组成，一般分列为收货人代号、合同号和发票号、目的地、原产国（地区）［包括最终目的国（地区）、目的港或中转港］和件数号码等项，如图 8-2 所示。

MKS/Marking	（唛头）
QINGDAO WORLD TRADE	（收货人）
12L~3033HS	（合同号）
QINGDAO	（目的地：上海）
C/NO.1~360	（件数：360）

图 8-2 唛头样本

此处需要注意的是，如果无唛头，可以打上 N/M（no mark）；发票中的唛头应与提单上的唛头相一致；如果来证规定唛头，可按照来证缮制。

9. 货物描述（Description of Goods）

货物描述[134]包括货物的品名、品质、规格及包装状况。缮制发票时必须与合同或信用证规定的相符，但并不是完全一致。例如，多数信用证或合同中货物的描述包括品名、品质、数量、包装、单价、总值等内容，而在缮制发票时，应将数量、单价、总值等内容分别填制在发票中对应的栏目，其余内容则填入此栏目。

10. 数量（Quantity）

数量栏目填报计价数量。数量单位须与单价中的计价单位保存一致，其他单据的相关栏目不得与发票显示的货物数量、重量和尺码相矛盾。

11. 单价（Unit price）

单价包括计价货币、计价单位、单位价格金额和贸易术语四部分。如信用证有具体规定，则应与信用证一致。发票金额应与汇票金额相同，且不能超过信用证总金额。

例如：USD 60 PER SET FOB DALIAN

133 UCP600 Article 18: A commercial invoice must be made out in the name of the applicant (except as approved in article 38 (g)).

134 The description of the goods, service or performance in a commercial invoice must correspond with that appearing in the Credit.

此处需要注意的是，发票的单价必须与信用证上的单价完全一致；一定要写明货币名称、计量单位。贸易术语是关系到买卖双方的风险划分、费用负担问题，同时也是海关征税的依据，应正确缮制。

12. 总值（Amount）

除非信用证上另有规定，否则货物总值不能超过信用证金额。实际制单时，来证要求在发票中扣除佣金，则必须扣除。折扣与佣金的处理方法相同。

13. 出单人签名或盖章（Signature）

发票的出票人[135]签字一般在发票的右下角，一般包括两部分内容：一是出口商的名称（信用证的受益人），二是出口公司经理或其他授权人手签，有时也用手签图章来代替手签。

UCP 600 规定，商业发票可不必签字，但有时来证规定发票需要手签的，必须手签。向墨西哥、阿根廷出口商品，即使信用证没有规定，也必须手签。

此外，有些国家规定，写在签署人签字以下的文字内容无效。因此，应该特别注意，发票的各项内容应该列在签字之上。

知识拓展

其他常见发票

除商业发票外，其他常见发票还有海关发票、形式发票、领事发票、样品发票、厂商发票等。

海关发票（Customs Invoice）是某些进口国海关当局规定的进口报关必须提供的特定形式的发票。海关发票由出口商填制，供进口商随附商业发票和其他有关单据，凭以办理进口报关手续。海关发票的内容较一般商业发票复杂。海关发票的作用是便于进口国按国别区分不同税率征收关税。采用海关发票的国家有：加拿大、澳大利亚、新西兰等国。

形式发票（Proforma Invoice）是在交易达成前出口商应进口商的要求，将拟出售的货物名称、规格、单据、价格条件、装运期、支付方式等一一列明的一种非正式发票。因其只具发票形式，故名“形式发票”。形式发票为进口商向本国的进出口管理机构申请进口许可证件的依据。形式发票严格上说不能凭以结算，票面上注明的价格是出口商根据当时市场行情估计的价格，对进出口双方均无约束，只供进口商参考，正式成交时，出口商仍需另开具商业发票。

领事发票（Consular Invoice)是出口商根据进口国的规定，按进口国驻出口国的领事出具的固定格式填制，并经其签证。进口商凭以办理进口报关手续，以此代替进口许可证。领事发票的作用是根据现行市价审核销售价格以保证不发生倾销，还可用作进口税计算的依据。领事发票主要为拉美国家所采用。

样品发票（Sample Invoice）是出口商向进口商寄样时出具的清单，供进口报关时使用。因为样品本身多属于赠与性质，许多国家对小额样品是免税的，所以样品发票只是让客户了解商品的价值、费用等，便于向市场推销和报关取样。

厂商发票（Manufacturer's Invoice）根据进口商的要求，由出口货物的制造厂商所出具的以本国货币计算、用来证明出口商品国内市场的出厂价格的发票。要求提供厂商发票的目的是检查出口国出口商品是否存在倾销行为，供进口国海关估价、核税以及征收反倾销税之用。

第二节 运输单据

运输单据（Transport Documents）是证明货物载运情况的单据。它是当出口商将货物交给承运人办理装运时，由承运人签发给出口商的证明文件，证明货物已发运或已装上运输工具或已接受监管。运输单据表明

135 A commercial invoice must appear to have been issued by the beneficiary (except as approved in UCP600 article 38).

托运人与承运人之间的权利、义务关系，是货物运输业务中最重要的单据，也是国际贸易结算中重要的单据之一。根据运输方式的不同，常见的运输单据可分为海运提单、航空运单、铁路运单、公路运单等。

一、海运提单

（一）海运提单的概念

海运提单[136]（Ocean Bill of Lading）简称“提单”（B/L）（见图 8-3）。它是海洋运输时所使用的运输单据，是承运人或其代理人收到货物后，签发给托运人的凭证，是表明接受了特定的货物或货已装船并经海洋运至目的地交给收货人的收据。

Shipper		B/L No.
Consignee or order		
Notify address		中国外运广东公司 SINOTRANS GUANGDONG COMPANY
Pre-carriage by	Port of loading	
Ocean Vessel Voyage No.	Port of transshipment	**OCEAN BILL OF LADING**
Port of discharge	Final destination	SHIPPED on board in apparent good order and condition (unless otherwise indicated) the goods or packages specified herein and to be discharged at the mentioned port of discharge or as near thereto as the vessel may safely get and be always afloat. The weight, measure, marks and numbers, quality, contents and value, being particulars furnished by the Shipper, are not checked by the Carrier on loading. The Shipper, Consignee and the Holder of this Bill of Lading hereby expressly accept and agree to all printed, written or stamped provisions, exceptions and conditions of this Bill of Lading, including those on the back hereof. IN WITNESS whereof the number of original Bills of Lading stated below have been signed, one of which being accomplished the other(s) to be void.

Container. seal No. or marks and Nos.	Number and kind of package	Description of goods	Gross weight (kgs.)	Measurement (m^3)

Freight and charges			REGARDING TRANSHIPMENT INFORMATION PLEASE CONTACT
Ex. rate	Prepaid at	Freight payable at	Place and date of issue
	Total prepaid	Number of original B/L	Signed for or on behalf of the Master As Agent

图 8-3　海运提单

（二）提单的作用

1. 运输契约的证明（An Evidence of the Contract of Carriage）

提单上列明了承运人与托运人之间的权利和义务，但是提单本身并不是运输合同，而是运输合同的证明。在签发提单之前，构成运输合同的主要项目是承运人事先规定而经托运人接受的，因此合同的成立实际上是在托运人向承运人或其代理人订舱的时候。提单的签发是在货物装船以后，即在运输合同成立以后，所以提单对托运人来说是运输合同的证明。在班轮运输的条件下，提单是处理承运人与托运人在运输中产生争议的

136 Marine Bills of Lading is a transport document which is signed by the carrier or his agent acknowledging the goods have been received for shipment to a particular destination and stating the terms on which the goods are to be carried. The carrier will only release the cargo in exchange for the surrender of the original bill of lading.

依据；在租船运输的条件下，承运人或其代理人签发的运输契约是租船合同，提单是运输契约的证明。

2. 货物收据（A Receipt of the Goods）

提单是承运人或其代理人签发的货物收据，证明已按提单所列内容收到货物。对承运人来说，承运人向托运人签发提单后，就确认按提单所列明的内容收到货物，从而承运人就有责任在正常情况下，向收货人交付货物。对托运人来说，提单是承运人收到货物的收据，这种收据具有法律效力，是托运人权利的保证。

3. 物权凭证（A Document Title to the Goods）

提单代表了货物的所有权，是物权凭证。提单的合法持有人凭提单可在目的港向轮船公司提取货物，也可以在载货船舶到达目的港之前，通过转让提单而转移货物所有权，或凭以向银行办理押汇贷款。收货人在目的港提取货物时或办理提单转让时，必须提交正本提单。

此外，如果货物在运输过程中遭受损失，货主向船公司或保险公司提出索赔时，提单是重要的索赔依据之一。

（三）提单的种类

1. 根据货物是否装船

根据货物是否装船，分为已装船提单和备运提单。

（1）已装船提单[137]（On board B/L or Shipped B/L）是指船舶公司已将货物装在指定的船舶上后签发的提单。已装船提单上载明货物已由某货轮装运及具体装船日期。UCP600 第 20 条规定，提单必须通过预先印就的文字或已装船批注注明货物的装运日期等方式表明货物已在信用证规定的装货港装上具名船只。按照银行业务惯例，出口商向银行议付货款所提交的提单必须是已装船提单。一般情况下，货物装上船后不能再卸下改装其他船只。已装船提单可以明确知道承运人不仅收到了货物，而且已装上了指定的船只，从而可以按照既定的航程计算出货物到达目的地的时间。该提单对托运人、收货人和议付银行都有益。

（2）备运提单[138]（Received for Shipment B/L）是指船舶公司已收到指定货物，等待装运货物期间应托运人要求而签发的提单。备用提单没有确定的装船日期，货物将来能否出运没有保障，增加了提单持有人和收货人的风险，实际上只是一张收据，对收货人极为不利。除非信用证另有授权，否则银行不予接受备运提单。此外，如果承运人出具备运提单后，货物装上了船；经托运人请求，承运人可收回原来的备运提单另行签发已装船提单，或在原备运提单上加装船批注、船名、日期等。

2. 根据提单上有无不良批注

根据提单上有无不良批注，分为清洁提单和不清洁提单。

（1）清洁提单[139]（Clean B/L）清洁提单是指在提单上未批注有关货物受损或包装不良情况的提单。托运人交货时货物表面状况良好，承运人未发现有坏损或包装不良，承运人就有责任按同样外表良好状况将货物交给收货人。清洁提单为收货人提供了充分的保障。国际贸易结算中，银行只接受清洁提单。

（2）不清洁提单[140]（Unclean B/L）是指在提单上注明货物表面状况受损或包装不良等条款或批注的提单，如提单上批注："某件损坏""某盒遭水渍""一包破"等。由于不清洁提单上加注了货物坏损的说明，收货人根据合同有理由不接受此种情况下的货物。所以，银行拒受不清洁提单。

---

137 A shipped (on board) B/L is one evidencing that the goods have been actually shipped on a named vessel. Most of bills of lading are shipped on board B/L by pre-wording "shipped on board in apparent good order and condition", which confirms the goods actually on board the vessel.

138 The Received for Shipment B/L just means that the goods have been handed over to the ship-owner and are in custody, not yet been shipped on a vessel.

139 A clean B/L is one where the carrier has noted that the merchandise has been shipped or received in apparent good condition (no apparent damage, loss, etc.) and does not bear such notation as "shipper's load and counts".

140 An unclean B/L refers to that carrier adds clauses specifically stating unusual conditions of the goods and related packages, such as inadequate packaging, wet, stained cartons, carton missing, etc. Most of L/C requires a clean B/L in order for the beneficiary to obtain payment under a documentary credit.

3. 根据提单"收货人"栏内的书写内容

根据提单"收货人"栏内的书写内容不同，分为记名提、不记名提单和指示提单。

（1）记名提单（Straight B/L）是在"收货人"栏内注明指定的收货人的提单。这种提单是不能转让的，只能由提单上注明的收货人提货。记名提单在国际贸易中较少使用，银行也不愿意对记名提单进行议付。

（2）不记名提单（Open B/L or Blank B/L or Bearer B/L）的"收货人"栏内没有任何收货人字样，即提单的任何持有人都有权提货。不记名提单不需要任何背书手续即可转让，极为简便。提货时，承运人应将货物交给提单持有人，谁持有提单，谁就可以提货。承运人交付货物只凭单，不凭人。这种提单若丢失或被窃，风险极大；若转入恶意的第三者手中时，极易引起纠纷。因此，国际上较少使用不记名提单。

（3）指示提单（Order B/L）是指在提单正面"收货人"一栏内载明"to the order"（凭指示）或"to the order of"（凭某人指示）字样的提单。前者称为"托运人指示提单"，这种提单在托运人未指定收货人或受让人之前，货物所有权仍属于托运人。后者称为"记名指示提单"，即由载明的"某人"通过背书方式指定收货人。收货人可以通过背书将提单再次转让，也可以凭提单请求承运人交付货物。指示提单既具有记名提单的安全性和不记名提单的灵活转让性的优点，又规避了记名提单不能转让、不记名提单不安全的缺点。因此，指示提单在国际贸易中被广为使用。

4. 根据是否转换运输工具

根据是否转换运输工具，分为直达提单、转船提单和联运提单。

（1）直达提单（Direct B/L）是指中途不经换船，货物由同一艘船自装运港直接运达目的港的提单。直达提单下承运人及实际运输人为同一海运公司，权责明确，运输业务处理便利。提单上只注明装货港和卸货港名称，不带有"转船"字样。信用证结算方式下，如果信用证要求不准转船，则受益人要求议付时必须提交直达提单。

（2）转船提单（Transshipment B/L）是在货物运输过程中至少经过两艘轮船运输的货运提单，即装运港船舶不抵达指定目的港，在中途卸货交另一艘船舶继续运输的提单。为了节省转船费用，减少货运风险，收货人一般不同意转船。但是，没有哪个港口能通往全世界各个港口，有时直达不可能，必须转船。所以，在国际贸易运输中转船提单也较常见。

（3）联运提单（Through B/L）是指经两种或两种以上的运输方式运送货物，由第一程承运人签发的，包括全程并能在目地港提货的运单。当托运人委托承运人承担全程运输，但实际运输往往需经海陆才能将货物最终运达目的地的情况下，由第一承运人签发联运提单，其他运输人不签发提单。联运提单的签发人只对第一程运输负责。

5. 根据提单内容的繁简程度

根据提单内容的繁简程度，分为全式提单和简式提单。

（1）全式提单（Long form B/L）又称"繁式提单"，是指不仅有齐全的正面条款，而且在提单的背面详细注明了承运人和托运人之间各自的权利、义务。目前，进出口业务使用的提单大多数都是全式提单。

（2）简式提单（Short form B/L）只在提单的正面注明承运的货物、托运人、收货人等基本情况，提单的背面没有记载承运人与托运人的责任、权利和义务或者仅摘录其中重要条款并简明扼要地列出。简式提单的正面印有"short form B/L"字样并注明该货物的收管、运输、费用及承运人与托运人的权责、免责等均按承运人全式提单条款办理。

6. 根据提单的签发时间

根据提单的签发时间不同，分为预借提单、过期提单和倒签提单。

（1）预借提单（Advanced B/L）是指由于信用证规定的装运期和交单结汇期已到，托运人因故未能及时备妥货物或尚未装船完毕的，或由于船公司的原因船舶未能在装运期内到港装船，应托运人要求而由承运人或其代理人提前签发的已装船提单。简而言之，就是指提单在货物尚未全部装船时，或者货物虽然已经由承运人接管但尚未开始装船的情况下签发的已装船提单。预借提单所产生的一切责任均由提单签发人承担。

（2）过期提单（Stale B/L）是指提单晚于货物到达目的港，向银行交单时间超过提单签发日期 21 天的提单。出口商向银行交单结汇的日期与装船开航的日期距离过久，以致无法于船到目的地以前送达目的港收货人，以致提单过期。银行一般不接受过期提单。

（3）倒签提单（Anti-date B/L）是指承运人或其代理人应托运人的要求，在货物装船以后，以早于该票货物实际装船完毕的日期作为签发日期所签发的提单。严格地讲，倒签提单是一种违法行为。

知识拓展

电放提单

在货物装船完毕，承运人或其代理人已经签发了提单。应托运人的要求，承运人或其代理人收回正本提单，而以电传、传真、电子文件、电报等形式通知其在卸货港代理将货物交给提单上的收货人或托运人指定收货人。这种操作叫“电放”，这种提单是电放提单。

电放提单的产生主要是为了解决货到目的港而提单未到的矛盾。提单的正常流转是以其能在货物到达目的港之前到达收货人手中为前提的。随着海运业的迅速发展，货物从装运港运输到目的港的时间大大缩短；而与此同时，提单的流转速度并没有明显加快，仍需经历多次背书、结汇、检查、邮寄等环节。这样不可避免地产生“货等单”的矛盾，这一矛盾在近洋运输中显得尤为突出。

在“货等单”情况下，如果坚持凭正本提单提货，势必造成货物在目的港压船、压港，港口费用和仓储费用会大幅增加，买方也失去了及时销售货物的有利商机。电放提单正是在这样的情况下应运而生。

（四）提单的内容与缮制

（1）提单编号（B/L No）一般列在提单右上角，以便于工作联系和查核。它是由承运人或其代理人按承运人接受托运货物的先后次序或按舱位入货的位置编排的号码。

（2）托运人（Shipper）填写委托运输人的名称和地址。托运人一般为国际贸易中的卖方、信用证支付方式下的受益人或者托收支付方式下的委托人。

（3）收货人（Consignee）又名提单抬头，填写收货人的名称和地址，必要时可填写电话、传真或代码。如属记名提单，此栏可填上具体的收货人的名称；如属指示提单，则填“To order”或“To order of ×××”。

（4）通知方（Notify party）是指船公司在货物到达目的港时发送到货通知的收件人，有时即为进口商。信用证支付方式下的提单，如信用证上对提单通知方有具体规定，则必须严格按照信用证要求填写。如果是记名提单或收货人指示提单，且收货人又有详细地址的，则此栏可以不写。如果是空白指示提单或托运人指示提单，则此栏必须填写通知方的名称与详细地址，否则船方就无法与收货人联系，收货人也不能及时报关提货。通知方一般为预定的收货人或收货人的代理人。

（5）船名（Ocean Vessel）填写装运货物的船名及航次。若是已装船提单，必须填写船名；如是待运提单，待货物实际装船完毕后记载船名。

（6）装货港（Port of Loading）一栏应填写实际装船港口的具体名称，为防止港口重名现象，必要时加注港口所在国家（地区）名称。

（7）卸货港（Port of Discharge）一栏应填写实际卸下货物的港口具体名称。如属转船，第一程提单上的卸货港填转船港，收货人填二程船公司；第二程提单上的装货港填上述的转船港，卸货港填最后的目的港，如由第一程船公司签发联运提单（Through B/L），则卸货港即可填写最后目的港，并在提单上列明第一和第二船名。如经某港转运，要显示“via ××”字样。填写此栏同样应注意同名港口问题，如属选择港提单，要在此栏中注明[141]。

（8）货名（Description of goods）：在信用证项下，货名必须与信用证上规定的货名一致。

（9）件数和包装种类（Number and kind of package）：此栏按货物的实际包装情况填写，集装箱运输时，此栏填写实际装运的集装箱数量或件数。

（10）毛重（Gross Weight）一栏填写实际装运货物的毛重，单位为公斤（千克）。该栏目数据是船公司计算运费的依据之一。

（11）尺码（Measurement）一栏填写实际装运货物的总体积，单位为立方米。该栏目数据是船公司计算运费的依据之一。

（12）运费与费用（Freight and Charges）一栏一般填写“freight prepaid”（预付）或“freight collect”（到付）字样。如以 CIF 或 CFR 方式出口，一般制作“freight prepaid”字样，不可漏填，否则收货人会因为运费未清问题而晚提货或提不到货。如以 FOB 方式出口，则运费栏可制作“freight collect”字样，除非收货人委托发货人垫付运费。

（13）提单的签发地点、日期（Place and Date of Issue）一栏中，提单签发的地点原则上是装货地点，一般是在装货港或货物集中地签发；提单的签发日期应该是提单上所列货物实际装船完毕的日期，也应该与收货单上大副所签发的日期一致。如果是在跟单信用证项下结汇时，提单上所签发的日期必须与信用证或合同上所要求的最后装船期一致或先于装船期。如果卖方估计货物无法在信用证规定的期限内装船，应尽早通知买方，要求修改信用证，而不应该利用“倒签提单”“预借提单”等欺诈行为取得货款。

（14）正本提单份数（Number of Original B/L）一栏中，提单份数一般按信用证要求出具。例如，“Full Set of”一般理解为正本提单一式三份，每份都有同等效力，收货人凭其中一份提取货物后，其他各份自动失效。副本提单的份数可视托运人的需要而定。

（15）对于承运人或船长，或由其授权的人签字或盖章（Signed for or on behalf of the Master）一栏，“UCP 600”[142]规定提单由承运人或其具名代理人、船长或其具名代理人签字或盖章有效。

二、航空运单

（一）航空运单的概念

航空运单[143]（Airway Bill）（见图 8-4）是航空运输公司或其代理人签发给托运人，表示已收妥货物并

141 UCP600 Article 20: ① A bill of lading must indicate shipment from the port of loading to the port of discharge stated in the Credit. ② If the bill of lading does not indicate the port of loading stated in the credit as the port of loading, or if it contains the indication "intended" or similar qualification in relation to the port of loading, an on board notation indicating the port of lading as stated in the credit, the date of shipment and the name of the vessel is required. This provision applies even when loading on board or shipment on a named vessel is indicated by preprinted wording on the bill of lading. ③ISBP98: While the named port of loading, as required by the credit, should appear in the port of loading field within the bill of lading, it may instead be stated in the field headed "Place of Receipt" or the like, if it is clear that the goods were transported from that place of receipt by vessel, and provided there is an on board notation evidencing that the goods were loaded on the vessel at the port stated under "Place of Receipt " or like them. ④ ISBP99: While the named port of discharge, as required by the credit, should appear in the port of discharge field within the bill of lading, it may instead be stated in the field headed "Place of final destination" or the like, if it is clear that the goods were transported to that place of final destination by vessel, and provided there is a notation evidencing that the port of discharge is stated under "Place of final destination" or like them. ⑤ ISBP100: If a credit gives a geographical area or range of ports of lading or discharge (e.g. "Any European port"), the bill of lading must indicate the actual port of loading or discharge, which must be within the geographical area or range stated in the credit.

142 UCP600 Article 20: a. A bill of lading, however named, must appear to indicate the name of the carrier and be signed by the carrier or a named agent for or on behalf of the carrier, or the master or a named agent for or on behalf of the master. Any signature by the carrier, master or agent must be identified as that of the carrier, master or agent. Any signature by an agent must indicate whether the agent has signed for or on behalf of the carrier or for or on behalf of the master.

143 An airway bill is a document evidencing shipment or dispatch or receipt of goods. It is signed by the carrier or airline when the goods need to be sent by air freight. An airway bill does not convey title to the goods; instead of that, the shipment is consigned to a particular party. Normally, the consignee takes delivery at the port of destination as per the shipment advice which is issued by destination airport evidencing arrival of goods.

接受托运的货物收据。与海运提单不同，航空运单不是物权凭证，既不能背书转让，也不能凭以提货。

航空运单的正本一式三份，每份都印有背面条款，其中一份交发货人，是承运人或其代理人接收货物的依据；第二份由承运人留存，作为记账凭证；最后一份随货同行，在货物到达目的地、交付给收货人时作为核收货物的依据。

提单与运单

运单（Way Bill）在海运、空运、公路运输和铁路运输中都得到广泛的应用。它是承运人与托运人之间签订的运输契约，也是承运人或其代理人签发的货物收据。航空运单还可作为核收运费的依据和海关查验放行的基本单据。但航空运单不是代表航空公司的提货通知单。在航空运单的收货人栏内，必须详细填写收货人的全称和地址，而不能做成指示性抬头。

提单本身是物权凭证，可以转让，可以背书；运单不具有物权凭证的作用，如海运单，海运单仅仅代表了货主和承运人之间存在一个运输合同，承运人需按照合同要求提供运输服务，不能转让。

999 999—

Shipper's Name and Address | Shipper's Account Number | Not Negotiable Air Waybill Issued by 中国国际航空公司 AIR CHINA BEIJING CHINA

Copies 1, 2 and 3 of this Air Waybill are originals and have the same validity.

Consignee's Name and Address | Consignee's Account Number

It is agreed that the goods described herein are accepted for carriage in apparent good order And condition (except as noted) and SUBJECT TO THE CONDITIONS OF CONTRACT ON THE REVERSE HEREOF. ALL GOODS MAY BE CARRIED BY AND OTHER MEANS INCLUDING ROAD OR ANY OTHER CARRIER UNLESS SPECIFIC CONTRARY INSTRUCTIONS ARE GIVEN HEREON BY THE SHIPPER. THE SHIPPER'S ATTENTION IS DRAWN TO THE NOTICE CONCERNING CARRIER'S LIMITATION OF LIABILITY. Shipper may increase such limitation of liability by declaring a higher value for carriage and paying a supplemental charge if required.

Issuing Carrier's Agent Name and City | Accounting Information

Agent's IATA Code | Account No.

Airport of Departure (Addr. of First Carrier) and Requested Routing

To | By First Carrier Routing and Destination | to | by | to | by | Currency | CHGS Code | WT/VAL PPD COLL | Other PPD COLL | Declared Value for Carriage | Declared Value for Customs

Airport of Destination | Flight/Date For carrier Use Only Flight/Date | Amount of Insurance | INSURANCE - If Carrier offers insurance, and such insurance is requested in accordance with the conditions thereof, indicate amount to be insured in figures in box marked "Amount of Insurance."

Handing Information

(For USA only) These commodities licensed by U.S. for ultimate destination ....Diversion contrary to U.S. law is prohibited

No of Pieces RCP | Gross Weight | Kg lb | Rate Class Commodity Item No. | Chargeable Weight | Rate Charge | Total | Nature and Quantity of Goods (incl. Dimensions or Volume)

Prepaid | Weight Charge | Collect | Other Charges

Valuation Charge

Tax

Total other Charges Due Agent | Shipper certifies that the particulars on the face hereof are correct and that **insofar as any part of the Condition for carriage by air according to the applicable Dangerous Goods Regulations.**

Total other Charges Due Carrier

Signature of Shipper or his Agent

Total Prepaid | Total Collect

Currency Conversion Rates | CC Charges in Dest. Currency

Executed on (date) | at(place) | Signature of Issuing Carrier or its Agent

For Carrier's Use only at Destination | Charges at Destination | Total Collect Charges | 999—

ORIGINAL 3 (FOR SHIPPER)

图 8-4 航空运单

（二）航空运单的作用

（1）航空运单是托运人与航空承运人之间签订的运输合同。

与海运提单不同，航空运单不仅证明航空运输合同的存在，而且航空运单本身就是发货人与航空运输承运人之间缔结的货物运输合同，在双方共同签署后产生效力，并在货物到达目的地交付给运单上所载的收货人后失效。

（2）航空运单是承运人据以核收运费的帐单。

航空运单分别记载着属于收货人负担的费用，属于应支付给承运人的费用和应支付给代理人的费用，并详细列明费用的种类、金额，因此可作为运费账单和发票。承运人往往也将其中的承运人联作为记账凭证。

（3）航空运单是承运人内部业务的依据。

航空运单随货同行，证明了货物的身份。运单上载有有关该票货物发送、转运、交付的事项，承运人会据此对货物的运输做出相应安排。

（4）航空运单是承运人签发的已接收货物的证明。

航空运单也是货物收据，在发货人将货物发运后，承运人或其代理人就会将航空运单的发货人联交给发货人，作为已经接收货物的证明。除非另外注明，航空运单是承运人收到货物并在良好条件下装运的证明。

（5）航空运单是报关单证之一。

出口报关时，航空运单是报关单证之一。在货物到达目的地机场进行进口报关时，航空运单也通常是海关查验放行的基本单证。

（6）航空运单可作为保险证书。

如果承运人承办保险或发货人要求承运人代办保险，则航空运单也可用作保险证书。载有保险条款的航空运单被称为“红色航空运单”。

（三）航空运单的种类

航空运单主要分为航空主运单和航空分运单两类。

1. 航空主运单（Master Air Waybill，简称 MAWB）

凡由航空运输公司签发的航空运单就称为“航空主运单”。航空主运单是航空运输公司据以办理货物运输和交付的依据，是航空公司和托运人订立的运输合同。每一批航空运输的货物都有自己相对应的航空主运单。

2. 航空分运单（House Air Waybill，简称 HAWB）

集中托运人在办理集中托运业务时签发的航空运单被称作“航空分运单”。在集中托运的情况下，除了航空运输公司签发主运单外，集中托运人还要签发航空分运单。

（四）航空运单的内容与缮制

航空运单与海运提单类似也有正面、背面条款之分，不同的航空公司也会有自己独特的航空运单格式。所不同的是，尽管航运公司的海运提单可能千差万别，但各航空公司所使用的航空运单则大多借鉴 IATA 所推荐的标准格式，差别并不大。所以，这里只介绍这种标准格式。

1. 航空运单编号（Airway Bill Number）

通常在航空运单右上方和右下角，此项由航空公司填写。编号由 11 位数字组成。前 3 位表示航空公司的数字代号，如我国的国际航空公司的代码就是 999。第 4 位～第 10 位表示运单序号，最后一位是检验号。

2. 承运人（Carrier）

此栏填写航空公司的名称[144]。一般由航空公司自行打印航空公司的全称和简称，同时还印有“NOT NEGOTIABLE”的字样。

3. 托运人姓名、住址（Shipper's Name and Address）

此栏填写托运人的姓名、地址、所在国家及联系方式。

（1）托运人可以是货主，也可是货运代理人。如采用的是集中托运，则通常托运人是货运代理人；如采用的是直接托运，托运人是货主。

（2）当托运的是危险货物时，必须由货主直接托运，因而托运人填写的是货主，航空公司不接受货运代理人的托运。

（3）在信用证结汇方式下，托运人一般填受益人相应的信息；在托收方式下，一般填合同中卖方相应的信息。

4. 托运人账号（Shipper's Account）

此栏一般可以不填，只在必要时填写，以便承运人在收货人拒付运费时向托运人索偿。

5. 收货人姓名、住址（Consignee's Name and Address）

此栏应填写收货人姓名、地址、所在国家及联系方式。

（1）与海运提单不同，航空运单必须是记名抬头，不得填写“To order”或“To order of shipper”字样，因为航空运单不可转让。

（2）收货人可以是实际收货人，也可是货运代理人。集中托运时收货人通常是货代，直接托运时为实际收货人。

（3）承运人一般不接受一票货物有两个及以上的收货人。若在实际业务中有，则在该栏内填写第一收货人，同时在通知栏内填写第二收货人。

6. 收货人账号（Consignee's account）

同托运人账号一样一般可以不填，只在必要时填写。

7. 签发运单的代理人名称及所在城市（Issuing Carrier's Agent Name and City）

如果运单直接由承运人本人签发，则此栏可空白不填。如果运单由承运人的代理人签发，可填写实际代理人名称及城市名。

8. 代理人的 IATA 代号（Agent's IATA Code）

本栏填写航空公司代理人 IATA 代号，具体格式为代理人代码／城市代码，如：ABC／SHA。若信用证无特殊要求，一般可不填。

9. 代理人账号（Agent's Account）

此栏可填写代理人账号，供承运人结算时使用，一般不填。

10. 始发站机场及所要求的航线（Airport of Departure and Requested routing）

此栏填写始发站机场的英文全称和所要求的运输路线。实务中一般仅填写起航机场的名称或所在城市的全称。具体如下：

（1）当始发站机场全称不清楚时，只填始发站所在城市名称。

（2）相同城市的不同国家，需填国家名称。

144 UCP600 Article 23: An air transport document, however named, must appear to indicate the name of the carrier and be signed by the carrier, or a named agent for or on behalf of the carrier. Any signature by the carrier or agent must be identified as that of the carrier or agent. Any signature by an agent must indicate that the agent has signed for or on behalf of the carrier.

（3）同一城市的不同机场，需填机场名称。

11. 转运机场、首程飞机、路线及目的地（To/By first carrier/Routing and Destination）

此栏填写目的站机场或第一个转运点的 IATA 三字代号及第一个承运人的名称或 IATA 两字代号。货物运输途中需转运时按实际情况填写。在“to”/“by”栏目，依次填写第二、第三等转运点的 IATA 三字代号及第二、第三承运人的名称或 IATA 两字代号。

12. 目的机场（Airport of Destination）

该栏填最后目的站机场的名称或三字代码，具体如下。

（1）机场的三字代码按 IATA 规范标准填报，如上海浦东国际机场填为“PVG”。

（2）机场名称不明确时，可填城市名称；当城市名称有重名时，应加上国名。例如，当是加拿大的悉尼时，填写为“SYD，CA.”；当是澳大利亚的悉尼时，则填写为“SYD，AU”。

13. 航班、日期（Flight/Date）

本栏目填写飞机航班号及实际起飞日期。所填内容只能供承运人使用，因而该起飞日期不能视为货物的装运日期。

14. 财务说明（Accounting Information）

该栏填写运费缴付方式及其他财务说明事项，具体包括：

（1）运费支付方式：预付（Freight Prepaid）或到付（Freight Collect）。

（2）付款方式：现金（Cash）、支票（Check）或旅费证（MCO）（用该证付款时，要填 MCO 号码、旅客客票号码、航班及日期）等。

（3）若货物飞离后运费更改，要将更改通知单号（CCA NO.）填在本栏内。

15. 货币（Currency）

此栏填入 ISO 货币代码。

16. 收费代号（CHGS Code）

本栏一般不需填写，仅供电子传送货运单信息时使用。

17. 运费及声明价值费（WT/VAL，weight charge/valuation charge）

此时可以有两种情况：预付（PPD，Prepaid）或到付（COLL collect）。如预付在 14A 中填入“*”，否则填在 14B 中。需要注意的是，航空货物运输中运费与声明价值费支付的方式必须一致，不能分别支付。

18. 其他费用（Other）

其他费用分预付和到付两种支付方式。

19. 运输声明价值（Declared Value for Carriage）

此栏填写托运人向承运人办理货物声明价值的金额。当托运人不办理货物声明价值时，此栏必须打上“NVD”（No Value Declaration）。

20. 海关声明价值（Declared Value for Customs）

托运人向海关申报的货物价值，当托运人不办理此项声明，则填入“NCV（No Customs Valuation）”，表明没有声明价值。

21. 保险金额（Amount of Insurance）

只有在航空公司提供代保险业务而客户也有此需要时才填写。中国民航不代理国际货物运输保险，则该栏须打上“×××”或“NIL（nothing）”。

22. 操作信息（Handling Information）

一般填写承运人对货物处理的有关注意事项，具体填写如下。

（1）当有两个收货人时，第二通知人相应信息填写在该栏。

（2）货运单有随附文件的如“Attached Files Including Commercial Invoice、Packing List”，则显示文件的名称。

（3）货物上的标志、号码、包装方法等。

（4）如是危险品，有两种情况：需要附托运人危险品申报单时，本栏一般打上“Dangerous Goods as per Attached Shipper’s Declaration”。不需要附托运人危险品申报单时，本栏则打上“Shipper’s Declaration not required”。

（5）货物所需的特殊处理，如未完税交付“DDU”。

（6）其他事项。

23. 货物件数和运价组成点（No. of Pieces RCP，Rate Combination Point）

此栏填入货物包装件数。如 20 包即填“20”。当需要组成比例运价或分段相加运价时，在此栏填入运价组成点机场的 IATA 代码。

24. 毛重（Gross Weight）

此栏填入货物总毛重，以千克为单位时可保留小数后一位。

25. 重量单位（kg / lb）

填写此栏时可选择公斤（kg）或磅（lb）。以千克为单位时代号为“K”，以磅为单位时其代号为“L”。

26. 运价等级（Rate Class）

依航空公司的资料，此栏要按实际填写运价等级的代号，其代号如下。

代码	运价英文名称	运价中文名称
M	Minimum	起码运费
N	Normal	45 千克以下货物适用的普通货物运价
Q	Quantity	45 千克以上货物适用的普通货物运价
C	Specific Commodity Rates	特种运价
S	Surcharge	高于普通货物运价的等级货物运价
R	Reduced	低于普通货物运价的等级货物运价
U	Unit Load Device Basic Rate	集装化设备基本运费
E	Unit Load Device Additional Rate	集装化设备附加运费
X	Unit Load Device Additional Information	集装化设备附加说明
Y	Unit Load Device Discount	集装化设备折扣

27. 计费重量（Chargeable Weight）

此栏填入航空公司据以计算运费的计费重量，该重量可以与货物毛重相同也可以不同。

（1）当货物是重货时，可是货物的实际毛重。

（2）当货物是轻泡货时，可是货物的体积重量。

（3）可是较高重量较低运价的分界点的重量。

28. 费率（Rate/Charge）

此栏填入该货物适用的费率。

（1）当使用最低运费时，填写与“M”相对应的最低运费。

（2）当使用代号“N”“Q”“C”运价代号时，填写相对应的运价。

（3）当货物为特级货物时，填写与运价“S”“R”对应的附加、附减后的运价。

29. 运费总额（Total）

此栏数值应为起码运费值或者是运价与计费重量两栏数值的乘积。

30. 货物的品名、数量，含尺码或体积（Nature and Quantity of Goods Incl. Dimensions or Volume）

此栏填写合同或信用证中规定的货物名称、数量及尺码时应注意：

（1）当托运货物中含有危险货物时，应分别填写，并把危险货物列在第一项；

（2）当托运货物为活动物时，应依照 IATA 活动物运输规定填写；

（3）对于集合货物，填写“Consolidation as Per Attached List”；

（4）货物的体积，表示为“长×宽×高”，如“DIMS:50×30×20”；

（5）当合同或信用证要求标明原产地国时，可在此栏标出货物的原产地国。

31. 计费重量（Weight Charges）

在对应的“预付”或“到付”栏内填入重量计算的运费额，其运费额与上述“运费总额”中的金额一致。

32. 声明价值附加费（Valuation）

如托运人对托运货物声明价值，则在对应的“预付”或“到付”栏内填入声明价值附加费金额。具体公式为：

声明价值附加费金额 =（声明价值 – 实际毛重×最高赔偿额）×0.5%

33. 税款（Tax）

在对应的“预付”或“到付”栏内填入适当的税款。在对应的“预付”或“到付”栏内填入由代理人收取的其他费用，通常填“AS ARRANGED”。

34. 由承运人收取的其他费用（Total other Charges due Carrier）

在对应的“预付”或“到付”栏内填入由承运人收取的其他费用，通常填“AS ARRANGED”。

35. 货币兑换比例（Currency Conversion Rates）

此栏填写目的站国家货币代号及兑换比率。

36. 用目的站国家货币付费（CC Charges in Destination Currency）

此栏填写目的站国家货币到付的费用总额。

37. 仅供承运人在目的站使用（For Carrier’s Use only at Destination）

此栏一般不填。

38. 在目的站的费用（Charges at Destination）

此栏填写最后承运人在目的站发生的费用金额，包括利息等。

39. 到付费用总额（Total Collect Charges）

此栏填写到付费用总额。

40. 其他费用（Other Charges）

此处需填写的费用指除运费和声明价值附加费以外的其他费用。根据 IATA 规则各项费用分别用三个英文字母表示。其中，前两个字母是某项费用的代码，如运单费就表示为 AW（Air Waybill Fee）。第三个字母是 C 或 A，分别表示费用应支付给承运人（Carrier）或货运代理人（Agent）。

41. 发货人或其代理人签名（Signature of Shipper or His Agent）

签名后以示保证所托运的货物并非危险品。

42. 承运人或其代理人签字及签发运单日期、地点（Executed on Date at Place，Signature of Issuing Carrier or It's Agent）

签单以后正本航空运单方能生效。本栏所表示的日期为签发日期，也就是本批货物的装运日期。如果信用证规定运单必须注明实际起飞日期，则以该所注的实际起飞日期作为装运日期。本栏的日期不得晚于信用证规定的装运日期。

以代理人身份签章时，如同提单一样，需在签章处加注“As Agents”；承运人签章则加注“As Carrier”。

三、铁路运单

（一）铁路运单的概念

铁路运单[145]（Railway Bill）是国际铁路运输中使用的单据，是由铁路承运人或其代理人签发的证明托运人与承运人运输合约的凭证。

铁路运单只是运输合约和货物收据，不是物权凭证，但在托收或信用证支付方式下，托运人可凭运单副本办理托收或议付。

（二）铁路运单的种类

按铁路运输营运方式不同，铁路运单分为国际货协运单和承运货物收据。

1. 国际货协运单

国际货协运单是国际铁路货物联运所使用的运单，是铁路与货主间缔结的运输契约的证明。国际货协运单正本从始发站随同货物附送至终点站并交给收货人，是铁路同货主之间交接货物、核收运杂费用和处理索赔与理赔的依据。运单副本是卖方凭以向银行结算货款的主要单据之一。

2. 承运货物收据

承运货物收据（Cargo Recept）既是承运人出具的货物收据，也是承运人与托运人签订的运输契约的证明。内地通过铁路运往港、澳地区的出口货物，一般委托国内的对外贸易运输公司承办。当出口货物装车发运后，对外贸易运输公司签发承运货物收据交给托运人，作为对外办理结汇的凭证。承运货物收据只有第一联为正本，反面印有“承运简章”，载明承运人的责任范围。通过铁路对港、澳出口货物时，由于国内铁路运单不能作为对外结汇的凭证，故使用“承运货物收据”这种特定性质和格式的单据。

（三）铁路运单的内容

1. 国际货协运单的内容

国际货协运单载明的栏目一般包括经由路线及到达站、收货人及发货人名称地址、发货的特别声明、货物名称、数量、唛头、包装、价格、运费、海关记载、车辆记载等。按《国际铁路货物联运协定》规定，国际货协运单以发送国家的文字和德文或俄文印制。我国以中、俄两种文字缮制运单。

国际货协运单一式五联。第一联为收货正本，随货交收货人；第二联为运行报单，由铁路发站分送有关到达铁路站；第三联为运单副本，由铁路发站送交发货人，作为发货人向银行议付的运输单据；第四联为货物交付单，由铁路发站交有关到达铁路站；第五联为货物到达通知，由铁路发站转交收货人。

2. 承运货物收据的内容

承运货物收据的主要内容有：承运人的名称、承运收据的中英文名称、编号、发票号码、合同号码、关系人的名称和地址、起运地及过境地和目的地、签发日期、装运日期、车号、唛头、件数、货名、大写件数、

145 When the goods are dispatched by railway, a cargo receipt or a railway bill may be issued. A cargo receipt is not a document of title, just a acknowledgement of receipt of goods for dispatch, so it is non-negotiable.

运费支付地点、提货地点、货运代理人名称、签字盖章、承运简章（在收据背面）等。

四、公路运单

（一）公路运单的概念

公路运单[146]（Roadway Bill）是利用汽车运输时，由承运人或代理人签发的、作为收到货物的收据和运输合同的证明。公路运单不是议付或可转让的单据，也不是所有权凭证。

（二）公路运单的内容

公路运单一般一式四联：第一联为托运单，第二联为承运单，第三联为车辆调配单，最后一联为结算统一账单。

《国际公路货物运输合同公约》（简称 CMR）是国际上有关公路运输的公约，1956 年在日内瓦由欧洲 17 个国家一致通过签订。CMR 规定公路运单必须记载下列事项：运单签发日期和地点、发货人、承运人、收货人的名称和地址、货物交接地点、日期、一般常用货物品名和包装方法、货物重量和运费、海关报关须知等。

第三节　保险单据

国际货物运输往往是长途运输，货物在运输过程中可能因遭遇各种风险导致货物受损，从而给买方或卖方带来损失。为了在货物受损后能转嫁损失取得经济补偿，买方或卖方就需要办理货物运输保险，所以在结汇单据中保险单据也就成为主要单据之一。由于国际贸易总运量中的 2/3 以上都为海洋运输，中国进出口货运总量的约 90%也都是利用海洋运输，所以下面将以海洋货物运输保险单据为例，深入剖析。

一、保险单据的概念

保险单据[147]（Insurance Documents），如图 8-5 所示，是保险人向被保险人签发的、对保险标的物承担保险条款中规定的意外事故的损失和负责赔偿的契约凭证。

在 CIF 价格术语下，保险单据是卖方必须提供的主要单据之一。在国际贸易中，保险单据也可由被保险人背书转让。

二、保险单据的作用

1. 承保证明

保险单据是保险公司对被保险人的承保证明。

2. 权利义务的契约

保险单背面全文载明保险公司拟定的保险条款的各项内容，为保险人和被保险人之间权利、义务的契约。

---

146 UCP600 Article 24: A road, rail or inland waterway transport document, however named, must appear to indicate the name of the carrier and be signed by the carrier or a named agent for or on behalf of the carrier, or indicate receipt of the goods by signature, stamp or notation by the carrier or a named agent for or on behalf of the carrier. Any signature, stamp or notation of receipt of the goods by the carrier or agent must be identified as that of the carrier or agent. Any signature, stamp or notation of receipt of the goods by the agent must indicate that the agent has signed or acted for or on behalf of the carrier.

147 An insurance document is a contract where the insurer (insurance company) undertakes to indemnify the assured in a manner and to the extent thereby agreed, against certain losses, that is to say, the losses incidental to carriage “adventure”. It is a document indicating the type and amount of insurance coverage in force on a particular shipment. It is used to assure the consignee that insurance is provided to cover loss of or damage to cargo while in transit.

3. 索赔、理赔的主要依据

在被保险货物遭受损失时，保险单据是被保险人索赔的主要依据，也是保险公司理赔的主要依据。

中国人民保险公司

THE PEOPLE'S INSURANCE COMPANY OF CHINA

总公司设于北京一九四九年创立

Head Office: BEIJING Established in 1949

发票号码：**保险单**保险单号次

Invoice No. **Insurance Policy** Policy No.

中国人民保险公司（以下简称本公司）根据（以下简称被保险人）的要求，

This Policy of Insurance witnesses that The People's Insurance Company of China （hereinafter called "The Company"）, at the request of--

由被保险人向本公司缴付约定的保险费，按照本保险单承保险别和北面所载条款与下列条款承保下述货物运输保险，特立本保险单。

（Hereinafter called the "Insured"） and in consideration of the agreed premium paying to the Company by the insured, Undertakes to insure the under Mentioned goods in transportation subject to the conditions of this policy as per the Clauses printed overleaf and other special clauses attached hereon.

标记 Marks & Nos.	包装及数量 Quantity	保险货物项目 Description of Goods	保险金额 Amount Insured

ORIGINAL

总保险金额：

Total Amount Insured:

保费费率装载运输工具

Premium as arranged Rate as arranged. Per conveyance S. S.

开航日期自至

Slg. on or abt. From-----------------------to--

承保险别

Conditions

所保货物，如遇出险，本公司凭本保险单及其他有关证件给付赔偿

Claims, if any , ,payable on surrender of this policy together with other relevant documents.

所保货物，如发生本保险单项下负责赔偿的损失或事故，应立即通知本公司下述代理人查勘

In the event of accident whereby loss or damage may result in a claim under this policy immediate notice applying for survey must be given to the company's agent as mentioned hereunder

中国人民保险公司

THE PEOPLE'S INSURANCE CO. OF CHINA

赔款偿付地点：

Claim payable at------------

日期： DATE---------------

图 8-5 保险单据

三、保险单据的种类

1. 保险单

保险单（Insurance Policy）俗称"大保单"，是一种正式的保险合同。除载明被保险人（投保人）的名称、

被保险货物（标的物）的名称、数量或重量、唛头、运输工具、保险的起讫地点、承保险别、保险金额、出单日期等项目外，还在保险单的背面列有保险人的责任范围，以及保险人与被保险人各自的权利、义务等方面的详细条款，是最完整的保险单据。保险单可由被保险人背书，随物权的转移而转让，是一份独立的保险单据。

2. 保险凭证

保险凭证（Insurance Certificate）俗称“小保单”，是一种简化的保险合同。它有保险单正面的基本内容，没有保险单背面的保险条款，但也具有与保险单同样的法律效力。凡是保险凭证上没有列明的，均以同类的保险单为准。

3. 联合保险凭证

联合保险凭证（Combined Insurance Certificate）俗称“承保证明”（Risk Note），它是我国保险公司特别使用的一种更为简化的保险单据。保险公司不另出保险单，而是在出口公司提交的发票上加上保险编号、承保险别、保险金额、装载船只、开船日期等，并加盖保险公司印章即可。这种保险单据不能转让，这种做法只适用于我国港澳联行来证，如不接受联合单据，则不能使用。

4. 预约保险单

预约保险单（Open Policy）是一种长期性的货物保险合同。预约保险单上载明保险货物的范围、险别、保险费率、每批运输货物的最高保险金额以及保险费的结付、赔款处理等项目。凡属于此保险单范围内的进出口货物，一经起运即自动按保险单所列条件承保，但这并不意味着可以不办投保手续。被保险人在获悉每批保险货物起运时，应立即将货物装船详细情况包括货物名称、数量、保险金额、运输工具种类和名称、航程起讫地点、开船日期等情况通知保险人，向保险人逐笔办理投保，只不过投保时限的要求没有那么严格。同时，保险人也会经常查核投保单位的账目，一旦发现漏保或未投保的货物，不论是否发生保险事故，即使货物已安全运抵，都会要求补办投保手续并收取相应的保险费。这种保险单据目前在我国一般适用于以 FOB 或 CIF 价格条件成交的进口货物以及出口展览品和小卖品。

5. 批单

批单（Endorsement）是保险人对其已经开立的保险单据进行修改、补充后出具的书面凭证。保险单据签发生效后，如保险内容需要变动，被保险人应以书面形式向保险公司申请批改，由保险公司或其代表处出具批单。出具的批单正本应粘贴在原保险单据上并加盖骑缝章，构成原保险单据的一个组成部分。保险单据一经批改，保险公司即按批改后条款内容承担责任，若批改内容与原保险单据有不符之处，应以批单为准。在保险合同中，批单具有和保险单据同等的法律效力。

四、保险单据的内容与缮制

不同种类的保险单据其具体内容、缮制方法有所不同，其中以保险单所包含的内容最为典型、齐全，其他保险单据可参照保险单具体缮制。本节以信用证结算方式下的海运保险单为例，诠释保险单据的缮制。

1. 保险公司名称（Name of Insurance Company）

此栏应根据信用证和合同要求到相应的保险公司去办理保险单据，尤其在信用证支付方式下，如来证规定“INSURANCE POLICY IN DUPLICATE BY PICC”，即信用证要求出具由中国人民保险公司开立的保险单一式两份。保险公司的全称及公司标记一般会用较醒目的字体预先印制在保险单的最上端，从而帮助被保险人确定保险单责任的承担者以及起到宣传公司形象的作用。

2. 发票号码（Invoice No.）

此栏填写投保货物商业发票的号码。

3. 保险单号（No.）

此栏填写保险单号码。该号码由保险公司指定，作为本保险单的编号。

4. 被保险人（Insured）

此栏内容填写在"at the request of"后。除信用证对投保人有特殊规定应按来证要求办理外，一般情况下，在 CIF 或 CIP 价格术语条件下，投保人即卖方，即信用证受益人，所以被保险人栏填卖方名称。但实际出险时，往往是买方去索赔，所以保险单以卖方为被保险人时，卖方要在保险单的背面签字盖章进行背书，以表示该保险索赔的权益转让给保险单的持有人，同时受让人则承担被保险人的义务。

保险单背书（ENDORSED）一般有以下三种方法。

（1）空白背书。此方法只注明被保险人（包括出口商名称和经办人的名字）名称。当来证没有规定使用哪一种背书时，也使用空白背书方式。

（2）记名背书。当来证要求"DELIVERY TO（THE ORDER OF）XXX CO.（BANK）"或"ENDORSED IN THE NAME OF XXX"，即规定使用记名方式背书。具体做法是：在保险单背面注明被保险人的名称和经办人的名字后，打上"DELIVERY TO XXX CO.（BANK）或 IN THE NAME OF XXX"的字样。记名背书在外贸业务中较少使用。

（3）记名指示背书。当来证保单条款规定为："INSURANCE POLICY OR CERTIFICATE IN NEGOTIABLE FORM ISSUED TO THE ORDER OF XXX"时，具体做法：只要在保险单背面打上"TO ORDEROF XXX"，然后签署被保险人的名称就行了。

保险单背书的作用不同于提单的背书的作用。提单的背书关系到货物所有权的归属问题，而保险单据的背书关系到在被保险货物出险后对保险公司及其代理人的索赔权和合理的补偿权问题。因此，有了货物所有权不等于有了对保险公司或其代理人的索赔权和合理的补偿权。当货物出险后在掌握了提单同时又掌握了保险单据的情况下，才能真正的掌握货物所有权。一般来说保险单据的背书应不能有悖于提单的背书。通过背书，保险单的转让范围应等于或者大于提单的转让范围。如果提单做成记名背书，保险单可以做成相同内容的记名背书，但是也可以做成空白背书；如果提单做成空白背书，保险单据也应该做成空白背书。

5. 标记（Marks and Nos.）

此栏填制货物包装上的运输标志，要与提单、发票上同一栏目内容一致。

6. 包装及数量（Quantity）

此栏填制运输包装件数，要与提单上同一栏目内容一致，如"CASE"、"CARTON"等。保险单上如果未表明"包装及数量"，银行便无法确定信用证所规定数量的货物是否已全部投保，所以开证行可据此拒付。

7. 保险货物项目（Description of Goods）

此栏填制货物的名称，一般要求按发票品名填制。如果发票品名繁多，保险单本栏允许填统称，但其统称不得与发票或信用证规定品名相抵。若有可能列出具体品名，还是列出与发票或信用证一致的品名更妥，这是最佳的填制方法。

8. 保险金额（Amount Insured）

保险金额应严格按照信用证和合同上的要求填制，一般以信用证规定的币种、金额表示。如信用证和合同无明确规定，一般都以发票金额加该金额的一成（即 110%的发票金额）填写。发票金额的 110%就是买方进行这笔交易所付的费用和预期利润，其公式是：保险金额 = CIF 货值×（1+投保加成率）。有时发票金额中含有佣金或折扣，除非信用证另有规定，否则计算保险金额时，佣金不需扣除而折扣需要扣除。此外，保险金额尾数通常要"进位取整"或"进一取整"，即不管小数部分数字是多少，一律舍去并在整数部分加"1"。

9. 总保险金额（Total Amount Insured）

此栏目只需将第八栏中的保险金额以大写的形式填入，两种必须完全一致。计价货币也应以全称形式填入，且保险金额使用的货币单位应与信用证中的一致，如应填 SAY UNITED STATES DOLLARS（U.S.DOLLARS）ONE THOUSAND TWO HUNDRED AND FIFTY－FIVE ONLY. 大写金额最末应加“Only”，以防涂改。

10. 保费（Premium）

此栏一般由保险公司填制或已印好“AS ARRANGED”。若信用证另有规定，如“INSURANCE POLICY ENDORSED IN BLANK FULL INVOICE VALUE PLUS 10% MARKED PREMIUMPREPAID”时，可加注：“PREMIUM PREPAID”。保险费通常占货物价值的 1%～3%。

11. 费率（Rate）

此栏由保险公司填制或已印上“AS ARRANGED”字样。险别不同，费率不一。一般情况下水渍险的费率大约相当于一切险的 1/2，平安险大约相当于一切险的 1/3；保一切险时，欧美等发达国家费率大约是 0.5%，亚洲国家是 1.5%，非洲国家则会高达 3%以上。

12. 装载运输工具（Per Conveyance S. S.）

此栏应按照实际情况填写：直航时，则在该栏填制船名；当运输由两段或两段以上运程完成时，应填写已知的各程船名。例如，提单上的一程船名是“EAST WIND”，二程船名为“SHUN JIANG”；本栏应这样填：EAST WIND/ SHUN JIANG，以此类推。其中“S.S.”即“Steam ship”

13. 开船日期（Sailing on or about）

此栏填制提单的签发日期或签发日期前 5 天内的任何一天，或可简单填上“AS PER B/L”。

14. 起讫地点（From… To…）

此栏填制货物实际装运的起运港口和目的港口名称，要与提单所记载一致，而且符合信用证要求。“FROM”即提单中的“PORT OF LOADING”“TO”即提单中的“PORT OF DISCHARGE”。货物如转船，也应把转船地点填上。

实际外贸业务中，许多买方不在港口。如保险只保到港口，则从港口至内陆运输阶段发生的货损，买方就无法得到补偿。所以，对于货物最终目的地不在港口的，买方一般都在信用证条款中要求投保到最终内陆目的地。例如，信用证上要求“PORT OF LOADING：HAMBURG”，“PORT OF DISCHARGE：DALIAN”“FINAL DESTINATION：MUDANJIANG”；此种情况下保险单应填制为：“FROM HAMBURG TO DALIAN IN TRANSIT TO MUDANJIANG”。

15. 承保险别（Conditions）

此栏应根据信用证或合同中的保险条款要求填制。本栏是保险单据的核心内容，是将来理赔责任范围的主要依据。例如，信用证中要求“INSURANCE POLICY COVERING ALL RISKS AS PER C.I.C.”，制单时应打上“ALL RISKS AS PER C.I.C.”。

16. 赔款偿付地点（Claim Payable at …）

此栏应按照信用证或合同规定填制。如无具体规定，一般将目的地作为赔付地点，赔款货币为投保险金额相同的货币。例如，信用证中要求“INSURANCE CLAIMS PAYBALE AT A THIRD COUNTRY JAPAN”，此时应把第三国“JAPAN”填入此栏。

17. 日期（Date）

此栏填制保险单的签单日期。由于保险公司提供仓至仓服务，所以保险手续应在货物离开出口方仓库前办理。因此，保险单签发日期不但不得晚于运输单据记载的装运日期，而且还要适当早于装运日期，除非保险单上记载有“保险责任最迟于装运或接受监管之日起生效”的内容。

18. 授权人签章（Authorized Signature）

此栏要有与第一栏相同的保险公司签章及其负责人的签字。保险单经保险公司签章后方为有效，除非信用证另有规定，银行将接受保险经纪人以保险公司代理人的身份开立和签署的保险证明。

19. “ORIGINAL”字样

正本保险单上必须有“ORIGINAL”字样。保险公司出具的全套保险单一般包括正本（ORIGINAL）一份、副本（DUPLICATE）一份和复本（COPY）三至四份。实际签发份数按信用证规定处理。

第四节　官方单据

官方单据又称“公务证书”，由政府机关，如我国的商务部、委、厅，或商品检验局等机构所签发或签证的单据。国际贸易结算业务常用的官方单据，除前述谈及的海关发票、领事发票外，还涉及进出口许可证、原产地证书、商品检验证明书等。

一、进出口许可证

为了合理配置资源，规范进出口经营秩序，营造公平透明的贸易环境，履行我国加入的国际条约、协定，促进对外贸易健康发展，我国对部分限制进出口的货物实行进出口许可证管理措施。

（一）进出口许可证分类

按照货物流向的不同，进出口许可证可分为进口许可证和出口许可证两类。

1. 进口许可证

进口许可证（Import Licence）是我国进出口许可证管理制度中具有法律效力，是用来证明对外贸易经营者经营列入国家进口许可证管理目录的商品合法进口的证明文件（如图 8-6 所示）。

IMPORT LICENCE OF THE PEOPLE'S REPUBLIC OF CHINA

<table>
<tr><td colspan="3">1. 进口商
Importer</td><td colspan="3">3. 进口许可证号
Import License No.</td></tr>
<tr><td colspan="3">2. 收货人
Consignee</td><td colspan="3">4. 进口许可证有效截止日期：
Import license expiry date</td></tr>
<tr><td colspan="3">5. 贸易方式
Terms of trade</td><td colspan="3">8. 出口国（地区）
Country/Region of exportation</td></tr>
<tr><td colspan="3">6. 外汇来源：
Terms of foreign exchange</td><td colspan="3">9. 原产国（地区）
Country/Region of origin</td></tr>
<tr><td colspan="3">7. 报关口岸：
Place of clearance</td><td colspan="3">10. 商品用途
Use of goods</td></tr>
<tr><td colspan="6">11. 商品名称商品编码
Description of commodity　　Code of goods.</td></tr>
<tr><td>12. 商品规格、型号
Specification</td><td>13. 单位
Unit</td><td>14. 数量
Quantity</td><td>15. 单价
Unit price</td><td>16. 总值
Amount</td><td>17. 总值折美元
Amount in USD</td></tr>
<tr><td></td><td></td><td></td><td></td><td></td><td></td></tr>
<tr><td></td><td></td><td></td><td></td><td></td><td></td></tr>
<tr><td>18. 总计
Total</td><td></td><td></td><td></td><td></td><td></td></tr>
<tr><td colspan="3">19. 备注
Supplementary</td><td colspan="3">20. 发证机关盖章
Issuing Authority's Stamp & signature
发证日期
License date</td></tr>
</table>

商务部监制

图 8-6　中华人民共和国进口许可证（样本）

2. 出口许可证

出口许可证[148]（Export Licence）是我国进出口许可证管理制度中具有法律效力的，是用来证明对外贸易经营者经营列入国家出口许可证管理目录的商品合法出口的证明文件（如图 8-7 所示）。

EXPORT LICENCE OF THE PEOPLE'S REPUBLIC OF CHINA

1. 申领许可证单位编码 Exporter			3. 出口许可证号 EXPORTLicense No.		
2. 发货单位 Consignee			4. 许可证有效期 Validity		
5. 贸易方式 Terms of trade			8. 输往国家（地区） Country of destination		
6. 合同号 Contract No.			9. 收款方式 Terms of payment		
7. 出运口岸 Port of shipment			10. 运输方式 Means of transport		
11. 唛头——包装件数 Mark & numbers—number of packages					
12. 商品名称商品编码 Description of commodity　　Code of goods.					
13. 商品规格、型号 Specification	14 单位 Unit	15. 数量 Quantity	16. 单价 Unit price	17. 总值 Amount	18. 总值折美元 Amount in USD
19. 总计 Total					
20. 备注 Supplementary			21. 发证机关盖章 Issuing Authority's Stamp & signature 发证日期 License date		

商务部监制

图 8-7　中华人民共和国出口许可证（样本）

（二）我国进出口许可证签发机构

商务部会同海关总署及国家质检总局制定、调整和发布年度《进口许可证管理货物目录》；商务部会同海关总署制定、调整和发布年度《出口许可证管理货物目录》。《进口许可证管理货物目录》《出口许可证管理货物目录》由商务部以公告的形式发布，列入目录内的进出口货物实行进出口许可证管理措施。

商务部是全国进出口许可证管理的归口单位，负责制定、调整和发布年度《进口许可证管理货物分级发证目录》《出口许可证管理货物分级发证目录》。商务部授权商务部配额许可证事务局（简称“许可证局”）统一管理全国各进出口许可证发证机构的进出口许可证签发工作；各省、自治区、直辖市的商务主管部门以及计划单列市和经商务部授权的其他省会城市的商务主管部门（统称“地方发证机构”）和商务部驻各地特派员办事处（简称“特办”）及许可证局为许可证的发证机构。发证机构依据《进口许可证管理货物分级发证目录》或《出口许可证管理货物分级发证目录》，负责授权范围内签发“中华人民共和国进口许可证”或“中华人民共和国出口许可证”。

进出口许可证一经签发，不得擅自更改证面内容。如需更改，经营者应当在许可证有效期内提出更改申请，并将原证交还原发证机构，由原发证机构重新换发新许可证。

148 An export license is a document prepared by a government authority of a nation granting the right to export a specific quantity of a commodity to specified country. This document is often required for the exportation of certain natural resources, national treasures, drugs, strategic commodities, and arms and armaments.

（三）我国进出口许可证管理商品范围

1. 进口许可证管理商品范围

2012 年实施进口许可证管理的货物有重点旧机电产品和消耗臭氧层物质。许可证局负责签发重点旧机电产品的进口许可证；地方发证机构负责签发消耗臭氧层物质进口许可证；在京中央企业的进口许可证由许可证局签发。

2. 出口许可证管理商品范围

2012 年实行出口许可证管理的商品有 49 种货物，共 680 个 10 位商品编号，分别实行出口配额许可证、出口配额招标和出口许可证管理。

（1）实行出口配额许可证管理的商品有小麦、玉米、大米、小麦粉、玉米粉、大米粉、棉花、锯材、活牛（对港澳）、活猪（对港澳）、活鸡（对港澳）、煤炭、焦炭、原油、成品油、稀土、锑及锑制品、钨及钨制品、锌矿砂、锡及锡制品、白银、铟及铟制品、钼、磷矿石。

（2）实行出口配额招标管理的商品有蔺草及蔺草制品、碳化硅、滑石块（粉）、镁砂、矾土、甘草及甘草制品。

（3）实行出口许可证管理的商品有活牛（对港澳以外的市场）、活猪（对港澳以外的市场）、活鸡（对港澳以外的市场）、冰鲜牛肉、冻牛肉、冰鲜猪肉、冰鲜鸡肉、冻鸡肉、消耗臭氧层物质、石蜡、锌及锌基合金、部分金属及制品、铂金（以加工贸易方式出口）、汽车（包括成套散件）及其底盘、摩托车（含全地形车）及其发动机和车架、天然砂（含标准砂）、钼制品、柠檬酸、维生素 C、青霉素工业盐、硫酸二钠。

（四）我国进出口许可证有效期

1. 进口许可证有效期

进口许可证的有效期为 1 年，当年有效。遇特殊情况需要跨年度使用时，有效期最长不得超过次年 3 月 31 日，逾期自动失效。

2. 出口许可证有效期

出口许可证的有效期最长不超过 6 个月，且有效期截止时间不得超过当年 12 月 31 日。商务部可视具体情况，调整某些货物出口许可证的有效期，逾期失效。

二、原产地证书

有些不使用海关发票或领事发票的国家，要求出口商提供产地证明书，以便确定以进口货物应征收的税率。有的国家因限制从某个国家或地区进口货物，也要求以产地证来证明货物的来源。原产地证书是证明货物原产地，即货物生产或制造地的具有法律效力的书面文件，是贸易关系人在交接货物、结算货款、索赔理赔、进口国海关统计、征收关税时的有效凭证。

（一）常见原产地证书

原产地证书按用途划分，可分为非优惠原产地证和优惠原产地证两大类。其中，非优惠原产地证中的一般原产地证书和优惠原产地证中的普惠制原产地证书较为常见。

1. 一般原产地证书

一般原产地证书[149]（Certificate of Origin，简称“CO 证书”）也称“原产地证书”或“普通原产地证书”。中华人民共和国原产地证明书（Certificate of Origin of The People’s Republic of China）（见图 8-8）是证明货物原产于中国、享受进口国正常关税待遇的证明文件。与其他能享受进口国优惠关税待遇的产地证相比较，

149 Certificate of Origin is a document issued by an authority, as stated in the documentary credit, stating the country of origin of goods.

它不能够让进口商享受优惠进口关税，其格式由商务部统一规定与印制，国家质量监督检验检疫总局及其直属各地出入境检验检疫局或中国国际贸易促进委员会及其各地分会签发。

ORIGINAL

<table>
<tr><td colspan="3">1.Exporter</td><td colspan="3" rowspan="2">Certificate No.

CERTIFICATE OF ORIGIN

OF

THE PEOPLE'S REPUBLIC OF CHINA</td></tr>
<tr><td colspan="3">2.Consignee</td></tr>
<tr><td colspan="3">3.Means of transport and route</td><td colspan="3" rowspan="2">5.For certifying authority use only</td></tr>
<tr><td colspan="3">4.Country / region of destination</td></tr>
<tr><td>6.Marks and numbers</td><td colspan="2">7.Number and kind of packages; description of goods</td><td>8.H.S.Code</td><td>9.Quantity</td><td>10.Number and date of Invoices</td></tr>
<tr><td colspan="3">11.Declaration by the exporter
The undersigned hereby declares that the above details and statements are correct, that all the goods were produced in China and that they comply with the Rules of Origin of the People's Republic of China.

Place and date, signature and stamp of authorized signatory</td><td colspan="3">12.Certification
It is hereby certified that the declaration by the exporter is correct.

Place and date, signature and stamp of certifying authority</td></tr>
</table>

图 8-8　中华人民共和国原产地证书

2. 普惠制原产地证明书

普惠制[150]（Generalized System of Preferences，G.S.P）是发达国家承诺对发展中国家出口工业制成品和半制成品（包括某些初级产品）时给予的一种普遍的、非歧视的、非互惠的关税优惠待遇。取得普惠制待遇后，必须向给惠国提供受惠国政府有关部门签署的普惠制原产地证书（Generalized System of Preferences Certificate of Origin Form A），即 Form A（如图 8-9 所示）。在我国，普惠制原产地证书由国家质量监督检验检疫总局及其直属各地出入境检验检疫局签发。

150 Certificate of Origin Form A, specifically, is a document required by the customs authorities of many developed nations to prove eligibility of imported merchandise under duty-free import programs such as the Generalized System of Preferences (G.S.P).

ORIGINAL

1. Goods consigned from (Exporter's business name, address, country)

Reference

GENERALIZED SYSTEM OF PREFERENCES

Issued in ______________________
(country)

See Notes overleaf

2. Goods consigned to (Consignee's name, address, country)

3 Means of transport and route (as far as known)

4. For official use

5. Item number	6. Marks and numbers of packages	7. Number and kind of packages; description of goods	8. Origin criterion (see Notes overleaf)	9. Gross weight or other quantity	10. Number and date of invoices

11. Certification

It is hereby certified, on the basis of control carried out, that the declaration by the exporter is correct.

CIQ SHANGHAI

Place and date, signature and stamp of certifying authority

12. Declaration by the exporter

The undersigned hereby declares that the above details and statements are correct, that all the goods were

____
(country)

and that they comply with the origin requirements specified for those goods in the Generalized System of Preferences for goods exported to

CANADA

Place and date, signature and stamp of authorized signatory

图 8-9 普惠制原产地证书

（二）原产地证书的内容与缮制

1. 一般原产地证书的内容与缮制

（1）产地证编号（Certificate No.）

证书编号按签证机构的编码规则填写，与申请书上的编号要一致。此栏不得空白，否则证书无效。

（2）出口商（Exporter）

此栏填明在中国境内的出口商详细地址[151]等。出口商必须是已办理产地证注册的企业，且公司英文名称应与其在检验检疫局注册备案的一致。若中间商要求显示其名称，可按如下方式填写："出口商名称 VIA 中间商名称"。

（3）收货人[152]（Consignee）

此栏填写最终收货人名称、地址和国家（地区）名。通常是外贸合同中的买方或信用证的开证申请人。如信用证规定所有单证收货人一栏留空，在这种情况下，此栏应加注"TO WHOM IT MAY CONCERN"，不得留空。若需填写中间商名称时，方法同上。

（4）运输方式和路线（Means of Transport and Route）

此栏填写装运港和目的港、运输方式。若经转运，还应注明转运地。

（5）目的地国家（地区）（Country/Region of Destination）

此栏填写目的地国家（地区）。应与最终收货人或最终目的港（地）国别相一致，不能填写中间商国家名称。

（6）签证机构用栏（For Certifying Authority Use Only）

此栏由签证机构在签发后发证、补发证书或加注其他声明时使用。证书申领单位应将此栏留空。一般情况下，该栏不填。

（7）运输标志（Marks and Numbers）

此栏填写唛头。应按信用证、合同及发票上所列唛头填写完整图案、文字标记及包装号码。货物如无唛头，应填写"NO MARK"或"N/M"（无唛头）字样。

（8）商品描述、包装数量及种类[153]（Numbeer and Kind of Packages；Description of Goods）

此栏填写商品描述及包装数量。商品名称要具体，以便进口国海关能对其进行归类，不得用概括性表述。包装数量及种类要按具体单位填写，不应与信用证及其他单据矛盾。商品描述完后须换行打上"**************"表示结束的终止线符号，以防加添额外的商品。

（9）商品编码（H.S. Code）

此栏填写 HS 编码，应与报关单一致。若同一证书包含有几种商品，则应将相应的 HS 编码全部填写。此栏是产地证的核心栏目，是进口国海关据以征收最惠国关税的主要依据，不得空白。

（10）数量（Quantity）

此栏填写出口货物包装内的总数量及其计量单位。如果是重量单位，需注明是毛重（G.W.）还是净重（N.W.）。

（11）发票号码及日期（Number and Date of Invoice）

此栏填写商业发票号码及日期。此栏不得空白。

（12）出口商声明（Declaration by the Exporter）

此栏填写出口商的名称、申报地点及日期，由已在签证机构注册的申领人员签名（手签）并加盖有中英

151 The certificate of origin may show the consignor or exporter as a party other than the beneficiary of the credit or the shipper on the transport document.

152 Consignee information, if shown, must not be in conflict with the consignee information in the transport document. However, if a credit requires a transport document to be issued "to order", "to the order of shipper", "to order of the issuing bank" or "consigned to the issuing bank", the certificate of origin may show the applicant of the credit, or another party named therein, as consignee. If a credit has been transferred, the name of the first beneficiary as consignee would also be acceptable.

153 The certificate of origin must appear to relate to the invoiced goods. The goods description in the certificate of origin may be shown in general terms not in conflict with that stated in the credit or by any other reference indicating a relation to the goods in a required document.

文的印章。

（13）签证机构签字、盖章[154]（Certification）

此栏填写签证地点、日期。签证机构签证人经审核后在此栏签名（正本），并盖签证印章。

2. 普惠制原产地证书的内容与缮制

（1）证书编号（Reference No.）

证书的编号要与申请书上的一致。

（2）出口商名称、地址、国别（Exporter's Business Name, Address, Country）

此栏填写出口商的名称、地址及国名（CHINA），出口商须在出入境检验检疫局登记注册，其名称、地址必须与注册档案一致。如果是代理其他公司出口，可在出口商名称、地址、国别后加上"ON BEHALF OF（O/B）""VIA"或"CARE OF（C/O）"的字样，和被代理公司的名称及地址。被代理公司含境外名称、地址的不得申报。

（3）收货人的名称、地址和国别（Consignee's name, address, country）

此栏填写给惠国最终收货人名称、地址和国别，即合同中的买方或信用证的开证申请人或者是合同或信用证上特别声明的收货人。

（4）运输方式及路线（Means of Transport and Route）

该栏填写装货和到货地点（始发地必须是中国国内的港口或城市，目的地必须是给惠国城市或国家）、离境日期及运输方式。

（5）供官方使用（For Official Use）

由签证当局填写，正常情况下此栏空白。特殊情况下，签证当局在此栏加注。例如，若证书遗失、被盗或者损毁，签发"复本"证书时要盖上"DUPLICATE"红色印章，并在此栏注明原证书的编号和签证日期，并声明原发证书作废，其文字是"THIS CERTIFICATE IS IN REPLACEMENT OF CERTIFICATE OF ORIGIN NO…DATED…WHICH IS CANCELLED"。

（6）商品顺序号（Item Number）

如果同批出口货物有不同品种或不同型号的，可按要求分列"1""2""3"……的产品序号。单项商品，此栏填"1"。

（7）唛头及包装序号（Marks and Numbers of Packages）

此栏应照实填写该批货物包装箱上完整的图案、文字标记及包装号。如图案文字无法缮制，可采取贴唛形式， 贴唛的唛头必须完整清晰。加贴的唛头须加盖签证机构骑缝印章。如无唛头，应填N/M字样。该栏不得空白。

（8）商品名称、包装数量及种类（Number and kind of Packages；Description of Goods）

此栏应以产品的用途及所用材料给予商品详细的描述，产品的描述应以能确定4位H.S.税目号为准。

（9）原产地标准（Origin Criterion）

此栏填写时用字最少，但却是给惠国海关审证的核心项目，必须正确填写。

① 完全为中国原产产品，不含任何进口成分，出口到所有给惠国的均填"P"。

② 含有进口成分的产品（须符合原产地标准）。

a. 出口到欧盟27国、瑞士、挪威、土尔其、列支敦士登、日本等国的，填写"W"加商品的H.S.四位

154 A certificate of origin must be issued by the party stated in the credit. However, if a credit requires a certificate of origin to be issued by the beneficiary, the exporter or the manufacturer, a document issued by a chamber of commerce will be deemed acceptable, provided it clearly identifies the beneficiary, the exporter or the manufacturer as the case may be. If a credit does not state who is to issue the certificate, then a document issued by any party, including the beneficiary, is acceptable.

数编码。如“W”95.03。

b. 出口加拿大的产品，含有的进口成分是来自两个或两个以上的加拿大受惠国的原料，填“G”（全球累计），其他国家进口成分填“F”（从该国进口成分不能超过 FOB 价的 40%）。

c. 出口澳大利亚、新西兰含有进口成分的产品，此栏可空白或填“W”加商品的 H.S.四位数编码。

d. 出口俄罗斯、白俄罗斯、乌克兰、哈萨克斯坦等前苏联国家含进口成分的商品，其进口成分不得超过 FOB 价的 50%，填写“Y”字样，并在字母后面打上进口价值成分占 FOB 价的百分比。如“Y”45%。对于成分全部来自受惠国家（包括我国）并且最后一道工序在我国完成，从我国出口的，填“PK”。

（10）毛重或其他数量（Gross Weight or Other Quantity）

此栏填写商品的计量单位。以重量计算的，则填写毛重；只有净重的，填净重即可，但要标上“N.W.”。

（11）发票号及日期

此栏填写发票号及发票日期，不得空白。为避免误解，月份一律用英文缩写。

（12）签证当局的证明

此栏由签证人员审核证书无误后签名并加盖公章。审签人签名必须清楚。如无特殊要求，只签一份正本，不签副本。

（13）出口商的申明

此栏为出口商的申报声明，应填写出口国“CHINA（中国）”和进口给惠国国名。运往欧盟的货物，进口国不明确时，此栏可填写 EU。此栏要有申报单位经检验检疫机构注册的单位印章及手签。

三、商品检验证明书

商品检验证明书[155]（Commodity Inspection Certificate）是商品经检验后由检验机构出具的对商品品质、重量、数量、包装、卫生和疫情等情况给予鉴定的书面证明。出具检验证明的机构一般都是各国设立的专业性的商品检验和鉴定机构，但也有国家由同业工会或民间公正机构签发。

（一）商品检验证明书的作用

1. 证明货物已达到合同约定标准

出口商在发货前拿到进口商认可的检验机构签发的商检证书，明确货物出现的质量、数量、残损等方面的责任，可以减少进出口商双方的纠纷。

2. 议付货款的依据

如果检验证明中所列项目或检验结果与信用证规定不符或与出口商提交的其他单据不符，有关银行可以拒绝议付货款。

3. 计价的依据

有的合同中规定，产品是按等级分等计价或对有效成分订有增减价格条款，此时检验证书所证明的项目和品质等级是对内外计算价格的依据，直接关系到买卖双方的经济利益。

4. 报关验放的有效证明

各国为了维护本国的利益，对某些进出口产品的品质、数量、包装、卫生、安全等制定了某些法律和行政法规，规定了限定性的标准进行检验管理，同时规定当事人只有提交了符合规定的检验证书，才准许进出口。

155 A document issued by an authority, as stated in the documentary credit, indicating that goods have been inspected (typically according to a set of industry, customer, government, or carrier specification) prior to shipment and the results of the inspection. Inspection certificates are generally obtained from neutral testing organizations (e.g. a government entity or independent service company).

5. 处理争议的依据

进出口双方在货物的品质、数量等方面出现纠纷时或向保险公司或运输公司索赔时，检验证明是索赔的重要证明文件，也是向仲裁或法院举证的有效证件。

（二）商品检验证明书的种类

商品检验证明书的种类很多，在进出口业务中常见的检验证书有以下几种。

1. 品质检验证明书（Inspection Certificate of Quality）

品质检验证明书是用以证明商品品质、规格、等级等实际情况的书面文件。

2. 重量检验证明书（Inspection Certificate of Weight）

重量检验证明书是用以证明进出口商品重量的书面文件。

3. 数量检验证明书（Inspection Certificate of Quantity）

数量检验证明书是用以证明进出口商品数量的书面文件。

4. 包装检验证明书（Inspection Certificate of Packing）

包装检验证明书是用以证明进出口商品包装情况的书面文件。

5. 兽医检验证书（Veterinary Inspection Certificate）

兽医检验证书是证明出口动物产品或食品经过检疫合格的证件。它适用于冻畜肉、冻禽、禽畜罐头、冻兔、肠衣等出口商品，是对外交货、银行结汇和进口国通关输入的重要证件。

6. 卫生或健康检验证书（Sanitary/Healthy Inspection Certificate）

卫生或健康检验证书是证明可供人类食用的出口动物产品、食品等经过卫生检验或检疫合格的证件。它适用于肠衣、罐头、冻鱼、蛋品、乳制品、蜂蜜等，是对外交货、银行结汇和通关验放的有效证件。

7. 消毒检验证书（Disinfection Inspection Certificate）

消毒检验证书是证明出口动物产品经过消毒处理，保证安全卫生的证件。它适用于猪鬃、马尾、羽毛、人发等商品，是对外交货、银行结汇和国外通关验放的有效凭证。

8. 熏蒸检验证书（Inspection Certificate of Fumigation）

熏蒸检验证书是用以证明出口粮谷、油籽、皮张等商品以及包装用木材与植物性填充物等，已经过熏蒸灭虫的证书。

9. 残损鉴定证书（Inspection Certificate on Damaged Cargo）

残损鉴定证书是证明进口商品残损情况的证件。它适用于进口商品发生残、短、毁等情况，可作为收货人向发货人或承运人或保险人等有关责任方索赔的有效证件。

10. 温度检验证书（Inspection Certificate of Temperature）

温度检验证书是用以证明出口冷冻商品温度的证书。

（三）商品检验证明书的内容与缮制

不同的检验证书，其缮制要求略有不同，以下仅以运用最广泛的品质检验证明书（如图 8-10 所示）为例，说明其内容与缮制。

1. 编号（No.）

由出证机构依据不同类别的商品进行编号。

2. 发货人（Consignor）

信用证结算项下发货人通常为信用证的受益人，除非信用证有“第三方单据可以接受”条款，否则托收结算项下为合同的卖方。

中华人民共和国出入境检验检疫

ENTRY-EXIT INSPECTION AND QUARANTINE

OF THE PEOPLE'S REPUBLIC OF CHINA

品质检验证书

QUALITY CERTIFICATE

编号 No.:

发货人：

Consignor

收货人：

Consignee

品名：

Description of Goods

标记及号码

Mark & No.

报验数量/重量:

Quantity/Weight Declared

包装种类及数量：

Number and Type of Packages

运输工具：

Means of Conveyance

检验结果：

Results of Inspection

印章签证地点：Place of Issue 签证日期：Date of Issue

印章：Official Stamp 授权签字人：Authorized Officer 签名：Signature

我们已尽所知和最大能力实施上述检验，不能因我们签发本证书而免除买方或其他方面根据合同和法律所承担的产品质量责任和其他责任。

All inspections are carried out conscientiously to the best of our knowledge and ability. This certificate does not in any respect absolve the seller and other related parties from his contractual and legal obligations especially when product quality is concerned.

3. 收货人（Consignee）

信用证结算项下按信用证的规定填写，一般为开证申请人，除非信用证另有规定。该栏目一般可不必填写或用"—"表示。如果出口商是中间商，该栏目可做成"to whom it may concern"或"to order"。托收结算项下为合同买方。

4. 品名（Description of Goods）

填写信用证或发票中所表明的货物名称。

5. 报验数量或重量（Quantity/Weight Declared）

按发票内容填制，散装货物可注明"in bulk"，再加数量。

6. 包装种类及数量（Number and Type of Packages）

包装种类及数量与商业发票或提单内容保持一致。

7. 运输工具（Means of Conveyance）

填写运输方式及运输工具名称，同提单内容保持一致。

8. 标记及号码（Mark & No.）

按信用证货合同规定的唛头填制，如果没有唛头，填制“N/M”。

9. 检验结果（Results of Inspection）

证明本批被检货物经检验后的实际品质。如果信用证对检验结果有明确规定，检验证书上显示的检验结果须符合信用证的检验要求；如果信用证未对检验结果有明确规定，但信用证中具体规定了商品的质量、成分，则检验结果应与信用证规定相符。另外，不能接受含有对货物的规格、品质、包装等不利陈述的检验证书，除非信用证有特别授权。

10. 签证地点（Place of Issue）

一般填写货物的装运港或装运地。

11. 签证日期（Date of Issue）

检验证书签发日期为实际检验检疫日期，一般不得晚于提单签发日。

12. 印章（Official Stamp）、授权签字人（Authorized Officer）、签名（Signature）

由检验检疫局盖章并由检验该批货物主任级检验员手签。如果信用证指定检验机构，则应由信用证指定的检验机构盖章并签字；如果信用证没有特别指定检验机构，任何检验机构均可出具，但须盖章和签字。

案例分析

出口结算单据的正副本问题

一、案情介绍

我国山东省某出口公司向英国 A.B.贸易公司出口一批货物。英国某银行开来信用证，在单据条款中规定：“Clean shipped on board Bill of Lading in duplicate——”。出口公司在装运后向议付行提交单据办理议付。但单据到国外被开证行拒付货款，其理由是：所收到二份海运提单中有一份承运人漏签字、盖章，而且漏标明“正本”字样（另一份盖有“正本”的胶皮章），所以开证申请人不同意接受单据。

出口公司接到开证行上述拒受单据的通知后，即研究补救办法。经研究认为信用证规定提单“in duplicate”，按照 UCP500 条款规定，出口可以提供一份正本，一份副本。该提单第二份漏签字而且又漏表示“正本”字样，可以当副本处理。出口公司即通过议付行向开证行提出：你方信用证规定海运提单份数为“in duplicate”，我方所提交的是一份正本和一份副本。根据 UCP500 第 20 条 C 款 II 项规定：“如信用证要求多份单据，诸如‘一式两份’（duplicate）、‘两张’（two fold）、‘两份’（two copies）等，可以提交一份正本，其余份数以副本来满足。”所以，据上述惯例规定，我方所提交的海运提单仅交一份正本，另一份是副本，已满足你方信用证的要求。因为作为副本单据可以不作任何签字，这又是 UCP500 第 20 条 C 款第 I 项的规定。原条文即：“除非信用证另有规定，否则银行将接受标明副本字样或没有标明正本字样的单据作为副本单据，副本单据无须签字。”所以，据上述规定，我方所提供的海运提单完全符合信用证的要求。

开证行接到出口公司上述申辩意见后，又提出如下反驳意见：

虽然根据 UCP500 第 20 条 C 款规定，你方所提交的海运提单按“duplicate”一词理解，可以按一正本一副本处理，副本也可不签字，但提醒你方注意的是，你方所引用的 UCP500 第 20 条 C 款 II 项条文不完整。其全文如下：“信用证要求多份单据，诸如‘一式两份’‘两张’‘两份’等，可以提交一份正本，其余份数以副本来满足。但单据本身另有显示者除外”。请查你方所提交的海运提单的正面条款明显表示：“正本提单签发份数二份”。既然你方提单本身已显示为正本二份，又如何能解释为正本提单签署为一份？在这种情况下 UCP500 第 20 条的规定已不适用于你方情况，所以我方仍无法接受你方单据。

由于该货物的市场价格下跌，买方以单据上的缺陷为借口坚持拒付货款。最后经过三个多月的反复交涉，以降价处理结案。

二、分析与启示

1. 本案的提单正本遗漏一份未签字即向银行交单议付时，出口公司单证人员却未发现，这是严重的工作失误。

2. 单证经办人员不太熟悉 UCP500 条文实属不应该。虽然根据 UCP500 条文对“duplicate”“two fold”“two copies”等词语的说明可以按提交一份正本，其余份数以副本来满足信用证的要求，但本条文不适用于提单的份数。因为本条文最后一句明确指出“单据本身另有显示者除外”，而实际在国际上通用的提单都已显示正本提单共签署多少份，其提交的提单必须按显示的份数全套交出。

（原载《对外经贸实务》，1995（3））

练习题

一、选择题

1. 商业发票是_______。

A. 交货合同

B. 支付需求

C. 表明货物描述、货物成本以及运输费用的单据

D. 支付承诺

2. 商业发票必须支撑以_______为抬头。

A. 申请人　　B. 受益人　　C. 开证行　　D. 通知行

3. 下列运输单据中哪一个是可以转让的？_______

A. 海运提单　　B. 空运单　　C. 铁路运单　　D. 海运单

4. 提单是货物收据。一般什么时间签发？_______

A. 当托运人发出指令　　B. 当承运人收到货物

C. 当生产商生产出产品　　D. 当承运人向收货人发货

5. 提单表明“货发 J.Smith”，这是_______。

A. 简式提单　　B. 繁式提单　　C. 记名提单　　D. 可转让提单

6. 提单上注明“铁条松散”的是_______。

A. 收妥背运提单　　B. 清洁提单　　C. 过期提单　　D. 不清洁提单

7. 银行将不接受_______。

A. 保险单　　B. 保险证明　　C. 预约保单　　D. 暂保单

8. 保险的最低限额为_______。

A. CIF 价的 110%　　B. CIP 价的 100%　　C. 发票金额的 110%　　D. FOB 价的 110%

9. 对所保货物因海上风险所引发损失负赔偿责任的是_______。

A. 经纪人　　B. 保险人　　C. 承运人　　D. 索赔人

10. 领事发票的是由______签发的。

A. 出口国的进口国领馆　　B. 进口国的出口国领馆

C. 出口商所在国商会　　D. 进口商所在国商会

二、问答题

1. 国际结算中的单据有什么作用？

2. 简述缮制合格单据的基本要求。

3. 商业发票在国际结算中起什么作用？

4. 信用证下的汇票通常以谁作为付款人？哪种类型信用证不要求受益人提交汇票？

5. 海运提单的含义和作用是什么？

6. 多式运输单据与海运提单、联运提单有何异同？

7. 什么是保险单据？保险单据的主要作用是什么？

8. 列举中华人民共和国检验检疫机构出具的五种常见检验证书。

三、案例讨论

1. 信用证要求保险单据对规定的风险提供 CIF 价之 110%的保险。如果提交的保险单据未提供相同的保险百分比，而是提供了诸如 115%或者 120%的保险加成。

请问：该保险单是否为合格交单？

2. 信用证要求受益人提交一份证明书，证明装船后已立即将 1/3 正本提单、正本发票及一份装箱单经快递寄给申请人。受益人提交的证明中除了准确转述上述措辞及发票号码外没有其他内容。

请问：这样一份没有货物描述的证明是否符合信用证的要求？

3. 信用证中要求提交保险证明一份正本和一份副本，投保金额是发票金额的 110%。而保险公司签发的保险证明注明（预先印就）“两份正本具有同样效力”。

请问：受益人如果只提交两份正本中的一份是否满足信用证的要求？

第九章 国际贸易融资

Trade Financing in International Settlement

学习目标和要点

——了解国际贸易融资的含义、特点和作用

——掌握进出口贸易各种融资方式的实际应用

——掌握国际结算中各种贸易融资的特征和操作流程

——了解各种融资方式下主要风险以及防范风险的措施

案例导读

A 公司是一家以生产和出口美容美发产品为主的民营企业。该公司产品品质稳定，安全性能高，销售快速增长，并与下游买家建立了良好的互信关系。A 公司的买方 F 公司是一家美国公司，是世界专业美容美发行业中最大的品牌公司之一。F 公司与 A 公司的合作开始于 2006 年，A 公司是其在中国的第一家合作公司，从 A 公司采购的直发器逐步占其总销售额的 10%左右。为了降低成本，简化手续，A 公司与 F 公司的结算方式由信用证转变为赊销，原来的打包贷款融资方式不再适用。随着订单数额的快速增长，A 公司利用自有资金进行原材料采购已不能满足业务需要，导致很多订单不敢接，公司发展受到限制。

分析：

为解决以上问题，A 公司向国内 C 银行寻求解决方案。经研究，C 银行向 A 公司推介了订单融资产品，并为 A 公司设计了订单融资和出口商业发票贴现组合运用的解决方案。具体内容如下：

（1）备货阶段依据 A 公司与 F 公司的订单办理订单融资，支持 A 公司原材料采购，融资期限 3 个月；

（2）发货后，A 公司将发票提交给 C 银行，并规定 C 银行为唯一收款行。C 银行为 A 公司办理出口商业发票贴现，并以发票贴现款项归还订单融资款项；

（3）到期后 F 公司付款，A 公司偿还 C 银行发票贴现融资款项。

通过 C 银行的订单融资产品，A 公司所面临的问题迎刃而解，业务规模不断扩大。

第一节 国际贸易融资概述

一、国际贸易融资的含义

广义的国际贸易融资是指银行对进口商和出口商提供的与进出口贸易结算有关的一切融资活动。

狭义的国际贸易融资是指银行在为进出口商办理汇款、托收和信用证项下的结算业务时，对进口商和出口商提供的与结算相关的短期或长期融资便利。其基本方式主要包括出口项下的打包放款、出口押汇、票据贴现；进口项下的授信开证、提货担保、进口押汇等。

狭义的国际贸易融资有以下特点：

（1）融资对象仅限于进口商和出口商；

（2）仅指银行的融资活动，不包括买卖双方直接进行的诸如赊销、预付等融资；

（3）多以国际结算中使用的单据作为银行的质押标的。

二、国际贸易融资的特点

国际贸易融资是国际结算业务的延伸，集结算与贷款于一身，将中间业务与融资业务融为一体，打破了中间业务不占用资金这一传统框架。它在风险、流动性等方面与中间业务有所不同，主要表现在以下几个方面。

1. 风险不同

除因银行内部操作不当产生风险外，传统的中间业务几乎无任何风险。国际贸易融资则不然，其风险不仅存在，而且根据结算方式的不同，风险的高低也有区别。例如，银行提供开证授信业务，可能涉及议付或承兑，银行便要面临来自进出口企业的信用风险、商业风险及其他风险，如国家风险、汇率风险等。

2. 对信用业务的影响不同

中间业务对银行信用业务的影响是不确定的，并非任何一笔中间业务都能使银行信用得以延展。国际贸易融资则不同，它使中间业务与资产业务紧密结合，换言之，只要有国际贸易融资，一定伴随着银行资产业务发生。从这个意义上说，在促进信用业务发展方面，国际贸易融资比传统的中间业务发挥的作用更为直接和明显。

3. 国际贸易融资业务是银行的新兴业务

中间业务是银行的传统业务，而国际贸易融资是商业银行为适应国际贸易不断发展而开发出来的。相对于中间业务，国际贸易融资业务是一项新兴业务。由于涉及不同国家的当事人，这一新业务在技术上要求更高，操作上也更为复杂。

4. 国际贸易融资反映在银行的资产负债表上

中间业务并不反映在银行资产负债表上，其手续费收入可以在不改变银行资产负债结构情况下，增加银行收益，改善银行的经营状况；而国际贸易融资反映在银行的资产负债表上，是银行资金占用的一个组成部分，并要为此筹集相应的资金来源，若经营不当，可能使银行的资产负债结构失衡，降低银行的信誉等级。

三、国际贸易融资的作用

无论融资产品的供给者（一般为商业银行）还是需求者（一般为进出口商），都十分重视国际贸易融资，国际贸易融资一方面给银行带来可观收益；另一方面也为进出口商提供便利。

1. 商业银行核心业务之一

（1）国际贸易融资是银行有效利用资金的手段。国际贸易融资服务于特定的贸易活动，是与国际贸易结算环节密切相关的一种融资活动。对于参与融资的银行来说，它具有资金流动性强、自偿性高、风险较小、周转快、技术含量高、中间业务收入可观、风险资产占有率低等特点，日益成为商业银行获取中间业务收入的主流。

（2）国际贸易融资业务的收益率高，利润丰厚。建立在国际结算基础上，作为国际结算业务延伸的国际贸易融资，因其业务的前期阶段属于中间业务，而在业务过程中或后期属于资产业务，所以银行可以获得双方面收入，即手续费和利差。其中，手续费收入除纯粹的结算费用外，有时还可获得 1‰～5‰的汇兑收益及相应邮电费用等。

（3）国际贸易融资业务可以密切银企关系。通过提供国际贸易融资服务，银行可以充分展示其资信、国际服务网络和服务能力优势，提高自身的可信度，从而获得更多的延伸业务。进出口商在得到满意的服务后，也会更愿意与这样的银行深入交流，使双方的联系更加紧密，为双方今后开展更加广泛的合作奠定基础。

2. 企业扩大贸易的重要工具

国际贸易中的进出口商经常会面对资金压力，有时很难自付采购、生产、物流等环节的所有费用，进口商也不可能单凭自有资金来履行对外的偿付义务。银行有针对性地在进出口的某个环节提供融资，可以有效解决企业的资金周转困难。另外，在国际贸易中，进出口商必须就支付方式做出安排。支付方式不同，款项的授受时间、风险及进出口商的权益也不同。进出口商为扩大贸易规模，增加成交机会，时常在货款支付方面给予对方便利。这样将会面对结算方式所引起的风险压力、资金压力和库存压力等。因此，寻求风险分担和短期资金融通，无疑是进出口企业避免资金链断裂、增强自身偿付能力以及履约能力的必然选择。银行通过押汇、贴现、保理、福费廷等方式为进出口商垫款或贷款，不仅可以使销售顺利实现，而且可以继续下一个循环的资金周转。

3. 有效促进对外贸易的增长

国际贸易融资可以调节进出口结构，促进国际收支平衡。国际贸易融资是一个国家贸易政策的组成部分，是国家鼓励对外贸易的手段。一国鼓励国际贸易融资，既达到了促进国际贸易发展的目的，又避免了受他国指责和遭诸如反倾销等的报复，降低了贸易摩擦的可能性，是促进一国对外贸易发展的良方。国际贸易融资通过多种方式向进出口商提供金融服务，使企业在获得资金融通的同时，能凭借优惠的信贷条件和有竞争力的支付条件，捕捉更多商机，接受更多的订单，从而提高国际竞争能力，打开和占领新的市场，在世界经济中扮演更重要的角色。同时，国际贸易融资是国际银行业的主营业务，需要国际银行之间建立代理关系等服务网络。实践表明，国际银行间的贸易融资合作不再仅限于结算、融资，而是扩大到几乎所有的金融领域，包括货币市场和资本市场等，使银行有更多的机会步入国际舞台，发挥更重要的作用。

第二节　进口贸易融资

进口贸易融资是银行为进口结算业务提供的资金支持。当进口商在申请对外开立信用证不能提供足额的开证保证金或在满足相关条件下付款赎单时，遇到资金周转困难，或在货物早于单据到达而不能及时提货时，进口商往往向银行申请为其提供资金便利。常见的进口结算中贸易融资方式有以下几种。

一、信托收据

（一）概念

信托收据[156]（Trust Receipt，T/R）是进口商与开证行或代收行订立的处理进口货物的一种合同。依据该合同，进口商在付清货款之前，将代表该批货物的所有单据及权益抵押给银行。进口商凭信托收据，并办妥有关手续后，在未付款前向银行借出货运单据（提单），办理报关、提货、销售。进口商承认货权属于银行，并保证在汇票到期日付清货款。

（二）信托收据下的权利与义务

若开证行或代收行接受了进口商的请求，双方订立了信托收据合同，开证行或代收行则成为信托人（Truster），并拥有以下权利：

（1）根据进口商的实际情况，随时可以取消信托，收回借出货物；

（2）若货物已经销售，可随时收回货款；

（3）若进口商破产被清算，开证行或代收行对货物、货款有优先受偿权。

进口商作为被信托人（trustee）必须承担以下义务：

（1）将信托收据项下的货物单独保管；

（2）所售货款交开证行或代收行，或暂代保管，并且在账目上与自有资金明确划分；

（3）不得将信托收据项下的货物抵押他人。

如果在托收结算方式下，托收指示中注明："D/P at xx days after sight to issue trust receipt in exchange for documents, D/P,T/R"（远期付款交单凭信托收据借单），表明出口商允许进口商以开立信托收据方式借得货运单据提货，到期进口商不向代收行缴清货款的风险则由出口商自己承担；如果代收行在未经出口商授权而擅自为进口商提供该项融资业务，风险则应由代收行承担。

二、授信开证

（一）概念

对外开立信用证是银行办理的主要进口结算业务。开证行承担对出口商的第一性付款责任。进口开证业务中的关键风险点在于进口商资信以及银行是否掌控物权，银行可根据风险度要求进口商存入相应比例的保证金，或称"开证抵押金"。

授信开证[157]，亦称"减免保证金开证"，是指银行与资信良好、具备清偿能力、保持经常性业务往来的企业签订授信协议，核定授信额度，在授信额度内减免开证保证金，为其对外开立信用证。

（二）授信开证的分类

授信开证分为可控货权授信开证、不可控货权授信开证。

---

156 Trust Receipt (T/R) is a kind of import financing facility provided by a bank. An issuing bank is obliged to pay upon the documents that comply with the letter of credit. Yet sometimes an importer has shortage of cash to effect payment to get the documents to take the goods. The importer requires, however, the issuing bank to lend the bill of lading to him and take the goods under the title held by the bank. The importer will fulfill his obligation for payment under the letter of credit after he sells the goods.

157 When the applicant applies for opening a letter of credit, the issuing bank usually investigates the creditworthiness of the applicant to determine whether a credit line will be approved to the applicant. Based on the credit line approved, the issuing bank will probably require a percentage of the credit amount as a security for issuing a credit, or if the applicant is 100% credit worthy, the issuing bank will charge no deposits for it at all. In this way, the issuing bank provides financing to the applicant, while will greatly reduce the importer's funds occupation and certainly enable the issuing bank to take risks. if the applicant is 100% credit worthy and no deposit has been charged, the issuing bank will bear great risks since the applicant may refuse to pay by intentionally finding some discrepancies with the documents.

1. 可控货权授信开证

可控货权授信开证主要包括三种情况：即期信用证项下要求全套货权单据；即期信用证项下要求非货权单据，但银行必须为指定收货人；远期信用证项下已落实货物控制措施。可控货权授信开证的贸易融资方式下，进口商违约的可能性较小。

2. 不可控货权授信开证

不可控货权授信开证主要包括两种情况：即期信用证项下要求非全套货权单据，或无权单据。远期信用证项下未落实货物控制措施或进口商品不适合货权控制。

不可控货权授信开证不能通过控制货权约束进口商履约行为，因此风险较大，一般不宜采用。

（三）授信开证的风险防范

（1）根据可能对信用证产生影响的几个因素，如资产、资产流动性、市场行情、商品价格等，估量出一个分值，并依据这一分值来确定开证申请人必须存入的保证金比例。

（2）接受申请人的资产作抵押。

（3）接受有资质的担保人担保。

三、进口押汇

（一）概念

进口押汇[158]（Imported Bill Purchased）指银行应进口商申请，在其对外付款时提供短期资金融通，并按约定的利率和期限由申请人还本付息的业务。

进口商货到单到时，在销售资金回笼前，如存在资金缺口，可以申请进口押汇来融通资金。进口押汇包括 T/T 进口押汇、托收项下进口押汇和信用证项下进口押汇。

信用证项下进口押汇指开证行接到信用证项下相符单据，缮制进口来单通知书，一方面提示进口商，通知其接受单据，要求其于通知日后若干天内到开证行办理付款赎单手续；另一方面，在收到单据后 5 个工作日偿付寄单行。若进口商暂时无力付款赎单，向开证行申请签署进口押汇合同，取得商业单据，并承诺在一定期间内偿还票款。

T/T 进口押汇是指银行应进口商要求代其对外垫付货到付款项下款项的短期资金融通。T/T 进口押汇分为两种情况，即以人民币银行承兑汇票为质押，或在授信额度内为进口商先行垫付货款对外付汇，待汇票到期或货物销售回款后，进口商购汇偿还融资款项。

托收项下进口代收押汇，是指在付款交单（D/P）条件下代收行以包括代表物权的提单在内的货运单据为质押，向进口商提供垫款的资金融通业务。

信用证项下进口押汇实质是开证行对进口商的一种资金融通形式，融资期限视贸易情况而定。对于即期信用证、托收项下即期付款交单和货到付款的进口押汇，押汇期限一般不超过 180 天；对于远期信用证和托收项下远期付款交单和承兑交单的进口押汇，远期付款期限加上进口押汇期限不超过 180 天。

进口押汇的融资比例为发票或汇票金额的 100%。采用“后收利息法”，即在押汇到期后，银行从企业的账户扣收押汇本金及利息。进口押汇一般使用信用证及单据使用的货币直接对外付款，不可兑换成本币使用（如本币与信用证使用的货币不一致）。开证行办理进口押汇通常只收取利息，不收取押汇手续费，其利

158 Imported Bill Purchased is a kind of import financing facility provided by a bank for an importer. Under the operation of letter of credit, importer can only obtain the documents of goods title upon payment. Yet the importer sometimes has difficulties in effecting payment when he goes to the bank for documents. It is actually a kind of sort-term loan made by the bank. Banks should be aware of what will happen after purchasing importer's bills and documents.

息的计算公式为：

$$押汇利息 = \frac{本金 \times 融资年利率 \times 押汇天数}{360}$$

押汇天数一般以30天、60天计算，但最长不超过180天。

（二）进口押汇的特征

进口押汇是进口企业在跟单信用证结算方式下最常使用的一种融资方式，该方式使各方在整个国际贸易中都能利用银行的信用。进口押汇既能充分保护各方利益，又可降低各方的交易成本。了解进口押汇的法律特征，有助于把握进口押汇的风险。

1. 体现着进口商与融资银行之间的关系

进口商与融资银行往往是开证申请人与开证行之间的关系。因此，不少银行将进口押汇定义为“开证行在收到信用证项下单据，审单无误后，根据其与开证申请人签订的进口押汇协议，先行对外付款并放单，开证申请人凭单提货并在市场销售后，将押汇本息归还开证行”。从操作实践来看，开证行作为融资银行，能直接而有效地控制进口项下的单据和货物，信用证结算方式决定了代表货物的单据通常应该寄给开证行。

2. 针对进口业务所发生的一种特殊融资行为

进口押汇包含了银行向进口商提供融资的法律关系，也可以说借贷法律关系是进口押汇的基础性法律关系。对于进口商而言，申请进口押汇的目的在于获得融资，用于支付进口项下货款；对于银行而言，则通过办理进口押汇业务获得一定的手续费和利息收入。因此，进口商与银行之间的押汇协议，往往具有很强的借贷协议的特点。

3. 一种附有特殊担保机制的融资法律关系

进口押汇法律关系的构建，依赖于特殊的“担保机制”——押汇申请人将其进口项下的信用证及其相关单据作为“质押品”或“抵押品”。因此，信用证项下进口押汇与进口信用证往往有着密切的联系，因为它有赖于信用证及其相关单据作为担保物。

四、提货担保

（一）概念

提货担保[159]（Shipping Guarantee/Delivery Guarantee）是指在货物先于信用证项下提单或其他物权凭证到达情况下，银行根据开证申请人的申请，向船公司出具书面担保用于提货，申请人承诺日后补齐正本提单换回有关担保书，并保证承担船公司所收一切费用和赔偿由此可能遭受的一切损失。有时也被称为“担保提货”。

提货担保仅适用于信用证结算方式中代表货物的未达提单或其他物权凭证。信用证项下的空运单据、铁路运单、邮政收据及不代表物权的货物收据不能办理提货担保业务。托收、汇款方式亦不能办理提货担保业务。

（二）提货担保的作用

提货担保对进口商和开证行均有一定意义，尤其是对于进口商的积极作用更为突出。具体表现为：一方面，降低进口商的进口成本和交易风险，进口商委托办理提货担保，既降低了进口商的仓储费用，又不致使其货物因品质发生变化而遭受损失；另一方面，提货担保业务便于进口商及时抓住交易时机，尽快出售货物或者利用进口货物，为其尽快筹集资金偿还开证行创造条件。

---

159 It is rather common for the goods to arrive in importer's country earlier than the documents by mail if the distance between trade countries is not long. The importer then needs a shipping guarantee issued by the issuing bank to take over the goods. The importer will get the documents from the issuing bank by returning the shipping guarantee. By issuing the shipping guarantee, the bank will bear the risks of non-payment and losing the good title, and stand the loss from the shipping company due to its goods release without obtaining bill of lading.

（三）提货担保的办理条件

银行审核担保提货条件时，主要考虑银行权益的安全，防止因担保带来难以挽回的损失。基于此，各银行通常从以下几方面来设计担保提货的条件。

1. 对叙做提货担保的进口商的要求

有的银行要求申请人必须是在担保行办理进出口贸易结算的基本客户，有的甚至更为严格地要求这种基本客户办理进出口贸易结算持续一年以上方可申请。

2. 必须向银行提交的必要文件

进口商向银行申请提货担保，应提交下列文件：担保提货申请书、正本提单复印件或传真件或运输公司的到货通知、商业发票复印件或传真件、装箱单复印件或传真件等。

3. 进口商承诺放弃不符点的拒付权利

一般情况下，开证行要求进口商出具承诺函，表明放弃对信用证来单项下所有不符点的拒付权利；要确认信用证处于正常状态，进口商不接受电提不符点情况时，不应办理提货担保；若获知出现影响正本提单或物权凭证正常寄送的情况，如信用证未能通知受益人、超出交单期限仍未收到单据等，则不予办理提货担保。

4. 申请人提供一定的担保和承诺

从银行的实际操作来看，可通过申请人提供足额的保证金作为提货担保的反担保机制。

5. 通常近洋贸易可出具提货担保

办理提货担保业务原则上应为近洋运输交易，若为远洋运输交易，则必须向银行书面说明充分理由。

（四）提货担保与背书提单的比较

提货担保与背书提单的性质有一定的相似之处，都是便于在全套单据到达之前提货，但操作起来略有不同。提货担保是在信用证要求受益人提交全套正本提单，而货物先于单据达到开证行的情况下，进口商为避免货物滞港而申请担保提货；当正本提单到达后，再凭正本提单换回提货担保。

背书提单则是要求信用证提单抬头做成“凭开证行指示”（To the order of the issuing bank），受益人向银行提交 2/3 正本提单，另将 1/3 正本提单径寄进口商，1/3 正本提单和货物先于其他单据到达进口国。为避免货物滞港，进口商向开证行申请提单背书业务，开证行在进口商直接收到的 1/3 正本提单上做背书，进口商凭该 1/3 提单提货。

第三节　出口贸易融资

随着国际银行业竞争日益激烈，为企业提供优质便利的服务成为商业银行提高自身竞争力的重要政策措施之一。出口结算业务中伴随如下常见贸易融资方式。

一、出口押汇

（一）概念

出口押汇[160]（Export Bill Purchased）是交单行应国内出口商申请，以出口单据作抵押，以出口项下出口

160 Export bill purchased refers to a financing facility provided by exporter's bank. The bank will purchase the export bill and documents upon the request of a exporter if the documents presented comply with the terms and conditions of the letter of credit. The exporters sometimes want to get payment as soon as they present the documents to the negotiating bank because their working capital is tight, and the time for settlement will last at least 10 days. In this respect, the export bill purchased is an act of credit to the exporter. That means if the documents and bills are rejected by the issuing bank and the importer, the bank retains the right for recourse. The exporter can be free from his liability to repay until the importer effects the payment.

商的收汇权利作质押，向出口商提供的保留追索权的短期融资。

出口押汇包括出口信用证项下正点单据押汇、不符点单据押汇以及出口托收押汇，如图 9-1 所示。其中，出口信用证项下正点单据押汇业务属于低风险业务，一般不占用客户综合授信额度，只占用押汇行和开证行之间的代理行额度；后两类一般在出口商综合授信额度内办理。

- 出口押汇
  - 出口托收押汇（Collection Bill Purchased）≈议付（Negotiation）
  - 出口信用证押汇
    - 正点单据押汇
    - 不符点单据押汇
  - T/T押汇

图 9-1　出口押汇

（二）出口押汇的特征

1. 体现一种融资法律关系

从法律关系来看，出口押汇是相对独立于托收和信用证法律关系的一种“融资法律关系”（“借贷法律关系”）。押汇银行是融资一方，押汇申请人是借款一方。

2. 一种附带特殊担保机制的融资法律关系

出口押汇法律关系的构建依赖于特殊的“担保机制”——押汇申请人将其出口项下的相关单据（物权单据）进行“质押”或“抵押”。

3. 与信用证的议付具有共通性

商业银行的实践表明，银行为了押汇和议付的安全性，通常将押汇行和议付行的地位统一起来。这也使得一些银行并不打算区分议付和出口押汇；还有的银行则将押汇作为议付完成的对价，押汇的完成就是取得议付行法律地位的标志。

（三）银行如何防范出口押汇风险

1. 出口商品市场情况

主要了解当前国际上出口商品市场行情及变化趋势。

2. 不符点性质

主要审核单据上的不符点是否对进口商权益构成实质性损害，如不符点属一般性拼写错误等情况，进口商拒付可能性较小；如不符点涉及出口商品数量、规格、品质或属于严重迟交单等情况，则进口商拒付可能性大。

3. 进口商与出口商关系及其以往付款记录

如进口商与出口商保持常年贸易合作关系，且未发生过贸易纠纷，则进口商拒付可能性小。

4. 出口商信用记录和履约能力

主要考察出口商是否具备相应履约能力，以往同类产品出口是否发生过贸易纠纷。

5. 进口商所在国家或地区风险

要注意是否会由于战争、内乱、经济或金融危机等使开证行不能正常履行其义务。

（四）出口押汇与进口押汇的比较

出口押汇与进口押汇有共同之处，即两者的实质都是特殊担保机制下的融资法律关系；但是因二者处于进出口的不同环节，因此有着明显的区别，具体表现在以下方面。

1. 融资的意义

出口押汇是出口商在货款到达之前满足自己内在的资金需求，而进口押汇的目的则在于进口商要偿还出口商的货款。

2. 押汇的担保机制

在出口押汇中，货物的所有权最终要转移给进口方，出口方对货物所有权的掌握不是为了最终对所有权的控制，而是将所有权转让出去；进口押汇中，进口方是为了获得所有权而进行融资，并最终管理和使用所有权指向的货物。

3. 押汇与信用证的联系程度

在信用证项下的出口押汇中，融资银行极为关注信用证及其附属的各种单据的状况，因为融资银行融资款项的偿还有赖于信用证项下款项的获取，而信用证项下款项的获取又直接取决于单证是否相符、开证行和保兑行是否同意兑付。进口押汇虽然也与信用证有一定的联系，但是融资银行不会过多关注信用证，因为信用证是融资银行自己开出的。在进口押汇中，银行所真正关注的是信用证项下的货物是否真实、合法以及是否真正具有相应的市场价值。

4. 押汇银行与信用证法律关系中角色的关联度

出口押汇业务中，融资银行通常是信用证的议付行。在进口押汇业务中，融资银行往往就是信用证的开证行；而正因为出口押汇与议付有着密切的联系，使得出口商在出口押汇的操作中往往很难辨别出口押汇与议付的不同。

二、托收出口押汇

（一）概念

托收出口押汇[161]（Collection Bills Purchased）是指银行具有追索权地向出口商购买跟单汇票的行为，是托收行向出口商提供的一种资金融通。银行凭出口商开立的以进口商为付款人的跟单汇票以及所附商业单据做质押，将扣除利息及相关费用后的货款净额给出口商。此时，托收行成为跟单汇票的持票人，又称“押汇行”。直至代收行收妥货款并将头寸拨付托收行，托收行叙做托收出口押汇的垫款才得以归还。如若发生拒付，押汇行有向出口商追索票款及利息的权利。

（二）银行受理托收出口押汇的条件

1. 进口商的资信状况和代收行的选择

由于跟单托收是基于商业信用的结算方式，该项下付款人是进口商，银行对其资信状况审核尤为关键。就出口押汇行而言，银行垫款能否按时收回完全取决于进口商的资信，银行叙做托收出口押汇，实际上是将原由出口商承担的风险转移至托收行。由于此项业务风险较大，非特殊要求，银行一般不愿开展。因此，在实务中，银行对托收出口押汇的要求较高，例如，要求进口商资信良好、押汇单据必须是全套货运单据、必须取得出口信用保险、保证货物是畅销商品等。此外，银行要求收取较高的押汇利息和手续费。

2. 出口商的资信状况、清偿和履约能力

基于商业信用的跟单托收结算方式下，出口商的资信状况和履约能力直接关系到货款能否按期正常收回。如出口商在商品质量、数量、发货期限等方面存在违约行为，托收款很可能遭拒付或迟付。同时，银行

161 Financing by banks for exporters under documentary collection methods takes the form of collection bill purchased. Collection bill purchased mans that the remitting bank purchases the documentary bill drawn by the exporter on the importer. Collection bill purchased, however, involves great risks for the remitting bank due to lack of guarantee, so many remitting bank are unwilling to do so.

还应审核其清偿能力，以保证单据遭拒付时，从出口商处追回货款。

3. 交单方式的选择

跟单托收主要有付款交单和承兑交单两种方式。特别是在承兑交单条件下，如果进口商资信欠佳，则可能收款不利甚或丧失对货物的控制权。由于收汇风险较大，所以对承兑交单方式下核定的托收押汇额度限制较严格。在付款交单的托收方式下，收汇风险相对较小，因此对核定的押汇限额控制较松，押汇额度相对较大。

三、信用证出口押汇

（一）概念

信用证出口押汇[162]（Credit Bills Purchased）是指在以信用证为结算方式的出口贸易中，出口商以信用证项下的出口单据作抵押，请求出口地银行在收到开证行的付款之前，向出口商垫付信用证金额的融资方式。信用证出口押汇包括正点单据押汇和不符点单据押汇。前者风险较小，后者风险较大。

（二）出口押汇的条件

在经押汇行审核构成相符交单并确定开证行资信可靠、索偿路线合理的情况下，可以办理出口押汇，但有下列情况之一者，一般不予受理。

（1）单证不符（个别情况下也可办理不符点单据押汇）。

（2）信用证有限制他行议付条款。

（3）开证行或付款行所在地局势动荡或发生战争。

（4）开证行或付款行所在国家或地区外汇短缺，或发生经济、金融危机。

（5）开证行资信不佳、经营作风不良、挑剔频繁。

（三）叙做不符点单据押汇时银行需防范的风险点

1. 出口商品市场风险

如市场价格呈上扬走势，进口商凭不符点拒付的可能性小；否则进口商拒付或要求降价的可能性大。

2. 出口商履约风险

主要表现为出口商交运的商品存在质量或数量问题，增加进口商最终拒付的风险。

3. 进口商所在国家或地区风险

主要指发生战争、内乱、经济或金融危机等可能产生的风险。

4. 进口商信用风险

进口商经营不善或倒闭而失去偿付能力，或者进口商以单据存在不符点为由，要求出口商大幅度降价，导致出口商最终只能收回部分货款。

（四）出口押汇的责任范围

1. 银行保留对出口商的追索权

如因开证行倒闭、邮寄单据遗失、电信传递等原因，而非押汇行本身过失而导致的拒付、迟付、少付，

162 Negotiation, also known as export bill purchased, means the negotiating bank under a negotiation credit, on the requirement of the exporter, advancing or agreeing to advance funds to him by purchasing the documents under a complying presentation after sipping the contracted goods. Negotiation is actually a kind of in-transit short-term financing on the shipping documents as collateral. After negotiation, yet the financing bank frequently becomes the holder in due course of the draft, and so it normally has a right of recourse against the drawer, namely the beneficiary of the credit, in event of dishonour by the issuing bank. But if at the same time the exporter goes bankrupt, the negotiating bank will assume the loss itself. Therefore, there are inherent risks in this financing.

押汇行有权向受益人追回全部垫款及其利息。

2. 银行行使追索权

遇到开证行无理挑剔、拒付、迟付或少付时，押汇行负责对外交涉，以维护出口方权益，如交涉无果造成损失，押汇行仍可向受益人追索。有关纠纷由买卖双方直接交涉解决。

四、信用证打包贷款

（一）概念

打包贷款[163]（Packing Loan）是出口商收到国外开来的信用证，以信用证正本、国外销售合同和国内采购合同作为质押品，向往来银行申请的专项短期融资，以用于该信用证项下出口商品的进货、备料、生产和装运。它适用于出口业务中以信用证结算方式装船前有融资需求的企业。

打包放款的货币，一般以本币为主。特殊情况下，如需以外汇支付运费，也可发放少量外汇打包贷款。贷放金额视具体情形而定，一般为信用证总金额的 60%～80%，贷款期限根据信用证有效期加上合理的收汇期限确定，原则上不超过 180 天。

银行办理打包贷款通常不收手续费，利息计算公式为：

$$\text{打包贷款利息}=\frac{\text{信用证金额}\times\text{打包折扣}(60\%\sim80\%)\times\text{融资年利率}\times\text{打包天数}}{360}$$

申请打包贷款的出口商必须将信用证项下单据交给寄单行寄单收汇，寄单行即从收妥结汇金额中扣还打包贷款本息和其他费用。如有还款不足部分，由贷款银行从出口商的存款账户划拨归还贷款。

打包贷款对出口商有如下好处：在出口商自身资金紧缺而又无法争取到预付货款的支付条件时，可以帮助出口商顺利组织货源、开展业务、把握贸易机会；减少资金占压，在生产、采购等备货阶段不必占用出口商的自有资金，缓解了出口商的流动资金压力。

（二）打包贷款的特点

1. 打包贷款反映的是一种融资法律关系

打包贷款是采用信用证方式结算的出口商凭收到的有效信用证正本、国外销售合同及国内采购合同，向银行申请贷款的一种专项短期融资业务，主要用于对出口信用证项下生产或收购商品及其他从属费用的短期资金融通。银行在打包贷款业务中收取的利息即是银行获得的收益。

2. 打包贷款与信用证密切相关

银行在办理打包贷款业务时，通常要求贷款客户提供信用证正本作抵押。银行决定是否发放打包贷款，要认真审核信用证以及开证行有关信息。尽管打包贷款与信用证有密切联系，但是打包贷款并没有在银行和客户之间建立信用证法律关系，银行与客户之间通过“打包贷款协议”构建的法律关系仍然属于借贷关系。

3. 打包贷款实质上是一种信用贷款

打包贷款是出口商在货物发运前，以信用证正本作抵押向银行申请贷款的融资活动。信用证仅是国外开证行的有条件付款承诺，只能说出口商有几成收到货款的把握，能否真正收回货款，则取决其信用和履约能

163 Packing loan is known as a kind of pre-shipment financing method, by which the exporter may use credit as collateral to apply for a loan so as to arrange supply of goods and/or pack the goods under the credit. In general, the period of packing loan lasts from the date of getting the loan to the date of negotiating, and the amount is not in excess of 80% of the value of the letter of credit. The collateral of packing loan id the letter of credit and the source of returning the loan comes from the proceeds under the credit, so packing loan is essentially an exporter's bank credit loans to exporters. The provision of a packing loan is solely based on the credit, but if the credit itself is not genuine, or some clauses enclosed are not acceptable, the safety of the payment by the issuing bank will not be guaranteed, the financing bank will bear great risks.

力。若出口商不愿或不能如期履约，则无法收回货款。因此，仅以信用证作抵押的打包贷款，实质上是一种信用放款，风险较高。这也是多数银行直接将此种业务按照信用放款来管理风险的原因，也是打包贷款有别于出口押汇之处。出口押汇是出口商凭开证行开来的信用证，在货物发运后，按信用证要求缮制单据并提交其往来银行。由于在信用证结算方式下，只要单证一致、单单相符，开证行必须无条件付款，而押汇行由于持有出口商交来的有效单据，其收款相对较有保障，故而风险较低。

（三）打包贷款的主要风险

1. 出口商履约风险

主要指出口商无相关商品生产或货源组织能力、挪用打包款项、因自身经营管理不善或相关政策变化导致出口商丧失履约能力、发运商品与贸易合同严重不符等。前三种情况会导致出口商无法按期交单，最后一种情况易导致贸易纠纷甚至演变为法律诉讼，增加开证行拒付风险。

2. 开证行的信用风险

主要指开证行无理拒付或者因自身经营管理不善或外部原因引发财务危机造成支付困难。

3. 可能面临进口商所在国家或地区风险

主要指进口商所在国家或地区的战争、内乱、经济或金融危机等使开证行不能正常履行其义务。

4. 业务操作风险

主要指银行业务经办人员在对信用证真实性和信用证条款的审查及对信用证项下单据进行审核时，疏忽大意或因不熟悉业务可能出现错付、漏付等技术性失误。

五、出口商业发票贴现

（一）概念

出口商业发票贴现（Discount against Commercial Invoice）是指在“货到付款”（俗称“后 T/T”）或赊销（Open Account, O/A）结算方式下，出口地银行凭出口商提交的出口商业发票对出口商的融资业务。正常情况下，其还款来源为“货到付款”或赊销汇款项下的收汇款。若出口商不能正常从国外回收货款情况下，企业也必须偿还本金和利息。事实上，出口商业发票贴现业务，是从保理业务的融资功能演变而来的。

出口商业发票贴现的主要作用是拓宽企业融资渠道。出口企业不必凭国外来证，或采取其他担保方式获取融资，可以在“货到付款”或赊销方式下，装运货物并向出口地银行提示相关单据后，向银行申请短期融资，从而在国外货款到达之前从银行得到垫款，帮助出口企业实现资金正常运转。与其他出口融资方式相比，它具有手续简便、融资速度快等特点。

（二）出口商业发票贴现的风险

1. 贸易背景真实性难以确认

因出口商业发票贴现融资更多体现的是贸易融资，这就要求相关贸易背景真实可靠。银行在办理该项业务时，仅凭企业出具的单据来判断某笔具体业务的真实性是远远不够的。事实上，企业利用某种科技手段很容易提供假单据，或提供表面上无任何瑕疵，但与真实贸易背景不符的所谓清洁单据。这导致企业的还款来源具有很大不确定性。

2. 结算方式易变，难以逐笔对应

与出口商业发票相对应的结算方式多为汇付业务。汇付本身灵活性强，可以随时根据企业的需求改变汇款路径和收汇银行。如 A 企业在 B 银行办理了出口商业发票贴现业务，后因出现资金周转困难，不想立即将该笔项下的收汇款归还 B 银行，则 A 企业完全有可能指示国外的付款人将货款汇至其另一家开户行 C，从而逃避了 B 银行的监控；或出口企业签订合同时确定的结算方式为“货到付款”方式，但由于种种原因又改变成 D/P、D/A 等其他方式。因此，承办此项业务的银行一般难以掌握收款人的收汇时间和收汇金额等信息。由于汇付手续简单、汇款频次高、灵活多变、且每一笔汇付可能金额不等等特点，银行难以辨别企业究竟在哪一笔汇款项下办理了出口商业发票贴现融资，增加了银行管理的难度，也带来了风险。

3. 贸易风险影响出口企业及时还款

在正常情况下，出口商业发票贴现的还款来源为“货到付款”或赊销汇款项下的收汇款，但当出现例如货物不能按时交付、货物经外商检验存在质量问题等情况时；出口企业不能正常从国外收回货款，能否向银行还款就依赖于自身的偿债能力。若企业缺乏足够的偿债能力，则很可能因此而造成银行在出口商业发票项下的垫款损失。

4. 进口国国家风险和外汇管制风险

通常情况下，在一个政局不稳、危机严重、战乱频发的国家，恶劣的贸易与结算环境令收汇具有很大的不确定性。因此，进口国家的政治、经济、战争等因素使银行的出口商业发票贴现业务存在较大的风险。另外，许多发展中国家，由于外汇资金的出入受到政府的严格监管，进口商稍有不慎，便可能受制于政府，而无法付款。因此，外汇管制的风险也影响着出口商业发票贴现的安全性。

（三）银行办理出口商业发票贴现的审查要点

对于出口商银行来说，银行无法控制出口项下的货权单据，风险较大，所以银行仅在出口商的综合授信额度或贸易融资额度内办理此项业务。出口商业发票贴现业务的融资期限一般不超过 180 天。

银行在办理出口商业发票贴现业务时，重点审查以下几项内容。

1. 审查出口商的经营、财务和资信状况

选择具有较丰富的出口贸易经验，财务、经营状况正常，出口收汇记录正常的出口商作为融资对象。

2. 审核和控制进口商的信用风险

只有当出口商选择信誉良好、实力雄厚、在以往的付款记录中未发生过拖欠等违约行为的进口商时，才可办理出口商业发票贴现业务。

3. 审查进口商所在国家或地区有无明显的政治风险

有无禁止或限制外汇汇兑的管制政策以及对进口货物有无进口管制等。

4. 严格审核相关单据

在审核出口合同、商业发票、提单和出口报关单时，以单据与合同相符以及单单相符为审查标准。此外，发票上要加注特别条款，保证进口商的付款汇至出口商在该行开立的指定账户中。

5. 出口商业发票贴现业务是有追索权的

如果国外回款不足以归还贴现款项，银行会从出口商的账户中扣收差额部分；如果已贴现的应收账款到期后未能收回，银行也会直接从出口商在该行的账户中扣回贴现款项，同时催促出口商向进口商进行催收。

需要注意的是，银行在办理出口商业发票贴现业务时，需待从进口商处收到全额款项后才向出口商出具出口收汇核销联。

六、出口信保押汇

（一）概念

信保押汇是指在向中国出口信用保险公司（简称“中信保”）投保了短期出口信用险，并按规定已缴纳保费的出口商发运货物之后，将全套单据提交出口地银行，以该单据项下应收账款的权益作为质押，并将出口信用险项下的保险权益转让给出口地银行后，出口地银行予以办理的短期出口融资业务。

出口商有融资需求，并希望规避进口商的信用风险和所在国的政治风险时，可以选择信保押汇的方式进行融资。

（二）银行在出口信保押汇中的风险与防范

1. 出口信保押汇的风险

（1）出口商履约风险

出口商履约风险包括买卖合同项下和保险合同项下双重履约风险，即出口商是否具备相关产品生产加工或货源组织能力，以往同类产品项下出口是否有过贸易纠纷等。

（2）操作性风险

操作和技术性风险包括相关业务处理以及在保险凭证有效性审核过程中可能出现的风险，出口商是否有能力严格履行保单项下的责任和义务等。

（3）保险公司的免责风险

买方信用限额撤销、失效、未经批准等情况下发货造成的损失，保险公司免责；如果买卖双方不能提供进口国和出口国要求提供的各种进出口许可证，保险免责；进出口双方违约商业风险引起的损失，保险公司免责，也不承担货物在运输途中发生的各种风险。

2. 出口信保押汇的风险防范

（1）判定申请融资项下业务是否属于承保范围。

（2）明确是否已签订赔款转让协议，且协议中应包含以下约定。①某一进口商在保单承保范围内的所有出口业务，一旦发生保险责任内的损失，中信保应将赔款全额支付给出口地银行而非出口商（银行在扣除融资本息后将余款付给出口商）。②出口地银行对出口商向某个进口商的某笔出口业务提供融资后，一旦对该进口商的收汇出现保险责任内的损失，无论发生损失的出口业务是否是出口地银行已提供融资的那笔，出口商均须授权中信保公司将赔款全部支付给出口地银行。

（3）确认申请融资项下保单及相关单据是否齐备、有效。①出口商向出口地银行申请融资时应提交构成完整短期出口信用保险单的单据，包括投保单、保险条款、保险明细表（含费率表）/批单、买方限额申请表和买方限额审批表、出口保险申报单、缴纳保费凭证等。②要审核有效性，主要是审核中信保为进口商核定的信用保险额度是否仍然有效。由于当被保险人严重违反保单项下义务（如涉嫌欺诈、拖欠保费）时，中信保有权终止保单。在办理出口信保项下贸易融资时应该选择信誉较好的出口商。

七、出口订单融资

（一）概念

出口订单融资是指在采用 D/A、D/P 或 T/T 结算方式时，出口地银行凭出口商提交的有效订单或贸易合同（简称“订单”）为其发放的短期资金融通，主要用于解决出口商在组织出口货物的收购、加工、生产、运输等装船前各环节中的营运资金需求。

订单融资业务可以满足供应商备货装运的融资需求，帮助出口商扩大贸易机会、减少资金占用。

（二）订单融资的申请条件

订单融资的申请条件如下：

（1）基础交易具有真实的贸易背景，订单有效且内容清楚明确；

（2）出口商资质优良、履约能力强，与买方保持长期稳定的业务关系；

（3）进口商获得中信保在该业务项下核准的买方信用额度，在融资行认可的境外保理商获得买方保理额度，在融资行境外代理行获得买方付款信用风险担保；

（4）出口商品标准化程度高、价格稳定。价格波动较大、属于鲜活易变质、易于产生贸易纠纷的商品通常不予办理；

（5）货物出运后，出口商能够在为其融资的银行办理相关结算业务；

（6）融资期限与订单项下货物采购、生产和装运期限相匹配，原则上不超过180天（含）。

在某些情况下，出口地银行一般不受理订单融资业务：订单中约定进出口双方可以进行债权债务抵扣；订单约定订单项下货物已经抵押给第三方；订单允许债务转移由第三者支付；订单中有其他影响正常收汇的条款；订单中约定贸易方式为来料加工。此外，订单中货物规格/品质、检验、纠纷解决方式等条款规定不明确的不予办理。

（三）订单融资比例、币种和期限

订单融资金额一般不超过订单金额的80%，如订单项下有预付款，则为不超过扣除预付款后的订单金额的80%。放款期限根据最迟交货期加上合理的收汇期限确定，原则上不超过180天，按实际融资天数计息。可以发放人民币融资或外币融资，融资形式包含贷款、开立银行承兑汇票和商业承兑汇票贴现等。

案例分析

信用证撤销引发打包贷款融资风险

一、案情介绍

B公司收到其贸易伙伴某国A公司（申请人）通过I银行（开证行）开出的以其为受益人的出口信用证。为了解决生产备货阶段的资金周转困难，该公司在通知行N银行办理了打包贷款业务。不久，B公司向N银行提交该信用证项下第一套单据，N银行审核后认为是正点单据，同时为该公司叙做出口押汇，部分偿还了前期打包贷款融资款项。B公司在银行合理工作日内如期收到开证行付款，归还了押汇款项。

就在B公司准备生产第二批货并交单之时，I行发来报文，称应A公司要求撤销信用证。经洽B公司，N银行了解到，因A公司和B公司双方出现贸易纠纷，A公司欲终止贸易合同，不再向B公司订货。为妥善解决问题，N银行一方面建议B公司不接受撤证，与A公司及时沟通解决纠纷，另一方面加强了对B公司资金流、物流的监控。但是，B公司与A公司多次磋商未果，贸易纠纷一直未得到圆满解决，B公司也一直未备货、出货。N银行从保证融资款项及时、安全归还为出发点加紧催收，最终B公司自筹资金归还了融资余款。

二、案情分析与启示

由本案可以看出，打包贷款融资行密切关注信用证信息是融资安全的重要保障。办理打包贷款的信用证应尽可能由融资行来通知，以确保及时全面掌握相关信用证下修改或撤销等信息，有助于跟踪了解进出口双方贸易进展情况。此案中N银行就因为收到信用证撤销报文而及时掌握了双方贸易存有纠纷的情况。尽管客户和融资行可以选择不同意撤证，坚持出货并确保出口相符交单，但因基础贸易有纠纷，势必影响收汇的安全性。N银行在这种情况下，做出了正确选择，一方面促使出口商和进口商积极协商；另一方面加强对出口商的监控，在进出口双方协商未果的情况下提前收回融资款，防止了风险的产生。

练习题

一、选择题

1. ______的利率一般低于相同条件资金贷方的市场利率，利差由国家补贴。

A. 进口押汇　B. 福费廷　C. 出口信贷　D. 保付代理

2. 在保理业务中，______承担了信贷风险。

A. 出口商　B. 银行　C. 保理组织　D. 进口商

3. 在______中，出口商所开的汇票需要由进口国的金融机构担保。

A. 买方信贷　B. 福费廷　C. 保理业务　D. 卖方信贷

4. 利用买方信贷，可以从提供买方信贷的国家进口______。

A. 原材料　B. 机械设备　C. 消费品　D. 石油产品

5. 在使用买方信贷时，出口商与进口商所签订的合同应规定______。

A. 即期付款　B. 延期付款　C. 分期付款　D. 三者皆可

6. ______业务中，出口商必须事先同进口商商量，取得一致的意见。

A. 贴现　B. 保付代理　C. 福费廷　D. 买方信贷

7. 保理业务的手续费一般为应收账款总额的______。

A. 1%～1.5%　B. 1.75%～2%　C. 2%～3%　D. 3%～4%

8. 从性质上看，卖方信贷和买方信贷都属于______。

A. 商业信用　B. 银行信用　C. 国家信用　D. 无法确定

9. 下列贸易融资方式中，哪一项可以免除出口商的信贷风险？______

A. 延期付款　B. 卖方信贷　C. 买方信贷　D. 保付代理（承购应收账款）

10. 在______形式下，出口商开具的汇票对出口商无追索权。

A. 买方信贷　B. 卖方信贷　C. 福费廷　D. 混合信贷

二、问答题

1. 什么是授信开证？授信开证的主要分类有哪些？
2. 简述信托收据的使用背景。
3. 简述提货担保与背书提单的区别。
4. 阐述进口押汇与出口押汇的异同。
5. 进口押汇银行所面临的最大风险是什么？银行如何规避面临的风险？
6. 什么是打包贷款？银行打包放款的风险主要体现在哪几方面？
7. 简述出口押汇与议付的不同。
8. 简述订单融资的使用背景。

三、案例讨论

2008 年 6 月 10 日，寄单行 N 银行收到 I 银行开来的信用证，并将此信用证通知给受益人 B 公司。信用证显示的出口商品为“NYLON COAT”。

11 月 24 日，B 公司前来 N 银行交单，单据包含三套海运提单。经 N 银行审核发现单据存在不符点，当日N银行获得B公司书面不符点确认授权后向I银行寄单索汇。

12月5日，N银行在收到I银行的拒付电文后及时通知了B公司。然而，12月10日，B公司却告知N银行此套单据项下货物已被A公司凭I银行出具的提货担保书提走，此时B公司仍未收到货款，当日N银行向I银行发出查询电。

12月11日，I银行复电称不符点未被接受。当日，受益人B公司立即指示N银行发报要求I银行退单。其后，经N银行多次发报催促，2009年1月4日N银行最终才收到退回的全套单据，并在核对无误后交还B公司。

请问：本案中开证行出具提货担保后又拒付，开证行的做法合理吗？为什么？

第十章 国际保理和福费廷

International Factoring and Forfaiting

学习目标和要点

——理解国际保理的基本含义、产生原因及功能类型

——了解国际保理的概念、特征和种类；掌握国际保理与其他支付方式的异同

——了解福费廷（包买票据）的概念、特征

——熟悉福费廷的种类、应用，以及福费廷业务与其他融资业务的异同

——掌握银行在福费廷业务操作中面临的主要风险及其防范措施

案例导读

A 公司是世界知名的山地自行车制造商之一，成立于 1972 年，产品远销亚欧各地。由于目前自行车行业技术比较成熟，业内竞争异常激烈，生产厂商不得不满足客户的赊账要求，这也使其产生赊销可能会导致坏账损失的忧虑。A 公司曾使用出口信用保险来解决坏账之忧，但坏账发生后，公司仍要承担 20% 的货款损失，且理赔手续相对繁琐。后来，A 公司接触了国际保理商 B 公司，开始了解并尝试国际保理服务。国际保理业务所提供的客户资信状况及全套账户管理服务使 A 公司受益匪浅，不但节约了人力、物力，最重要的是与出口信用保险的费用相比，保理服务费用相对较低。

问题：从上述案例中可以得到哪些启示？

分析：目前，国际上许多商品交易已经呈买方市场趋势，商品品质的趋同性弱化了传统出口竞争手段的作用。许多出口商转而通过向进口商提供各种货款赊销便利以提高出口产品的竞争力，国际保理模式因此越来越受欢迎。这一结算融资方式有效地消除了赊销给出口商带来的后顾之忧。

第一节　国际保理

一、国际保理的概念及其特征

（一）概念

国际保理[164]（International Factoring）又称“国际付款保理”或“保付代理”、“承购出口应收账款”等，是指出口商以赊销（O/A）、承兑交单（D/A）等结算方式销售货物或提供服务时，由出口保理商和进口保理商共同向出口商提供的应收账款催收与管理、（进口商可能违约的）信用风险担保、坏账赔付及贸易融资等金融服务。它是通过收购债权而向出口商提供信用保险或坏账赔付担保以及应收账款的代收或管理等，是包含至少两类贸易融资业务的综合性金融服务。[165]

国际保理的核心内容是通过收购债权方式提供出口融资，是介于跟单信用证和跟单托收之间的具有财务担保性质的结算方式。

（二）国际保理的服务项目

根据统一私法协会（UNIDROIT）通过的《国际统一私法协会国际保理公约》规定，在国际结算中承做国际保理业务，保理商应依据其与出口商所签订的保理合同，提供以下全部或至少两项以上服务。

1. 代收或管理应收账款[166]（Collection from Debtors and Administration）

保理商具有专门的财务管理人员及专业的财务知识，能够采用最恰当有效的方式为出口商代收应收账款。出口商采用保理业务可以避免大量的营运资金被束缚在应收账款上，从而导致运营资金周转不畅的风险。另外，保理商一般都设有专门的法律事务部门，可随时提供一流的律师服务。出口商只要与保理商签订了保理协议并明确双方的权利与义务，保理商将全权为出口商回收其债权。

2. 代管销售分账户[167]（Maintenance of Sales Ledger）

保理商（一般为大型商业银行或其附属机构）拥有相对完善的账务管理制度、先进的管理技术和丰富的管理经验，可以提供高效率的社会化服务。银行还具有较广泛的国内外业务通讯网络、分布世界各地的分支机构或代理机构，能够及时传递买卖双方之间有关贸易和法律文书，随时或定期提供各种有价值的业务资料。保理商以其财账管理方面的优势条件，完全有能力为客户提供优良的财务管理服务。

3. 出口贸易融资[168]（Export Trade Financing）

国际保理业务的最大优点在于提供无追索权的贸易融资，且手续简便易行，既不像信用放款需要办理繁杂的审批手续，也不像抵押放款需要办理抵押品的移交和过户手续。出口商在发货或提供服务后，保理商通过收购出口商的应收账款，可为出口商提供不超过发票金额 80%的无追索权的预付款融资。基本解决出口商在途和信用销售的资金占用问题，加速资金周转。保理商通过收取一定服务费来实现保理业务收益。与其

164 According to the General Rules for International Factoring, a factoring contract means a contract pursuant to which a supplier may or will assign accounts receivable to a factor for ledgering receivables, collecting proceeds and/or protecting against bad debts. Thus, international factoring is a complete financial package that combines credit protection, accounts receivable bookkeeping and collection services.

165 国际统一私法协会《国际保理公约》（1988 年加拿大渥太华）第 1 条 B 款：“The factor is to perform at least two of the following functions: finance for the supplier, including loans and advance payments; maintenance of accounts (ledgering)” relating to the receivables; collection of receivables; protection against default in payment by debtors.

166 The factor will assume all debtor administration and collection responsibilities on behalf of the exporter. It includes bookkeeping, regular reporting to the exporter, collection of outstanding receivables and, if required, legal procedures.

167 The factor will take seller's buyer accounts onto his book and update these accounts with all transactions—invoices, credit note payment, etc.

168 The factor will advance between 80% and 90% of all agreed invoices upon presentation of the invoices by the exporter to the factor. The balance will be remitted to the exporter upon receipt of the proceeds by the factor at maturity.

他信用放款相比，保理业务具有风险小、佣金收入高等特点。

4. 信用销售控制[169]（Credit Control）

在任何国际交易中，出口商最关心的是进口商的资信水平及其变化。如何掌握众多进口商资信变化状况，以控制实际信用销售限额和采取必要防范措施，避免和降低交易对手的信用风险，对公司的生存至关重要。因为如果出口商将货发出去了，但收不回资金或以高昂代价收回资金，那将直接影响企业经济效益。事实上，所有的支付结算方式都是为了解决这个问题。特别是在国际买方市场背景下，出口商在交易中处不利地位，有时被迫接受一些苛刻的支付条件。这时对进口商的资信了解越多，安全回收应收账款的几率越大，而保理商恰恰可以提供这种服务。通过对进口商进行销售前的调查，出口商可以依据客户的资信状况制订相应的销售计划和必要的账务管理措施，有效防止贸易信用风险的出现。

5. 坏账信用担保（Full Protection against Bad Debts）

在国际保理业务中，进口保理商并非担保所有应收账款，而是由进口保理商对进口商的资信进行调查后核准一个信用额度。如果进口商在付款到期日拒付货款，出口保理商需对信用额度内的应收账款承担100%坏账担保，在付款到期后90天内无条件地向出口商支付所购买的货款，所核定信用额度外的坏账损失则由出口商自担。出口商必须保证出口商品或劳务不存在质量、服务水平、交货期限等可能导致贸易争端的问题，只有这样出口商才能有效避免由于买方信用所造成的坏账损失并保证正常贸易应收账款的回收。如果在货物出运前，进口保理商发现进口商出现严重的资信问题，可以取消原来核准的信用额度，并且不会为此承担任何责任。[170]

（三）国际保理服务的基本特征

保理服务作为一种综合性的贸易融资方式，具有以下特点。

1. 保理商接受出口商的债权转让

保理商通过购买债权能够获得对债款不受任何影响的所有权，唯有他拥有全额收取债款的权利，并用收回的债款补偿其预付的收购价款，这也是保理商和出口商签订保理协议的主要目的之一。保理协议中所限定的债权应属于可依法获得但尚未实际占有的资产。保理商为获得对债款的绝对所有权，就必须按法律规定办理某种转让手续，这种转让可以协议转让的形式进行。在协议中，出口商同意将对债款的所有权转让给保理商，协议中包括对债款的法定所有权以及对债款的所有法定和其他求偿权的转让，保理商同意接受这一权利转让，且不必征得债务人的同意和许可。

2. 保理商在核准信用额度内承担坏账风险损失

为了明确保理商对因债务人清偿能力欠佳而形成呆账、坏账所承担的风险责任，保理商通常必须为出口商的所有客户逐一核定信用销售限额，以控制业务风险。对限额之内的应收账款即已核准应收账款，保理商提供100%的坏账担保，且对此没有追索权；而对于超过信用额度的销售（未核准）应收账款，保理商仅提供有追索权的融资。

对因产品质量、服务水平、交货期等贸易纠纷所造成的呆账和坏账，及所谓商业风险，保理商不负赔偿之责并保留追索权。虽然保理协议规定，出口商必须将所有的应收账款出售给保理商，但一部分被称为不合格的应收账款销售仍应被排除在外。如果出口商误将不合格应收账款填报为合格应收账款，则保理商保留追索的权利。

169 The factor will allocate "credit limits" to the exporter on a buyer basis, up to which amounts the exporter is covered in the event that the buyer fails to pay the invoiced amount at maturity. Hence, factoring provides the exporter with a type of credit insurance.

170 国际保理商联合会《国际保理通则》第18条i款："For good reason the import factor have the right reduce or cancel the credit line. Such cancellation (which expression includes a reduction) must take place in writing or by telephone (to be confirmed in writing) upon receipt of such notice of cancellation the export factor shall immediately notify the supplier and such cancellation shall be effective as to shipments made after the supplier's receipt of such notice."

3. 保理商为赊销或承兑交单托收方式提供风险担保

在实际业务中，出口商可供选择的付款方式有信用证、付款交单、承兑交单和赊销等。对出口商而言，信用证因可靠性和安全性较好而一直受到青睐；而对进口商来说，由于信用证结算手续繁杂，费用偏高，还要在较长时间内占压进口商的营运资金或信用额度，所以进口商往往不愿意采用信用证方式。虽然进口商倾向于采用承兑交单或赊销方式，但在这两种支付方式条件下，出口商承担的风险较大，必须有一种服务提供风险担保，于是保理服务应运而生。出口商将应收账款卖断给保理商后，一旦海外进口商拒付货款，全部风险将由保理商承担；而且，如果支付货币与本国货币不一致，由此形成的收汇风险也由保理商单独承担。保理服务手续简便、资金周转快的特点适应了买方市场的需要，保障了赊销、承兑交单等结算方式在发达国家的运用，促进了发达国家间贸易的进一步增长。

（四）国际保理对进出口商的益处

国际保理业务能为出口商和进口商带来增加营业额、风险保障、节约成本、简化手续、扩大利润等益处，如表 10-1 所示。

表 10-1　　进出口商国际保理业务对照表

益处	出口商	进口商
增加营业额	对于新的或现有的客户提供更有竞争力的 O/A、D/A 付款条件，以拓展海外市场，增加营业额	利用 O/A、D/A 优惠付款条件，以有限的资本，购进更多货物、加快资金流动、增加营业额
风险保障	进口商的信用风险转由保理商承担，出口商可以得到 100%的收汇保障	完全是因公司的信誉和良好的财务表现而获得进口保理商的信贷，无须抵押
节约成本	资信调查、账务管理和账款追收都由保理商负责，减轻业务负担，节约管理成本	省却了开立信用证和处理繁杂文件的费用
简化手续	免除了一般信用交易的审批等繁琐手续	在批准信用额度后，购买手续简化，进货快捷
扩大利润	由于出口额扩大、降低了管理成本、排除了信用风险和坏账损失，利润随之增加	由于加快了资金和货物的流动，业务量增加，从而增加利润

二、国际保理的种类

在国际保理业务的开展过程中形成了一些不同的保理服务机制。国际保理业务的当事人一般有四个：销售商、债务人、出口保理商和进口保理商。销售商通常也是出口商，它对所提供的货物或劳务出具发票，并将应收账款出售给出口保理商。债务人通常是进口商，它对由于提供货物或者提供劳务所产生的应收账款承担付款责任。出口保理商通常是出口国的银行和保理公司，它通过签订协议收购销售商的应收账款开展保理业务。进口保理商通常是进口国的银行和保理公司。

根据业务操作过程中涉及的当事人及各自承担的权利与义务的不同，国际保理业务类型主要分为以下几种。

（一）依据保理商不同

1. 单保理模式[171]（Single Factoring）

单保理模式是指出口商与进口保理商签订保理合同，进口保理商再与出口地某一家银行（非保理商）订

171 Domestic factoring involves only one factor at home and is called single factoring.

立协议，该出口地银行只负责传递讯息和划拨款项，不承担保理商责任。因此，这种保理模式只涉及三方当事人，即出口商、进口商和进口保理商。因国际贸易的地域、制度、语言、文化等因素存在差异，该模式有诸多不便和缺点，目前极少使用。

2. 双保理模式[172]（Co-Factoring）

此类保理模式有四方当事人，分别为出口商、出口保理商、进口商、进口保理商。在此种机制下，出口商与出口保理商签订保理协议，同时出口保理商又与进口保理商签订保理协议，彼此委托代理开展保理业务。这样出口保理商除了要起到传递函电及划拨款项的作用外，还需要按照出口商的要求为其提供融资服务。

该种模式对四方当事人均有利，所以是目前最受欢迎、应用最普遍的保理机制。通常所说的国际保理业务一般是指双保理业务。

（二）依据有无追索权

1. 有追索权保理（Recourse Factoring）

有追索权保理是指保理商不负责为出口商核定信用额度，也不负责提供坏账担保，只提供包括融资在内的其他业务。若因进口商偿付能力欠佳而形成坏账时，保理商有权向出口商追索。

2. 无追索权保理（Non-Recourse Factoring）

无追索权保理是指保理商负责为出口商核定信用额度和提供坏账担保，同时还可提供贸易融资等其他业务。在核定额度内，若因进口商资信等问题而形成坏账时，保理商承担赔付责任。

（三）依据是否提供融资

1. 到期保理[173]（Maturity Factoring）

到期保理是指保理商根据出口商给予进口商的付款期限计算出到期日，在该到期日将应收账款付给出口商。

2. 融资保理[174]（Advance Factoring）

融资保理是指保理商一旦收到出口商的应收账款单据，立即预付 90%的发票金额给出口商，其余 10%货款待收妥后结算。

（四）依据货款支付对象不同

1. 公开型保理[175]（Disclosed Factoring）

公开型保理是指出口商必须以书面形式将保理商参与结算的情况通知其进口商，并指示进口商将货款直接付给保理商。

2. 隐蔽型保理[176]（Undisclosed Factoring）

隐蔽型保理是指保理商参与结算的事实对进口商保密，进口商直接向出口商支付货款，融资与清算的费

172 International factoring involves an export factor and an import factor and is called Co-factoring.

173 According to time when the factor provides the seller with finance, the factoring can be divided into Maturity Factoring and Advance Factoring. In maturity factoring, after the export factor purchased the receivables from the exporter, he does not reimburse the exporter immediately but confirms and undertakes to pay the exporter without recourse when the relevant drafts fall due.

174 In advance factoring, when the export factor purchased the receivables from the exporter, it shall reimburse the exporter immediately without recourse.

175 In a disclosed factoring, the exporter must notify the importer in a written form of his factoring agreement, the factor instructs the importer to remit proceeds directly to the factor. The factors are responsible for collecting the exporter's receivables subsequent to purchasing the same from the exporter.

176 Under undisclosed factoring, after selling the receivables to the factor, the exporter is still responsible for collecting receivables and then transfers the same to the factor. In this kind of factoring, the exporter avoids being known by the importer that international factoring is used due to his lack of current capital.

用由出口商承担。

三、国际双保理

国际双保理是由出口保理商和进口保理商共同分工为出口商提供服务。由于出口商对国外买方的资信和实力不清楚，风险不可控，必须借助保理商来承担买方的信用风险，并由进口保理商承担催收货款的义务。这种方式既方便快捷，又可从源头上控制风险。保理商可通过参加国际保理商联合会（ICF）等组织，确定各保理商的实力和信用。

（一）国际双保理的概念

国际双保理是指出口保理商（出口商所在国的保理商）与出口商签订保理协议，负责与出口商联系，接受其债权转让并提供融资服务；进口保理商（进口商所在国的保理商）负责与进口商联系，评估进口商的资信并向出口保理商提供信用额度，接受出口保理商的债权再转让，催收应收账款并承担进口商的信用风险。这种遵循“市场靠近”原则的组织安排使得国际保理业务过程中的风险得以降低。在国际保理业务的运行机制中，双保理机制是最重要，也是运用最为广泛的一种。

（二）国际双保理的分类

国际双保理主要分为出口双保理和进口双保理两种。

1. 出口双保理

出口双保理是指出口商将其现在或将来的基于其与进口商（债务人）订立的货物销售合同项下产生的债权（应收账款）转让给出口保理商，再由出口保理商转让给国外进口保理商，由出口保理商为出口商提供贸易融资、销售分户账户管理，同时由进口保理商为其提供应收账款的催收及信用风险控制与坏账担保等服务。

出口双保理融资的第一还款来源为进口商的付款。进口保理商承担第二性的担保付款责任，即如果买卖双方发生争议，进口保理商担保付款责任暂时解除，直到争议解决。在无争议的情况下，出口保理商对出口商的融资无追索权。

2. 进口双保理

进口双保理是指进口保理商应国外出口保理商的申请，为某一特定的进口商核定信用额度，从而向出口商提供应收账款催收、资信调查、坏账担保等服务。与进口业务的开证行相比，进口保理商对出口商承担第二性担保付款责任，且该付款责任依附于基础合同。

四、双保理模式的优缺点

（一）双保理模式的优点

在国际保理业务中，采用双保理制的主要优点如下。

1. 出口商收款方便安全

出口商与出口保理商签订协议后，一切有关问题均可与出口保理商交涉，出口商只需同本国的出口保理商一家打交道就可获得全部的保理服务。这不仅使出口商节约了大量的人力、物力、财力，消除了在语言、法律、商业习惯等方面存在的障碍，而且还大大降低了经营风险。

2. 出口保理商收款效果良好

出口保理商不必深入细致地研究各债务人所在国的有关法律、贸易习惯等，他只需与债务人所在地的进口保理商打交道就可获得保理服务，由进口保理商负责对债务人核定信用额度、催收债款。另外，对于完成催收债款的工作，尽管进口保理商对贸易纠纷不承担责任，但出口保理商可以要求进口保理商予以协助。尤其在进口商发生破产倒闭的情况下，进口保理商的这种协助出口保理商处理因贸易纠纷导致的诉讼以及对进口商被迫清盘、破产、倒闭等突发事件做出迅速的应变，对出口保理商收回债款、减少损失将发挥重要作用。有了进出口两个保理商，更能使出口商的债权得到保障，督促进口商清偿债务。

3. 出口商融资方便

在双保理模式下，出口商不仅可以获得出口保理商的融资，而且还可以向进口保理商申请融资。这样，出口商可在出口保理商和进口保理商之间选择较优惠的利率进行融资，以降低成本。如进口保理商的贴现率比出口保理商低，可要求进口保理商以预付款方式或贴现方式提供融资。进口保理商按自己的贴现率将融资款项付给出口保理商，并由其转交给出口商。在这种情况下，出口保理商必须代出口商向进口保理商担保，对发生纠纷或违约行为的应收账款保证退还相应的融资款项。另外，若此时进口保理商提供的融资是以进口商所在国货币进行支付的话，那么以即期销售代替远期应收账款还可有效避免远期汇率变动所带来的风险。

对于进口商来讲，他仅需同本国的进口保理商打交道，也免除了在语言、法律、商业习惯等方面可能存在的困难。

（二）双保理制的缺点

双保理制也有不足之处，主要表现在以下三个方面。

1. 费用较高

双保理模式涉及两个国家的保理商，双方都要收费。对一些服务项目，例如提供销售账务管理服务，就不可避免地因两方面的重复收费，增加了出口商的负担。双保理模式的总成本高于单保理模式。

2. 资金划拨速度较慢

在双保理模式下，由于有进口保理商这个环节存在，货款的转移因增加了进口保理商的收付结算过程而延长。而且在双保模式下，进口保理商分到的业务量往往比较少，在资金划拨时，进口保理商不愿逐笔划付，而愿采用定期将期限内资金划出的办法，此时的划款速度将更慢。

3. 进口保理商的风险不易被分散

进口保理商由于得到的业务量较小，而出于竞争的考虑又不可能过高地提高费率，因此容易导致业务量与费率不相称的局面。在提供坏账担保时，风险无法有效分散，一旦债务人发生信用危机，进口保理商的业务收益甚至有可能不抵坏账损失。同时，由于国际双保理是以进口保理商承保买方信用风险为前提的，若遇买方倒闭和拖欠风险，则由进口保理商赔付，出口企业和出口银行借此降低收汇和融资风险。保理是以账款转让为前提的，万一进口保理商破产倒闭，不但会出现同业风险敞口，而且转让在保理商名下的账款也可能被无故牵连遭到破产清偿。

五、国际保理与其他支付方式的比较

国际保理作为一种新型的国际结算方式，与托收和信用证相比主要有以下几点不同。

（一）责任不同

托收和信用证是国际贸易中传统的结算方式。在托收方式下，买卖双方受销售合同约束，进口商是唯一承担付款责任的人。银行在办理托收业务时，只是按委托人的指示办理，并无承担保证付款人必然付款的义务。在信用证方式下，买卖双方既受销售合同约束，又受信用证约束，但销售合同和信用证是相互独立的文件，开证行承担有条件的独立付款责任。只要受益人（出口商）提交符合信用证规定的单据，银行就保证付款。在国际保理业务中，买卖双方既受销售合同约束，又有保理公司的付款担保，且两者是紧密联系的，即只有出口商按合同发货，保理商的担保才能成立。

（二）风险不同

托收是以商业信用为基础。出口商发货后，如进口商借故不付款赎单，代收行和托收行均不承担付款责任，出口商要承担较大的风险。在信用证方式下，也存在进口商不按时开证、开证行倒闭、单证不符致使开证行和进口商拒付或迟付的风险；对进口商来说，也存在实际货物与合同不符、出口商制造假单据进行欺诈等风险。在国际保理业务中，只要出口商提供的货物的品质、数量、价格、交货期与合同规定相符，如果遇上进口商资金周转不灵或倒闭，进口保理公司将负责付款，承担100%坏账担保。因此对出口商来讲，摆脱了托收项下进口商无力付款、倒闭或无故拖延付款的风险。

（三）融资性质不同

在托收业务中，进出口双方可分别采取凭信托收据借单提货和托收出口押汇进行融资。由于承担的风险大，银行因此控制很严，而且银行享有追索权。在信用证业务中，议付行对出口商的融资方式主要通过打包贷款、出口押汇等方式。打包贷款是货物发运前银行给予出口商的融资，由于没有实物作抵押，其实质仍是信用放款，银行有从出口货款中扣除或要求偿付的权利。出口押汇是议付行在货物出运后给出口商的融资，如果开证行拒付货款或无力付款，议付行对出口商享有追索权，（如果保兑行与议付行属于同一银行则没有追索权）。开证行对进口商融资的方式主要通过授信开证、进口押汇、提货担保方式，就这三种融资方式而言，银行同样是有追索权的。保理业务一般也是在发货之后才申请融资。进口商收到货物后一段时间内才付款，这是出口商对进口商提供的融资。出口商为了解决资金周转的困难，可以从保理商处得到不超过发票金额 80%无追索权的预付款融资。无追索权的融资是保理业务融资的特点，对已核准应收账款的融资，如果进口商倒闭、资金周转不灵等，保理公司无权收回其融资。

（四）作用不同

在托收方式下，金融机构的参与解决了结算的方便和融资问题。与之相比，信用证和保理业务都起到了使出口商收款获得银行信用保障的作用。在出口商对进口商不够信任、收汇风险较大时，这两种结算方式便都体现出一定优越性。但是，保理业务还有着信用证方式所没有的特殊作用，即减少出口商处理应收账款财务上的烦琐环节，由保理商负责账务管理、提供综合性的信息和财务服务。

第二节　福费廷

一、福费廷的概念和特点

（一）概念

福费廷[177]，又称“包买票据”业务，是一种新兴的国际贸易支付方式。

目前，银行界对福费廷的定义为：包买商（银行）从出口商那里无追索权地买断由开证行 / 承兑行承兑的信用证项下远期汇票，同时收取利息和相关手续费，并将该承兑汇票持有至到期或转给包买商，包买商到期从开证行 / 保兑行收回票面金额的行为。

177 The English term “forfaiting” comes from the French “a forfait”, meaning “outright” or “all in” conveying the idea of some sort of package deal. It also conveys the idea of “forfaiting”—meaning the giving up of all rights to a payment under a debt instrument.

福费廷（forfaiting）这一术语是个音译词，源于法语“a forfeit”，在德语中是“forfaittierung”，在意大利语中是“forfetizzazione”，在西班牙语中是“forfetiacion”，这些词均表示“放弃权利和放弃追索权利”。在福费廷业务中的这种“放弃”主要体现在两方面：一方面，出口商卖断票据，放弃了对所出售票据的一切权益，包括收款权；另一方面，包买商买断票据，也必须放弃对出口商所贴现款项的追索权，只要出口商所出售的票据是有效的，包买商便承担票据拒付的风险，除非双方另有约定。这种无追索融资性质，使得福费廷不仅仅是一种贸易融资工具，更是一种贸易风险担保工具。使用该种担保，出口商可以将与收款相关的所有风险全部转嫁给包买商承担。这些风险包括：商业风险、政治风险、汇率风险（收汇后，在外汇兑换过程中由于汇率变动而使出口商损失的风险）和利率风险（当使用浮动利率融资时，利率上升致使出口商实际还款数额增加的风险）。

简单地说，就是寄单行对经开证行承兑的跟单汇票进行无追索权的买断。

（二）福费廷的特点

1. 法律性质上是一种买卖合同交易

福费廷业务中基本的法律关系是买卖关系，能够提供合同金额100%的融资，即作为票据出售一方的出口商将其持有的远期承兑汇票卖断给包买商。在这一过程中，银行或者福费廷公司成为买方，而不是一般的代理人或者其他中间人，它需要承担买方的所有权利和义务。

2. 交易的标的物是票据

从包买商的实际操作来看，这里的票据是应收账款票据，并且是权利已经确定了的票据，包买商没有必要也不应该陷入贸易纠纷之中。因此，包买商通常都要求福费廷项下的票据是经过进口商或进口商所在地银行承兑的汇票。

3. 交易的基本特征是无追索权

包买商开展福费廷业务的本意就在于使该项业务区别于传统意义上的票据贴现，因为后者保留了追索权，而福费廷放弃了追索权，使出口商获得更加安全的融资，从而增加了福费廷业务的吸引力。

4. 一般为资本性商品融资

福费廷起源于谷物交易，但后来主要为大型机械、设备等资本性商品提供融资，主要是一般期限较长的原因。当然，从更广义的角度分析，任何出口贸易都可以通过福费廷进行融资，但以下商品不宜办理福费廷业务：（1）军用产品；（2）市场价格剧烈波动的商品；（3）差异性不明显的商品，进口商能很容易地购买到同类替代品。

5. 提供中长期固定利率融资

福费廷多数情况下提供固定利率融资，而且是中长期的，国际上一般是2～7年，甚至可达10年。这不仅能够满足出口商对融资期限的要求，而且能够锁定利率成本、控制利率风险。随着出口商新的融资需求和福费廷市场的不断发展，包买商也提供短期贸易融资，通常是30～180天，这在国内市场比较常见。

二、福费廷业务的主要风险及其对策

（一）商业银行开展福费廷业务面临的主要风险

福费廷业务给出口商带来了相当大的好处，例如，通过延期付款的信贷条件从而增强出口商品的竞争力；变远期票据为即期收汇，减少了资金占用的压力，加快资金回收和周转；可改变资产负债结构，改善出口商的财务状况；便于出口商提前办理出口核销和退税；无追索权地卖断远期票据，归避了与票据支付有关的政治、商业、利率和汇率风险，采用固定利率还可以预知并控制经营成本。当然，在福费廷业务中，出口商损失了贴现息，还要支付担保费等，因此提高了资金和经营的成本。

对包买商而言，福费廷通过无追索权形式的贴现买断票据，也买进了票据项下的可能风险，如进口国国家风险、进口商信用风险、担保风险、利率和汇率风险，甚至还把应收账款账户管理和收款等事宜都转移给银行。银行提供的是一种无追索权的融资，即便日后票据遭到拒付，也不能要求出口商退还款项。银行面临的风险主要有以下几种。

1. 适用法律的风险

银行在签订福费廷协议时可能很难预见票据相关的商品交易所适用的法律带来的风险，尤其是当商品交易所适用的法律发生改变时可能导致进口商无法履行付款责任，以致损害银行的合法权益。

2. 国家风险

包买商无追索权地买进了远期票据后，银行承担了收汇风险，收汇的实现可能受制于进口商国家的政治和经济安全。如果进口商国家出现危机、动荡、战争等政治风险，银行可能面临损失。

3. 外汇管制风险

银行收汇的顺利与否，也直接受制于进口商所在国家的外汇制度，如果进口商所在国的外汇管制度使得外汇无法汇出，银行将面临无法收汇的风险。

4. 利率风险

在福费廷项下的票据买卖，银行以固定利率买进票据并承担了利率变动的风险。当然，银行可以通过适当的金融工具进行套期保值，或者在二级福费廷市场上卖出票据以转移风险。

5. 进口商的信用风险

包买商收汇能否完成，关键取决于进口商的信用和能力。如果进口商由于自身的经营状况或者固有的不良信用，不能或者拒付货款，包买商便面临拒付风险。

6. 贸易纠纷风险

虽然银行在福费廷业务中所包买的票据通常都是已经由进口商承兑的票据，银行的收款权利不受贸易纠纷的影响，但是票据与信用证紧密联系，信用证开证行可能因单证不符等原因行使拒付权，从而导致贴现银行遭受拒付。

（二）银行对福费廷业务风险的防范

鉴于银行开展福费廷业务存在风险，因此，必须采取相应的对策规避和控制风险。

1. 认真审查贸易背景

福费廷业务一般是以正常的国际贸易为背景的，不能涉及军事产品，更不能涉及毒品、恐怖分子等的交易，否则可能在付款上遇到主权国家或者国际法强制力的阻碍。远期票据应产生于销售货物或提供技术服务的正当贸易，非法贸易、禁止出口贸易不得进行福费廷融资。考虑到国际贸易管制和外汇管制问题，贸易合同应当符合进出口双方国家的有关法律法规，并取得进口国外汇管理部门的同意。

2. 严格审查融资对象

因为融资对象的信誉和信用关系到对外交易的诚信状况，只有那些经济实力和国际竞争力强、信誉卓著的企业才有资格申请福费廷融资。若企业不具备履行贸易合同的基本能力，或者企业有违约的不良记录，很可能给银行带来风险。

3. 注意审查有关单据

确保各种单据的真实性、合法性和有效性，并应在福费廷协议中设计必要的条款来规避欺诈所带来的法律风险。出口商发货后应将提单等全套货权凭证提交给议付行，议付行将远期票据交给开证行承兑后退还出口商，出口商将票据背书转让给贴现行，连同提单副本、发票副本、贸易合同副本、信用证或保函副本以及出口商债权转让函等单据也一并转让。贴现行审核单据以及签字的真实性、合法性、完整性、有效性和可转让性。福费廷业务中转让的主体是票据，而不是信用证。包买商审查后，若同意贴现，应将贴现款按时划入出口商指定的账户。

4. 拟订并签署福费廷协议

福费廷协议是保障银行合法权益的最重要的法律文件。银行应该通过该文件的拟订，设计必要的风险控制条款。福费廷协议应该包括以下内容：项目概况、债权凭证、贴现金额、货币种类和期限、贴现率以及承担费率、有关当事人的责任义务、违约事件及其处理、生效条款、法律适用和纠纷处理等。福费廷协议是福费廷业务的中心法律文件，必须仔细约定，以避免合同风险和法律风险。

三、福费廷业务与其他贸易融资业务的比较

为更好地理解福费廷业务，现将其与票据贴现、出口保理、出口押汇、出口信用保险等融资方式比较如下。

（一）福费廷与票据贴现

商业银行可以为出口商提供远期信用证项下的票据贴现融资业务，即银行将出口商提供的银行承兑汇票买入，从贴现金额中扣除贴现利息和手续费后，将贴现净额支付给出口商。福费廷虽然也可以说是一种特殊的票据贴现，但是它与一般意义上的票据贴现有实质性的区别。

1. 有无追索权

一般意义上的票据贴现是有追索权的，而福费廷则是无追索权的。商业银行作为买入票据的善意持票人，除了有权向债务人索偿外，在债务人无力支付时，也可以向出口商（票据背书人）追索；而福费廷融资业务的根本特点就是对出口商无追索权。

2. 贸易背景

从贸易背景来看，国内票据贴现的票据是发生于国内经济活动中的票据，而福费廷是对国际贸易背景的票据进行贴现。

3. 融资期限

从融资的期限来看，国内票据贴现期一般最长不超过 6 个月，而福费廷的融资期限可达数年。

4. 融资后的再次交易

在我国，商业银行办理国内商业汇票贴现后，可以根据规定的条件向中国人民银行办理再贴现，而银行承办福费廷业务后可以向二级票据融资商转让。

5. 适用的法律

国内票据贴现的法规主要是我国的《票据法》以及其他结算规章，而福费廷贴现的法规主要是国际票据法和惯例规则。

（二）福费廷与出口信贷

出口信贷是政府为鼓励本国资本性货物的出口而提供的一种带有利息补贴性质的融资。由于这种融资实际是一种政策性融资，需要满足一定的条件才能享受，因此并不是所有的出口商都能符合这些条件。

福费廷与出口信贷的主要区别有以下几方面。

1. 融资条件

出口信贷的适用对象受到政府产业政策和贸易政策的严格限制。如果出口的产品不符合政府出口信贷的规定条件，则不能获得贷款支持，且出口信贷的手续相当烦琐。福费廷是一种市场行为，几乎不受上述政策

条件限制，手续比较灵活简便。

2. 操作程序

出口信贷需要办理信用保险，并且要求提供担保。这里的程序实质上与一般商业贷款相似，不仅手续烦琐，而且增加了费用开支。出口信贷所需文件较多，需出口商提供担保或抵押，审批环节复杂。福费廷所需文件和手续简单，操作方便。

3. 风险分配

从风险的分配来看，出口信贷的风险对出口商而言比较复杂。出口商尽管投保了出口信用险，但保险公司一般只承保应收账款的 90%左右，而且通常是在应收账款变为呆账后 6 个月后才予以赔付，若通过法律程序索债，赔付期可能更长。因为出口商欠银行的贷款必须到期归还，不能拖延，所以出口商还要承担一定的收汇风险。在出口信贷中，出口商需要独自承担进口国的国家风险、商业风险、资金转移风险以及其他不可抗力风险。无论出口货款能否正常收回，出口信贷机构都将在贷款到期日向出口商收回贷款本息。不仅如此，出口商还要独立承担对外债权管理、到期催收索偿等工作。

（三）福费廷与国际保理

福费廷与国际保理主要区别表现为以下几方面。

1. 法律性质

从各国保理商开展保理业务的实践来看，虽然保理业务的核心内容也是应收账款的买卖，但是它还包括账务管理、催收等内容；而且，有些保理交易并没有发生应收账款，而是单纯的账务管理。福费廷则比较单纯，各国都倾向于将其限定在应收账款及票据的买卖交易上。

2. 适用的贸易领域及针对的融资期限

保理业务以消费性出口商品为主，福费廷以资本性出口商品为主；保理业务通常针对 6 个月内的短期融资，福费廷针对 6 个月以上的中长期贸易融资，而且主要是资本项目的出口贸易融资。

3. 融资的额度

在保理业务中，出口商最多只能得到发票金额 80%的融资，并且还要承担有关汇率和迟付的风险；在福费廷业务中，出口商可按票面金额获得全额融资。

4. 有无追索权

国际保理业务分为有追索权保理和无追索权保理。其中，有追索权保理是指保理商不负责为出口商核定信用额度，也不负责提供坏账担保，只提供包括融资在内的其他业务。若因进口商偿付能力欠佳而形成坏账时，保理商保留向出口商追索的权利；而福费廷业务对出口商是完全没有追索权的。

（四）福费廷与出口押汇

出口押汇是我国银行界通用的一个业务术语，但是各银行在实际操作中存在较大的差异，甚至有的银行将其与议付等同起来。通常而言，它是指银行凭借获得的货运单据质押权利有追索权地对即期信用证项下的票据进行融资的行为。福费廷与出口押汇的区别主要表现在以下几方面。

1. 法律性质

出口押汇是一项综合性的融资业务，其基本的法律关系是借贷关系；同时出于银行融资安全的考虑，涉及一系列担保法律关系，如货物抵押或质押、单据质押以及第三人保证等相关的法律机制。出口押汇的法律关系远比福费廷复杂，这对于银行和出口商来说都有相当的不确定性。

2. 法律风险

出口押汇项下，银行和出口商的法律风险都比较复杂，尤其是担保关系建立在货物抵押或物权单据质押的基础上，同时当有保证、担保或者信托收据关系时，有关当事人的法律风险更不确定。因为各种担保机制的相互关系，所以可能存在诸多的矛盾；而且我国现有法制对信托收据、押汇等问题缺乏明确的规定，因此银行和出口商法律风险都比较复杂。与之对比，福费廷业务项下的法律风险则比较明确。

3. 能否行使追索权

在出口押汇业务中，如果单据被开证行拒付，议付行可以对出票人行使追索权，要求出票人偿付；而办理福费廷业务的银行则不能对出票人行使追索权。

4. 涉及的票据种类和意义

出口押汇中使用的单据除汇票外，还有提单、装箱单、保险单等其他信用证或合同要求的单据，银行在向出口商购买这些单据时，主要是货权的转移，故汇票本身并不需担保或承兑；办理福费廷业务的票据一般为远期信用证下经开证行承兑的汇票。

案例分析

出口双保理索偿案

一、背景

业务类型：买断型融资性出口双保理

出口商：B 公司

出口保理商：F 银行

进口保理商：E 银行

进口商：A 公司

二、案情介绍

2007 年 5 月，国内出口商 B 公司与意大利进口商 A 公司签订了摩托车出口合同。合同约定采用赊销方式结算贷款。由于双方属首次合作，B 公司担心进口商信用情况，同时也希望在发运货物后获得银行融资，加快资金周转。F 银行了解情况后，主动向 B 公司推荐买断型融资性出口双保理业务。

2007 年 7 月 16 日，F 银行通过 EDI 保理系统向进口保理商 E 银行进行额度申请和确认，最终获得 E 银行批复买断型保理额度 15 万美元，额度有效期至 2007 年 11 月 30 日，赊销天数 100 天，保理费率为发票转让金额的 0.6%，担保付款期限 90 天。同时，E 银行要求发票最晚在提单装运日后 14 天内出具，发票日后 20 天内由 F 银行转让发票。F 银行审批后向 B 公司出具了额度确认单，B 公司按合同约定条款备货出运。

2007 年 9 月 28 日，B 公司向 F 银行递交全套出口单据，包括出口合同、B 公司出具的介绍信、正本商业发票、装箱单、全套正本海运提单、出口收汇核销单、出口许可证。F 银行审查出口合同和单据间一致，发票日 2007 年 9 月 18 日，提单装运日 2007 年 9 月 21 日，付款期限是发票日后 100 天，均满足出口合同约定和 E 银行要求。

2007 年 9 月 30 日，F 银行通过 EDI 保理系统转让发票给 E 银行，并将全套正本单据寄往 A 公司，发票转让金额 14.87 万美元，单据到期日 2007 年 12 月 27 日。2007 年 10 月 18 日，F 银行和 B 公司签订了买断型融资性出口双保理协议，并向 B 公司提供 11.8 万美元的出口保理项下融资。

2007 年 12 月 27 日，应收账款到期，A 公司未按期付款，F 银行按照国际保理惯例，联系 E 银行进行款项催收。E 银行反馈称进出口商双方已达成延期支付协议。F 银行立即向 B 公司了解有关情况，但 B 公司称从未同意延期付款。据此，F 银行要求 E 银行继续催收保理款。

2008 年 1 月 17 日，E 银行提出贸易纠纷，理由是迟装运导致货物未能及时到港和安排销售，要求延迟付款。F 银行查询单据存档记录，合同约定最迟装船期 2007 年 9 月 30 日，B 公司实际装运日是 2007 年 9 月 21 日，贸易纠纷理由不成立。F 银行立即将合同、出口发票、装运提单复印件、进出口双方电子邮件记录通过邮件方式提交 E 银行。2 月 22 日，E 银行又提出了 A 公司被另一公司收购，因并购手续未完成要求推迟付款。F 银行推断进口商是利用纠纷程序故意拖延付款，遂多次通过电子邮件与 E 银行据理力争，2008 年 3 月 6 日，F 银行通过 EDI 系统正式解决了进口商提出的无理纠纷，重新启动进口保理商担保付款（PUG）程序。

2008 年 5 月 14 日，进口保理商担保付款日到期。E 银行一度拖延付款，F 银行多次向其施压调停，并通过电子邮件多次敦促其付款。2008 年 6 月 11 日，F 银行收到了 E 银行担保付款，保障了出口商的应得权益。

三、案情分析

这是一起典型的进口商利用保理业务贸易纠纷程序，企图拖延或拒付货款的保理争议案例。对于进口商所称已经和出口商双方达成延期支付该笔账款协议，F 银行提供了进出口双方电子邮件记录，证明了出口商从未同意迟付款。针对进口商提出的货物迟装这一贸易纠纷，F 银行提供了已经严格审查并复印留存的出口合同、出口发票和运输单据等相关资料，作为有力证据予以反驳。由此可见，进口商所提出的同意迟付款、贸易纠纷等都是毫无证据支持的，其根本原因是进口商自身对下家迟交货，导致从下家无法收回货款，并希望将此风险转嫁给出口商。

对于进口保理商而言，根据国际保理惯例，进口保理商将不承担贸易纠纷项下的付款责任。本案中，进口保理商在未进一步要求进口商提供有关书面证明的前提下，就根据进口商的口头说法提出了买卖双方同意推迟付款的理由和贸易纠纷，其主要原因是不管是同意推迟付款还是贸易纠纷，进口保理商坏账担保付款责任即可推迟甚至免除。如果进口保理商承认进口商偿付有困难，那么有可能最终需由进口保理商承担 15 万美元的损失。因此，进口保理商不愿积极配合迅速解决贸易纠纷，存在道德风险。

此外，虽然出口保理商为出口商提供了买断型保理项下无追索权的出口融资业务，但进出口双方一旦发生贸易纠纷，进出口保理商仅需协助双方解决纠纷而无须承担担保付款责任，即由于贸易纠纷导致的拒付风险将由出口商自行承担。

四、结论和启示

保理业务的主要风险之一就是出现贸易纠纷。因此，对于贸易纠纷的风险，有关当事人应事先加以防范。

为了防止进口商假借贸易纠纷理由拒付，从而免除进口保理商的付款责任，出口商而言在贸易合同中应就货物装运期、货物质量和数量证明、贸易纠纷解决方法等环节与进口商事先达成一致意见。同时，对于贸易合同有关条款的修改，必须以双方书面确认为准，出口商应该完整保存与进口商之间的往来电邮记录，以便保护自己保理项下的权利。

对于提供无追索权融资的出口保理商而言，应该从五个方面控制潜在风险。

一是选择有一定经济实力、财务状况良好、产品质量可靠、适销对路，经营稳健、内部管理严格的出口商。

二是选择合理的产品作保理业务。基础合同中不应禁止应收账款转让，合同中的买方收款权利应没有缺陷，应该通过合同、发票、提单等文件单据去了解掌握交易背景的情况。

三是应该在与出口商签订的保理协议中就发生出口商欺诈及贸易纠纷后的追索权加以明确规定，以防承担贸易纠纷产生的海外正当拒付的风险。

四是应妥善选择进口保理商。应该选择参与了国际保理商联合会（FCI），资信良好、合作良好的进口保理商办理双保理业务。

五是对于买卖双方同意的延期付款，出口保理商应掌握双方达成延期付款的记录（该种情况下一般进口保理商不再承担该笔应收账款的付款责任）。出口保理商应向出口商充分揭示该笔业务风险，并出具风险提示函，同时要求出口保理商必须到期偿还出口保理项下的融资款项，避免延期付款潜藏的恶意道德风险。

练习题

一、选择题

1. 以下各项除了______以外，都属于保理服务的内容。

A. 贸易融资　B. 代办会计处理　C. 资信调查　D. 货币兑换

2. ______不是保理融资的特点。

A. 融资比例较高　B. 绝对没有追索权融资

C. 融资条件低、手续简便　D. 融资额度灵活

3. 国际保理服务产生的背景是国际贸易中存在的______。

A. 收款风险　B.资金周转压力　C. 信用控制和账款管理需求　D.以上都是

4. 目前的国际保理业务，较多采用______。

A. 双保理　B. 隐蔽保理　C. 单保理　D. 多重保理

5. 对于出口商在已核准信用额度内的发货所产生的应收账款，保理商提供______坏账担保。

A. 50%　B. 75%　C. 100%　D. 85%

6. 在隐蔽保理中，保理商一般主要提供______服务。

A. 资信调查　B. 发票贴现融资　C. 坏账担保　D. 账务管理

7. 福费廷业务中，除______以外都是担保被包买票据的可行办法。

A. 使用银行保函　B. 使用备用信用证

C. 担保行在票据上作保付签字　D. 由政府出面担保

8. 福费廷商包买票据时买断的风险不包括______。

A. 欺诈风险　B. 市场风险　C. 商业风险　D. 汇率风险

9. 以下对福费廷业务特点描述正确的是______。

A. 涉及金额大、浮动利率融资　B. 涉及金额小、浮动利率融资

C. 涉及金额大、固定利率融资　D. 涉及金额小、固定利率融资

10. 福费廷主要运用于延期付款的______等贸易中。

A. 纺织品、食品、日用　B. 成套设备、机器、飞机、船舶

C. 煤炭、石油、天然气　D. 化妆品、奢侈品、药品

二、问答题

1. 简述国际保理的概念及其特征。它包括哪些主要业务？如何分类？
2. 什么是出口双保理？它有哪些特点？
3. 国际双保理业务有哪些主要当事人？他们各自的权责是什么？
4. 阐述国际单保理与国际双保理的异同。
5. 国际保理对出口商有哪些作用？适用于哪些文易方式？
6. 对银行而言，保理的风险主要体现在哪些方面，应如何防范？

7. 简述福费廷的概念及其特征。

8. 简述福费廷业务的主要流程。

9. 福费廷业务对于各当事人分别有哪些利弊。

10. 简述福费廷业务与国际保理业务的异同。

三、案例讨论

2001 年，国内某水利建设国际公司（下称“S 公司”）承建某国水电站项目，总金额约 1 亿美元，项目建设期 5 年，项目建成后采用 8 年延期付款、每半年还款一次的方式，使用远期信用证结算，投保出口信用保险。S 公司为建设此项目向国内 E 银行申请了出口卖方信贷 8 亿元人民币，由其上级集团公司提供贷款担保。2006 年，S 公司完成了项目建设，同时发电成功取得了项目业主签发的竣工证书。此时，S 公司为规避人民币汇率升值带来的风险和改善其财务报表的需要，便向为其提供出口卖方信贷的国内 E 银行提出办理福费廷业务的申请。E 银行受理 S 公司的申请后，鉴于出口信用保险所承保的险别不全和某国的国别风险较大，E 银行提出了较高的福费廷报价，以致 S 公司如按此条件办理福费廷业务将付出较高成本。

请问：S 公司申请福费廷业务基于怎样的考虑？鉴于 E 银行福费廷报价较高，S 公司应采用怎样的灵活措施？福费廷业务为双方带来了怎样的益处？

第十一章 银行保函和备用信用证

Bank Guarantee and Standby Letter of Credit

学习目标和要点

——了解银行保函的定义、作用及使用

——了解备用信用证的内容、特点及使用

——了解银行保函及备用信用证的相关国际惯例

——了解银行保函的作用、内容及使用

——了解备用信用证的特点、开立方式、内容及使用

案例导读

一笔备用信用证规定单据必须通过EMS快递给开证人，但不要求快递收据。此时，寄单人是通过DHL寄单的。

问题：按照ISP98规定，此时开证人可否拒付？

分析：按照UCP600的规定，如果信用证包含有某些条件而未列明需要提交与之相符的单据，银行将认为未列明此条件，且对此不予理会。

与UCP600相比，ISP98首次进一步明确规定，所谓“非单据条件”是指“未要求提交单据以证明条款内容，并且开证人无法通过自身记录或正常的业务操作判断备用信用证是否得到满足的条款”。因此，尽管上述信用证未要求EMS快递收据，但如受益人通过DHL交单，开证人可在正常的业务操作中判断备用信用证的寄单条款没有满足，因此上述EMS寄单要求不属于非单据条件，开证人完全有权拒付。

第一节 银行保函

一、银行保函的定义、作用和当事人

（一）银行保函的国际规则

有关银行保函的国际规则主要有以下两个。

1. 《合同担保统一规则》

《合同担保统一规则》（Uniform Rules for Contract Guarantees，URCG325），即 1978 年国际商会第 325 号出版物。它的目的是试图将国际信用担保规则纳入从属性保证的整体框架中。

该规则共 11 条，其内容可分为三个部分。第一部分（1～2 条），对“担保统一规则”的范围和定义作了明确的界定，对于信用范围，规则强调：“本规则适用于任何保证书、保函、赔偿担保书、担保书或其他类似的担保文件，不论其名称和说明如何，只要声明是依据国际商会的 URCG325 开立。”[178]关于定义部分，主要对投标保函、履约保函和还款保函作了明确定义。

第二部分（3～9 条），是关于对担保人向受益人承担的责任，受益人提出索款请求的期限、保函的有效期及退还、对基础合同与保函的修改、索款请求的提交、申请人违约证据的提供等规定。

第三部分（10～11 条），主要规定了信用担保纠纷解决的方式和法律适用等问题。

《合同担保统一规则》至今还未被各国广泛地采用。该规则允许当事人通过排除该规则的适用方式以达到选择使用独立保函的目的，但又不能对国际贸易中广泛使用的独立保函视而不见，因此 URCG325 是个妥协的产物。

2. 《见索即付保函统一规则》

随着银行保函在国际上使用的范围不断扩大，其内容也逐渐复杂化，以便于研究和使用。随着国际经济贸易的发展和变化，1991 年国际商会又对《合同担保统一规则》进行了修订，并于 1992 年 4 月出版发行了《见索即付保函统一规则》（The Uniform Rules for Demand Guarantees ICC Publication No.458. 1992 Edition，即 URDG458）。

URDG458 由导言与规则的适用范围、定义及总则、义务与责任、要求、效期的规定、适用法律及司法管辖权六个部分、共 28 条组成。URDG458 阐述了该规则的目的及适用范围，各当事人的合理愿望及国际商会对鼓励采用好的、有关各方均感公平的见索即付保函惯例所给予的关注。当出现违约时，在要求快速补偿的受益人和要求防范不适当要求的委托人之间保持一种公正的平衡。该规则为担保人与受益人之间、指示人与担保人之间，在某些方面还为委托人与担保人或指示人之间的交易提供了一个合同框架。

由于 1992 年《见索即付保函统一规则》的条款过于笼统，缺乏可操作性，为此国际商会于 2010 年 7 月 1 日起生效了最新的 2010 年《见索即付保函统一规则》（简称“URDG758”）。

（二）银行保函的定义

银行保函[179]是银行向受益人开立的保证文件。根据银行保函，银行作为担保人，以第三者的身份保证被保证人如未向受益人履行某项义务，由担保银行承担保证书所规定的付款责任。

---

178 These Rules apply to any guarantee, bond, indemnity, surety or similar undertaking, however named or described ("guarantee"), which states that it is subject to the Uniform Rules for Tender, Performance and Repayment Guarantees ("Contract Guarantees") of the International Chamber of Commerce (Publication No. 325) are binding upon all parties thereto unless otherwise expressly stated in the guarantee or any amendment thereto.

179 A bank guarantee is used as an instrument for securing performance or payment especially in international business. A bank guarantee is a written promise issued by a bank at the request of its customer (applicant), undertaking to make payment to the beneficiary within the limits of a stated sum of money in the event of default by the principal.

按索偿条件，银行保函可分为独立保函和从属保函。

独立保函（Independent Guarantee）是根据基础合同开出的，但不依附于基础合同而存在的具有独立法律效力的法律担保文件。担保银行承担第一性的付款责任，即不管委托人是否同意均应付款；不调查基础合同履行的事实，担保银行均应付款。

从属保函（Accessory Guarantee）是基础合同的一个附属性契约，其法律效力随合同的存在而存在。担保银行承担第二性的付款责任，即担保银行的偿付责任从属于或依赖于委托人在基础业务合同下的责任义务，只有委托人违约时，担保行才负责赔偿。

（三）银行保函的作用

目前国际上通行的是担保人负有第一性偿付责任的银行保函。由于银行信用代替或补充商业信用，银行保函的信用性更好、灵活性更强，因此被广泛地应用于国际结算的众多领域中，诸如贸易支付、工程承包、租金支付、资金借贷等。

（1）协助投标人中标。

（2）促使合同达成与实施。

（3）保证及时收汇并正式启动项目。

（4）实现延期支付便利。

（四）银行保函的当事人

1. 委托人[180]（Applicant）

委托人是向银行或保险公司申请开立保函的人。委托人的权责是：（1）在担保人按照保函规定向受益人付款后，立即偿还担保人垫付的款项；（2）负担保函项下一切费用及利息；（3）担保人如果认为有需要时，应预支部分或全部押金。

2. 担保人[181]（Guarantor）

担保人是保函的开立人。担保人的权责是：

（1）在接受委托人申请后，依委托人的指示开立保函给受益人；

（2）保函一经开出就有责任按照保函承诺条件，合理审慎地审核提交的包括索赔书在内的所有单据，向受益人付款；

（3）在委托人不能立即偿还担保行已付之款情况下，有权处置押金、抵押品、担保品。如果出之后仍不足抵偿，则担保行有权向委托人追索不足部分。

3. 受益人[182]（Beneficiary）

受益人是有权按保函的规定出具索款通知或连同其他单据，向担保人索取款项的人。受益人的权利是：按照保函规定，在保函效期内提交相符的索款声明，或连同有关单据，向担保人索款，并取得付款。

4. 通知行（Advising Bank）

通知行是指受担保行的委托将保函通知给受益人和银行的当事人。

5. 保兑行（Confirming Bank）

保兑行是指对保函加具保兑的银行，保证担保人按规定履行赔偿义务。受益人有两种选择：一种是由国际性大银行或本国银行对原保函加具保兑，保兑行和担保行共同承担连带和单独的责任；另一种是要求本国

180 Applicant is the person in whose request the bank issues the guarantee.

181 The guarantor is a bank or a financial institution which issues a letter of guarantee undertaking to make payment to the beneficiary in the event of default by the principal against the presentation of a written demand and other specified documents.

182 The beneficiary is the person in whose favor the guarantee is issued. He is secured against the risk of the principal's not fulfilling his obligations towards the beneficiary in request of the underlying transaction for which the demand guarantee is given.

银行另开保函，出现反担保行。

6. 转开行（Reissuing Guarantor）

转开行是指在担保人的保证下，按担保人的要求，向受益人开立保函的银行。

7. 反担保人（Counter Guarantor）

反担保人是指为申请人向担保人开具书面反担保的银行。

银行保函的当事人（见图 11-1）。

当事人：
- 申请人/委托人（Applicant/Principal）
- 受益人（Beneficiary）
- 担保人（担保行）（Guarantor）

（以上为基本当事人）
- 指示方（Instructing Party）
- 通知行/转递行（Advising Bank/Transmitting Bank）
- 保兑行（Confirming Bank）
- 转开行（Reissuing Bank）
- 反担保人（Counter Guarantor）

注：直接保函结构包括三方当事人，间接保函结构包括四方当事人。

图 11-1　银行保函的当事人

二、银行保函开立方式、内容和运作程序

（一）银行保函开立方式

1. 直接开立

直接开立，也称“直接担保”，是指担保银行应合同一方当事人的申请，径向合同的另一方开立以其为受益人的保函，并凭此直接向该受益人承担支付担保责任的一种方式。

直接开立的特点如下。

（1）涉及当事人少，关系简单。

（2）受益人接到担保行开来的保函后，无法辨别保函真伪，因此无法保障自身的权利。

（3）索偿不方便。即使申请人违约，受益人具备索偿条件，但是要求国外担保行进行赔偿有诸多不便。由于受益人的权利不能够得到有效的保证，不愿意接受这种保函，因此在实际业务中很少开立。

直接向受益人开立保函的流程如下（见图 11-2）。

① 申请人和受益人之间签订合同或者协议；

② 申请人向担保行提出开立保函的申请；

③ 申请人向反担保人提出申请开立反担保函；

④ 反担保人向担保行开立不可撤销反担保函；

⑤ 担保行向受益人直接开立保函；

⑥ 受益人在发现申请人违约后，向担保行提出索赔，担保行赔付；

⑦ 担保行在赔付后向申请人或反担保人索赔，申请人或反担保人赔偿担保人损失；

⑧ 担保行向反担保人索偿，反担保人赔付后，反担保人向申请人索赔，申请人赔付。

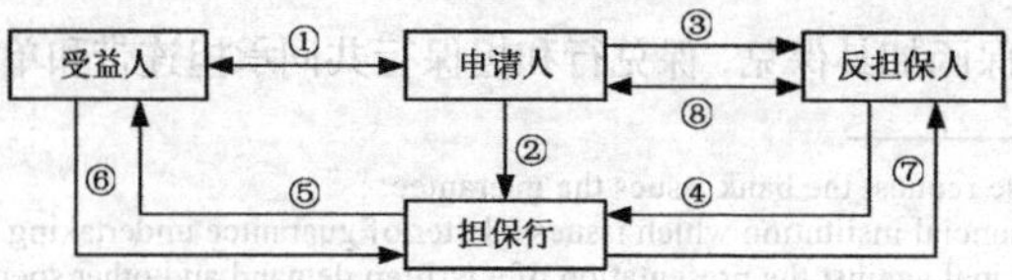

图 11-2　直接向受益人开立保函流程

2. 通过通知行通知

通知行通知开立保函的特点如下。

（1）真假易辨。这种开立保函的方式较为普遍，因为受益人接到的保函是经过通知行或转递行验明真伪后的保函，他不必担心保函是伪造的。

（2）索赔不便。在该方式下，受益人索偿不方便的问题仍然存在。受益人只能通过通知行或转递行向担保行索赔。而通知行或转递行只有转达义务，他们本身不承担任何责任。因此，实际上还是受益人向国外担保行索赔。

通过通知行开立保函的流程如下（见图 11-3）。

① 申请人和受益人之间签订合同或者协议；

② 申请人向担保行提出开立保函的申请；

③ 申请人向反担保人提出申请开立反担保函；

④ 反担保人向担保行开立不可撤销反担保函；

⑤ 担保行开出保函后，将保函交给通知行通知给受益人；

⑥ 通知行将保函通知给受益人；

⑦ 受益人在发现申请人违约后，向担保行提出索赔；

⑧ 担保行赔付；

⑨ 担保行在赔付后向申请人或反担保人索赔，申请人或反担保人赔偿担保人损失；

⑩ 担保行向反担保人索偿，反担保人赔付后，反担保人向申请人索赔，申请人赔付。

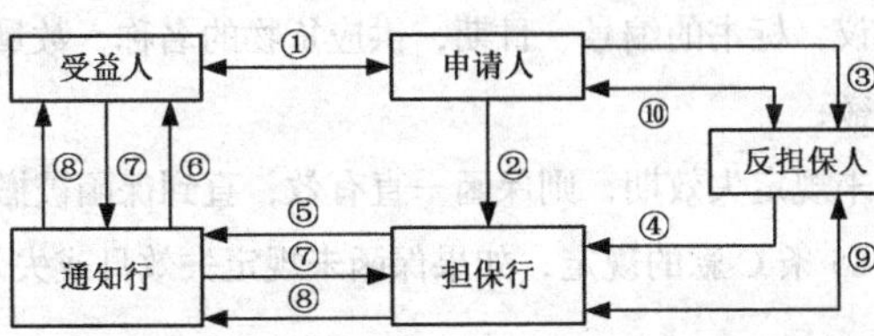

图 11-3　通过通知行开立保函流程

3. 通过转开行转开

转开行转开也称“间接担保”。它是指委托人所在地的银行应其客户的请求，根据标书或合同的有关规定以及受益人所在国的惯常做法及法律要求，以提供反担保的形式来委托另一家银行（通常为受益人所在地的银行，即担保行）代其出具保函，并由后者向受益人承担付款责任的一种方式。当受益人只接受本地银行为担保人时，原担保人要求受益人所在地的一家银行为转开行，转开保函给受益人。这样，原担保人变成了反担保人，而转开行则变成了担保人。

转开行转开保函的特点如下。

（1）转开行是受益人所在地银行，受益人比较了解和信任，解决了受益人对国外担保行不了解和不信任的问题。

（2）真伪易辨。受益人接到的保函是经过转开行验明真伪后的保函。

（3）索赔方便。受益人与转开行处同一国家或地区，不存在语言、风俗习惯、制度和法律方面的差异。以这种方式开立的保函，对受益人最为有利。

通过转开行开立保函的流程如下（见图 11-4）。

① 申请人和受益人之间签订合同或者协议；

② 申请人向担保行提出开立保函的申请；

③ 担保行开立反担保函并要求转开行转开；

④ 转开行转开保函给受益人；

⑤ 受益人在申请人违约后向转开行索偿，转开行赔付；

⑥ 转开行根据反担保函向担保行索偿，担保行赔付；

⑦ 担保行向申请人索偿赔，申请人赔付。

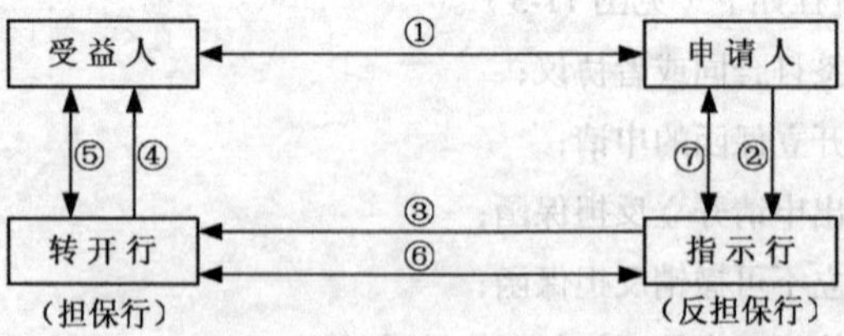

图 11-4　通过转开行开立保函流程

（二）银行保函的内容

银行保函的内容应清晰、准确，避免过多的细节。保函必须规定：

（1）申请人、受益人和担保行（完整名称和地址）；

（2）通知行；

（3）有关的交易合同、协议，标书的编号、日期，供应货物的名称、数量，工程项目名称等；

（4）保函的货币名称、金额；

（5）有效日期。如果保函未规定失效期，则保函一直有效，直到保函被撤销、赔完款或减额至零为止；另外，根据 URDG758 第 25 条 C 款的规定，如果保函未规定失效日或失效事件，那么保函将自开立之日起三年之后终止。

（6）索赔条件，指索赔时对提交单据的要求，如索赔书、支持声明以及其他单据；

（7）索款办法是指受益人向担保行提出的索偿方式（如信索或电索）和路线（是否通过通知行）；

（8）赔付金额或最高赔付金额，支付货币和金额递减条款；

（9）索赔书或其他单据是否应以纸质和/或电子形式提交；

（10）担保银行的责任（第一性付款责任或第二性付款责任）；

（11）费用的承担方；

（12）生效条款一般是开出后立即生效，也有的是在一定日期后或某一事件发生后才生效；

（13）保函中规定的单据所使用的语言；

（14）适用法律或仲裁条款与规则。

（三）银行保函的运作程序

1. 申请人向银行申请开立保函

公司或企业等根据业务需要请求银行为其出具保函时，应填写书面的保函申请书，并按银行的要求提交项目的有关批准文件、交易合同副本或招标书副本、反担保文件或财产抵押书、保函格式等文件。

2. 担保行审查

银行出于保护自身利益的考虑，在开立保函之前，会对申请人的资信状况、申请人提交的开立保函的申请书、交易合同副本或招标书副本、反担保文件或财产抵押书、保函格式等逐一进行详尽的审查核实。

3. 担保行开立保函

银行对申请人提供的有关资料及申请人的资信审查认可后，便可正式对外开立保函，并按规定的收费标准向申请人收取担保费。在日常业务中，保函的开立方式分为电开和信开两种。银行在保函中应明确有效期。

4. 保函的修改

银行保函可以在有效期内进行修改。保函的修改必须经过当事人各方一致同意后方可进行，任何一方单独对保函条款进行修改都视做无效。当申请人与受益人就保函修改取得一致后，由申请人向担保行提出书面申请并加盖公章，注明原保函的编号、开立日期、金额等内容以及要求修改的详细条款和由此产生的责任条款，同时应出具受益人要求或同意修改的意见表示供担保行参考。担保行在审查申请并同意修改后，向受益人发出修改函电，由主管负责人签字后发出。

5. 保函的索赔

担保行在保函的有效期之内，若收到受益人提交的索赔单据及有关证明文件时，应以保函的索赔条款为依据对该项索赔是否成立进行严格审核，在确认索赔单据及有关证明文件完全与保函索赔条款的规定相符合时应及时对外付款，履行其在该项保函中所承担的责任。担保行对外付款后，可立即行使自己的权利，向保函的申请人或反担保人进行索赔，要求其偿还银行所支付的款项。

6. 保函的注销

保函在到期后或在担保行赔付保函项下全部款项后失效。担保行应立即办理保函的注销手续，并要求受益人按保函的有关规定将保函退回担保行。至此，保函业务的运作程序结束。

投标保函样本

EXAMPLE FORM OF TENDER SECURITY

Brief description of Contract

Name and address of Beneficiary

(Whom the tender documents define as the Employer)

We have been informed that___________(hereinafter called the “Principal”) is submitting an offer for such Contract in response to your invitation, and that the conditions of your invitation (the “conditions of invitation”, which are set out in a document entitled Instructions to Tenderers) require his offer to be supported by a tender security.

At the request of the Principal, we (*name of bank*)__________________hereby irrevocably undertake to pay you, the Beneficiary/Employer, any sum or sums not exceeding in total the amount of________________________ (say:______________) upon receipt by us of your demand in writing and your written statement (in the demand) stating that:

(a) the Principal has, without your agreement, withdrawn his offer after the latest time specified for its submission and before the expiry of its period of validity, or

(b) the Principal has refused to accept the correction of errors in his offer in accordance with such conditions of invitation, or （c）you awarded the Contract to the Principal and he has failed to comply with sub-clause 1.6 of the Conditions of Contract, or

（d）you awarded the Contract to the Principal and he has failed to comply with sub-clause 4.2 of the Conditions of Contract.

Any demand for payment must contain your signatures(s) which must be authenticated by your bankers or by a notary public. The authenticated demand and statement must be received by us at this office on or before (*the date 35 days after the expiry of the validity of the Letter of Tender*)__________________When this guarantee shall expire and shall be returned to us.

This guarantee is subject to the Uniform Rules for Demand Guarantees, published as number 458 by the International Chamber of Commerce, except as stated above.

Date ____________________________ Signature(s)____________________________

参考译文

合同简要介绍

受益人名称和地址

（即招标文件定义的雇主）

我们已经得知（以下称“委托人”）应你方邀请正在对以上合同提交报价，并且，你方邀请条件（“邀请条件”，在名为“投标人须知”的文件中列出）中要求其报价有投标保函作为支持。

应委托人要求，我们（填入银行名称）在此不可撤回地保证，在我方收到你方书面要求及在要求中给予下列情况的书面声明后，向你方（即受益人/雇主）支付总数不超过（用文字表示）的一笔或多笔款额：

（a）委托人不经你方同意，在规定的提交报价的截止日期后且在其报价有效期期满之前撤回了其报价，或

（b）委托人拒绝接受按照上述邀请条件对报价中错误的改正，或

（c）你方将合同授予了委托人，但他未能遵守合同条件第 1.6 款，或

（d）你方将合同授予了委托人，但他未能遵守合同条件第 4.2 款。

要求支付的文件必须有你方签名，签名必须经你方银行或一位公证人证实。你方经证实的要求和声明必须于（投标文件有效期期满后 35 天的那一日）当日或之前由我方在此办公室收到。在上述日期之后，本保函期满并应返还给我方。

除上文规定外，本保函受国际商会出版的编号为 458 的“即付保函的统一规则”的约束。

签名

日期

三、银行保函的种类

银行保函按其应用范围可分为出口类、进口类、对销贸易类以及其他类四种。

（一）出口类保函

出口类保函是指银行应出口方申请，向进口方开出的保函，是为满足出口货物和出口劳务需要而开立的保函。

1. 承包类保函

承包类保函具体有以下几种。

（1）投标保函[183]（Tender Guarantee, Tender Bond, Bid Guarantee, Bid Bond, Bid Security）

投标保函是在以招标方式成交的工程建造或货物买卖等交易中，银行应投标方的要求向招标方（受益人）出具的。它是要保证投标方在投标有效期内不撤标、不改标、在中标后规定期限内签订招投标项下的合同或提交履约保函或履约保证金，如投标方违反以上条件，则由银行按照保函约定向招标方（受益人）赔付一定金额的款项作为补偿的书面承诺。

投标保函金额一般为投标金额的1%～5%。有效期至开标日为止，有时再加3～15天索偿期。如投标人中标，则有效期自动延长至投标人与招标人签订合同，交来履约保函时为止。

投标保函的风险点有：申请人履约风险、招标方信用风险、操作及技术性风险。

银行对投标保函的风险控制措施：申请人履约能力审核、受益人资信审核、技术性审核。

（2）履约保函[184]（Performance Guarantee, Performance Bond, Performance Security）

履约保函是应商品供货方或工程承包方的申请，银行向买方或发包方出具的、保证供货方或工程承包方严格履行合同义务的书面承诺。保函金额由招标人确定，一般为合同金额的5%～10%。履约保函的有效期至合同执行完毕日期为止，有时再加3～15天索偿期。

履约保函的风险点有：申请人履约风险、受益人信用风险、操作及技术风险。

银行对履约保函的风险控制措施有：申请人履约能力审核、受益人资信方面、技术性审核、可根据交易情况设立减额条款。

（3）预付款保函[185]（Advance Payment Guarantee）、退还预付款保函（Refundment Guarantee for the Advance Payment）、还款保函[186]（Repayment Guarantee）

预付款保函是指应供货方或承包方的要求，银行向买方或发包方出具的、保证供货方或承包方在收到预付款后履行合同义务的书面承诺。保函有效期至合同执行完毕日期为止，再加上3～15天索偿期，或者定为预付金全部扣完时失效。

预付金保函的风险点有：申请人履约风险、受益人信用风险、操作及技术风险。

银行对预付金保函的风险控制措施有：申请人履约能力方面、受益人资信方面、技术性审核、可根据交易情况设立减额条款、尽量避免出具可转让保函、保函中加列生效条款、对申请人预付款的使用情况进行监控。

2. 保留金保函（或留置金保函）（Retention Money Guarantee）

如果卖方要求买方将此笔保留金随大部分货款一并支付给卖方，卖方则须提供银行保函，保证货到发现品质不符、货物短量或伤残时，担保行便将卖方预支的保留金退还买方。此银行保函即是保留金保函。保函金额就是保留金的金额，有效期是合同规定的索赔期满加3～15天索偿期。

保留金保函的风险点有：申请人履约风险、受益人信用风险、操作及技术风险。

银行对保留金保函的风险控制措施有：申请人履约能力方面、受益人资信方面、技术性审核、保函中加

---

183 Tender Guarantee is an undertaking given by a bank at the request of a tenderer in favor of a party inviting tenders abroad, whereby the guarantor undertakes to make payment to the beneficiary within the limit of a stated sum of money in the event of default by the principal in the obligations resulting from the submission of tender.

184 A performance guarantee (bond) is an undertaking given by a bank (the guarantor) to a buyer or an employer (the beneficiary), whereby the guarantor undertakes to make payment to the beneficiary within the limit of a stated sum of money in the event of default by the supplier or the contractor in due performance of the terms of a contract between the principal and the beneficiary.

185 An advance payment guarantee is issued at the request of the exporter to the importer (the beneficiary) when the advance payment is required by the latter. The guarantee ensures the repayment of the advance by the exporter in the event of the non-payment of his contractual obligations.

186 A repayment guarantee is an undertaking given by a bank (the guarantor) at the request of a supplier of goods or services or other contractor (the principal) to a buyer or an employer (the beneficiary) whereby the bank undertakes to make payment to the beneficiary within the limits of a stated sum of money in the event of default by the principal to repay, in accordance with the terms and conditions of a contract between the principal and the beneficiary, any sum or sums advanced or paid by the beneficiary to the principal.

列生效条款。

3．质量保函（Quality Guarantee）

在供货合同中，尤其在机械设备、船舶、飞机等出口合同中，买方要求卖方提供银行担保，保证如货物质量不符合合同规定，而卖方又不能更换或维修时，担保行便将保函金额赔付给买方，以弥补其所受损失。这种银行保函即为质量保函。保函金额一般为合同金额的 5%～10%，保函有效期一般至合同规定的质量保证期满再加 3～15 天索偿期。

质量保函的风险点有：申请人履约风险、受益人信用风险、操作及技术风险。

银行对质量保函的风险控制措施有：申请人履约能力、受益人资信、技术性审核、跟踪背景交易进展情况。

4．维修保函[187]（Maintenance Guarantee）

在承包工程合同中，工程完工后业主扣留一部分款项以备补偿工程质量缺陷而承包人不予维修造成的损失。工程业主要求承包人提供银行担保，保证在工程质量与合同规定不符，而承包人又不能维修时，担保行按保函金额赔付业主，以弥补其所受损失，则业主可以释放这部分扣款，供担保行赔付使用。这种银行保函即为维修保函。保函金额一般为合同金额的 5%～10%，保函有效期一般至合同规定的工程维修期满再加 3～15 天索偿期。

（二）进口类保函

进口类保函是指银行应进口方申请，向出口方开出的、为满足进口货物和进口技术需要而开立的保函。

1．付款保函（Payment Guarantee）

（1）在只凭货物付款而不是凭单据付款的交易中，进口方向出口方提供银行担保，保证在出口方交货后或货到后或货到经买方检验与合同相符后，担保行一定支付货款或进口方一定支付货款。如进口方不支付，担保行代为付款。

（2）在技术交易中，买方向卖方提供银行担保，保证在收到与合同相符的技术资料后，担保行一定付款或买方一定付款。如买方不付，担保行代为付款。

以上两种银行担保就是付款保函。保函金额即合同金额，保函有效期按合同规定付清价款日期再加半个月。

2．延期付款保函（Deferred Payment Guarantee）

发展中国家进口大型机械成套设备多采用延期付款方式。

进口方按照合同规定预付出口方一定比例（如货款的 5%）的定金，其余部分（货款的 95%）由进口方银行开立保函。保证进口方凭货运单据支付一部分（如货款的 10%），其余部分（货款的 85%）分为 10 个相等份额。每份金额加利息，连续每半年支付一次，共 5 年分 10 次付清全部货款。如果买方不能付款，担保行代为付款。此种保函称为延期付款保函。保函金额即扣除预付部分的货款金额，保函有效期按保函规定最后一期货款及利息付清日期再加半个月。

3．租赁保函[188]（Leasing Guarantee）

用租赁方式进口机械、仪器、设备、运输工具时，承租人向出租人提供银行担保，保证担保行一定代承租人按租赁合同规定交付租金，或承租人一定按租赁合同规定交付租金，如不交付，担保行代为交付。这种

187 A Maintenance Guarantee provides for the maintenance a/or repair of equipment during a specified period of time after installation. A buyer requires maintenance guarantee as compensation in the event that the equipment does not perform as specified, and performance deficiencies, if any, are not corrected by the seller.

188 The guarantor (bank) guarantees to the beneficiary that the lessee will pay the rent in accordance with the terms and conditions of the lease agreement. Should the lessee fail to pay the rent within the time limit as stipulated in the lease agreement, the bank undertakes to effect payment for the unpaid rent plus defaulted interest, if any.

保函即为租赁保函。

（三）对销贸易类保函

1. 补偿贸易保函（Compensation Guarantee）

在补偿贸易中，进口设备的一方向供应设备的一方提供银行担保，向其保证：如进口方在收到与合同相符的设备后，未能以该设备生产的产品，按合同规定返销出口给供应设备方或由其指定的第三者以偿付进口设备的价款，又不能以现汇偿付设备款及附加利息，担保行即按保函金额加利息赔付供应设备的一方。这种保函即为补偿贸易保函。保函金额通常是设备价款金额加利息，保函有效期一般为合同规定进口方以产品偿付设备款的日期再加半个月。

2. 来料加工保函（Processing Guarantee）及来件装配保函（Assembly Guarantee）

在来料加工或来件装配业务中，进料或进件方向供料或供件方提供银行担保，向其保证如进料或进件方收到与合同相符的原料或元件（有时还包括加工或装配所需的小型设备及工具）后，未能以该原料或元件加工或装配，并按合同规定将成品交付供料或供件方，或由其指定的第三者，又不能以现汇偿付来料或来件价款及附加的利息，担保行便按保函金额加利息赔付供料或供件方。这种保函即为来料加工保函及来件装配保函。保函金额通常为来料或来件的价款金额加利息，保函有效期一般为合同规定进料或进件方以成品偿付来料或来件价款的日期再加半个月。

（四）其他类保函

1. 借款保函[189]（Loan Guarantee）

企业或单位向国外借款，一般需要提供银行担保，向国外贷款人保证，如借款人未按借款契约规定按时偿还借款并付给利息，担保行代借款人偿还借款并支付利息。这种保函即为借款保函。保函金额即借款金额加利息，保函有效期为借款契约规定的还清借款并付给利息的日期再加半个月。

2. 关税保付保函（Customs Guarantee）

关税保付保函主要有以下两种情况。一，应进口商（含加工贸易企业）的要求，银行向海关出具的、保证进口商履行关税缴纳义务的书面承诺，又称“海关免税保函”“海关保函”“临时进口保函”。二，在国际承包工程或国际展览、展销等活动中，施工机械或展品运往工程或展览所在地时，应向该国海关交纳一笔关税作为押金，工程或展览完毕将机械或展品运出该国时，海关将这笔税金退还。承包商或参展商要求银行向对方海关出具担保代替押金，并保证如承包商或参展商未将机械或展品运出该国，由担保行支付这笔税金。保函金额即外国海关规定的税金金额，保函有效期为合同规定施工器械或展品等撤离该国的日期再加半个月。

3. 账户透支保函（Overdraft Guarantee）

承包工程公司在外国施工，常在当地银行开立账户，为了得到当地银行资金融通，有时需要开立透支账户。在开立透支账户时，一般须提供银行担保，向当地账户行保证，如该公司未按透支合约规定及时向该行补足透支金额，担保行代其补足。这种保函即为账户透支保函。保函金额一般是透支合约规定的透支限额，保函有效期一般为透支合约规定的结束透支账户日期再加半个月。

4. 保释金保函（Bail Bond）

载运货物的船只或其他运输工具由于船方或运输公司责任造成货物短缺、残损，使货主遭受损失，或因碰撞事故造成货主或他人损失，在确定赔偿责任前被当地法院下令扣留，须缴纳保释金方予放行时，可由船

189 Te guarantee is issued at the request of the borrower (the principal) in favor of the lender (the beneficiary). The bank guarantees that, after the lender has extended a loan to the borrower as stipulated in the contract, the latter will repay the former the loan plus interest at --- % per annum within the time limit in accordance with the terms and conditions of the contract of the principal fails to prepay the loan.

方或运输公司向当地法庭提供银行担保；向其保证如船方或运输公司不按法庭判决赔偿货主或受损方所受损失，担保行就代其赔偿，当地法庭即以此银行担保代替保释金，将船只或其他运输工具放行。此种银行担保就是保释金保函。保函金额视可能赔偿金额大小由当地法庭确定，保函有效期一般至法庭裁决日期后若干天。

5. 见索即付保函（Demand Guarantees）

国际商会在 URDG458 的基础上，借鉴近年来保函及相关业务实践发展经验，制定了《见索即付保函统一规则》（Uniform Rules for Demand Guarantee，缩写为 URDG；国际商会出版物第 758 号），并于 2010 年 7 月 1 日起生效。

国际商会《见索即付保函统一规则》规定，见索即付保函是指担保人（或反担保函情况下的反担保人）向保函受益人（或反担保函情况下的担保人）承诺，只要提交与保函（或反担保函）规定相符的单据，就立即赔付。其特点是具有独立性和只管单据表面相符而不管与单据有关的纠纷[190]。

见索即付保函的基本特征是抽象的付款承诺和保函的独立性。独立性主要体现在以下两方面。一是保函独立于申请人与受益人之间的基础合同。二是保函独立于申请人向担保人发出的委托开立保函的申请、保函的单据化特征、索款须与保函条款相符的要求、担保人对单据的审核责任仅限于表面相符、URDG758 明确了保函的效期。例如第 5 条 a 款[191]。

第二节 备用信用证

备用信用证之所以产生，是因为传统的银行保函担保方式在有些国家被认为是债务人与保证人共同欺诈债权人的一种行为，而受到这些国家法律的禁止。备用信用证随之应运而生。1998 年，全球备用证与商业信用证业务量之比为 7 : 1。备用证已经成为一种成熟的、国际性的金融产品，有极大的发展潜力。

一、备用信用证的概念和特点

（一）备用信用证的国际规则

1995 年 12 月，联合国大会通过了由联合国国际贸易法委员会起草的《独立担保和备用信用证公约》；1999 年 1 月 1 日，国际商会的第 590 号出版物《国际备用证惯例》（简称“ISP98”）作为专门适用于备用信用证的权威国际惯例，正式生效实施。

根据 ISP98，“备用信用证在开立后即是一项不可撤销的、独立的、要求单据的、具有约束力的承诺”[192]。

作为专门规范备用信用证的 ISP98，除了让其独立存在之外，修订时要考虑的是 UCP600 是否仍有必要涉及备用信用证。最终多数意见是备用信用证仍然可依继续适用 UCP600。

ISP98 共有十条规则，89 款。这十条规则分别为：总则；责任；交单；审单；通知拒付、放弃拒付及单据处理；转让、让渡及依法转让；取消；偿付责任；时间规定；联合/参与等。

第一条，总则（General Provisions）共 11 款；

第二条，责任（Obligations）共 7 款；

190 Demand guarantee or guarantee means any signed undertaking, however named or described, providing for payment on presentation of a complying demand.

191 A guarantee is by its nature independent of the underlying relationship and the application, and the guarantor is in no way concerned with or bound by such relationship. A reference in the guarantee to the underlying relationship for the purpose of identifying it does not change the independent nature of the guarantee. The undertaking of a guarantor to pay under the guarantee is not subject to claims or defences arising from any relationship other than a relationship between the guarantor and the beneficiary.

192 A standby L/C is an irrevocable, independent, documentary, and binding undertaking when issued and need not so state.

第三条，交单（Presentation）共 14 款；

第四条，审单（Examination）共 21 款；

第五条，通知拒付、放弃拒付及单据处理（Notice, Preclusion, and Disposition of Documents）共 9 款；

第六条，转让、让渡及依法转让（Transfer, Assignment, and Transfer by Operation of Law）共 14 款；

第七条，取消（Cancellation）共 2 款；

第八条，偿付责任（Reimbursement Obligations）共 4 款；

第九条，时间规定（Timing）共 5 款；

第十条，联合/参与（Syndication/Participation）共 2 款。

1. 对 Standby 和 Standby Letter of Credit 进行了区分

由于目前一张备用信用证可自由选择是适用 ISP98 还是适用 UCP600。为便于使用，ISP98 特意对 Standby 和 Standby Letter of Credit 进行了区分，即前者为已声明适用 ISP98 的备用信用证，后者则为虽未注明适用 ISP98，但也适用在 ISP98 适用范围内的备用信用证。

2. 备用信用证的当事人主要包括申请人、开证人、受益人和保兑人

与《见索即付保函统一规则》不同，ISP98 规定开证人可为自己开立备用信用证。另外，按照 ISP98 的规定，备用信用证的保兑人必须由开证人指定；也就是说，ISP98 不包括未经开证人指定，由受益人自己选定的保兑人。ISP98 强调备用信用证的保兑人负有与开证人同样的责任和义务，提供相同意义上的担保。

（二）备用信用证的概念

备用信用证[193]是一种跟单信用证或安排，不论其如何命名或描述，它代表了开证人对受益人的以下责任：偿还开证申请人的借款，或支付由开证申请人承担的任何债务，或支付由开证申请人违约所造成的任何损失。

（三）备用信用证的特点

1. 不可撤销性

除非在备用证中另有规定，或经对方当事人同意，否则开证人不得修改或撤销其在该备用证下之义务。

注意：如果备用证是依据 UCP600 开立的，那一定是不可撤销的。

2. 独立性

独立于交易合同之外，不受交易合同的约束。备用证下开证人义务的履行并不取决于（取决于申请人是否对受益人偿付）：（1）开证人从申请人那里获得偿付的权利和能力；（2）受益人从申请人那里获得付款的权利；（3）备用证中对任何偿付协议或基础交易的援引；（4）开证人对任何偿付协议或基础交易的履约或违约的了解与否。

3. 跟单性

开证人的义务要取决于单据的提示，以及对所要求单据的表面审查。注意：无论是纸质的还是电子形式的单据，都必须是可以提交的和可以审核的，它是开证人或指定人可以用作赖以支付的凭证。

4. 约束性

备用证在开立后即具有约束力，无论申请人是否授权开立，开证人是否收取了费用，或受益人是否收到或接受备用证或修改而采取了行动，它对开证行都是有强制性的，开证人均应承担证下义务。

193 The Standby Letter of Credit is a Documentary Credit or similar arrangement, however named or described, which represents an obligation to the Beneficiary on the part of the Issuing Bank to: ① repay money borrowed by the Applicant, or advanced to or for the account of the Applicant; ② to make payment on account of any indebtedness undertaken by the Applicant; or ③ make payment on account of any default by the Applicant in the performance of the obligation.

二、备用信用证开立方式、内容和样式

（一）备用信用证的开立

（1）开证申请人（基础交易合同的债务人）向开证人（银行或非银行金融机构）申请开出备用信用证。继而，开证人严格审核开证申请人的资信能力、财务状况、交易项目的可行性与效益等重要事项，若同意受理，即开出备用信用证，并通过通知行将该备用信用证通知受益人（基础交易合同的债权人）。

（2）若开证申请人按基础交易合同约定履行了义务，开证人不必因开出备用信用证而必须履行付款义务，其担保责任于信用证有效期满而解除；若开证申请人未能履约，备用信用证将发挥其支付担保功能。

（3）开证人审核并确认相关索赔文件符合备用信用证规定后，必须无条件地向受益人付款，履行其担保义务。

（4）开证人对外付款后向开证申请人索偿垫付的款项，后者有义务予以偿还。

（二）备用信用证的内容

（1）开证申请人，受益人和开证行（完整名称和地址）。

（2）开立备用信用证依据的交易（合同编号，签订日期等）。

（3）备用信用证名称，编号和开立日期。

（4）备用信用证的金额和支付货币，金额递减条款。

（5）失效日期及/失效事件。

（6）要求付款的条件（规定单据，证明文件及违约声明等）。

（7）银行的责任（第一性或第二性责任）。

（8）适用法律或仲裁条款与规则。

（9）备用信用证的性质，即备用信用证的种类，如履约信用证或投标信用证等。

（三）备用信用证的样式

备用信用证样本（交通银行的融资性备用信用证样本）：

To: Bank of communications, SHENYANG Branch

From: XYZ BANK

Date: 20 DECEMBER 2004

Standby Letter of Credit

With reference to the loan agreement no. 2004HN028 (hereinafter referred to as "the agreement") signed between Bank of Communications, SHENYANG Branch (hereinafter referred to as "the lender") and LIAONING ABC CO., LTD (hereinafter referred to as "the borrower")for a principal amount of RMB2,000,000 (in words),we hereby issue our irrevocable standby letter of credit no.810LC040000027D in the lender's favor for amount of the HONGKONG AABBCC CORPORATION which has its registered office at AS 8 FL. 2SEC. CHARACTER RD. HONGKONG for an amount up to UNITED STATES DOLLARS THREE MILLION ONLY.(USD3,000,000) which covers the principal amount of the agreement plus interest accrued from aforesaid principal amount and other charges all of which the borrower has undertaken to pay the lender. The exchange rate will be the buying rate of USD/RMB quoted by Bank of Communications on the date of our payment. In the case that the guaranteed amount is not sufficient to satisfy your claim due to the exchange rate fluctuation between USD and RMB we hereby agree to increase the amount of this standby L/C accordingly.

Partial drawing and multiple drawing are allowed under this standby L/C.

This standby letter of credit is available by sight payment. We engage with you that upon receipt of your draft(s) and your signed statement or tested telex statement or SWIFT stating that the amount in USD represents the unpaid balance of indebtedness due to you by the borrower, we will pay you within 7 banking days the amount specified in your statement or SWIFT. All drafts drawn hereunder must be marked drawn under XYZ Bank standby letter of credit no. 810LC040000027D dated 20 DECEMBER 2004.

This standby letter of is credit will come into effect on 20 DECEMBER 2004 and expire on 09 DECEMBER 2005 at the counter of bank of Communications , SHENYANG branch.

This standby letter of credit is subject to Uniform Customs and Practice for Document Credits(1993 revision) International Chamber of Commerce Publication No.500.

三、备用信用证的种类

备用信用证的种类很多，根据在基础交易中备用信用证的不同作用主要可分为以下 8 类。

（1）履约保证备用信用证[194]（Performance Standby）支持一项除支付金钱以外的义务的履行，包括对由于申请人在基础交易中违约所致损失的赔偿。

（2）预付款备用信用证[195]（Advance Payment Standby）用于担保申请人对受益人的预付款所应承担的义务和责任。预付款备用信用证常用于国际工程承包项目中业主向承包人支付的合同总价一定比例（10%～25%）的工程预付款，以及进出口贸易中进口商向出口商的预付款项。

（3）反担保备用信用证[196]（Counter Standby）又称对开备用信用证，它支持反担保备用信用证受益人所开立的另外的备用信用证或其他承诺。

（4）融资备用信用证[197]（Financial Standby）支持付款义务，包括对借款的偿还义务的任何证明性文件。融资备用信用证广泛用于国际信贷融资安排。境外投资企业可根据所有权安排及其项目运营需要，通过融资备用信用证获得东道国的信贷资金支持。外商投资企业用以抵押人民币贷款的备用信用证就属于融资保证备用信用证。

（5）投标备用信用证[198]（Tender Bond Standby）用于担保申请人中标后执行合同义务和责任，若投标人未能履行合同，开证人必须按备用信用证的规定向收益人履行赔款义务。投标备用信用证的金额一般为投保

194 A Performance Standby supports an obligation to perform other than to pay money including for the purpose of covering losses arising from a default of the applicant in completion of the underlying transactions.
195 An Advance Payment Standby supports an obligation to account for an advance payment made by the beneficiary to the applicant.
196 A Counter Standby supports the issuance of a separate standby or other undertaking by the beneficiary of the counter standby.
197 A Financial Standby supports an obligation to pay money, including any instrument evidencing an obligation to repay borrowed money.
198 A Tender Bond/Bid Bond Standby supports an obligation of the applicant to execute a contract if the applicant is awarded a bid.

报价的1%～5%（具体比例视招标文件规定而定）。

（6）直接付款备用信用证[199]（Direct Payment Standby）用于担保到期付款，尤指到期没有任何违约时支付本金和利息。其已经突破了备用信用证"备而不用"的传统担保性质，主要用于担保企业发行债券或订立债务契约时的到期支付本息义务。

（7）保险备用信用证[200]（Insurance Standby）支持申请人的保险或再保险义务。

（8）商业备用信用证[201]（Commercial Standby）是指如不能以其他方式付款，为申请人对货物或服务的付款义务进行保证。

四、备用信用证与跟单信用证的比较

备用信用证属于跟单信用证（商业信用证）之列，均受UCP 600之约束，但二者还是有所区别[202]。

1. 备用信用证与跟单信用证的相同处

（1）都具有独立性（独立于合同）。

（2）都是以单据为凭而不是以合同或货物为凭。

（3）都有符合惯例的基本格式和内容。

2. 备用信用证与跟单信用证的不同之处

（1）使用条件不同

受益人只要提交与跟单信用证相符的单据，即可向开证银行要求付款；备用信用证只有在开证申请人不履行义务时，才可以行使信用证下的权利。

（2）适用范围不同

跟单信用证仅适用于货物买卖；备用信用证可适用于各种交易（类似于银行保函的各种用途）。

（3）提交的单据不同

跟单信用证的主要付款依据是货运单据；备用信用证一般仅凭受益人出具的说明开证申请人未能履行合同的证明文件，开证行即保证付款。

五、备用信用证与银行保函的比较

1. 备用信用证与保函的相同之处

（1）都是以银行信用为基础，都用于对商业信用的辅助。

（2）保函和备用信用证都是国际结算和担保的重要形式，在国际经贸往来中可发挥相同的作用，达到相同的目的（见索即付保函与备用信用证在性质上日趋相同）。

2. 备用信用证与保函的不同之处

（1）保函有从属性保函和独立性保函之分，备用信用证无此区分。

（2）保函和备用信用证适用的法律规范和国际惯例不同。

199 A Direct Payment Standby supports payment when due of an underlying payment obligation typically in connection with a financial standby without regard to a default.

200 An Insurance Standby supports an insurance or insurance obligation of the applicant.

201 A Commercial Standby supports an obligation of the applicant to pay for goods or services in the event of non-payment by other methods.

202 The Standby Credit thus serves as a back-up or secondary means of payment, though it is recognised as a primary obligation of the Issuing Bank. In both types of usage, Commercial and Standby Documentary Credits alike, the underlying purpose of the Issuing Bank is to pay for goods supplied or services furnished, as required by the contract between the parties. The difference in application can be expressed by saying that the Commercial Documentary Credit is activated by the "performance" of the Beneficiary, while the Standby Credit, by contrast, and supports the Beneficiary in the event of "default".

（3）提交的单据不同：保函通常不要求汇票，但备用信用证通常要求出具汇票。

（4）保函受益人的权益不可转让，但备用信用证理论上可以转让。

案例分析

利用备用信用证追回45万美元案

1995年4月、5月间，内地某外贸进出口公司（以下简称“卖方”），在偶然的机会中，与香港×××贸易发展有限公司（以下简称“买方”）分别签订了五份出口冷轧钢板的出口销售合同。合同总金额为65万多美元，付款方式全都是见票付款托收方式（D/P at sight on collect basis）。1995年6月初，前四批货物分两批陆续从上海港装船发出，运到目的港——菲律宾的马尼拉港。卖方也陆续分两次将四套总价值为45万美元的托收单据通过中国银行某分行寄往香港买方的账户银行办理托收。由于这四批货发货时间紧凑，所以到第四批货物发出后，第一批货款亦将到期，但客户坚持验完全部货后再付款，因而一拖再拖，直至逾期一个月之久。实际上买方是有意拖欠，另有他图。

正当卖方千方百计要追回这四笔货款时，同年7月中旬买方又提出要执行第五个总金额为20万美元的合同。卖方为了追回前四笔货款，又能保住客户，正常收汇，故提出结汇方式改为即期信用证付款方式（Payment by letter of credit at sight），同时又提出对前四笔托收的催收；而买方则提出：因资金不足，执行完第五个合同后一次付清。为此，买卖双方僵持不下。后经洽商，买方接受了如下条件：卖方同意向买方执行第五份销售合同，向买方提供20多万美元的货物；同时，买方根据修改后的合同开立一份不可撤销跟单信用证，该信用证是即期议付信用证。为了保证单证相符，该信用证主要条款均由卖方拟定。该信用证的保证条款如下。

We hereby agree with the drawers endorsers and bona fide holders of all drafts drawn under and in compliance with the terms of this credits that such drafts will be duly honored upon presentation to the drawees. And the payment will be pulsed additional payment for the amount of USD450，000 under beneficiary's S/C No. 95STxxx on the collection basis which was ensured by the applicant and agreed by the applicant and the beneficiary.

以上所述信用证保证条款的中文译文如下。“我们谨此向汇票出票人、背书人和善意持票人承诺：当该信用证项下单证相符时，我们将对受票人的汇票提示予以支付。支付时，我们将在托收方式下另付45万美元，作为对受益人第 95ST×××号售货确认书项下托收货款的支付。这是开证人保证的，也是开证人和受益人同意的。”

基于同样的道理，买方应卖方的要求，同意再开立一份不可撤销备用信用证。若在信用证结算时，还未将前四笔托收款项付清时，卖方可凭信用证项下结汇水单、违约证明及应收金额的汇票执行该不可撤销备用信用证。

但事实上，买方根本不愿履约付款，而是迫不及待地按卖方要求开立了一份不可撤销的跟单信用证，并频频来传真催促发货，却只字不提前四笔托收款项的事，也不提开立备用信用证的事。

卖方立即发传真明确通知买方：根据买卖双方之间1995年7月13日合同规定，买方须开立二个信用证，一是不可撤销跟单信用证，二是不可撤销备用信用证。买方只有开立了不可撤销备用信用证后，卖方才能执行不可撤销跟单信用证，否则将不会发货。

由于买方在签订了这五份合同后，立即又将合同卖给菲律宾马尼拉的最终客户，而且还是政府招标工程的原材料。若不能按时、按质、按量将货发到马尼拉，买方将要承担高额罚款。因此买方要货心情急迫，但他仍然要求：保证在支付第五批货款时，同时将所欠四笔货款付清。卖方仍然坚持初衷：必须开立不可撤销备用信用证方可发货。

买方在万般无奈之下，终于通过原开立跟单信用证的银行，开立了一份不可撤销备用信用证。该备用信用证的有效期迟于跟单信用证有效期后一个月。

卖方在收到备用信用证并审核无误时，立即在上海发了第五批价值20多万美元的货，并在发货三天时，按跟单信用证的要求缮制了一套单据交中行议付，并附上了一套托收项下的45万美元的汇票，并要求议付行进行电索。

果然不出卖方所料，10天后，开证银行支付了该笔议付金额，但买方未能将前四笔货款按第五个合同的规定一并付来。卖方立即发传真给客户，催其立即支付前四笔货款。而买方来电称：资金仍然困难，延迟一个月后即付，并表示承担利息。显而易见，一个月后，这个不可撤销备用信用证将会失效，如同一张废纸。届时，买方又能将前四笔45万美元的货款无限期地拖延下去。

卖方立即按备用信用证的要求，缮制了一套45万美元的即期汇票，附上跟单信用证项下的结汇水单及一份违约证明书，一并交原议付行向国外追索。10天后，开证行将45万美元付出。

这笔业务终于在利用备用信用证的条件下，安全收回拖欠了几个月的四笔托收款项，实现了利用备用信用证与托收、跟单信用证的配合，最终追回逾期货款的目的。

该案例给我们的启示是什么？我们应如何利用备用信用证保障我们的权益？

（原载袁永友主编《国际商务经典案例》，北京，经济日报出版社，2001）

练习题

一、选择题

1. 银行向国外某代理行开出保函，委托其凭银行的保函向当地受益人开立保函，在此情况下，银行的地位是______。

A. 担保人　B. 反担保人　C. 申请人　D. 保兑人

2. 进口商在货已到港而尚未收到卖方寄来的提单的情况下，为避免滞港费用等损失，向银行申请向航运公司开立的并属于______。

A. 关税保函　B. 保释金保函　C. 提货担保　D. 费用保付保函

3. 银行出具担保保证投标人在报价有效期内不撤标，中标后与业主签订合同并提交履约保函，此种保函属于______。

A. 投标保函　B. 预付款保函　C. 履约保函　D. 付款保函

4. 卖方或承包方（申请人）委托银行向买方或业主（受益人）出具的，在不能履约时保证退还与预付款等额的款项，或相当于合约尚未履行部分相应比例的预付金款项的保函，称为______。

A. 维修保函　B. 履约保函　C. 保留金保函　D. 预付款保函

5. 投标保函的申请人是______。

A. 招标国政府　B. 招标人　C. 投标人　D. 中标人

6. 在______中，担保人的偿付责任从属于或依附于申请人在交易合同项下的义务。申请人是否违约要根据基础合同的规定以及实际履行情况来作出判断的，这往往使银行因卷入买卖双方的贸易纠纷而进退两难。

A. 从属性保函　B. 独立性保函　C. 付款保函　D. 透支保函

7. 正常情况下，______的生效条款不应为“自开立之日起生效”？

A. 投标保函　B. 履约保函　C. 预付款保函　D. 付款保函

8. 保函生效的几种方式不包括______。

A. 已过保函约定的固定到期日　B. 申请人确认失效

C. 受益人确认失效　D. 保函退回

9. 以下关于备用信用证的性质描述不正确的是______。

A. 不可撤销的　B. 单据化基础的

C. 独立的　D. 第二性付款责任的

10. 备用信用证和保函的相同点是______。

A. 可撤销性质　B. 单据化基础　C. 付款依据　D. 银行付款责任

二、问答题

1. 什么是银行保函？其特点和作用有哪些？
2. 独立性保函的含义是什么？银行保函当事人有哪些？当事人各自的基本权责是什么？
3. 见索即付保函与条件保函区别是什么？
4. 什么是备用信用证？依据备用证的用途可划分哪几类？
5. 简述备用信用证与跟单信用证、银行保函的主要异同点。

三、案例讨论

1. URDG758 规定凭首次书面要求及承办工程师签发的违约声明付款。声明书是伪造的，但经合理的审核未发现这一非表面问题。

请问：担保人在支付后是否需要承担责任？

2. G 银行开立的保函 10 月 1 日到期。9 月 15 日，受益人提出符合见索即付保函条款的要求，但由于政府宣布的紧急状态要求所有银行 9 月 16 日停业，造成 G 银行无法按计划付款。10 月 10 日，紧急状态令取消，银行重新开业。

请问：保函是否已经失效？

3. 应委托人 P 的要求，担保人 G 银行给受益人 B 开立了见索即付保函。该保函是担保 P 向 B 承建的建筑工程。随后 B 向 G 提交了书面索偿书，随附关于 P 违约的书面声明，指出 P 未能按照合同如期完工。根据 URDG758 的规定，G 银行将该声明转递给 P，P 否认声明的准确性。

请问：G 银行是否必须付款？

4. 备用信用证规定支款金额最高不超过 5 万元。由于委托人的违约，受益人遭受了 20 万元的损失，受益人即根据实际受损金额提出要求。

请问：开证人是否有权拒付？

附录 A

APPENDIX A

Uniform Rules for Collections, ICC No. 522
托收统一规则

1995 Revision in force as of January 1,1996

Leaflet Version,ICC No. 522LF

The ICC Uniform rules for collections were first published by the ICC in 1956. Revised versions were issued in 1967 and 1978. This present revision was adopted by the Council of the ICC in June 1995. It is issued with the title “ICC Uniform Rules for Collections” as ICC Publication No522. This English language gives the official text of the 1995 Revision.

A GENERAL PROVISIONS AND DEFINITIONS

ARTICLE 1

Application of URC 522

a: The Uniform Rules for Collections, 1995 Revision, ICC Publication No 522, shall apply to all collections as defined in ARTICLE 2 where such rules are incorporated into the text of the 'collection instruction' referred to in ARTICLE 4 and are binding on all parties thereto unless otherwise expressly agreed or contrary to the provisions of a national, state or local law and/or regulation which cannot be departed from.

b: Banks shall have no obligation to handle either a collection or any collection instruction or subsequent related instructions.

c: If a bank elects, for any reason, not to handle a collection or any related instructions received by it, it must advise the party from whom it received the collection or the instructions by telecommunication or, if that is not possible, by other expeditious means, without delay.

ARTICLE 2

Definition of Collection

For the purposes of these ARTICLEs:

a: 'Collection' means the handling by banks of documents as defined in Sub-ARTICLE 2 b in accordance with instructions received, in order to:

1. obtain payment and/or acceptance or
2. deliver documents against payment and/or against acceptance, or
3. deliver documents on other terms and conditions.

b: 'Documents' means financial documents and/or commercial documents:

1. 'Financial documents' means bills of exchange, promissory notes, cheques, or other similar instruments used for obtaining the payment of money.
2. 'Commercial documents' means invoices, transport documents, documents of title or other similar documents, or any other documents whatsoever, not being financial documents.

c: 'Clean Collection' means collection of financial documents not accompanied by commercial documents.

d: 'Documentary collection' means collection of:

1. Financial documents accompanied by commercial documents.
2. Commercial documents not accompanied by financial documents.

ARTICLE 3

Parties to a Collection

a: For the purposes of these ARTICLEs the 'parties thereto' are:

1. the 'principal' who is the party entrusting the handling of a collection to a bank;
2. the 'remitting bank' which is the bank to which the principal has entrusted the handling of a collection;
3. the 'collecting bank' which is any bank, other than the remitting bank, involved in processing the collection;
4. the 'presenting bank' which is the collecting bank making presentation to the drawee.

b: The 'drawee' is the one to whom presentation is to be made in accordance with the collection instruction.

B FORM AND STRUCTURE OF COLLECTIONS

ARTICLE 4

Collection Instruction

a:

1. All documents sent for collection must be accompanied by a collection instruction indicating that the collection is subject to URC 522 and giving complete and precise instructions. Banks are only permitted to act upon the instructions given in such collection instruction, and in accordance with these Rules.

2. Banks will not examine documents in order to obtain instructions.

3. Unless otherwise authorised in the collection instruction, banks will disregard any instructions from any party/bank other than the party/bank from whom they received the collection.

b:

A collection instruction should contain the following items of information as appropriate.

1. Details of the bank from which the collection was received including full name, postal and SWIFT addresses, telex, facsimile numbers and reference.

2. Details of the principal including full name, postal address, and if applicable telex, telephone and facsimile numbers.

3. Details of the drawee including full name, postal address, or the domicile at which presentation is to be made and if applicable telex, telephone and facsimile numbers.

4. Details of the presenting bank, if any, including full name, postal address, and if applicable telex, telephone and facsimile numbers.

5. Amount (s) and currency (ies) to be collected.

6. List of documents enclosed and the numerical count of each document.

7. (a) Terms and conditions upon which payment and or acceptance is to be obtained.

(b) Terms of delivery of documents against:

1) payment and/or acceptance

2) others terms and conditions

It is the responsibility of the party preparing the collection instruction to ensure that the terms for the delivery of documents are clearly and unambiguously stated, otherwise banks will not be responsible for any consequences arising therefore.

8. Charges to be collected, indicating whether they may be waived or not.

9. Interest to be collected, if applicable, indicating whether it may be waived or not, including:

(a) rate of interest;

(b) interest period;

(c) basis of calculation (for example 360 or 365 days in a year) as applicable.

10. Method of payment and form of payment advice.

11. Instructions in case of non-payment, non-acceptance and/or non-compliance with other instructions.

c:

1.Collection instructions should bear the complete address of the drawee or of the domicile at which the presentation is to be made. If the address is incomplete or incorrect, the collecting bank may, without any liability and responsibility on its part, endeavour to as certain the proper address.

2. The collecting bank will not be liable or responsible for any ensuing delay as a result of an incomplete/incorrect address being provided.

C FORM OF PRESENTATION

ARTICLE 5

Presentation

a: For the purposes of these ARTICLEs, presentation is the procedure whereby the presenting bank makes the documents available to the drawee as instructed.

b: The collection instruction should state the exact period of time within which any action is to be taken by the drawee.

Expressions such as 'first', 'prompt', 'immediate', and the like should not be used in connection with presentation or with reference to any period of time within which documents have to be taken up or for any other action that is to be taken by the drawee. If such terms are used banks will disregard them.

c: Documents are to be presented to the drawee in the form in which they are received, except that banks are authorized to affix any necessary stamps, at the expense of the party from whom they received the collection unless otherwise instructed, and to make any necessary endorsements or place any rubber stamps or other identifying marks or symbols customary to or required for the collection operation.

d: For the purpose of giving effect to the instructions of the principal, the remitting bank will utilize the bank nominated by the principal as the collecting bank. In the absence of such nomination, the remitting bank will utilize any bank of its own, or another bank's choice in the country of payment or acceptance or in the country where other terms and conditions have to be complied with.

e: The documents and collection instruction may be sent directly by the remitting bank to the collecting bank or through another bank as intermediary.

f: If the remitting bank does not nominate a specific presenting bank, the collecting bank may utilize a presenting of its choice.

ARTICLE 6

Sight/Acceptance

In the case of documents payable at sight the presenting bank must make presentation for payment without delay. In the case of documents payable at a tenor other than sight the presenting bank must, where acceptance is called for, make presentation for acceptance without delay, and where payment is called for, make presentation for payment not later than the appropriate maturity date.

ARTICLE 7

Release of Commercial Documents

Documents against Acceptance (D/A) vs. Documents against Payment (D/P)

a: Collections should not contain bills of exchange payable at a future date with instructions that commercial documents are to be delivered against payment.

b: If a collection contains a bill of exchange payable at a future date, the collection instruction should state whether the commercial documents are to be released to the drawee against acceptance (D/A) or against payment (D/P). In the absence of such statement commercial documents will be released only against payment and the collecting bank will not be responsible for any consequences arising out of any delay in the delivery of documents.

c: If a collection contains a bill of exchange payable at a future date and the collection instruction indicates that commercial documents are to be released against payment, documents will be released only against such payment and the collecting bank will not be responsible for any consequences arising out of any delay in the delivery of documents.

ARTICLE 8

Creation of Documents

Where the remitting bank instructs either the collecting bank or the drawee is to create documents (bills of exchange, promissory notes, trust receipts, letters of undertaking or other documents) that were not included in the collection, the form and wording of such documents shall be provided by the remitting bank, otherwise the collecting bank shall be not be liable or responsible for the form and wording of any such documents provided by the collecting bank and/or the drawee.

D LIABILITIES AND RESPONSIBILITIES

ARTICLE 9

Good faith and Reasonable care

Banks will act in good faith and exercise reasonable care.

ARTICLE 10

Documents vs. Goods/Services/Performances

a: Goods should be despatched directly to the address of a bank or consigned to or to the order of a bank without prior agreement on the part of that bank. Nevertheless, in the event that goods are despatched directly to the address of a bank or consigned to or to the order of a bank for release to a drawee against payment or acceptance or upon other terms and conditions without prior agreement on the part of that bank, such bank shall have no obligation to take delivery of the goods, which remain at the risk and responsibility of the party despatching the goods.

b: Banks have no obligation to take any action in respect of the goods to which a documentary collection relates , including storage and insurance of the goods even when specific instructions are given to do so. Banks will only take such action if, when, and to the extent that they agree to do so in each case. Notwithstanding the provisions of Sub-ARTICLE 1 c this rule applies even in the absence of any specific advice to this effect by the collecting bank.

c: Nevertheless, in the case that banks take action for the protection of the goods, whether instructed or not, they assume no liability or responsibility with regard to the fate and/or conditions of the goods and/or for any acts and/or omissions on the part of any third parties entrusted with the custody and/or protection of the goods. However, the collecting bank must advise without delay the bank from which the collection instruction was received of any such action taken.

d: Any charges and/or expenses incurred by banks in connection with any action taken to protect the goods will be for the account of the party from whom they received the collection.

e:

1. Notwithstanding the provisions of Sub-ARTICLE 10 a. where the goods are consigned to or to the order of the collecting bank and the drawee has honoured the collection by payment, acceptance or other terms and conditions and the collecting bank arranges for the release of the goods, remitting bank shall be deemed to have authorised the collecting bank to do so.

2. Where a collecting bank on the instructions of the remitting bank or in terms of Sub-ARTICLE 10 e (1.) above arranges for the release of the goods, the remitting bank shall indemnify such collecting bank for all damages and expenses incurred.

ARTICLE 11

Disclaimer For Acts of an Instructed Party

a: Banks utilising the services of another bank or other banks for the purpose of giving effect to the instructions of the principal, do so for the account and at the risk of such principal.

b: Banks assume no liability or responsibility should the instructions they transmit not be carried out, even if they have themselves taken the initiative in the choice of such other bank (s).

c: A party instructing another party to perform services shall be bound by and liable to indemnify the instructed party against all obligations and responsibilities imposed by foreign laws and usages.

ARTICLE 12

Disclaimer on Documents Received

a: Banks must determine that the documents received appear to be as listed in the collection instruction and must advise by telecommunication or, if that is not possible, by other expeditious means, without delay, the party from whom the collection instruction was received of any documents missing, or found to be other than listed.

Banks have no further obligation in this respect.

b: If the documents do not appear to be listed, the remitting bank shall be precluded from disputing the type and number of documents received by the collecting bank.

c: Subject to Sub-ARTICLE 5 c and Sub-ARTICLEs 12 a and 12 b above, banks will present documents as received without further examination.

ARTICLE 13

Disclaimer on Effectiveness of Documents

Banks assume no liability or responsibility for the form, sufficiency, accuracy, genuineness, falsification or legal effect of any documents (s), or for the general and/or particular conditions stipulated in the document (s) or superimposed thereon; nor do they assume any liability or responsibility for the description quantity; weight, quality, conditions, packing, delivery, value or existence of the goods represented by any document (s), or for the good faith or acts and/or omissions, solvency, performance or standing of the consignors, the carriers, the forwarders, the consignees or the insurers of the goods, or any other person whomsoever.

ARTICLE 14

Disclaimer on Delays, Loss in Transit and Translation

a: Banks assume no liability or responsibility for the consequences arising out of delay and/or loss in transit of any message (s), letter (s) or document (s), or for delay, mutilation or other error (s) arising in transmission of any telecommunication or for error (s) in translation and or interpretation of technical terms.

b: Banks will not be liable or responsible for any delays resulting from the need to obtain clarification of any instructions received.

ARTICLE 15

Force Majeure

Banks assume no liability or responsibility for consequences arising out of the interruption of their business by Acts of God, riots, civil commotions, insurrections, wars, or any other causes beyond their control or by strikes or lockouts.

E PAYMENT

ARTICLE 16

Payment without Delay

a: Amounts collected (less charges and/or disbursements and/or expenses where applicable) must be made available without delay to the party from whom the collection instruction was received in accordance with the terms and conditions of the collection instruction.

b: Notwithstanding the provisions of Sub-ARTTCLEs 1c and unless otherwise agreed, the collecting bank will effect payment of the amount collected in favour of the remitting bank only.

ARTI CLE 17

Payment in Local Currency

In the case of documents payable in the currency of the country of payment (local currency), the presenting bank must, unless otherwise instructed in the collection instruction release the documents to the drawee against payment in local currency only if such currency is immediately available for disposal in the manner specified in the collection instruction.

ARTICLE 18

Payment in Foreign Currency

In the case of documents payable in the currency other than that of the country of payment (foreign currency), the presenting bank must, unless otherwise instructed in the collection instruction, release the documents to the drawee against payment in the designated foreign currency only if such foreign currency can immediately be remitted in accordance with the instructions given in the collection instruction.

ARTICLE 19

Partial Payments

a: In respect of clear collections, partial payments may be accepted if and to the extent to which and on the conditions on which partial payments are authorized by the law in force in the place of payment. The financial document (s) will be released to the drawee only when full payment thereof has been received.

b: In respect of documentary collections, partial payments will only be accepted if specifically authorised in the collection instruction. However, unless otherwise instructed, the presenting bank will not be responsible for any consequences arising out of any delay in the delivery of the documents.

c: In all cases partial payments will be accepted only subject to compliance with the provisions of either ARTICLE 17 or ARTICLE 18 as appropriate.

Partial payment, if accepted, will be dealt with in accordance with the provisions of ARTICLE 16.

F INTEREST CHARGES AND EXPENSES

ARTICLE 20

Interest

a: If the collection instruction specifies that interest is to be collected and the drawee refuses to pay such interest, the presenting bank may deliver the document (s) against payment or acceptance or on other terms and conditions as the case may be, without collecting such interest, unless Sub-ARTICLE 20 c applies.

b: Where such interest is to be collected, the collection instruction must specify the rate of interest, interest period and basis of calculation.

c: Where the collection instruction expressly states that interest may not be waived and the drawee refuses to pay such interest the presenting bank will not deliver documents and will not be responsible for any consequences arising out of any delay in the delivery of document (s) .

When payment of interest has been refused, the presenting bank must inform by telecommunication or, if that is not possible, by other expeditious means without delay the bank from which the collection instruction was received.

ARTICLE 21

Charges and Expenses

a: If the collection instruction specifies that collection charges and/or expenses are to be for account of the drawee and the drawee refuses to pay them, the presenting bank may deliver the document (s) against payment or acceptance or on other terms and conditions as the case may be, without collecting charges and/or expenses, unless Sub-ARTICLE 21 b applies.

Whenever collection charges and/or expense are so waived they will be for the account of the party from whom the collection was received and may be deducted from the proceeds.

b: Where the collection instruction expressly states that charges and/or expenses may not be waived and the drawee refuses to pay such charges and/or expenses, the presenting bank will not deliver documents and will not be responsible for any consequences arising out of any delay in the delivery of the document (s). When payment of collection charges and/or expenses has been refused the presenting bank must inform by telecommunication or, if that is not possible, by other expeditious means without delay the bank from whom the collection instruction was received.

c: In all cases where in the express terms of a collection instruction or under these Rules, disbursement and/or expenses and/or collection charges are to be borne by the principal, the collecting bank(s) shall be entitled to recover promptly outlays in respect of disbursements, expenses and charges from the bank from which the collection instruction was received, and the remitting bank shall be entitled to recover promptly from the principal any amount so paid out by it, together with its own disbursements, expenses and charges, regardless of the fate of the collection.

d: Banks reserve the right to demand payment of charges and/or expenses in advance from the party from whom the collection instruction was received, to cover costs in attempting to carry out any instructions, and pending receipt of such payment, also reserve the right not to carry out such instructions.

G OTHER PROVISIONS

ARTICLE 22

Acceptance

The presenting bank is responsible for seeing that the form of the acceptance of a bill of exchange appears to be complete and correct, but is not responsible for the genuineness of any signature or for the authority of any signatory to sign the acceptance.

ARTICLE 23

Promissory Notes and Other Instruments

The presenting bank is not responsible for the genuineness of any signature or for the authority of any signatory to sign a promissory notes, receipt, or other instruments.

ARTICLE 24

Protest

The collection instruction should give specific instructions regarding protest (or other legal process in lieu thereof), in the event of non-payment or non- acceptance.

In the absence of such specific instructions, the banks concerned with the collection have no obligation to have the document (s) protested (or subject to other legal process in lieu thereof) for non-payment or non-acceptance.

Any charges and/or expenses incurred by banks in connection with such protest, or other legal process, will be for the account of the party from whom the collection instruction was received.

ARTICLE 25

Case-of-Need

If the principal nominates a representative to act as case-of-need in the event of non-payment and/or non-acceptance the collection instruction should clearly and fully indicate the powers of such case-of-need. In the absence of such indication banks will not accept any instructions from the case-of-need.

ARTICLE 26

Advises

Collecting banks are to advise fate in accordance with the following rules:

a: Form of Advice

All advises or information from the collecting bank to the bank from which the collection instruction was received, must bear appropriate details including, in all cases, the latter bank's reference as stated in the collection instruction.

b: Method of Advice

It shall be the responsibility of the remitting bank to instruct the collecting bank regarding the method by which the advises detailed in c (1), c (2) and c (3) are to be given. In the absence of such instructions, the collecting bank will send the relative advises by the method of its choice at the expense of the bank from which the collection instruction was received.

c:

1. Advice of Payment

The collecting bank must send without delay advice of payment to the bank from which the collection instruction was received, detailing the amount or amounts collected, charges and/or disbursements and/or expenses deducted, where appropriate, and method of disposal of the funds.

2. Advice of Acceptance

The collecting bank must send without delay advice of acceptance to the bank from which the collection instruction was received.

3. Advice of Non-payment and/or Non-Acceptance

The presenting bank should endeavour to ascertain the reasons for non-payment and/or non-acceptance and advise accordingly, without delay, the bank from which it received the collection instruction.

The presenting bank must send without delay advice of non-payment and/or advice of non-acceptance to the bank from which it received the collection instruction.

On receipt of such advice the remitting bank must give appropriate instruction as to the further handling of the documents. If such instructions are not received by the presenting bank within 60 days after its advice of non-payment and/or non-acceptance, the documents may be returned to the bank from which the collection instruction was received without any further responsibility on the part of the presenting bank.

附录 B

APPENDIX B

Uniform Customs and Practice for Documentary Credits, ICC NO. 600 (UCP600)
跟单信用证统一惯例（UCP600）

FOREWORD

This revision of the Uniform Customs and Practice for Documentary Credits (commonly called UCP) is the sixth revision of the rules since they were first promulgated in 1933.It is the fruit of more than three years of work by the International Chamber of Commerce's (ICC) Commission on Banking Technique and Practice.

ICC, which was established in 1919, had as its primary objective facilitating the flow of international trade at a time when nationalism and protectionism posed serious threats to the world trading system. It was in that spirit that the UCP were first introduced – to alleviate the confusion caused by individual countries' promoting their own national rules on letter of credit practice. The objective, since attained, was to create a set of contractual rules that would establish uniformity in that practice, so that practitioners would not have to cope with a plethora of often conflicting national regulations. The universal acceptance of the UCP by practitioners in countries with widely divergent economic and judicial systems is a testament to the rules' success.

It is important to recall that the UCP represent the work of a private international organization, not a governmental body. Since its inception, ICC has insisted on the central role of self-regulation in business practice. These rules, formulated entirely by experts in the private sector, have validated that approach. The UCP remain the most successful set of private rules for trade ever developed.

A range of individuals and groups contributed to the current revision, which is entitled UCP 600. These include the UCP Drafting Group, which sifted through more than 5000 individual comments before arriving at this consensus text; the UCP Consulting Group, consisting of members from more than 25 countries, which served as the advisory body reacting to and proposing changes to the various drafts; the more than 400 members of the ICC Commission on Banking Technique and Practice who made pertinent suggestions for changes in the text; and ICC national committees worldwide which took an active role in consolidating comments from their members. ICC also expresses its gratitude to practitioners in the transport and Insurance industries, whose perceptive suggestions honed the final draft.

Guy Sebban

Secretary General

International Chamber of Commerce

INTRODUCTION

In May 2003, the International Chamber of Commerce authorized the ICC Commission on Banking Technique and Practice (Banking Commission) to begin a revision of the Uniform Customs and Practice for Documentary Credits, ICC Publication 500.

As with other revisions, the general objective was to address developments in the banking, transport and insurance industries. Additionally, there was a need to look at the language and style used in the UCP to remove wording that could lead to inconsistent application and interpretation.

When work on the revision started, a number of global surveys indicated that, because of discrepancies, approximately 70% of documents presented under letters of credit were being rejected on first presentation. This obviously had, and continues to have, a negative effect on the letter of credit being seen as a means of payment and, if unchecked, could have serious implications for maintaining or increasing its market share as a recognized means of settlement in international trade. The introduction by banks of a discrepancy fee has highlighted the importance of this issue, especially when the underlying discrepancies have been found to be dubious or unsound. Whilst the number of cases involving litigation has not grown during the lifetime of UCP 500, the introduction of the ICC's Documentary Credit Dispute Resolution Expertise Rules (DOCDEX) in October 1997 (subsequently revised in March 2002) has resulted in more than 60 cases being decided.

To address these and other concerns, the Banking Commission established a Drafting Group to revise UCP 500. It was also decided to create a second group, known as the Consulting Group, to review and advise on early drafts submitted by the Drafting Group. The Consulting Group, made up of over 40 individuals from 26 countries, consisted of banking and transport industry experts. Ably co-chaired by John Turnbull, Deputy General Manager, Sumitomo Mitsui Banking Corporation Europe Ltd, London and Carlo Di Ninni, Adviser, Italian Bankers Association, Rome, the Consulting Group provided valuable input to the Drafting Group prior to release of draft texts to ICC national committees. The Drafting Group began the review process by analyzing the content of the official Opinions issued by the Banking Commission under UCP 500. Some 500 Opinions were reviewed to assess whether the issues involved warranted a change in, an addition to or a deletion of any UCP article. In addition, consideration was given to the content of the four Position Papers issued by the Commission in September 1994, the two Decisions issued by the Commission (concerning the introduction of the euro and the determination of what constituted an original document under UCP 500 sub-article 20 (b) and the decisions issued in DOCDEX cases. During the revision process, notice was taken of the considerable work that had been completed in creating the International Standard Banking Practice for the Examination of Documents under Documentary Credits (ISBP), ICC Publication 645. This publication has evolved into a necessary companion to the UCP for determining compliance of documents with the terms of letters of credit. It is the expectation of the Drafting Group and the Banking Commission that the application of the principles contained in the ISBP, including subsequent revisions thereof, will continue during the time UCP 600 is in force. At the time UCP 600 is implemented, there will be an updated version of the ISBP to bring its contents in line with the substance and style of the new rules. The four Position Papers issued in September 1994 were issued subject to their application under UCP 500; therefore, they will not be applicable under UCP 600. The essence of the Decision covering the determination of an original document has been incorporated into the text of UCP 600. The outcome of the DOCDEX cases was invariably based on existing ICC Banking Commission Opinions and therefore contained no specific issues that required addressing in these rules. One of the structural changes to the UCP is the introduction of articles covering definitions (article 2) and interpretations (article 3). In providing definitions of roles played by banks and the meaning of specific terms and events, UCP 600 avoids the necessity of repetitive text to explain their interpretation and application. Similarly, the article covering interpretations aims to take the ambiguity out of vague or unclear language that appears in letters of credit and to provide a definitive elucidation of other characteristics of the UCP or the credit. During the course of the last three years, ICC national committees were canvassed on a range of issues to determine their preferences on alternative texts submitted by the Drafting Group. The result of this exercise and the considerable input from national committees on individual items in the text is reflected in the content of UCP 600. The Drafting Group considered, not only the current practice relative to the documentary credit, but also tried to envisage the future evolution of that practice. This revision of the UCP represents the culmination of over three years of extensive analysis, review, debate and compromise amongst the various members of the Drafting Group, the members of the Banking Commission and the respective ICC national committees. Valuable comment has also been received from the ICC Commission on Transport and Logistics, the Commission on Commercial Law and Practice and the Committee on Insurance. It is not appropriate for this publication to provide an explanation as to why an article has been worded in such a way or what is intended by its incorporation into the rules. For those interested in understanding the rationale and interpretation of the articles of UCP 600, this information will be found in the Commentary to the rules, ICC Publication 601, which represents the Drafting Group's views. On behalf of the Drafting Group I would like to extend our deep appreciation to the members of the Consulting Group, ICC national committees and members of the Banking Commission for their professional comments and their constructive participation in this process. Special thanks are due to the members of the Drafting Group and their institutions, who are listed below in alphabetical order. Nicole Keller – Vice President, Service International Products, Dresdner Bank AG, Frankfurt, Germany; Representative to the ICC

Commission on Banking Technique and Practice; Laurence Kooy – Legal Adviser, BNP Paribas, Paris, France; Representative to the ICC Commission on Banking Technique and Practice. Katja Lehr – Business Manager, Trade Services Standards, SWIFT, La Hulpe, Belgium, then Vice President, Membership Representation, International Financial Services Association, New Jersey, USA; Representative to the ICC Commission on Banking Technique and Practice; Ole Malmqvist – Vice President, Danske Bank, Copenhagen, Denmark; Representative to the ICC Commission on Banking Technique and Practice; Paul Miserez – Head of Trade Finance Standards, SWIFT, La Hulpe, Belgium; Representative to the ICC Commission on Banking Technique and Practice; René Mueller – Director, Credit Suisse, Zurich, Switzerland; Representative to the ICC Commission on Banking Technique and Practice; Chee Seng Soh – Consultant, Association of Banks in Singapore, Singapore; Representative to the ICC Commission on Banking Technique and Practice; Dan Taylor – President and CEO, International Financial Services Association., New Jersey USA; Vice Chairman, ICC Commission on Banking Technique and Practice; Alexander Zelenov – Director, Vnesheconombank, Moscow, Russia; Vice Chairman, ICC Commission on Banking Technique and Practice; Ron Katz – Policy Manager, ICC Commission on Banking Technique and Practice, International Chamber of Commerce, Paris, France. The undersigned had the pleasure of chairing the Drafting Group. It was through the generous giving of their knowledge, time and energy that this revision was accomplished so successfully. As Chair of the Drafting Group, I would like to extend to them and to their institutions my gratitude for their contribution, for a job well done and for their friendship. I would also like to extend my sincere thanks to the management of ABN AMRO Bank N.V., for their understanding, patience and support during the course of this revision process. Gary Collyer Corporate Director, ABN AMRO Bank N.V., London, England and Technical Adviser to the ICC Commission on Banking Technique and Practice November 2006.

Article 1　Application of UCP

第一条　UCP的适用范围

The Uniform Customs and Practice for Documentary Credits, 2007 Revision, ICC Publication No. 600 (UCP) are rules that apply to any documentary credit ("credit") (including, to the extent to which they may be applicable, any standby letter of credit) when the text of the credit expressly indicates that it is subject to these rules. They are binding on all parties there to unless expressly modified or excluded by the credit.

《跟单信用证统一惯例（2007年修订本），国际商会第600号出版物》（简称“UCP”）是一套适用于所有的其文本中明确表明受本惯例约束的跟单信用证（下称信用证）（在其可适用的范围内，包括备用信用证）的原则。除非信用证明确修改或排除，否则本惯例各条文对信用证所有当事人均具有约束力。

Article 2　Definitions

第二条　定义

For the purpose of these rules:

就本惯例而言：

Advising bank means the bank that advises the credit at the request of the issuing bank.

通知行指应开证行的要求通知信用证的银行。

Applicant means the party on whose request the credit is issued.

申请人指要求开立信用证的一方。

Banking day means a day on which a bank is regularly open at the place at which an act subject to these rules is to be performed.

银行工作日指银行在其营业地正常营业，按照本惯例行事的行为得以在银行履行的日子。

Beneficiary means the party in whose favour a credit is issued.

受益人指接受信用证并享受其利益的一方。

Complying presentation means a presentation that is in accordance with the terms and conditions of the credit, the applicable provisions of these rules and international standard banking practice.

相符交单指与信用证条款、本惯例的相关适用条款以及国际标准银行实务一致的交单。

Confirmation means a definite undertaking of the confirming bank, in addition to that of the issuing bank, to honour or negotiate a complying presentation.

保兑指保兑行在开证行承诺之外做出的承付或议付相符交单的确定承诺。

Confirming bank means the bank that adds its confirmation to a credit upon the issuing bank's authorization or request.

保兑行指根据开证行的授权或要求对信用证加具保兑的银行。

Credit means any arrangement, however named or described, that is irrevocable and thereby constitutes a definite undertaking of the issuing bank to honour a complying presentation.

信用证指一项不可撤销的安排，无论其名称或描述如何，该项安排构成开证行对相符交单予以交付的确定承诺。

Honour means:

a. to pay at sight if the credit is available by sight payment;

b. to incur a deferred payment undertaking and pay at maturity if the credit is available by deferred payment;

c. to accept a bill of exchange ("draft") drawn by the beneficiary and pay at maturity if the credit is available by acceptance.

承付指：

a. 如果信用证为即期付款信用证，则即期付款。

b. 如果信用证为延期付款信用证，则承诺延期付款并在承诺到期日付款。

c. 如果信用证为承兑信用证，则承兑受益人开出的汇票并在汇票到期日付款。

Issuing bank means the bank that issues a credit at the request of an applicant or on its own behalf.

开证行指应申请人要求或者代表自己开出信用证的银行。

Negotiation means the purchase by the nominated bank of drafts (drawn on a bank other than the nominated bank) and/or documents under a complying presentation, by advancing or agreeing to advance funds to the beneficiary on or before the banking day on which reimbursement is due to the nominated bank.

议付指指定银行在相符交单下，在其应获偿付的银行工作日当天或之前向受益人预付或者同意预付款项，从而购买汇票（其付款人为指定银行以外的其他银行）及/或单据的行为。

Nominated bank means the bank with which the credit is available or any bank in the case of a credit available with any bank.

指定银行指信用证可在其处兑用的银行，如信用证可在任一银行兑用，则任何银行均为指定银行。

Presentation means either the delivery of documents under a credit to the issuing bank or nominated bank or the documents so delivered.

交单指向开证行或指定银行提交信用证项下单据的行为，或指按此方式提交的单据。

Presenter means a beneficiary, bank or other party that makes a presentation.

交单人指实施交单行为的受益人、银行或其他人。

Article 3 Interpretations

第三条 说明

For the purpose of these rules:

就本惯例而言：

Where applicable, words in the singular include the plural and in the plural include the singular.

如情形适用，词汇的单复数同义。

A credit is irrevocable even if there is no indication to that effect.

信用证是不可撤销的，即使未如此表明。

A document may be signed by handwriting, facsimile signature, perforated signature, stamp, symbol or any other mechanical or electronic method of authentication.

单据签字可用手签、摹样签字、穿孔签字、印戳、符号或任何其他机械或电子的证实方法。

A requirement for a document to be legalized, visaed, certified or similar will be satisfied by any signature, mark, stamp or label on the document which appears to satisfy that requirement.

诸如单据须履行法定手续、签证、证明等类似要求，可由单据上任何符合该要求的签字、标记、戳或标签来满足。

Branches of a bank in different countries are considered to be separate banks.

一家银行在不同国家的分支机构被视为不同的银行。

Terms such as “first class”, “well known”, “qualified”, “independent”, “official”, “competent” or “local” used to describe the issuer of a document allow any issuer except the beneficiary to issue that document.

用诸如“一流的”“著名的”“合格的”“独立的”“正式的”“有资格的”或“本地的”等词语描述单据的出单人时，允许除受益人之外的任何人出具该单据。

Unless required to be used in a document, words such as “prompt”, “immediately” or “as soon as possible” will be disregarded.

除非要求在单据中使用，否则诸如“迅速地”“立刻地”或“尽快地”等词语将被不予理会。

The expression “on or about” or similar will be interpreted as a stipulation that an event is to occur during a period of five calendar days before until five calendar days after the specified date, both start and end dates included.

“在或大概在（on or about）”或类似用语将被视为规定事件发生在指定日期的前后五个日历日之间，起讫日期计算在内。

The words “to”, “until”, “till”, “from” and “between” when used to determine a period of shipment include the date or dates mentioned, and the words “before” and “after” exclude the date mentioned.

“至（to）”“直至（until、till）”“从…开始（from）”及“在…之间（between）”等词用于确定发运日期时包含提及的日期，使用“在…之前（before）”及“在…之后（after）”时则不包含提及的日期。

The words “from” and “after” when used to determine a maturity date exclude the date mentioned.

"从…开始（from）"及"在…之后（after）"等词用于确定到期日期时不包含提及的日期。

The terms "first half" and "second half" of a month shall be construed respectively as the 1st to the 15th and the 16th to the last day of the month, all dates inclusive.

"前半月"及"后半月"分别指一个月的第一日到第十五日及第十六日到该月的最后一日，起讫日期计算在内。

The terms "beginning", "middle" and "end" of a month shall be construed respectively as the 1st to the 10th, the 11th to the 20th and the 21st to the last day of the month, all dates inclusive.

一个月的"开始（beginning）"、"中间（middle）"及"末尾（end）"分别指第一到第十日、第十一日到第二十日及第二十一日到该月的最后一日，起讫日期计算在内。

Article 4　Credits v. Contracts

第四条　信用证与合同

a. A credit by its nature is a separate transaction from the sale or other contract on which it may be based. Banks are in no way concerned with or bound by such contract, even if any reference whatsoever to it is included in the credit. Consequently, the undertaking of a bank to honour, to negotiate or to fulfil any other obligation under the credit is not subject to claims or defences by the applicant resulting from its relationships with the issuing bank or the beneficiary. A beneficiary can in no case avail itself of the contractual relationships existing between banks or between the applicant and the issuing bank.

a. 就其性质而言，信用证与可能作为其开立基础的销售合同或其他合同是相互独立的交易，即使信用证中含有对此类合同的任何援引，银行也与该合同无关，且不受其约束。因些，银行关于承付、议付或履行信用证项下其他义务的承诺，不受申请人基于与开证行或与受益人之间的关系而产生的任何请求或抗辩的影响。受益人在任何情况下不得利用银行之间或申请人与开证行之间的合同关系。

b. An issuing bank should discourage any attempt by the applicant to include, as an integral part of the credit, copies of the underlying contract, proforma invoice and the like.

b. 开证行应劝阻申请人试图将基础合同、形式发票等文件的副本作为信用证组成部分的做法。

Article 5　Documents v. Goods, Services or Performance

第五条　单据与货物、服务或履约行为

Banks deal with documents and not with goods, services or performance to which the documents may relate.
银行处理的是单据，而不是单据可能涉及的货物、服务或履约行为。

Article 6　Availability, Expiry Date and Place for Presentation

第六条　有效性、有效期限和交单地点

a. A credit must state the bank with which it is available or whether it is available with any bank. A credit available with a nominated bank is also available with the issuing bank.

a. 信用证必须规定可在其处兑用的银行，或是否可在任一银行兑用。规定在指定解行兑用的信用证同时也可以在开证行兑用。

b. A credit must state whether it is available by sight payment, deferred payment, acceptance or negotiation.

b. 信用证必须规定其是以即期付款、延期付款、承兑还是议付的方式兑用。

c. A credit must not be issued available by a draft drawn on the applicant.

c. 信用证不得开成凭以申请人为付款人的汇票兑用。

d. i. A credit must state an expiry date for presentation. An expiry date stated for honour or negotiation will be deemed to be an expiry date for presentation.

d.i. 信用证必须定一个交单的截止日。规定的承付或议付的截止日将被视为交单的截止日。

ii. The place of the bank with which the credit is available is the place for presentation. The place for presentation under a credit available with any bank is that of any bank. A place for presentation other than that of the issuing bank is in addition to the place of the issuing bank.

ii. 可在其处兑用信用证的银行所在地即为交单地点。可在任一银行兑用的信用证其交单地点为任一银行所在地。除规定的交单地点外，开证行所在地也是交单地点。

e. Except as provided in sub-article 29 (a), a presentation by or on behalf of the beneficiary must be made on or before the expiry date.

e. 除非如第二十九条 a 款规定的情形，否则受益人或者代表受益人的交单应截止日当天或之前完成。

Article 7 Issuing Bank Undertaking

第七条 开证行责任

a. Provided that the stipulated documents are presented to the nominated bank or to the issuing bank and that they constitute a complying presentation, the issuing bank must honour if the credit is available by:

a. 只要规定的单据提交给指定银行或开证方，并且构成相符交单，如果信用证为以下情形之一，则开证行必须承付。

i. sight payment, deferred payment or acceptance with the issuing bank;

i. 信用证规定由开证行即期付款，延期付款或承兑；

ii. sight payment with a nominated bank and that nominated bank does not pay;

ii. 信用证规定由指定银行即期付款但其未付款；

iii. deferred payment with a nominated bank and that nominated bank does not incur its deferred payment undertaking or, having incurred its deferred payment undertaking, does not pay at maturity;

iii. 信用证规定由指定银行延期付款但其未承诺延期付款，或虽已承诺延期付款，但未在到期日付款；

iv. acceptance with a nominated bank and that nominated bank does not accept a draft drawn on it or, having accepted a draft drawn on it, does not pay at maturity;

iv. 信用证规定由指定银行承兑，但其未承兑以其为付款人的汇票，或虽然承兑了汇票，但未在到期日付款；

v. negotiation with a nominated bank and that nominated bank does not negotiate.

v. 信用证规定由指定银行议付但其未议付。

b. An issuing bank is irrevocably bound to honour as of the time it issues the credit.

b. 开证行自开立信用证之时起即不可撤销地承担承付责任。

c. An issuing bank undertakes to reimburse a nominated bank that has honoured or negotiated a complying presentation and forwarded the documents to the issuing bank. Reimbursement for the amount of a complying presentation under a credit available by acceptance or deferred payment is due at maturity, whether or not the nominated bank prepaid or purchased before maturity. An issuing bank's undertaking to reimburse a nominated bank is independent of the issuing bank's undertaking to the beneficiary.

c. 指定银行承付或议付相符交单并将单据转给开证行之后，开证行即承担偿付该指定银行的责任。对承兑或延期付款信用证下相符合单金额的偿付应在到期日办理，无论指定银行是否在到期日之前预付或购买了单据，开证行偿付指定银行的责任独立于开证行对受益人的责任。

Article 8 Confirming Bank Undertaking

第八条 保兑行责任

a. Provided that the stipulated documents are presented to the confirming bank or to any other nominated bank and that they constitute a complying presentation, the confirming bank must:

a. 只要规定的单据提交给保兑行，或提交给其他任何指定银行，并且构成相符交单，保兑行必须：

i. honour, if the credit is available by:

i. 如果信用证为以下情形之一，承付：

a) sight payment, deferred payment or acceptance with the confirming bank;

a）信用证规定由保兑行即期付款、延期付款或承兑；

b) sight payment with another nominated bank and that nominated bank does not pay;

b）信用证规定由另一指定银行延期付款，但其未付款；

c) deferred payment with another nominated bank and that nominated bank does not incur its deferred payment undertaking or, having incurred its deferred payment undertaking, does not pay at maturity;

c）信用证规定由另一指定银行延期付款，但其未承诺延期付款，或虽已承诺延期付款但未在到期日付款；

d) acceptance with another nominated bank and that nominated bank does not accept a draft drawn on it or, having accepted a draft drawn on it, does not pay at maturity;

d）信用证规定由另一指定银行承兑，但其未承兑以其为付款人的汇票，或虽已承兑汇票未在到期日付款；

e) negotiation with another nominated bank and that nominated bank does not negotiate.

e）信用证规定由另一指定银行议付，但其未议付。

ii. negotiate, without recourse, if the credit is available by negotiation with the confirming bank.

ii. 如果信用证规定由保兑行议付，无追索权地议付。

b. A confirming bank is irrevocably bound to honour or negotiate as of the time it adds its confirmation to the credit.

b. 保兑行自对信用证加具保兑之时起即不可撤销地承担承付或议付的责任。

c. A confirming bank undertakes to reimburse another nominated bank that has honoured or negotiated a complying presentation and forwarded the documents to the confirming bank. Reimbursement for the amount of a complying presentation under a credit available by acceptance or deferred payment is due at maturity, whether or not another nominated bank prepaid or purchased before maturity. A confirming bank's undertaking to reimburse another nominated bank is independent of the confirming bank's Undertaking to the beneficiary.

c. 其他指定银行承付或议付相符交单并将单据转往保兑行之后，保兑行即承担偿付该指定银行的责任。对承兑或延期付款信用证下相符交单金额的偿付应在到期日办理，无论指定银行是否在到期日之前预付或购买了单据。保兑行偿付指定银行的责任独立于保兑行对受益人的责任。

d. If a bank is authorized or requested by the issuing bank to confirm a credit but is not prepared to do so, it must inform the issuing bank without delay and may advise the credit without confirmation.

d. 如果开证行授权或要求一银行对信用证加具保兑，但其并不准备照办，则该银行必须毫不延误地通知开证行，并可通知此信用证不加保兑。

Article 9 Advising of Credits and Amendments

第九条 信用证及其修改的通知

a. A credit and any amendment may be advised to a beneficiary through an advising bank. An advising bank that is not a confirming bank advises the credit and any amendment without any undertaking to honour or negotiate.

a. 信用证及其任何修改可以经由通知行通知给受益人。非保兑行的通知行通知信用及修改时不承担承付或议付的责任。

b. By advising the credit or amendment, the advising bank signifies that it has satisfied itself as to the apparent authenticity of the credit or amendment and that the advice accurately reflects the terms and conditions of the credit or amendment received.

b. 通知行通知信用证或修改的行为表示其已确信信用证或修改的表面真实性，而且其通知准确地反映了其收到的信用证或修改的条款。

c. An advising bank may utilize the services of another bank (“second advising bank”) to advise the credit and any amendment to the beneficiary. By advising the credit or amendment, the second advising bank signifies that it has satisfied itself as to the apparent authenticity of the advice it has received and that the advice accurately reflects the terms and conditions of the credit or amendment received.

c. 通知行可以通过另一银行（“第二通知行”）向受益人通知信用证及修改。第二通知行通知信用证或修改的行为表明其已确信收到的通知的表面真实性，并且其通知准确地反映了收到的信用证或修改的条款。

d. A bank utilizing the services of an advising bank or second advising bank to advise a credit must use the same bank to advise any amendment thereto.

d. 经由通知行或第二通知行通知信用证的银行必须经由同一银行通知其后的任何修改。

e. If a bank is requested to advise a credit or amendment but elects not to do so, it must so inform, without delay, the bank from which the credit, amendment or advice has been received.

e. 如一银行被要求通知信用证或修改但其决定不予通知，则该银行应毫不延误地告知自其处收到信用证、修改或通知的银行。

f. If a bank is requested to advise a credit or amendment but cannot satisfy itself as to the apparent authenticity of the credit, the amendment or the advice, it must so inform, without delay, the bank from which the instructions appear to have been received. If the advising bank or second advising bank elects nonetheless to advise the credit or amendment, it must inform the beneficiary or second advising bank that it has not been able to satisfy itself as to the apparent authenticity of the credit, the amendment or the advice.

f. 如一银行被要求通知信用证或修改但其不能确信信用证、修改或通知的表面真实性，则该银行应毫不延误地通知可能从其处收到指示的银行。如果通知行或第二通知行决定仍然通知信用证或修改，则该银行应告知受益人或第二通知行其不能确信信用证、修改或通知的表面真实性。

Article 10 Amendments

第十条 修改

a. Except as otherwise provided by article 38, a credit can neither be amended nor cancelled without the agreement of the issuing bank, the confirming bank, if any, and the beneficiary.

a. 除第三十八条别有规定者外，未经开证行、保兑行（如有的话）及受益人同意，信用证既不得修改，也不得撤销。

b. An issuing bank is irrevocably bound by an amendment as of the time it issues the amendment. A confirming bank may extend its confirmation to an amendment and will be irrevocably bound as of the time it advises the amendment. A confirming bank may, however, choose to advise an amendment without extending its confirmation and, if so, it must inform the issuing bank without delay and inform the beneficiary in its advice.

b. 开证行自发出修改之时起，即不可撤销地受其约束。保兑行可将其保兑扩展至修改，并自通知该修改时，即不可撤销地受其约束。但是，保兑行可以选择将修改通知受益人而不对其加具保兑。若是如此，保兑行必须毫不延误地将此事告知开证行，并在其给受益人的通知中告知受益人。

c. The terms and conditions of the original credit (or a credit incorporating previously accepted amendments) will remain in force for the beneficiary until the beneficiary communicates its acceptance of the amendment to the bank that advised such amendment. The beneficiary should give notification of acceptance or rejection of an amendment. If the beneficiary fails to give such notification, a presentation that complies with the credit and to any not yet accepted amendment will be deemed to be notification of acceptance by the beneficiary of such amendment. As of that moment the credit will be amended.

c. 在受益人告知通知修改的银行其接受该修改之前，原信用证（或含有先前被接受的修改的信用证）的条款对受益人仍然有效。受益人应提供接受或拒绝修改的通知。如果受益人未能给予通知，当交单与信用证以及尚未表示接受的修改的要求一致时，即视为受益人已做出接受修改的通知，并且从此时起，该信用证被修改。

d. A bank that advises an amendment should inform the bank from which it received the amendment of any notification of acceptance or rejection.

d. 通知修改的银行应将任何接受或拒绝的通知转告发出修改的银行。

e. Partial acceptance of an amendment is not allowed and will be deemed to be notification of rejection of the amendment.

e. 对同一修改的内容不允许部分接受，部分接受将被视为拒绝修改的通知。

f. A provision in an amendment to the effect that the amendment shall enter into force unless rejected by the beneficiary within a certain time shall be disregarded.

f. 除非受益人在某一时间内拒绝修改，否则修改生效的规定应被不予理会。

Article 11 Teletransmitted and Pre-Advised Credits and Amendments

第十一条 电讯传递和预先通知的信用证和修改

a. An authenticated teletransmission of a credit or amendment will be deemed to be the operative credit or amendment, and any subsequent mail confirmation shall be disregarded. If a teletransmission states "full details to follow" (or words of similar effect), or states that the mail confirmation is to be the operative credit or amendment, and then the teletransmission will not be deemed to be the operative credit or amendment. The issuing bank must then issue the operative credit or amendment without delay in terms not inconsistent with the teletransmission.

a. 已经证实的电讯方式发出的信用证或信用证修改即被视为有效的用证或修改文据，任何后续的邮寄确认书应被不予理会。

如电讯声明“详情后告”（或类似用语）或声明以邮寄确认书为有效信用证或修改，则该电讯不被视为有效信用证或修改。开证行必须随即不迟延地开立有效信用证或修改，其条款不得与该电讯矛盾。

b. A preliminary advice of the issuance of a credit or amendment (“pre-advice”) shall only be sent if the issuing bank is prepared to issue the operative credit or amendment. An issuing bank that sends a pre-advice is irrevocably committed to issue the operative credit or amendment, without delay, in terms not inconsistent with the pre-advice.

b. 开证行只有在准备开立有效信用证或做出有效修改时，才可以发出关于开立或修改信用证的初步通知（预先通知）。开证行一旦做出该预先通知，即不可撤销地保证不迟延地开立或修改信用证，且其条款不能与预先通知相矛盾。

Article 12 Nomination

第十二条 指定

a. Unless a nominated bank is the confirming bank, an authorization to honour or negotiate does not impose any obligation on that nominated bank to honour or negotiate, except when expressly agreed to by that nominated bank and so communicated to the beneficiary.

a. 除非指定银行为保兑行，对于承付或议付的授权并不赋予指定银行承付或议付的义务，除非该指定银行明确表示同意并且告知受益人。

b. By nominating a bank to accept a draft or incur a deferred payment undertaking, an issuing bank authorizes that nominated bank to prepay or purchase a draft accepted or a deferred payment undertaking incurred by that nominated bank.

b. 开证行指定一银行承兑汇票或做出延期付款承诺，即为授权该指定银行预付或购买其已其已承兑的汇票或已做出的延期付款承诺。

c. Receipt or examination and forwarding of documents by a nominated bank that is not a confirming bank does not make that nominated bank liable to honour or negotiate, nor does it constitute honour or negotiation.

c. 非保兑行的指定银行收到或审核并转递单据的行为并不使其承担承付或议付的责任，也不构成其承付或议付的行为。

Article 13 Bank-to-Bank Reimbursement Arrangements

第十三条 银行之间的偿付安排

a. If a credit states that reimbursement is to be obtained by a nominated bank (“claiming bank”) claiming on another party (“reimbursing bank”), the credit must state if the reimbursement is subject to the ICC rules for bank-to-bank reimbursements in effect on the date of issuance of the credit.

a. 如果信用证规定指定银行（索偿行）向另一方（偿付行）获取偿付时，必须同时规定该偿付是否按信用证开立时有效的 ICC 银行间偿付规则进行。

b. If a credit does not state that reimbursement is subject to the ICC rules for bank-to-bank reimbursements, the following apply:

b. 如果信用证没有规定偿付遵守 ICC 银行间偿付规则，则按照以下规定执行。

i. An issuing bank must provide a reimbursing bank with a reimbursement authorization that conforms with the availability stated in the credit. The reimbursement authorization should not be subject to an expiry date.

i. 开证行必须给予偿付行有关偿付的授权，授权应符合信用证关于兑用方式的规定，且不应设定截止日。

ii. A claiming bank shall not be required to supply a reimbursing bank with a certificate of compliance with the terms and conditions of the credit.

ii. 开证行不应要求索偿行向偿付行提供与信用证条款相符的证明。

iii. An issuing bank will be responsible for any loss of interest, together with any expenses incurred, if reimbursement is not provided on first demand by a reimbursing bank in accordance with the terms and conditions of the credit.

iii. 如果偿付行未按信用证条款见索即偿，开证行将承担利息损失以及产生的任何其他费用。

iv. A reimbursing bank's charges are for the account of the issuing bank. However, if the charges are for the account of the beneficiary, it is the responsibility of an issuing bank to so indicate in the credit and in the reimbursement authorization. If a reimbursing bank's charges are for the account of the beneficiary, they shall be deducted from the amount due to a claiming bank when reimbursement is made. If no reimbursement is made, the reimbursing bank's charges remain the obligation of the issuing bank.

iv. 偿付行的费用应由开证行承担。然而，如果此项费用由受益人承担，开证行有责任有信用证及偿付授权中注明。如果偿付行的费用由受益人承担，该费用应在偿付时从付给索偿行的金额中扣取。如果偿付未发生，偿付行的费用仍由开证行负担。

c. An issuing bank is not relieved of any of its obligations to provide reimbursement if reimbursement is not made by a reimbursing bank on first demand.

c. 如果偿付行未能见索即偿，开证行不能免除偿付责任。

Article 14 Standard for Examination of Documents

第十四条 单据审核标准

a. A nominated bank acting on its nomination, a confirming bank, if any, and the issuing bank must examine a presentation to determine, on the basis of the documents alone, whether or not the documents appear on their face to constitute a complying presentation.

a. 按指定行事的指定银行、保兑行（如果有的话）及开证行须审核交单，并仅基于单据本身确定其是否在表面上构成相符交单。

b. A nominated bank acting on its nomination, a confirming bank, if any, and the issuing bank shall each have a maximum of five banking days following the day of presentation to determine if a presentation is complying. This period is not curtailed or otherwise affected by the occurrence on or after the date of presentation of any expiry date or last day for presentation.

b. 按指定行事的指定银行、保兑行（如有的话）及开证行各有从交单次日起至多五个银行工作日用以确定交单是否相符。这一期限不因在交单日当天或之后信用证截止日或最迟交单日截至而受到缩减或影响。

c. A presentation including one or more original transport documents subject to articles 19, 20, 21, 22, 23, 24 or 25 must be made by or on behalf of the beneficiary not later than 21 calendar days after the date of shipment as described in these rules, but in any event not later than the expiry date of the credit.

c. 如果单据中包含一份或多份受第十九、二十、二十一、二十二、二十三、二十四或二十五条规定限制的正本运输单据，则须由受益人或其他受益人代表在不迟于本惯例所指的发运日之后的二十一个日历日内交单，但是在任何情况下都不得迟于信用证的截止日。

d. Data in a document, when read in context with the credit, the document itself and international standard banking practice, need not be identical to, but must not conflict with, data in that document, any other stipulated document or the credit.

d. 单据中的数据，在与信用证、单据本身以及国际标准银行实务参照解读时，无须与该单据本身中的数据、其他要求的单据或信用证中的数据等同一致，但不得相互矛盾。

e. In documents other than the commercial invoice, the description of the goods, services or performance, if stated, may be in general terms not conflicting with their description in the credit.

e. 除商业发票外，其他单据中的货物、服务或履约行为的描述（如果有的话）可使用与信用证中的描述不矛盾的概括性用语。

f. If a credit requires presentation of a document other than a transport document, insurance document or commercial invoice, without stipulating by whom the document is to be issued or its data content, banks will accept the document as presented if its content appears to fulfill the function of the required document and otherwise complies with sub-article 14 (d).

f. 如果信用证要求提交运输单据、保险单据或者商业发票之外的单据，却未规定出单人或其数据内容，则只要提交的单据内容看似满足所要求单据的功能，且其他方面符合第十四条 d 款，银行即可接受该单据。

g. A document presented but not required by the credit will be disregarded and may be returned to the presenter.

g. 提交的单据不符合信用证所要求的将被不予理会，并可被退还给交单人。

h. If a credit contains a condition without stipulating the document to indicate compliance with the condition, banks will deem such condition as not stated and will disregard it.

h. 如果信用证含有一项条件，但未规定用以表明该条件得到满足的单据，银行将视为未作规定并不予理会。

i. A document may be dated prior to the issuance date of the credit, but must not be dated later than its date of presentation.

i. 单据日期可以早于信用证的开立日期，但不得晚于交单日期。

j. When the addresses of the beneficiary and the applicant appear in any stipulated document, they need not be the same as those stated in the credit or in any other stipulated document, but must be within the same country as the respective addresses mentioned in the credit. Contact details (telefax, telephone, email and the like) stated as part of the beneficiary's and the applicant's address will be disregarded. However, when the address and contact details of the applicant appear as part of the consignee or notify party details on a transport document subject to articles 19, 20, 21, 22, 23, 24 or 25, they must be as stated in the credit.

j. 当受益人和申请人的地址出现在任何规定的单据中时，无须与信用证或其他规定单据中所载相同，但必须与信用证中规定的相应地址同在一国。联络细节（传真、电话、电子邮件及类似细节）作为受益人和申请人地址的一部分时将被不予理会。然而，如果申请人的地址和联络细节为第十九、二十、二十一、二十二、二十三、二十四或二十五条规定的运输单据上的收货人或通知方细节的一部分时，应与信用证规定的相同。

k. The shipper or consignor of the goods indicated on any document need not be the beneficiary of the credit.

k. 在任何单据中注明的托运人或发货人无须为信用证的受益人。

l. A transport document may be issued by any party other than a carrier, owner, master or charterer provided that the transport document meets the requirements of articles 19, 20, 21, 22, 23 or 24 of these rules.

l. 运输单据可以由任何人出具，无须为承运人、船东、船长或租船人，只要其符合第十九、二十、二十一、二十二、二十三或二十四条的要求即可。

Article 15 Complying Presentation

第十五条 相符交单

a. When an issuing bank determines that a presentation is complying, it must honour.

a. 开证行确定交单相符就必须承付。

b. When a confirming bank determines that a presentation is complying, it must honour or negotiate and forward the documents to the issuing bank.

b. 保兑行确定交单相符就必须承付或者议付并将单据转递给开证行。

c. When a nominated bank determines that a presentation is complying and honours or negotiates, it must forward the documents to the confirming bank or issuing bank.

c. 指定银行确定交单相符并承付或议付就必须将单据转递给保兑行或开证行。

Article 16 Discrepant Documents, Waiver and Notice

第十六条 不符单据、放弃及通知

a. When nominated bank acting on its nomination, a confirming bank, if any, or the issuing bank determines that a presentation does not comply, it may refuse to honour or negotiate.

a. 当按照指定行事的指定银行、保兑行（如有的话）或者开证行确定交单不符时，可以拒绝承付或议付。

b. When an issuing bank determines that a presentation does not comply, it may in its sole judgment approach the applicant for a waiver of the discrepancies. This does not, however, extend the period mentioned in sub-article 14 (b).

b. 当开证行确定交单不符时，可以自行决定联系申请人放弃不符点，但这并不能延长第十四条 b 款所指的期限。

c. When a nominated bank acting on its nomination, a confirming bank, if any, or the issuing bank decides to refuse to honour or negotiate, it must give a single notice to that effect to the presenter.

c. 当按照指定行事的指定银行、保兑行（如有的话）或开证行决定拒绝承付或议付时，必须给予交单人一份单独的拒付通知。

The notice must state:

该通知必须声明：

i. that the bank is refusing to honour or negotiate; and

i. 银行拒绝承付或议付；及

ii. each discrepancy in respect of which the bank refuses to honour or negotiate; and

ii. 银行拒绝承付或者议付所依据的每一个不符点；及

iii. a) that the bank is holding the documents pending further instructions from the presenter; or

iii. a）银行留存单据听候交单人的进一步指示；或

b) that the issuing bank is holding the documents until it receives a waiver from the applicant and agrees to accept it, or receives further instructions from the presenter prior to agreeing to accept a waiver; or

b）开证行留存单据直到其从申请人处接到放弃不符点的通知并同意接受该放弃，或者其同意接受对不符点的放弃之前从交单人处收到其进一步指示；或

c) that the bank is returning the documents; or

c）银行将退回单据；或

d) that the bank is acting in accordance with instructions previously received from the presenter.

d）银行将按之前从交单人处获得的指示处理。

d. The notice required in sub-article 16 (c) must be given by telecommunication or, if that is not possible, by other expeditious means no later than the close of the fifth banking day following the day of presentation.

d. 第十六条 c 款要求的通知必须以电讯方式在不迟于自交单之翌日起第五个银行工作日结束前发出。如不可能，则以其他快捷方式发出。

e. A nominated bank acting on its nomination, a confirming bank, if any, or the issuing bank may, after providing notice required by sub-article 16 (c) (iii) (a) or(b), return the documents to the presenter at any time.

e. 按照指定行事的指定银行、保兑行（如有的话）或开证行在按照第十六条 c 款 iii 项（a）或（b）发出了通知后，可以在任何时候将单据退还交单人。

f. If an issuing bank or a confirming bank fails to act in accordance with the provisions of this article, it shall be precluded from claiming that the documents do not constitute a complying presentation.

f. 如果开证行或保兑行未能按照本条规定行事，则其无权宣称交单不符。

g. When an issuing bank refuses to honour or a confirming bank refuses to honour or negotiate and has given notice to that effect in accordance with this article, it shall then be entitled to claim a refund, with interest, of any reimbursement made.

g. 开证行拒绝承付或保兑行拒绝承付或者议付，并且按照本条规定发出了拒付通知后，其有权要求返还已偿付的款项及利息。

Article 17 Original Documents and Copies

第十七条 正本单据及副本

a. At least one original of each document stipulated in the credit must be presented.

a. 信用证规定的每一种单据须至少提交一份正本。

b. A bank shall treat as an original any document bearing an apparently original signature, mark, stamp, or label of the issuer of the document; unless the document itself indicates that it is not an original.

b. 银行应将任何带有出单人的原始签名、标记、印戳或标签的单据视为正本单据，除非单据本身表明其非正本。

c. Unless a document indicates otherwise, a bank will also accept a document as original if it:

c. 除非单据本身另有说明，否则在以下情况下，银行也将其视为正本单据：

i. appears to be written, typed, perforated or stamped by the document issuer's hand; or

i. 单据看似由出单人手写、打字、穿孔或盖章；或

ii. appears to be on the document issuer's original stationery; or

ii. 单据看似使用出单人的原始信纸出具；或

iii. states that it is original, unless the statement appears not to apply to the document presented.

iii. 单据声明其为正本单据，除非该声明看似不适用于提交的单据。

d. If a credit requires presentation of copies of documents, presentation of either originals or copies is permitted.

d. 如果信用证要求提交单据的副本，提交正本或副本均可。

e. If a credit requires presentation of multiple documents by using terms such as “in duplicate”, “in two fold” or “in two copies”, this will be satisfied by the presentation of at least one original and the remaining number in copies, except when the document itself indicates otherwise.

e. 如果信用证使用诸如“一式两份（in duplicate）”“两份（in two fold）”“两套（in two copies）”等用语要求提交多份单据，则至少要提交一份正本，其余使用副本即可满足要求，除非单据本身另有说明。

Article 18　Commercial Invoice

第十八条　商业发票

a. A commercial invoice:

a. 商业发票：

i. must appear to have been issued by the beneficiary (except as provided in article 38);

i. 必须看似由受益人出具（第三十八条规定的情形除外）；

ii. must be made out in the name of the applicant (except as provided in subarticle 38 (g));

ii. 必须出具成以申请人为抬头（第三十八条 g 款规定的情形除外）；

iii. must be made out in the same currency as the credit; and

iii. 必须与信用证的货币相同；且

iv. need not be signed.

iv. 无需签名。

b. A nominated bank acting on its nomination, a confirming bank, if any, or the issuing bank may accept a commercial invoice issued for an amount in excess of the amount permitted by the credit, and its decision will be binding upon all parties, provided the bank in question has not honoured or negotiated for an amount in excess of that permitted by the credit.

b. 只要该银行对超过信用证允许金额的部分未作承付或者议付，按指定行事的指定银行、保兑行（如有的话）或开证行可以接受金额大于信用证允许金额的商业发票，其决定对有关各方均有约束力。

c. The description of the goods, services or performance in a commercial invoice must correspond with that appearing in the credit.

c. 商业发票上的货物、服务或履约行为的描述应该与信用证中的描述一致。

Article 19　Transport Document Covering at Least Two Different Modes of Transport

第十九条　涵盖至少两种不同运输方式的运输单据

a. A transport document covering at least two different modes of transport (multimodal or combined transport document), however named, must appear to:

a. 涵盖至少两种不同运输方式的运输单据（多式或联合运输单据），无论名称如何，必须看似：

i. indicate the name of the carrier and be signed by:

i. 表明承运人名称并由以下人员签署：

a) the carrier or a named agent for or on behalf of the carrier, or

a）承运人或其具名代理人，或

the master or a named agent for or on behalf of the master.

船长或其具名代理人。

b) Any signature by the carrier, master or agent must be identified as that of the carrier, master or agent.

b）承运人、船长或代理人的任何签字，必须标明其承运人、船长或代理人的身份。

c) Any signature by an agent must indicate whether the agent has signed for or on behalf of the carrier or for or on behalf of the master.

c）代理人签字必须表明其是代表承运人还是船长签字。

ii. indicate that the goods have been dispatched, taken in charge or shipped on board at the place stated in the credit, by:

ii. 通过以下方式表明货运站物已经在信用证规定的地点发送，接管或已装船。

pre-printed wording, or

事先印就的文字，或

a stamp or notation indicating the date on which the goods have been dispatched, taken in charge or shipped on board.

表明货物已经被发送、接管或装船的日期印戳或批注。

The date of issuance of the transport document will be deemed to be the date of dispatch, taking in charge or shipped on board, and the date of shipment. However, if the transport document indicates, by stamp or notation, a date of dispatch, taking in charge or shipped on board, this date will be deemed to be the date of shipment.

运输单据的出具日期将被视为发送，接管或装船的日期，即发运的日期。如单据以印戳或批注的方式表明了发送、接管或装船日期，则该日期将被视为发运日期。

iii. indicate the place of dispatch, taking in charge or shipment and the place of final destination stated in the credit, even if:

iii. 表明信用证规定的发送、接管或发运地点，以及最终目的地，即使：

a) the transport document states, in addition, a different place of dispatch, taking in charge or shipment or place of final destination, or

a）该运输单据另外还载明了一个不同的发送、接管或发运地点或最终目的地，或

b) the transport document contains the indication “intended” or similar qualification in relation to the vessel, port of loading or port of discharge.

b）该运输单据载有“预期的”或类似的关于船只、装货港或卸货港的限定语。

iv. be the sole original transport document or, if issued in more than one original, be the full set as indicated on the transport document.

iv. 为唯一的正本运输单据、或者、如果出具为多份正本，则为运输单据中表明的全套单据。

v. contain terms and conditions of carriage or make reference to another source containing the terms and conditions of carriage (short form or blank back transport document). Contents of terms and conditions of carriage will not be examined.

v. 载有承运条款和条件，或提示承运条款和条件参见别处（简式/背面空白的运输单据）。银行将不审核承运条款和条件的内容。

vi. contain no indication that it is subject to a charter party.

vi. 未表明受租船合同约束。

b. For the purpose of this article, transhipment means unloading from one means of conveyance and reloading to another means of conveyance (whether or not in different modes of transport) during the carriage from the place of dispatch, taking in charge or shipment to the place of final destination stated in the credit.

b. 就本条而言，转运指在从信用证规定的发送、接管或者发运地点最终目的地的运输过程中从某一运输工具上卸下货物并装上另一运输工具的行为（无论其是否为不同的运输方式）。

c. i. A transport document may indicate that the goods will or may be transhipped provided that the entire carriage is covered by one and the same transport document.

c. i. 只要全程运输由同一运输单据涵盖，运输单据就可以表明货物将要或可能被转运。

ii. A transport document indicating that transhipment will or may take place is acceptable, even if the credit prohibits transhipment.

ii. 即使信用证禁止转运，注明将要或者可能发生转运的运输单据仍可接受。

Article 20 Bill of Lading

第二十条 提单

a. A bill of lading, however named, must appear to:

a. 无论提单名称如何，必须看似：

i. indicate the name of the carrier and be signed by:

i. 表明承运人名称，并由下列人员签署：

the carrier or a named agent for or on behalf of the carrier, or

承运人或其具名代理人，或

the master or a named agent for or on behalf of the master.

船长或其具名代理人。

Any signature by the carrier, master or agent must be identified as that of the carrier, master or agent.

承运人、船长或代理人的任何签字必须标明其承运人、船长或代理人的身份。

Any signature by an agent must indicate whether the agent has signed for or on behalf of the carrier or for or on behalf of the master.

代理人的任何签字必须标明其是代表承运人还是船长签字。

ii. indicate that the goods have been shipped on board a named vessel at the port of loading stated in the credit by:

ii. 通过以下方式表明货物已在信用证规定的装货港装上具名船只：

pre-printed wording, or

预先印就的文字，或

an on board notation indicating the date on which the goods have been shipped on board.

已装船批注注明货物的装运日期。

The date of issuance of the bill of lading will be deemed to be the date of shipment unless the bill of lading contains an on board notation indicating the date of shipment, in which case the date stated in the on board notation will be deemed to be the date of shipment.

提单的出具日期将被视为发运日期，除非提单载有表明发运日期的已装船批注，否则此时已装船批注中显示的日期将被视为发运日期。

If the bill of lading contains the indication "intended vessel" or similar qualification in relation to the name of the vessel, an on board notation indicating the date of shipment and the name of the actual vessel is required.

如果提单载有"预期船只"或类似的关于船名的限定语，则需以已装船批注明确发运日期以及实际船名。

iii. indicate shipment from the port of loading to the port of discharge stated in the credit.

iii. 表明货物从信用证规定的装货港发运至卸货港。

If the bill of lading does not indicate the port of loading stated in the credit as the port of loading, or if it contains the indication "intended" or similar qualification in relation to the port of loading, an on board notation indicating the port of loading as stated in the credit, the date of shipment and the name of the vessel is required. This provision applies even when loading on board or shipment on a named vessel is indicated by preprinted wording on the bill of lading.

如果提单没有表明信用证规定的装货港为装货港，或者其载有"预期的"或类似的关于装货港的限定语，则需以已装船批注表明信用证规定的装货港、发运日期以及实际船名。即使提单以事先印就的文字表明了货物已装载或装运于具名船只，本规定仍适用。

iv. be the sole original bill of lading or, if issued in more than one original, be the full set as indicated on the bill of lading.

iv. 提单为唯一的正本提单，或如果以多份正本出具，为提单及表明的全套正本。

v. contain terms and conditions of carriage or make reference to another source containing the terms and conditions of carriage (short form or blank back bill of lading). Contents of terms and conditions of carriage will not be examined.

v. 载有承运条款和条件，或提示承运条款和条件参见别处（简式/背面空白的提单）。银行将不审核承运条款和条件的内容。

vi. contain no indication that it is subject to a charter party.

vi. 未表明受租船合同约束。

b. For the purpose of this article, transhipment means unloading from one vessel and reloading to another vessel during the carriage from the port of loading to the port of discharge stated in the credit.

b. 就本条规定而言，转运系指在信用证规定的装货港到卸货港之间的运输过程中，将货物从一艘船卸下并再装上另一艘船的行为。

c.i. A bill of lading may indicate that the goods will or may be transshipped provided that the entire carriage is covered by one and the same bill of lading.

c.i. 只要全程运输由同一提单涵盖，提单可以表明货物将要或可能被转运。

ii. A bill of lading indicating that transhipment will or may take place is acceptable, even if the credit prohibits transhipment, if the goods have been shipped in a container, trailer or LASH barge as evidenced by the bill of lading.

ii. 即使信用证禁止转运，只要其表明货物由集装箱、拖车或子船运输，注明将要或可能发生转运的提单仍可接受。

d. Clauses in a bill of lading stating that the carrier reserves the right to tranship will be disregarded.

d. 提单中声明承运人保留转运权利的条款将被不予理会。

Article 21 Non-Negotiable Sea Waybill

第二十一条 不可转让的海运单

a. A non-negotiable sea waybill, however named, must appear to:

a. 不可转让的海运单，无论名称如何，必须看似：

i. indicate the name of the carrier and be signed by:

i. 表明承运人名称并由下列人员签署：

the carrier or a named agent for or on behalf of the carrier, or

承运人或其具名代理人，或

the master or a named agent for or on behalf of the master.

船长或其具名代理人。

Any signature by the carrier, master or agent must be identified as that of the carrier, master or agent.

承运人、船长或代理人的任何签字必须标明其承运人、船长或代理人的身份。

Any signature by an agent must indicate whether the agent has signed for or on behalf of the carrier or for or on behalf of the master. 代理签字必须标明其是代表承运人还是船长签定。

ii. indicate that the goods have been shipped on board a named vessel at the port of loading stated in the credit by:

ii. 通过以下方式表明货物已在信用证规定的装货港装上具名船只：

pre-printed wording, or

预先印就的文字，或

an on board notation indicating the date on which the goods have been shipped on board.

已装船批注表明货物的装运日期。

The date of issuance of the non-negotiable sea waybill will be deemed to be the date of shipment unless the non-negotiable sea waybill contains an on board notation indicating the date of shipment, in which case the date stated in the on board notation will be deemed to be the date of shipment.

不可转让海运单的出具日期将被视为发运日期，除非其上带有已装船批注注明发运日期，否则这个已装船批注注明的日期将被视为发运日期。

If the non-negotiable sea waybill contains the indication "intended vessel" or similar qualification in relation to the name of the vessel, an on board notation indicating the date of shipment and the name of the actual vessel is required.

如果不可转让海运单载有"预期船只"或类似的关于船名的限定语，则需要以已装船批注表明发运日期和实际船只。

iii. indicate shipment from the port of loading to the port of discharge stated in the credit.

iii. 表明货物从信用证规定的装货港发运至卸货港。

If the non-negotiable sea waybill does not indicate the port of loading stated in the credit as the port of loading, or if it contains the indication "intended" or similar qualification in relation to the port of loading, an on board notation indicating the port of loading as stated in the credit, the date of shipment and the name of the vessel is required. This provision applies even when loading on board or shipment on a named vessel is indicated by pre-printed wording on the non-negotiable sea waybill.

如果不可转让海运单未以信用证规定的装货港为装货港，或者如果其载有“预期的”或类似的关于装货港的限定语，则需要以已装船批注表明信用证规定的装货港、发运日期和船只。即使不可转让海运单以预先印就的文字表明货物已由具名船只装载或装运，本规定也适用。

iv. be the sole original non-negotiable sea waybill or, if issued in more than one original, be the full set as indicated on the non-negotiable sea waybill.

iv. 提单为唯一的正本不可转让海运单，或如果以多份正本出具，为海运单上注明的全套正本。

v. contain terms and conditions of carriage or make reference to another source containing the terms and conditions of carriage (short form or blank back non-negotiable sea waybill). Contents of terms and conditions of carriage will not be examined.

v. 载有承运条款的条件，或提示承运条款和条件参见别处（简式/背面空白的海运单）。银行将不审核承运条款和条件的内容。

vi. contain no indication that it is subject to a charter party.

vi. 未注明受租船合同约束。

b. For the purpose of this article, transhipment means unloading from one vessel and reloading to another vessel during the carriage from the port of loading to the port of discharge stated in the credit.

b. 就本条规定而言，转运系指在信用证规定的装货港到卸货之间的运输过程中，将货物从船卸下并装上另一船的行为。

c. i. A non-negotiable sea waybill may indicate that the goods will or may be transhipped provided that the entire carriage is covered by one and the same non-negotiable sea waybill.

c. i. 只要全程运输由同一海运单涵盖，不可转让海运单可以注明货物将要或可能被转运。

ii. A non-negotiable sea waybill indicating that transhipment will or may take place is acceptable, even if the credit prohibits transhipment, if the goods have been shipped in a container, trailer or LASH barge as evidenced by the non-negotiable sea waybill.

ii. 即使信用证禁止转运，只要其表明货物装于集装箱，拖船或子船中运输，注明转运将要或可能发生的不可转让的海运单仍可接受。

d. Clauses in a non-negotiable sea waybill stating that the carrier reserves the right to tranship will be disregarded.

d. 不可转让的海运单中声明承运人保留转运权利条款将被不予理会。

Article 22 Charter Party Bill of Lading

第二十二条 租船合同提单

a. A bill of lading, however named, containing an indication that it is subject to a charter party (charter party bill of lading), must appear to:

a. 表明其受租船合同约束的提单（租船合同提单），无论名称如何，必须看似：

i. be signed by:

i. 由以下人员签署：

the master or a named agent for or on behalf of the master, or
船长或其具名代理人，或

the owner or a named agent for or on behalf of the owner, or
船东或其具名代理人，或

the chatterer or a named agent for or on behalf of the charterer.
租船人或其具名代理人。

Any signature by the master, owner, charterer or agent must be identified as that of the master, owner, charterer or agent.
船长、船东、租船人或代理人的任何签字必须表明其船长、船东、租船人或代理人的身份。

Any signature by an agent must indicate whether the agent has signed for or on behalf of the master, owner or charterer.
代理人签字必须表明其是代表船长、船东或租船人签字。

An agent signing for or on behalf of the owner or charterer must indicate the name of the owner or charterer.
代理人代表船东或租船人签字时必须注明船东或租船人的名称。

ii. indicate that the goods have been shipped on board a named vessel at the port of loading stated in the credit by:
ii. 通过以下方式表明货物已在信用证规定的装货港装上具名船只：

pre-printed wording, or
预先印就的文字，或

an on board notation indicating the date on which the goods have been shipped on board.
已装船批注注明货物的装运日期

The date of issuance of the charter party bill of lading will be deemed to be the date of shipment unless the charter party bill of lading contains an on board notation indicating the date of shipment, in which case the date stated in the on board notation will be deemed to be the date of shipment.
租船合同提单的出具日期将被视为发运日期，除非租船合同提单载有已装船批注注明发运日期，否则此时已装船批注上注明的日期将被视为发运日期。

iii. indicate shipment from the port of loading to the port of discharge stated in the credit. The port of discharge may also be shown as a range of ports or a geographical area, as stated in the credit.
iii. 表明货物从信用证规定的装货港台发运至卸货港。卸货港也可显示为信用证规定的港口范围或地理区域。

iv. be the sole original charter party bill of lading or, if issued in more than one original, be the full set as indicated on the charter party bill of lading.
iv. 提单为唯一的正本租船合同提单，或如以多份正本出具，为租船合同提单注明的全套正本。

b. A bank will not examine charter party contracts, even if they are required to be presented by the terms of the credit.
b. 即使信用证要求提交租船合同，银行将不审核租船合同。

Article 23 Air Transport Document

第二十三条 空运单据

a. An air transport document, however named, must appear to:

a. 无论空运单据名称如何，必须看似：

i. indicate the name of the carrier and be signed by:

i. 表明承运人名称，并由以下人员签署：

the carrier, or

承运人，或

a named agent for or on behalf of the carrier.

承运人的具名代理人。

Any signature by the carrier or agent must be identified as that of the carrier or agent.

承运人或其代理人的任何签字必须标明其承运人或代理人的身份。

Any signature by an agent must indicate that the agent has signed for or on behalf of the carrier.

代理人签字必须表明其是代表承运人签字。

ii. indicate that the goods have been accepted for carriage.

ii. 表明货物已被收妥待运。

iii. indicate the date of issuance. This date will be deemed to be the date of shipment unless the air transport document contains a specific notation of the actual date of shipment, in which case the date stated in the notation will be deemed to be the date of shipment.

iii. 表明出具日期。该日期将被视为发运日期，除非空运单据载有专门批注注明实际发运日期，否则此时批注中的日期将被视为发运日期。

Any other information appearing on the air transport document relative to the flight number and date will not be considered in determining the date of shipment.

空运单据中其他与航班号和航班日期相关的信息将不被用来确定发运日期。

iv. indicate the airport of departure and the airport of destination stated in the credit.

iv. 表明信用证规定的起飞机场和目的地机场。

v. be the original for consignor or shipper, even if the credit stipulates a full set of originals.

v. 为开给发货人或托运人的正本，即使信用证规定提交全套正本。

vi. contain terms and conditions of carriage or make reference to another source containing the terms and conditions of carriage. Contents of terms and conditions of carriage will not be examined.

vi. 载有承运条款和条件，或提示条款和条件参见别处。银行将不审核承运条款和条件的内容。

b. For the purpose of this article, transhipment means unloading from one aircraft and reloading to another aircraft during the carriage from the airport of departure to the airport of destination stated in the credit.

b. 就本条规定而言，转运是指在信用证规定的起飞机场到目的地机场的运输过程中，将货物从一飞机卸下再装上另一飞机的行为。

c.i. An air transport document may indicate that the goods will or may be transhipped, provided that the entire carriage is covered by one and the same air transport document.

c.i. 空运单据可以注明货物将要或可能转运，只要全程运输由同一空运单据涵盖。

ii. An air transport document indicating that transhipment will or may take place is acceptable, even if the credit prohibits transhipment.

ii. 即使信用证禁止转运，只要注明将要或可能发生的转运，空运单据仍可接收。

Article 24 Road, Rail or Inland Waterway Transport Documents

第二十四条 公路、铁路或内陆水运单据

a. A road, rail or inland waterway transport document, however named, must appear to:

a. 无论公路、铁路或内陆水运单据名称如何，必须看似：

i. indicate the name of the carrier and:

i. 表明承运人名称：并且

be signed by the carrier or a named agent for or on behalf of the carrier, or

由承运人或其具名代理人签署，或

indicate receipt of the goods by signature, stamp or notation by the carrier or a named agent for or on behalf of the carrier.

由承运人或其具名代理人以签字、印戳或批注表明货物收讫。

Any signature, stamp or notation of receipt of the goods by the carrier or agent must be identified as that of the carrier or agent.

承运人或其具名代理人的收货签字、印戳或批注必须标明其承运人或代理人的身份。

Any signature, stamp or notation of receipt of the goods by the agent must indicate that the agent has signed or acted for or on behalf of the carrier.

代理人的收货签字，印戳或批注必须标明代理人系代理承运人签字或行事。

If a rail transport document does not identify the carrier, any signature or stamp of the railway company will be accepted as evidence of the document being signed by the carrier.

如果铁路运输单据没有指明承运人，可以接受铁路运输公司的任何签字或印戳作为承运人签署单据的证据。

ii. indicate the date of shipment or the date the goods have been received for shipment, dispatch or carriage at the place stated in the credit. Unless the transport document contains a dated reception stamp, an indication of the date of receipt or a date of shipment, the date of issuance of the transport document will be deemed to be the date of shipment.

ii. 表明货物的信用规定地点的发运日期，或者收讫待运或待发送的日期。运输单据的出具日期将被视为发运日期，除非运输单据上盖有带日期的收货印戳，或注明了收货日期或发运日期。

iii. indicate the place of shipment and the place of destination stated in the credit.

iii. 表明信用证规定的发运地及目的地。

b.i. A road transport document must appear to be the original for consignor or shipper or bear no marking indicating for whom the document has been prepared.

b.i. 公路运输单据必须看似为开给发货人或托运人的正本，或没有任何标记表明单据开给何人。

ii. A rail transport document marked “duplicate” will be accepted as an original.

ii. 注明“第二联”的铁路运输单据将被作为正本接受。

iii. A rail or inland waterway transport document will be accepted as an original whether marked as an original or not.

iii. 无论是否注明正本字样，铁路或内陆水运单据都被作为正本接受。

c. In the absence of an indication on the transport document as to the number of originals issued, the number presented will be deemed to constitute a full set.

c. 如运输单据上未注明出具的正本数量，提交的份数即视为全套正本。

d. For the purpose of this article, transhipment means unloading from one means of conveyance and reloading to another means of conveyance, within the same mode of transport, during the carriage from the place of shipment, dispatch or carriage to the place of destination stated in the credit.

d. 就本条规定而言，转运是指在信用证规定的发运、发送或运送的地点到目的地之间的运输过程中，在同一运输方式中从一运输工具卸下再装上另一运输工具的行为。

e.i. A road, rail or inland waterway transport document may indicate that the goods will or may be transhipped provided that the entire carriage is covered by one and the same transport document.

e.i. 只要全程运输由同一运输单据涵盖，公路、铁路或内陆水运单据可以注明货物将要或可能被转运。

ii. A road, rail or inland waterway transport document indicating that transhipment will or may take place is acceptable, even if the credit prohibits transhipment.

ii. 即使信用证禁止转运，只要注明将要或可能发生的转运，公路、铁路或内陆水运单据仍可接受。

Article 25 Courier Receipt, Post Receipt or Certificate of Posting

第二十五条 快递收据、邮政收据或投邮证明

a. A courier receipt, however named, evidencing receipt of goods for transport,must appear to:

a. 证明货物收讫待运的快递收据，无论其名称如何，必须看似：

i. indicate the name of the courier service and be stamped or signed by the named courier service at the place from which the credit states the goods are to be shipped; and

i. 表明快递机构的名称，并在信用证规定的货物物发运地点由该具名快递机构盖章或签字，并且

ii. indicate a date of pick-up or of receipt or wording to this effect. This date will be deemed to be the date of shipment.

ii. 表明取件或收件的日期或类似词语，该日期将被视为发运日期。

b. A requirement that courier charges are to be paid or prepaid may be satisfied by a transport document issued by a courier service evidencing that courier charges are for the account of a party other than the consignee.

b. 如果要求显示快递费用付讫或预付，快递机构出具的表明快递费由收货人以外的一方支付的运输单据可以满足该项要求。

c. A post receipt or certificate of posting, however named, evidencing receipt of goods for transport, must appear to be stamped or signed and dated at the place from which the credit states the goods are to be shipped. This date will be deemed to be the date of shipment.

c. 证明货物收讫待运的邮政收据或投邮证明，无论名称如何，必须看似在信用证规定的货物发运地点盖章或签署并注明日期。该日期将被视为发运日期。

Article 26 "On Deck", "Shipper's Load and Count", "Said by Shipper to Contain" and Charges Additional to Freight

第二十六条 "货装舱面""托运人装载和计数""内容据托运人报称"及运费之外的费用

a. A transport document must not indicate that the goods are or will be loaded on deck. A clause on a transport document stating that the goods may be loaded on deck is acceptable.

a. 运输单据不得表明货物装于或者装于舱面。声明可能被装于舱面的运输单据条款可以接受。

b. A transport document bearing a clause such as "shipper's load and count" and "said by shipper to contain" is acceptable.

b. 载有诸如"托运人装载和计数"或"内容据托运人报称"条款的运输单据可以接受。

c. A transport document may bear a reference, by stamp or otherwise, to charges additional to the freight.

c. 运输单据上可以以印戳或其他方法提及运费之外的费用。

Article 27 Clean Transport Document

第二十七条 清洁运输单据

A bank will only accept a clean transport document. A clean transport document is one bearing no clause or notation expressly declaring a defective condition of the goods or their packaging. The word "clean" need not appear on a transport document, even if a credit has a requirement for that transport document to be "clean on board".

银行只接受清洁运输单据。清洁运输单据指未载有明确宣称货物或包装有缺陷的条款或批注的运输单据。"清洁"一词并不需要在运输单据上出现，即使信用证要求运输单据为"清洁已装船"的。

Article 28 Insurance Document and Coverage

第二十八条 保险单据及保险范围

a. An insurance document, such as an insurance policy, an insurance certificate or a declaration under an open cover, must appear to be issued and signed by an insurance company, an underwriter or their agents or their proxies.

a. 保险单据。例如保险单或预约保险项下的保险证明书或者声明书，必须看似由保险公司或承保人或其代理人或代表出具并签署。

Any signature by an agent or proxy must indicate whether the agent or proxy has signed for or on behalf of the insurance company or underwriter.

代理人或代表的签字必须标明其系代表保险公司或承保人签字。

b. When the insurance document indicates that it has been issued in more than one original, all originals must be presented.

b. 如果保险单据表明其以多份正本出具，所有正本均须提交。

c. Cover notes will not be accepted.

c. 暂保单将不被接受。

d. An insurance policy is acceptable in lieu of an insurance certificate or a declaration under an open cover.

d. 可以接受保险单代替预约保险项下的保险证明书或声明书。

e. The date of the insurance document must be no later than the date of shipment, unless it appears from the insurance document that the cover is effective from a date not later than the date of shipment.

e. 保险单据日期不得晚于发运日期，除非保险单据表明保险责任不迟于发运日生效。

f.i. The insurance document must indicate the amount of insurance coverage and be in the same currency as the credit.

f.i. 保险单据必须表明投保金额并以与信用证相同的货币表示。

ii. A requirement in the credit for insurance coverage to be for a percentage of the value of the goods, of the invoice value or similar is deemed to be the minimum amount of coverage required.

ii. 信用证对于投保金额为货物价值、发票金额或类似金额的某一比例的要求，将被视为对最低保额的要求。

If there is no indication in the credit of the insurance coverage required, the amount of insurance coverage must be at least 110% of the CIF or CIP value of the goods.

如果信用证对投保金额未做规定，投保金额须至少为货物的 CIF 或 CIP 价格的 110%。

When the CIF or CIP value cannot be determined from the documents, the amount of insurance coverage must be calculated on the basis of the amount for which honour or negotiation is requested or the gross value of the goods as shown on the invoice, whichever is greater.

如果从单据中不能确定 CIF 或者 CIP 价格，投保金额必须基于要求承付或议付的金额，或者基于发票上显示的货物总值来计算，两者之中取金额较高者。

iii. The insurance document must indicate that risks are covered at least between the place of taking in charge or shipment and the place of discharge or final destination as stated in the credit.

iii. 保险单据须表明承保的风险区间至少涵盖从信用证规定的货物接管地或发运地开始到卸货地或最终目的地为止。

g. A credit should state the type of insurance required and, if any, the additional risks to be covered. An insurance document will be accepted without regard to any risks that are not covered if the credit uses imprecise terms such as "usual risks" or "customary risks".

g. 信用证应规定所需投保的险别及附加险（如有的话）。如果信用证使用诸如"通常风险"或"惯常风险"等含义不确切的用语，则无论是否有漏保之风险，保险单据将被照样接收。

h. When a credit requires insurance against "all risks" and an insurance document is presented containing any "all risks" notation or clause, whether or not bearing the heading "all risks", the insurance document will be accepted without regard to any risks stated to be excluded.

h. 当信用证规定投保"一切险"时，如保险单据载有任何"一切险"批注或条款，无论是否有"一切险"标题，均将被接受，即使其声明任何风险除外。

i. An insurance document may contain reference to any exclusion clause.

i. 保险单据可以援引任何除外条款。

j. An insurance document may indicate that the cover is subject to a franchise or excess (deductible).

j. 保险单据可以注明受免赔率或免赔额（减除除额）约束。

Article 29 Extension of Expiry Date or Last Day for Presentation

第二十九条 截止日或最迟交单日的顺延

a. If the expiry date of a credit or the last day for presentation falls on a day when the bank to which presentation is to be made is closed for reasons other than those referred to in article 36, the expiry date or the last day for presentation, as the case may be, will be extended to the first following banking day.

a. 如果信用证的截止日或最迟交单日适逢接受交单的银行非因第三十六条所述原因而歇业，则截止日或最迟交单日，将根据实际情况顺延至其重新开业的第一个银行工作日。

b. If presentation is made on the first following banking day, a nominated bank must provide the issuing bank or confirming bank with a statement on its covering schedule that the presentation was made within the time limits extended in accordance with sub-article 29 (a).

b. 如果在顺延后的第一个银行工作日交单，指定银行必须在其致开证行或保兑行的面函中声明交单是在根据第二十九条a款顺延的期限内提交的。

c. The latest date for shipment will not be extended as a result of sub-article 29 (a).

c. 最迟发运日不因第二十九条a款规定的原因而顺延。

Article 30 Tolerance in Credit Amount, Quantity and Unit Prices

第三十条 信用证金额、数量与单价的伸增减幅度

a. The words "about" or "approximately" used in connection with the amount of the credit or the quantity or the unit price stated in the credit are to be construed as allowing a tolerance not to exceed 10% more or 10% less than the amount, the quantity or the unit price to which they refer.

a. "约"或"大约"用于信用证金额或信用证规定的数量或单价时，应解释为允许有关金额、数量或单价有不超过10%的增减幅度。

b. A tolerance not to exceed 5% more or 5% less than the quantity of the goods is allowed, provided the credit does not state the quantity in terms of a stipulated number of packing units or individual items and the total amount of the drawings does not exceed the amount of the credit.

b. 只要总支取金额不超过信用证金额，在信用证未以包装单位件数或货物自身件数的方式规定货物数量时，货物数量允许有5%的增减幅度。

c. Even when partial shipments are not allowed, a tolerance not to exceed 5% less than the amount of the credit is allowed, provided that the quantity of the goods, if stated in the credit, is shipped in full and a unit price, if stated in the credit, is not reduced or that sub-article 30 (b) is not applicable. This tolerance does not apply when the credit stipulates a specific tolerance or uses the expressions referred to in sub-article 30 (a).

c. 如果信用证规定了货物数量，而该数量已全部发运，及如果信用证规定了单价，而该单价又未降低，或当第三十条b款不适用时，则即使不允许分批装运，仍可允许支取金额有5%的减幅。若信用证规定有特定的增减幅度或使用第三十条a款提到的用语限定数量，则该减幅不适用。

Article 31 Partial Drawings or Shipments

第三十一条 分批支款或分批发运

a. Partial drawings or shipments are allowed.

a. 允许分批支款或分批发运。

b. A presentation consisting of more than one set of transport documents evidencing shipment commencing on the same means of conveyance and for the same journey, provided they indicate the same destination, will not be regarded as covering a partial shipment, even if they indicate different dates of shipment or different ports of loading, places of taking in charge or dispatch. If the presentation consists of more than one set of transport documents, the latest date of shipment as evidenced on any of the sets of transport documents will be regarded as the date of shipment.

A presentation consisting of one or more sets of transport documents evidencing shipment on more than one means of conveyance within the same mode of transport will be regarded as covering a partial shipment, even if the means of conveyance leave on the same day for the same destination.

b. 表明使用同一运输工具并经由同次航程运输的数套运输单据在同一次提交时，即使运输单据上表明的发运日期不同或装货港、接管地或发运地点不同，只要显示相同目的地，即不视为分批装运。如果交单由数套运输单据构成，其中最晚的一个发运日将被视为发运日。含有一套或数套运输单据的交单，如果表明在同一种运输方式下经由数件运输工具运输，即使运输工具在同一天出发运往同一目的地，仍将被视为分批装运。

c. A presentation consisting of more than one courier receipt, post receipt or certificate of posting will not be regarded as a partial shipment if the courier receipts, post receipts or certificates of posting appear to have been stamped or signed by the same courier or postal service at the same place and date and for the same destination.

c. 含有一份以上快递收据、邮政收据或投邮证明的交单，如果单据看似由同一快递或邮政机构在同一地点和日期加盖印戳或签字并且表明同一目的地，将不视为分批装运。

Article 32　Instalment Drawings or Shipments

第三十二条　分期支款或分期装运

If a drawing or shipment by instalments within given periods is stipulated in the credit and any instalment is not drawn or shipped within the period allowed for that instalment,the credit ceases to be available for that and any subsequent instalment.

如信用证规定在指定的时间段内分期支款或分期装运，任何一期未按信用证规定期限支取或发运时，信用证对该期及以后各期均告失效。

Article 33　Hours of Presentation

第三十三条　交单时间

A bank has no obligation to accept a presentation outside of its banking hours.

银行在其营业时间外无接受交单的义务。

Article 34　Disclaimer on Effectiveness of Documents

第三十四条　关于单据有效性的免责

A bank assumes no liability or responsibility for the form, sufficiency, accuracy, genuineness, falsification or legal effect of any document, or for the general or particular conditions stipulated in a document or superimposed thereon; nor does it assume any liability or responsibility for the description, quantity, weight, quality, condition, packing, delivery, value or existence of the goods, services or other performance represented by any document, or for the good faith or acts or omissions, solvency, performance or standing of the consignor, the carrier, the forwarder, the consignee or the insurer of the goods or any other person.

银行对任何单据的形式、充分性、准确性、内容真实性、虚假性或法律效力，或对单据中规定或添加的一般或特殊条件，概不负责；对任何单据所代表的货物，服务或其他履约行为的描述、数量、重量、品质、状况、包装、交付、价值或其存在与否，或对发货人、承运人、货运代理人、收货人、货物的保险人或其他任何人的诚信与否、作为或不作为、清偿能力、履约或资信状况，也概不负责。

Article 35　Disclaimer on Transmission and Translation

第三十五条　关于信息传递和翻译的免责

A bank assumes no liability or responsibility for the consequences arising out of delay, loss in transit, mutilation or other errors arising in the transmission of any messages or delivery of letters or documents, when such messages, letters or documents are transmitted or sent according to the requirements stated in the credit, or when the bank may have taken the initiative in the choice of the delivery service in the absence of such instructions in the credit.

当报文、信件或单据按照信用证的要求传输或发送时，或当信用证来证未作指示，银行自行选择传送服务时，银行对报文传输或信件或单据的递送过程中发生的延误、中途遗失、残缺或其他错误产生的后果，概不负责。

If a nominated bank determines that a presentation is complying and forwards the documents to the issuing bank or confirming bank, whether or not the nominated bank has honoured or negotiated, an issuing bank or confirming bank must honour or negotiate, or reimburse that nominated bank, even when the documents have been lost in transit between the nominated bank and the issuing bank or confirming bank, or between the confirming bank and the issuing bank.

如果指定银行确定交单相符并将单据发往开证行或保兑行，无论指定银行是否已经承付或议付，开证行或保兑行必须承付或议付，或偿付指定银行，即使单据在指定银行送往开证行或保兑行的途中，或保兑行送往开证行的途中丢失。

A bank assumes no liability or responsibility for errors in translation or interpretation of technical terms and may transmit credit terms without translating them.

银行对技术语的翻译或解释上的错误，不负责任，并可不加翻译地传送信用证条款。

Article 36 Force Majeure

第三十六条 不可抗力

A bank assumes no liability or responsibility for the consequences arising out of the interruption of its business by Acts of God, riots, civil commotions, insurrections, wars, acts of terrorism, or by any strikes or lockouts or any other causes beyond its control.

银行对由于天灾、暴动、骚乱、叛乱、战争、恐怖主义行为或任何罢工、停工或其无法控制的任何其他原因导致的营业中断的后果，概不负责。

A bank will not, upon resumption of its business, honor or negotiate under a credit that expired during such interruption of its business.

银行恢复营业时，对于在营业中断期间已逾期的信用证，不再进行承付或议付。

Article 37 Disclaimer for Acts of an Instructed Party

第三十七条 关于被指示方行为的免责

a. A bank utilizing the services of another bank for the purpose of giving effect to the instructions of the applicant does so for the account and at the risk of the applicant.

a. 为了执行申请人的指示，银行利用其他银行的服务，其费用和风险由申请人承担。

b. An issuing bank or advising bank assumes no liability or responsibility should the instructions it transmits to another bank not be carried out, even if it has taken the initiative in the choice of that other bank.

b. 即使银行自行选择了其他银行，如果发出的指示未被执行，开证行或通知行对此亦不负责。

c. A bank instructing another bank to perform services is liable for any commissions, fees, costs or expenses ("charges") incurred by that bank in connection with its instructions.

c. 指示另一银行提供服务的银行有责任负担被指示方因执行指示而发生的任何佣金、手续费、成本或开支（“费用”）。

If a credit states that charges are for the account of the beneficiary and charges cannot be collected or deducted from proceeds, the issuing bank remains liable for payment of charges.

如果信用证规定费用由受益人负担，而该费用未能收取或从信用证款项中扣除，开证行依然承担支付此费用的责任。

A credit or amendment should not stipulate that the advising to a beneficiary is conditional upon the receipt by the advising bank or second advising bank of its charges.

信用证或其修改不应规定向受益人的通知以通知行或第二通知行收到其费用为条件。

d. The applicant shall be bound by and liable to indemnify a bank against all obligations and responsibilities imposed by foreign laws and usages.

d. 外国法律和惯例加诸于银行的一切义务和责任，申请人应受其约束，并就此对银行负补偿之责。

Article 38 Transferable Credits

第三十八条 可转让信用证

a. A bank is under no obligation to transfer a credit except to the extent and in the manner expressly consented to by that bank.

a. 银行无办理信用证转让的义务，除非其明确同意。

b. For the purpose of this article:

b. 就本条而言：

Transferable credit means a credit that specifically states it is “transferable”. A transferable credit may be made available in whole or in part to another beneficiary (“second beneficiary”) at the request of the beneficiary (“first beneficiary”).

可转让信用证系指特别注明“可转让（transferable）”字样的信用证。可转让信用证可应受益人（第一受益人）的请求转为全部或部分由另一受益人（第二受益人）兑用。

Transferring bank means a nominated bank that transfers the credit or, in a credit available with any bank, a bank that is specifically authorized by the issuing bank to transfer and that transfers the credit. An issuing bank may be a transferring bank.

转让行系指办理信用证转让的指定银行，或当信用证规定可在任何银行兑用时，指开证行特别如此授权并实际办理转让的银行。开证行也可担任转让行。

Transferred credit means a credit that has been made available by the transferring bank to a second beneficiary.

已转让信用证指已由转让行转为可由第二受益人兑用的信用证。

c. Unless otherwise agreed at the time of transfer, all charges (such as commissions, fees, costs or expenses) incurred in respect of a transfer must be paid by the first beneficiary.

c. 除非转让时另有约定，有关转让的所有费用（诸如佣金、手续费，成本或开支）须由第一受益人支付。

d. A credit may be transferred in part to more than one second beneficiary provided partial drawings or shipments are allowed.

d. 只要信用证允许部分支款或部分发运，信用证可以分部分转让给数名第二受益人。

A transferred credit cannot be transferred at the request of a second beneficiary to any subsequent beneficiary. The first beneficiary is not considered to be a subsequent beneficiary.

已转让信用证不得应第二受益人的要求转让给任何其后受益人。第一受益人不视为其后受益人。

e. Any request for transfer must indicate if and under what conditions amendments may be advised to the second beneficiary. The transferred credit must clearly indicate those conditions.

e. 任何转让要求须说明是否允许及在何条件下允许将修改通知第二受益人。已转让信用证须明确说明该项条件。

f. If a credit is transferred to more than one second beneficiary, rejection of an amendment by one or more second beneficiary does not invalidate the acceptance by any other second beneficiary, with respect to which the transferred credit will be amended accordingly. For any second beneficiary that rejected the amendment, the transferred credit will remain unamended.

f. 如果信用证转让给数名第二受益人，其中一名或多名第二受益人对信用证修改并不影响其他第二受益人接受修改。对接受者而言该已转让信用证即被相应修改，而对拒绝修改的第二受益人而言，该信用证未被修改。

g. The transferred credit must accurately reflect the terms and conditions of the credit, including confirmation, if any, with the exception of:

g. 已转让信用证须准确转载原证条款，包括保兑（如果有的话），但下列项目除外：

·the amount of the credit,

·any unit price stated therein,

·the expiry date,

·the period for presentation, or

·the latest shipment date or given period for shipment, any or all of which may be reduced or curtailed.

* 信用证金额、

* 规定的任何单价、

* 截止日、

* 交单期限，或

* 最迟发运日或发运期间。

以上任何一项或全部均可减少或缩短。

The percentage for which insurance cover must be effected may be increased to provide the amount of cover stipulated in the credit or these articles.

必须投保的保险比例可以增加，以达到原信用证或本惯例规定的保险金额。

The name of the first beneficiary may be substituted for that of the applicant in the credit.

可用第一受益人的名称替换原证中的开证申请人名称。

If the name of the applicant is specifically required by the credit to appear in any document other than the invoice, such requirement must be reflected in the transferred credit.

如果原证特别要求开证申请人名称应在除发票以外的任何单据出现时，已转让信用证必须反映该项要求。

h. The first beneficiary has the right to substitute its own invoice and draft, if any, for those of a second beneficiary for an amount not in excess of that stipulated in the credit, and upon such substitution the first beneficiary can draw under the credit for the difference, if any, between its invoice and the invoice of a second beneficiary.

h. 第一受益人有权以自己的发票和汇票（如有的话）替换第二受益人的发票的汇票，其金额不得超过原信用证的金额。经过替换后，第一受益人可在原信用证项下支取自己发票与第二受益人发票间的差价（如有的话）。

i. If the first beneficiary is to present its own invoice and draft, if any, but fails to do so on first demand, or if the invoices presented by the first beneficiary create discrepancies that did not exist in the presentation made by the second beneficiary and the first beneficiary fails to correct them on first demand, the transferring bank has the right to present the documents as received from the second beneficiary to the issuing bank, without further responsibility to the first beneficiary.

i. 如果第一受益人应提交自己的发票和汇票（如有的话），但未能在第一次要求时照办，或第一受益人提交的发票导致了第二受益人的交单中本不存在的不符点，而其未能在第一次要求时修正，转让行有权将从第二受益人处收到的单据照交开证行，并不再对第一受益人承担责任。

j. The first beneficiary may, in its request for transfer, indicate that honour or negotiation is to be effected to a second beneficiary at the place to which the credit has been transferred, up to and including the expiry date of the credit. This is without prejudice to the right of the first beneficiary in accordance with subarticle 38 (h).

j. 在要求转让时，第一受益人可以要求在信用证转让后的兑用地点，在原信用证的截止日之前（包括截止日）对第二受益人承付或议付。该规定并不得损害第一受益人在第三十八条 h 款下的权利。

k. Presentation of documents by or on behalf of a second beneficiary must be made to the transferring bank.

k. 第二受益人或代表第二受益人的交单必须交给转让行。

Article 39　Assignment of Proceeds

第三十九条 款项让渡

The fact that a credit is not stated to be transferable shall not affect the right of the beneficiary to assign any proceeds to which it may be or may become entitled under the credit, in accordance with the provisions of applicable law. This article relates only to the assignment of proceeds and not to the assignment of the right to perform under the credit.

信用证未注明可转让，并不影响受益人根据所适用的法律规定将该信用证项下其可能有权或可能将成为有权获得的款项让渡给他人的权利。本条只涉及款项的让渡，而非信用证项下履约权利的让渡。

附录 C

APPENDIX C

关于审核跟单信用证项下单据的国际标准银行实务（ISBP681）

主要内容

（九）数学计算

（十）拼写错误及/或打印错误

（十一）多页单据和附件或附文

（十二）正本和副本

（十三）唛头

（十四）签字

（十五）单据的名称和联合单据

三、汇票和到期日的计算

（一）票期

（二）到期日

（三）银行工作日、宽限期、付款的迟延

（四）背书

（五）金额

（六）如何出票

（七）以申请人为付款人的汇票

（八）修正和变更

四、发票

（一）发票的定义

（二）货物、服务或履约行为的描述和与发票相关的其他一般事项

五、涵盖至少两种不同运输方式的运输单据

（一）UCP600 第 19 条的适用

（二）全套正本

（三）多式联运单据的签署

（四）装船批注

（五）接管地、发运地、装货地和目的地

（六）收货人、指示方、托运人、到货被通知人和背书

（七）转运和分批装运

（八）清洁多式联运单据

（九）货物描述

（十）修正和变更

（十一）运费和额外费用

（十二）货物涉及一套以上提单

六、提单

（一）UCP600 第 20 条的适用

（二）全套正本

（三）提单的签署

（四）装船批注

（五）装货港和卸货港

（六）收货人、指示方、托运人、到货被通知人和背书

（七）转运和分批装运

（八）清洁提单

（九）货物描述

（十）修正和变更

（十一）运费和额外费用

（十二）货物涉及一套以上提单

七、租船合约提单

（一）UCP600 第 22 条的适用

（二）全套正本

（三）租船合约提单的签署

（四）装船批注

（五）装货港和卸货港

（六）收货人、指示方、托运人、到货被通知人和背书

（七）分批装运

（八）清洁租船合约提单

（九）货物描述

（十）修正和变更

（十一）运费和额外费用

八、空运单据

（一）UCP600 第 23 条的适用

（二）正本空运单据

（三）空运单据的签署

（四）货物收妥待运、装运日期与对实际发运日期的要求

（五）出发地机场和目的地机场

（六）收货人、指示方和到货被通知人

（七）转运和分批装运

（八）清洁空运单据

（九）货物描述

（十）修正和变更

（十一）运费和额外费用

九、公路、铁路或内河运输单据

（一）UCP600 第 24 条的适用

（二）公路、铁路或内河运输单据的正本和第二联

（三）公路、铁路或内河运输单据的承运人与签署

（四）指示方、到货被通知人和背书

（五）分批装运

（六）货物描述

（七）修正和变更

（八）运费和额外费用

十、保险单据

（一）UCP600 第 28 条的适用

（二）保险单据的出单人

（三）承保风险

（四）日期

（五）比例和金额

（六）被保险人和背书

十一、原产地证明

（一）基本要求

（二）原产地证明的出具人

（三）原产地证明的内容

关于审核跟单　(ISBP681)

一、先期问题——信用证的申请和开立

1. 即使信用证对该基础交易做了明确的援引，信用证独立于基础交易。但是，为避免在审单时发生不必要的费用、延误和争议，开证申请人和受益人应当考虑清楚：要求哪些单据、单据由谁出具和提交单据的期限。

2. 开证申请人承担其有关开立或修改信用证的指示不明确所导致的风险。除非另有明确规定，否则开立或修改信用证的申请即意味着授权开证行以必要或适当的方式补充或细化信用证的条款，以使信用证得以使用。

3. 开证申请人应当知道，UCP600 的许多条文，诸如第 3 条、第 14 条、第 19 条、第 20 条、第 21 条、第 23 条、第 24 条、第 28 条（i）款、第 30 条和第 31 条，对信用证条款的含义做了特别规定，除非开证申请人对这些条款完全通晓，否则可能导致出乎当事人预想的结果。例如，在多数情况下，要求提交提单而且禁止转运的信用证必须排除 UCP600 第 20 条（c）款的适用，才能使禁止转运发生效力。

4. 信用证不应规定提交由开证申请人出具或副签的单据。如果信用证含有此类条款，则受益人必须要求修改信用证，或者遵守该条款并承担无法满足这一要求的风险。

5. 如果对基础交易、开证申请和信用证开立的上述细节加以审慎考虑，在审单过程中出现的许多问题都能得以避免或解决。

二、一般原则

（一）缩略语

1. 使用普遍承认的缩略语不导致单据不符，例如，用“Ltd.”代替“Limited”（有限），用“Int’l”代替“International”（国际），用“Co.”代替“Company”（公司），用“kgs”或“kos.”代替“kilos”（千克），用“Ind”代替“Industry”（工业），用“mfr”代替“manufacturer”（制造商），用“mt”代替“metric tons”（公吨）。反之，用全称代替缩略语也不导致单据不符。

2. 斜线（“/”）可能有不同的含义，不得用来替代词语，除非在上下文中可以明了其含义。

（二）证明和声明

证明、声明或类似文据可以是单独的单据，也可以包含在信用证要求的其他单据内。如果声明或证明出现在另一份有签字并注明日期的单据里，只要该声明或证明表面看来系由出具和签署该单据的同一人做出，则该声明或证明无需另行签字或加注日期。

（三）单据的修正和变更

1. 除了由受益人制作的单据外，对其他单据内容的修正和变更必须在表面上看来经出单人或出单人的授权人证实。对经过合法化、签证、认证或类似手续的单据的修正和变更必须经使该单据合法化、签证、认证该单据的人证实。证实必须表明该证实由谁作出，且应包括证实人的签字或小签。如果证实书表面看来并非由出单人所为，则该证实必须清楚地表明证实人以何身份证实单据的修正和变更。

2. 未合法化、签证、认证或采取类似措施的由受益人自己出具的单据（汇票除外）的修正和变更无需证实。参见“汇票和到期日的计算”。

3. 一份单据内使用多种字体、字号或手写，并不意味着是修正或变更。

4. 当一份单据包含不止一处修正或变更时，必须对每一处修正做出单独证实，或者以一种恰当的方式使一项证实与所有修正相关联。例如，如果一份单据显示出有标为1，2，3的三处修正，则使用类似“上述编号为1，2，3的修正×××经证实”的声明即满足证实的要求。

（四）日期

1. 即使信用证没有明确要求，汇票、运输单据和保险单据也必须注明日期。如果信用证要求上述单据以外的单据注明日期，只要该单据援引了同时提交的其他单据的日期，即满足信用证的要求（例如，装运证明可使用“日期同×××号提单”或类似用语）。虽然要求的证明或声明在作为单独单据时宜注明日期，但其是否符合信用证要求取决于所要求的证明或声明的种类、所要求的措辞以及证明或声明中的实际措辞。至于其他单据是否要求注明日期则取决于单据的内容和性质。

2. 任何单据，包括分析证明、检验证明和装运前检验证明注明的日期都可以晚于装运日期。但是，如果信用证要求一份单据证明装运前发生的事件（如装运前检验证明），则该单据必须通过标题或内容来表明该事件（如检验）发生在装运日之前或装运日当天。要求“检验证明”并不表明要求证明装运前发生的事件。任何单据都不得显示其在交单日之后出具。

3. 载明单据准备日期和随后的签署日期的单据应视为在签署之日出具。

4. 以下为经常用来表示在某日期或事件之前或之后时间的用语：

（1）“在……后的 2 日内”（within 2 days after）表明的是从事件发生之日起至事件发生后两日的这一段时间。

（2）“不迟于在……后的 2 日”（not later than 2 days after）表明的不是一段时间，而是最迟日期。如果通知日期不能早于某个特定日期，则信用证必须明确就此作出规定。

（3）“至少早于……的前 2 日”（at least 2 days before）表明的是一件事情的发生不得晚于某一事件的前两日。该事件最早何时可以发生则没有限制。

（4）“在……的 2 日内”表明的是在某一事件发生之前的两日至发生之后的两日之间的一段时间。

5. 当“在……之内”（within）与日期连在一起使用时，在计算期限时该日期不包括在内。

6. 日期可以用不同的格式表示，例如，2010 年 11 月 12 日可以用 12 Nov 10，12 Nov10，12.11.10，2010.11.12，11.12.10 等形式表示，只要试图表明的日期能够从该单据或提交的其他单据中确定，上述任何形式都是可以接受的。为避免混淆，建议使用月份的名称而不要使用数字。

（五）UCP600 运输条款不适用的单据

1. 与货物运输有关的一些常见单据，例如交货单、运输行收货证明、运输行装运证明、运输行运输证明、运输行承运货物收据和大副收据都不是运输合同的反映，不是 UCP600 第 19 条到第 25 条规定的运输单据。因此，UCP600 第 14 条 C 款不适用于这些单据。从而，以审核 UCP600 没有特别规定的其他单据的相同方式审核这些单据，也即适用 UCP600 第 14 条 F 款。在任何情况下，单据必须在信用证有效内提交。

2. 运输单据的副本并不是 UCP600 第 19 条到第 25 条和第 14 条 C 款所指的运输单据。UCP600 关于运输单据的条款仅适用于有正本运输单据提交时。如果信用证允许提交副本而不是正本单据，则信用证必须明确规定应当显示哪些细节。当提交副本（不可转让的）单据时，无需显示签字、日期等。

（六）UCP600 未定义的用语

由于 UCP600 对诸如“装运单据”“过期单据可接受”“第三方单据可接受”和“出口国”等用语未作定义，因此不应使用此类用语。如果信用证使用了这些用语，则其含义应能通过信用证上下文得以确定。否则，根据国际标准银行实务做法，这些用语将做如下理解。

1. “装运单据”指信用证要求的除汇票以外的所有单据（不限于运输单据）。

2. “过期单据可接受”指在装运日的 21 日历日后提交的单据是可以接受的，只要不迟于信用证规定的交单截止日。

3. “第三方单据可接受”指所有单据，不包括汇票，但包括发票，可由受益人之外的一方出具。如果开证行意在表示运输单据可显示受益人之外的第三人作为托运人，则无需写入这一条款，因为 UCP600 第 14 条 K 款已经对此予以认可。

4. “出口国”指受益人住所地国、及/或货物原产地国、及/或承运人接收货物地所在国、及/或装运地或发货地所在国。

（七）单据的出单人

如果信用证要求单据由某具名个人或单位出具，只要表面看来单据系由该具名个人或单位出具，即符合信用证要求。只要单据使用印有该具名个人或单位抬头的信笺，或如果未使用抬头信笺，但表面看来系由该具名个人或单位或其代理人完成及或签署，则即为表面看来由该某具名个人或单位出具。

（八）语言

根据国际标准银行实务做法，受益人出具的单据应使用信用证所使用的语言。如果信用证规定可以接受使用两种或两种以上语言的单据，指定银行在通知该信用证时，可限制单据使用语言的数量，作为对该信用证承担责任的条件。

（九）数学计算

银行不检查单据中的数学计算细节，而只负责将总量与信用证及/或其他要求的单据相核对。

（十）拼写错误及/或打印错误

如果拼写及/或打印错误并不影响单词或其所在句子的含义，则不构成单据不符。例如，在货物描述中用“machine”表示“machine”（机器），用“fountan pen”表示“fountain pen”（钢笔），或用“modle”表示“model”（型号）都不会导致不符。但是，将“model 321”（型号 321）写成“model 123”（样品 123）则不应视为打印错误，而应是不符点。

（十一）多页单据和附件或附文

1. 除非信用证或单据另有规定，否则被装订在一起、按序编号或内部交叉援引的多页单据，无论其名称或标题如何，都应被作为一份单据来审核，即使有些页张被视为附件。当一份单据包括不止一页时，必须能够确定这些不同页同属一份单据。

2. 如果一份多页的单据要求签字或背书，签字通常在单据的第一页或最后一页，但是除非信用证或单据自身规定签字或背书应在何处，否则签字或背书可以在单据的任何地方。

（十二）正本和副本

1. 单据的多份正本可用“正本”（original）、“第二份”（duplicate）、“第三份”（triplicate）、“第一份正本”（first original）、“第二份正本”（second original）等标明。上述标注均不否认单据为正本。

2. 提交的正本单据的数量必须至少为信用证或 UCP600 要求的数量，或当单据自身表明了出具的正本单据数量时，至少为该单据表明的数量。

3. 有时从信用证的措辞难以判断信用证要求提交正本单据还是副本单据。例如，当信用证要求：“发票”（Invoice）、“一份发票”（One Invoice）或“发票一份”（Invoice in 1 copy），这些措辞应被理解为要求一份正本发票。“发票四份”（Invoice in 4 copies）则是提交至少一份正本发票，其余用副本发票即满足要求。

4. “发票的一份”（One copy of Invoice）则是提交一份副本发票或一份正本发票均可接受。当银行不接受正本代替副本时，信用证必须规定禁止提交正本。例如，应标明“发票的复印件——不接受用正本代替复印件”或类似措辞。当信用证要求一份运输单据副本并且表明正本运输单据的处理指示时，正本运输单据不可接受。副本单据不需要签字。

5. 除 UCP600 第 17 条以外，在考虑有关正本和副本的问题时，ICC 银行委员会（文件 470/871（修订）标题为“确定正本单据”，在 UCP500 第 20 条（b）款项下的政策声明，可提供进一步指导，在 UCP600 中仍然有效。

（十三）唛头

1. 使用唛头的目的在于能够标识箱、袋或包装。如果信用证对唛头的细节做了规定，则载有唛头的单据必须显示这些细节，但额外的信息是可以接受的，只要它与信用证的条款不矛盾。

2. 某些单据中唛头所包含的信息常常超出通常意义上的唛头所包含的内容，可能包括诸如货物种类、易碎货物的警告、货物净重及/或毛重等。在一些单据里显示了此类额外内容而其他单据没有显示，不构成不符点。

3. 集装箱运输货物的运输单据有时仅仅在“唛头”栏中显示集装箱号，其他单据则显示详细的唛头标记，不能因此认为不相符。

（十四）签字

1. 即使信用证没有要求，汇票、证明和声明自身的性质决定其必须有签字。运输单据和保险必须根据UCP600的规定予以签署。

2. 单据上有专供签字的方框或空格并不必然意味着这一方框或空格必须有签字。例如，在运输单据如航空运单或铁路运输单据中经常会有一处标明“托运人或其代理人签字”或类似用语，但银行并不要求在该处有签字。如果单据表面要求签字才能生效，则必须签字。例如，“单据无效除非签字”，或类似规定。

3. 签字不一定手写。摹本签字、打孔签字、印章、符号（如戳记）或用来表明身份的任何电子或机械证实的方法均可。但是，有签字的单据的复印件不能视为签署过的正本单据，通过传真发送的有签字的单据如果不另外加具原始签字的话，也不视为签署过的正本。如果有要求单据“签字并盖章”或类似措辞，则单据只要载有签字及签字人的名称，无论该名称是打印、手写或盖章，均满足该项要求。

4. 除非另有规定，否则在带有公司抬头的信笺上的签字将被认为是该公司的签字。不需要在签字旁重复公司的名称。

（十五）单据的名称和联合单据

1. 单据可以使用信用证规定的名称或相似名称，或不使用名称。例如，信用证要求“装箱单”，无论该单据冠名为“装箱说明”还是“装箱和重量单”还是没有名称，只要单据包含了装箱细节，即为满足信用证要求。单据内容必须在表面上满足所要求单据的功能。

2. 信用证列明的单据应作为单独单据提交。如果信用证要求装箱单和重量单，当提交两份独立的装箱单和重量单或提交两份正本装箱单和重量联合单据时，只要该联合单据同时表明装箱和重量细节，即视为符合信用证要求。

三、汇票和到期日的计算

（一）票期

票期必须与信用证条款一致。

1. 如果汇票不是见票即付或见票后定期付款，则必须能够从汇票自身内容确定到期日。

2. 以下是通过汇票内容确定汇票到期日的一个例子。如果信用证要求汇票的票期为提单日后60天，而提单日为2007年7月12日，则汇票期限可用下列任一方式表明：

① “提单日2007年7月12日后60日”；或

② “2007年7月12日后60日”；或

③ “提单日后60日”，并且汇票表面的其他地方表明“提单日2007年7月12日”；或

④ 在出票日期与提单日期相同的汇票上标注“出票日后60日”；或

⑤ “2007年9月10日”，也就是提单日后的60日。

3. 如果用提单日后×××天表示票期，则装船日应视为提单日，即使装船日早于或晚于提单签发日。

4. UCP600第3条提供了对使用“从……起”（from）和“在……之后”（after）来确定汇票到期日的参考。到期日的计算从单据日期、装运日期或其他事件的次日起起算，也就是说，从3月1日起10日或3

月1日后10日均为3月11日。

5. 如果信用证下提交的一套提单显示不只一个装船批注，而且需要出具汇票，例如，于提单日后 60日或从提单日起 60 日付款，而提单上有多个装船批注且所有装船批注均显示货物是从一个信用证允许的地理区域或地区装运，则将使用最早的装船批注日期计算汇票到期日。例如，信用证要求从欧洲港口装运，提单显示货物于 8 月 16 日在都柏林装上 A 船，于 8 月 18 日在鹿特丹装上 B 船，则汇票到期日应为在欧洲港口的最早装船日，也就是 8 月 16 日起的 60 天。

6. 如果信用证要求汇票开立成，例如，提单日后 60 日或从提单日起 60 日付款，而一张汇票项下提交了不止一套提单，则最晚的提单日期将被用来计算汇票的到期日。

7. 上述例子中提及的尽管是提单日，但相同原则适用于所有运输单据。

（二）到期日

1. 如果汇票使用实际日期表示到期日，则该日期必须按信用证的要求计算。

2. 如果汇票是“见票×××日后”付款，则到期日应按如下方法确定：

① 对于相符的单据，或虽不相符但付款银行没有拒付的单据，到期日应为付款银行收到单据后的第×××日。

② 对于不相符且付款银行拒付过但随后又同意接受的单据，汇票到期日最晚为付款银行承兑汇票日后的第×××日。汇票承兑日不得晚于同意接受单据的日期。

③ 在所有的情况下付款银行都必须向交单人通知汇票到期日。上述票期和到期日的计算也适用于延期付款信用证，即也适用于不要求受益人提交汇票的情况。

（三）银行工作日、宽限期、付款的迟延

只要到期日是付款地的银行工作日，付款应于到期日在汇票或单据的付款地以立即能被使用的款项支付。如果到期日不是银行工作日，则应在到期日后的第一个银行工作日进行付款。付款的迟延，例如宽限期、汇票需要的时间等不能在汇票或单据所规定或同意的到期日之外。

（四）背书

如果必要，汇票必须背书。

（五）金额

1. 金额大写必须准确反映小定表示的金额，两者均应表明币别及信用证规定的情况。

2. 金额必须与发票一致，除非出现 UC600 第 18 条（b）款规定的情况。

（六）如何出票

1. 汇票必须以信用证规定的人为付款人。

2. 汇票必须由受益人出具。

（七）以申请人为付款人的汇票

信用证可以要求提交以申请人为付款人的汇票作为所需单据的一种，但是不能开成凭以申请人为付款人的汇票兑用。

（八）修正和变更

1. 汇票如有修正和变更，必须在表面看来经出票人证实。

2. 即使有出票人的证实，有些国家不接受带有修正和变更的汇票。此类国家的开证行应在信用证中声明汇票中不得出现修正或变更。

四、发票

（一）发票的定义

如信用证要求“发票”但未做进一步定义，则提交的任何形式的发票都可以接受（如商业发票、海关发票、税务发票、最终发票、领事发票等）。但是，“临时发票”、“预开发票”或类似的发票是不可接受的。当信用证要求提交商业发票时，标为“发票”的单据是可以接受的。

（二）货物、服务或履约行为的描述和与发票相关的其他一般事项

1. 发票中的货物、服务或履约行为的描述必须与信用证规定的一致，但并不要求如同镜子反射那样一致。例如，货物细节可以在发票中的若干地方表示，当合并在一起时与信用证规定一致即可。

2. 发票中的货物、服务或履约行为的描述必须反映实际装运的货物。例如，信用证的货物描述显示两种货物，如 10 辆卡车和 5 辆拖拉机，如果信用证不禁止分批装运，而发票表明只装运 4 辆卡车，是可以接受的。列明信用证规定的全部货物描述，然后注明实际装运货物的发票也是可以接受的。

3. 发票必须表明装运货物的价值。发票中显示的单价（如有的话）和币种必须与信用证中的一致。发票必须显示信用证要求的折扣或扣减。发票还可显示信用证未规定的与付款或折扣等有关的扣减额。

4. 如果贸易术语是信用证中货物描述的一部分，或与货物金额联系在一起表示，则发票必须显示信用证指明的贸易术语，而且如果货物描述提供了贸易术语的来源，则发票必须表明相同的来源（如信用证条款规定“CIF 新加坡 Incoterms 2000”，那么“CIF 新加坡 Incoterms”就不符合信用证的要求）。费用和成本必须包括在信用证和发票中标明的价格术语所显示的金额内，不允许任何超出该金额的费用或成本。

5. 除非信用证要求，发票无需签字或标注日期。发票显示的货物数量、重量和尺寸不得与其他单据显示的同种数值相矛盾。

6. 发票不得表明：溢装（UCP600 第 30 条（b）款规定的除外）或信用证未要求的货物（包括样品、广告材料等），即使注明免费。

7. 信用证要求的货物数量可以有 5%的溢短装幅度。但如果信用证规定货物数量不得超额或减少，或信用证规定的货物数量是以包装单位或个数计算时，不适用此条。货物数量在 5%幅度内的溢装并不意味着允许支取的金额超过信用证金额。

8. 即使信用禁止分批装运，只要货物全部装运，且单价（如信用证有规定的话）没有减少，则发票金额有 5%的减幅是可接受的，如果信用证未规定货物数量，发票的货物数量即可视为全部货物数量。

9. 如果信用证要求分期装运，则每批装运必须与分期装运计划一致。

五、涵盖至少两种不同运输方式的运输单据

（一）UCP600 第 19 条的适用

如果信用证要求提交包括至少两种运输方式的运输单据（多式或联合运输单据），并且运输单据明确表明其覆盖自信用证规定的货物接管地或港口、机场或装货地至最终目的地的运输，则适用 UCP600 第 19 条之规定。在此情况下，多式联运单据不能表明运输仅由一种运输方式完成，但就采用何种运输方式可不予说明。

本文件中所指多式联运单据还包括联合运输单据。单据不一定非使用“多式联运单据”或“联合运输单据”的名称才是 UCP600 第 19 条下可接受的单据，即使信用证使用了此类表述。

（二）全套正本

适用 UCP600 第 19 条的运输单据必须注明所出具的正本的份数。注明“第一正本”“第二正本”“第三正本”“正本”“第二份”“第三份”等类似用语的运输单据都是正本。信用证项下多式联运单据不必非要注明“正本”字样才可被接受。除 UCP600 第 17 条以外，在考虑有关正本和副本的问题时，ICC 银行委员会（文件 470/871（修订）标题为“确定正本单据”，在 UCP500 第 20 条（b）款项下的政策声明，可提供进一步指导，在 UCP600 中仍然有效。该政策声明的内容作为本出版物的附录，以做参考。

（三）多式联运单据的签署

1. 多式联运单据必须按 UCP600 第 19 条（a）款（i）项规定的方式签字，且承运人的名称必须出现在运输单据表面，并表明承运人的身份。

（1）如果多式联运单据由代理人代表承运人签署，则必须表明其代理人身份，并且必须表明被代理人是谁，除非多式联运单据的其他地方已表明承运人的名称。

（2）如果船长签署多式联运单据，则船长的签字必须表明“船长”身份。在这种情况下，不必注明船长的姓名。

（3）如果由代理人代表船长签署多式联运单据，则必须表明其代理人身份。在这种情况下，不必注明船长的姓名。

2. 如果信用证规定“运输行多式联运单据可接受”或使用了类似用语，则多式联运单据可以由运输行以运输行身份签署，而不必表明其为承运人或其代理人。单据不必显示承运人名称。

（四）装船批注

1. 多式联运单据的出具日期应视为发运、接管或装船的日期，除非单据上另有单独的注明日期的批注，表明货物已在信用证规定的地点发运、接管或装船，在此情况下，该批注日期即被视为装运日期，而不论该日期是早于或迟于单据的出具日期。

2. “已装船表面状况良好”（“Shipped in apparent good order”）、“已载于船”（“Laden on board”）、“清洁已装船”（“clean on board”）或其他包含“已装运”（“shipped”）或“已装在船上”（“on board”）之类用语的措辞与“已装运于船”（“shipped on board”）具有同样效力。

（五）接管地、发运地、装货地和目的地

如果信用证中给出了接管地、发运地、装货地和目的地的地理区域（如“任一欧洲港口”），则多式联运单据必须注明实际的接管地、发运地、装货地和目的地，且该地点必须在规定的地理区域或范围内。

（六）收货人、指示方、托运人、到货被通知人和背书

1. 如果信用证要求多式联运提单抬头以某具名人为收货人（如“收货人为×××银行”而不是“凭指示”或“×××银行的指示”等）（即记名方式），则多式联运单据不得在该具名人的名称出现“凭指示”或“×××指示”的字样，不论该字样是打印上的还是预先印就的。同样，如果信用证要求多式联运单据抬头为“凭指示”或“凭某具名人指示”，则多式联运单据不得做成以该具名人为收货人的记名形式。

2. 如果多式联运单据做成指示式抬头或做成凭托运人指示式抬头，则该单据必须经托运人背书。托运人或代表托运人做的背书可以接受。

3. 如果信用证未规定到货被通知人，则多式联运单据上的相关栏位可以空白或以任何方式填写。

（七）转运和分批装运

1. 在多式联运方式下，将会发生转运，即自信用证规定的接管地、装运地或装货地至最终目的地之间

的运输过程中，将货物从一种运输工具上卸下，再装上另一种运输工具（不论是否为不同的运输方式）。

2. 如果信用证禁止分批装运，而提交的正本多式联运单据不止一套，覆盖在一个或一个以上地点（信用证特别允许的地点或在给定的地理区域内）的装运、装运或接管，只要单据覆盖的货物运输系由同一运输工具完成，经同一航程，前往同一目的地，则此类单据可以接受。如果提交了一套以上的单据，而单据表明不同的装运、装运或接管日期，则按照这些日期中最迟者计算交单期，且该日期为信用证规定的最迟装运、装运或接管的日期或之前。

3. 由一件以上运输工具（一辆以上的卡车、一艘以上的轮船、一架以上的飞机等）进行的运输即为分批装运，即使这些运输工具同一天出发并驶向同一目的地。

（八）清洁多式联运提单

1. 载有明确说明货物或包装状况有缺陷的条款或批注的多式联运单据是不可接受的。为明确声明货物或包装状况有缺陷的条款或批注（如“包装状况有可能无法满足航程”）不构成不符点，而说明包装“无法满足航程要求”的条款则不可接受。

2. 如果多式联运单据上出现“清洁”字样，但又被删除，并不视为有不清洁批注或条款，除非单据载有明确声明货物或包装有缺陷的条款或批注。

（九）货物描述

多式联运单据上的货物描述可以使用与信用证规定不矛盾的货物统称。

（十）修正和变更

多式联运单据上的修正与变更必须经过证实。证实从表面看必须由承运人、船长、或其代理人所为，该代理人可以与出具或签署单据的代理人不同，只要表明其作为承运人、船长的代理人身份即可。对于正本可能已做的任何修正或变更，多式联运单据的副本无需任何签字或证实。

（十一）运费和额外费用

1. 如果信用证要求多式联运单据注明运费已付或到目的地支付，则多式联运单据必须有相应标注。

2. 申请人和开证行应明确要求单据是注明运费预付还是到付。

3. 如果信用证规定运费之外的额外费用不可接受，则多式联运单据不得表示运费之外的其他费用已产生或将要产生。此类表示可以通过明确提及额外费用或使用与货物装卸费有关的装运术语表达，例如“装货船方免责”（Free In 即 FI），“卸货船方免责”（Free Out 即 FO），“装卸货船方免责”（Free In and Out 即 FIO）及“装卸货及堆积船方免责”（Free In and Out Stowed 即 FIOS）。运输单据上提到由于延迟卸货或货物卸载之后的可能产生费用如未能及时返还集装箱，不属于此处所说的额外费用。

（十二）货物涉及一套以上提单

如果多式联运单据说明某一集装箱内的货物由该运输单据和另外一套或数套多式联运单据一起代表，并声明所有多式联运单据均须提交，或有类似表述，则意味着与该集装箱有关的所有多式联运单据必须一并提交后才能交付该集装箱的货物。此种多式联运单据不可接受，除非同一信用证项下的所有这类多式联运单据在同一交交单时一并提交。

六、提单

（一）UCP600 第 20 条的适用

1. 如果信用证要求提交海洋运输单据（海洋、海运、港至港或其他表示），则适用 UCP600 第 20 条。

2. 只要运输单据是港至港运输单据，单据不一定要使用“海运提单”“海洋提单”或“港至港提单”等措辞，才符合 UCP600 第 20 条的规定。

（二）全套正本

适用 UCP600 第 20 条的运输单据必须注明所出具的正本的份数。注明“第一正本”“第二正本”“第三正本”“正本”“第二份”“第三份”等类似表述的运输单据都是正本。提单不一定非要注明“正本”字样才能被接受为正本。除 UCP600 第 17 条以外，在考虑有关正本和副本的问题时，ICC 银行委员会（文件 470/871（修订）标题为“确定正本单据”，在 UCP500 第 20 条（b）款项下的政策声明，可提供进一步指导，在 UCP600 中仍然有效。该政策声明的内容作为本书的附录，以做参考。

（三）提单的签署

1. 正本提单必须以 UCP600 第 20 条（a）款（i）项规定的方式进行签字，且承运人的名称必须出现在提单上，并表明承运人身份。

① 如果提单由代理人代表承运签署，则必须表明其代理人身份，而且必须表明所代理的承运人，除非提单表面的其他地方已经表明了承运人。

② 如果船长签署提单，则船长的签字必须表明“船长”身份。在此情况下，不必标明船长的姓名。

③ 如果由代理人代表船长签署提单，则必须表明其代理人身份。在此情况下，不必标明船长的姓名。

2. 信用证规定“运输行提单可以接受”或使用了类似用语，则提单可以由运输行以运输行的身份而不必表明其为承运人或具名承运人的代理人。提单不必显示承运人的名称。

（四）装船批注

1. 如果提交的是预先印就“已装运于船”的提单，提单的出具日期即视为装运日，除非提单带有加注日期的单独装船批注，此时，该装船批注的日期即视为装运日，而不论该批注日期是在提单签发日期之前还是之后。

2. “已装运表面状况良好”“已载于船”“清洁已装船”或其他包含“已装运”（“shipped”）或“已装在船上”（“on board”）之类用语的措辞与“已装运于船”（“shipped on board”）具有同样效力。

（五）装货港和卸货港

1. 信用证要求的装货港名称应在提单的装货港栏中表明。如果很清楚货物是由船只从收货地运输，且有装船批注表明货物在“收货地”或类似栏名下显示的港口装载在该船上的话，也可在“收货地”或类似栏名下表明。

2. 信用证要求的卸货港名称应在提单的卸货港栏中表明。如果很清楚货物将由船只运送到最终目的地，且有批注表明卸货港就是“最终目的地”或类似栏名下显示的港口中，也要在“最终目的地”或类似栏名下表明。

3. 如果信用证规定了装货港或卸货港的地理区或范围（如“任一欧洲港口”），则提单必须表明实际的装港或卸货港，而且该港口必须位于信用证规定的地理区域或范围之内。

（六）收货人、指示方、托运人、到货被通知人和背书

1. 如果信用证要求提单抬头以某具名人为收货人，如“收货人为×××银行”（即记名方式）而不是“凭指示”或“凭×××银行的指示”等，则提单不得在具名人的名称前出现“凭指示”或“凭的×××指示”的字样，不论该字样是打印还是预先印就的。同样，如果信用证要求提单抬头为“凭指示”或“凭某人指示”，提单就不能做成以该具名人为收货人的记名形式。

2. 如果提单做成指示式抬头或做成凭托运人指示式抬头，则该提单必须经托运人背书。代理人或代表托运人所做的背书是可以接受的。

3. 如果信用证未规定到货被通知人，则提单中的相关栏位可以空白，或以任何方式填写。

（七）转运和分批装运

1. 转运是指信用证规定的装货港到卸货港之间的海运过程中将货物从一艘船卸下再装上另一艘船。如果卸货和再装船不是发生在装货港和卸货港之间，则不视为转运。

2. 如果信用证禁止分批装运，而提交的正本提单不止一套，装运港为一个或一个以上的港（信用证特别允许或在信用证规定的特定地理范围内），只要单据表明运输的货物是用同一艘船并经同一航程，目的地为同一卸货港，则此种单据可以接受。如果提交了一套以上的提单，而提单表明不同的装运日期，则最迟的装运日期将被用来计算交单期限，且该日期必须在信用证规定的最迟装运日或之前。用多艘船装货即构成分批装运，即使这些船在同日出发并驶向同一目的地。

（八）清洁提单

1. 载有明确声明货物及/或包装状况有缺陷的条款或批注的提单是不可接受的，未明确声明货物及/或包装状况有缺陷的条款或批注（如“包装状况可能无法满足海运航程”），不构成不符点。说明包装“是无法满足海运航程的”声明不可接受。

2. 如果提单下出现“清洁”字样，但又被删除，并不视为有不清洁批注或不清洁，除非提单载有明确声明货物或包装的缺陷的条款或批注。

（九）货物描述

提单上的货物描述可以使用与信用证规定不矛盾的货物统称。

（十）修正和变更

提单上的修正和变更必须经过证实。证实从表面看来必须是由承运人、船长，或其代理人所为（该代理人可以与出具或签署提单的代理人不同），只要表明其作为承运人或船长的代理人身份即可。

对于正本可能已做的任何修正或变更，不可转让提单副本无需任何签字或证实。

（十一）运费和额外费用

1. 如果信用证要求提单注明运费已付或到目的地支付，则提单必须有相应标注。

2. 申请人和开证行应明确要求单据是注明运费预付还是到付。

3. 如果信用证规定运费之外的额外费用不可接受，则提单不得显示运费之外的其他费用已产生或将要产生。此类表示可以通过明确提及额外费用或使用与货物装卸费有关的装运术语表达，例如“装货船方免责”（Free In 即 FI），“卸货船方免责”（Free Out 即 FO），“装卸货船方免责”（Free In and Out 即 FIO）及“装卸货及堆积船方免责”（Free In and Out Stowed 即 FIOS）。运输单据上提到由于延迟卸货或货物卸载之后的可能产生费用如未能及时返还集装箱，不属于此处所说的额外费用。

（十二）货物涉及一套以上提单

如果一份提单说明某一集装箱内的货物由该提单和另外一套或多套提单一起代表，且该提单声明所有提单均须提交，或有类似表述，则意味着与该集装箱有关的所有提单必须一并提交后才能交付该集装箱。此类提单不可接受，除非同一信用证项下的所有这类提单在同一次交单时一并提交。

七、租船合约提单

（一）UCP600 第 22 条的适用

1. 如果信用证允许提交租船合约提单且租船合约提单被提交，则适用 UCP600 第 22 条。

2. 一份以任何形式表明受租船合约约束的租船合约提单即为 UCP600 第 22 条所指的租船合约提单。

（二）全套正本

适用 UCP600 第 22 条的运输单据必须注明所出具的正本份数。注明“第一正本”“第二正本”“第三正本”“正本”“第二份”“第三份”等类似用语的运输单据均为正本。信用证项下，租船合约提单不必非要注明“正本”字样才能被接受。除 UCP600 第 17 条以外。

在考虑有关正本和副本的问题时，ICC 银行委员会（文件 470/871（修订）标题为“确定正本单据”，在 UCP500 第 20 条（b）款项下的政策声明，可提供进一步指导，在 UCP600 中仍然有效。该政策声明的内容作为本出版物的附录，以做参考。

（三）租船合约提单的签署

正本租船合约提单必须以 UCP600 第 20 条（a）款（i）项规定的方式进行签字。

1. 如果租船合约提单由船长、租船方或船东签署，则船长、租船方或船东的签字必须表明其身份。

2. 如果由代理人代表船长、租船方或船东签署，则必须表明其代理人身份。在这种情况下，船长的姓名不需要显示，但是租船方或船东的姓名必须出现。

（四）装船批注

1. 如果提交的是预先印就“已装运于船”字样的租船合约提单，提单的日期即视为装运日期，除非提单上另有装船批注，否则此时装船批注日期即视为装运日期，而不论该日期是在提单签发日期之前还是之后。

2. “已装运表面状况良好”（Shipped in apparent good order）、“已载于船”（Laden on board）、“清洁已装船”（Clean on board）或其他包含“已装运”（Shipped）或“已装船上”（on board）之类用语的措辞与“已装运于船”（Shipped on board）具有同样效力。

（五）装货港和卸货港

如果信用证规定了装货港及/或卸货港的地理区域或范围（如“任一欧洲港口”），租船合约提单必须注明实际的装货港且该装货港必须位于规定的地理区域或范围内，但可用地理区域或范围表示卸货港。

（六）收货人、指示方、托运人、到货被通知人和背书

1. 如果信用证要求租船合约提单抬头以某具名人为收货人（如“收货人为×××银行”而不是“凭指示”或“凭×××银行的指示”等，即记名方式），则租船合约提单不得在该具名人的名称前出现“凭指示”或“凭×××指示”的字样，不论该字样是打印上的还是预先印就的。同样，如果信用证要求租船合约提单抬头为“凭指示”或“凭某具名人指示”，则该提单不得做成以该具名人为收货人的记名形式。

2. 如果租船合约提单做成指示式抬头或做成凭托运人指示式抬头，则该单据必须经托运人背书。代理人为或代表托运人做的背书是可以接受的。

3. 如果信用证未规定到货被通知人，则租船合约提单上的相关栏位可以空白，或以任何方式填写。

（七）分批装运

如果信用证禁止分批装运，而提交的正本租船合约提单不止一套，且装运港为一个或一个以上港口中（信

用证特别允许或在信用证规定的特定地理区域内），只要单据表明运输的货物是用同一艘船并经同一航程，目的地为同一卸货港、同一港口范围或地理区域，单据是可以接受的。如果提交了一套以上的租船合约提单，而提单表明不同的装运日期，则最迟的装运日期将被用来计算交单期限，且该日期必须在信用证规定的最迟装运日或之前。以多艘船装货即构成分批装运，即使这些船在同日出发并驶向同一目的地。

（八）清洁租船合约提单

1. 载有明确声明货物及/或包装状况有缺陷的条款或批注的租船合约提单是不可接受的。未明确声明货物及/或包装状况有缺陷的条款或批注（如“包装状况有可能无法满足海运航程”），不构成不符点。说明包装“是无法满足海运航程的”的声明则不可接受。

2. 如果租船合约提单上出现“清洁”字样但又被删除，并不视为有不清洁批注或不清洁，除非单据上载有明确声明货物或包装有缺陷的条款或批注。

（九）货物描述

租船合约提单上的货物描述可发使用与信用证规定不矛盾的货物统称。

（十）修正和变更

1. 租船合约提单上修正和变更必须经过证实。证实须表面上看来是由船东、租船方、船长，或其代理人所为（该代理人可以与出具或签署提单的代理人不同），只要表明其作为船东、租船方或船长的代理人身份即可。

2. 对于正本上可能已做任何修正或变更，不可转让的租船合约提单副本无需任何签字或证实。

（十一）运费和额外费用

1. 如果信用证要求租船合约提单注明运费已付或到目的地支付，则租船合约提单必须有相应标注。

2. 申请人和开证行应明确要求单据是注明运费预付还是到付。

3. 如果信用证规定运费之外的额外费用不可接受，则租船合约提单不得表示运费之外的其他费用已产生或将要产生。此类表示可以通过明确提及额外费用或使用与货物装卸费有关的装运术语表达，例如“装货船方免责”（Free In，FI），“卸货船方免责”（Free Out，FIO）及“装卸货及堆积船方免责”（Free In and Out Stowed，FIOS）。运输单据上提到由于延迟卸货或货物卸载之后的延迟可能产生费用，不属于此处所说的额外费用。

八、空运单据

（一）UCP600 第 23 条的适用

1. 如果信用证要求提交机场到机场运输单据，则适用 UCP600 第 23 条。

2. 如果信用证要求提交“航空运单”或“航空发货通知书”等类似单据，则适用 UCP600 第 23 条，只要空运单据覆盖了机场到机场的运输，不一定非要使用上述或类似用语才符合第 23 条要求。

（二）正本空运单据

空运单据必须看起来是“发货人或托运人的正本”。如果要求提交全套正本单据，只要提交一份表明是发货人或托运人正本的单据即可。

（三）空运单据的签署

1. 正本空运单据必须以 UCP600 第 23 条（a）款（i）项规定的方式签署，且承运人的名称必须出现在空运单据上，并表明承运人身份。如果由代理人代表承运人签署空运单据，则必须表明其代理人身份，且必须注明被代理的承运人，除非空运单据的其他地方注明了承运人。

2. 如果信用证规定“航空分运单可接受”或“运输行航空运单可接受”或类似用语，则空运单据可由运输行发运输行的身份签署，而无需表明其为承运人或具名承运人的代理，也无需表明承运人名称。

（四）货物收妥待运、装运日期与对实际发运日期的要求

空运单据必须表明货物已收妥待运。空运单据的签发日期被认为是发运日期，除非单据上显示了单独的发运日期。在此种情况下，标记的日期将被认为是发运日期。空运单据上的其他与航班号、日期相关的信息不被用来确定发运日期。

（五）出发地机场和目的地机场

1. 空运单据必须标明信用证要求的出发地机场和目的地机场。用 IATA 代码而非机场全称（如用 LHR 来代替伦敦西思罗机场）表明机场名称不属于不符点。

2. 如果信用如果信用证规定了出发地机场及/或目的地机场的地理区域或范围（如任一欧洲机场），则空运单必须注明实际的出发地机场及/或目的地机场，而且该机场必须位于规定的地理区域或范围内。

（六）收货人、指示方和到货被通知人

1. 空运单据不是物权凭证，因此不应做成“凭指示”式或“凭某具名人指示”式抬头。即使信用证要求空运单据做成“凭指示”式或“凭某具名人指示”式抬头，如提交的单据表明收货人为该具名人，则即使该单据没有做成“凭指示”式或“凭某具名人指示”式抬头也可接受。

2. 如果信用证未规定到货被通知人，则空运单上的相关栏位可以空白，或以任何方式填写。

（七）转运和分批装运

1. 转运是指信用证规定的出发地机场到目的地机场之间的运输过程中，将货物从一架飞机上卸下再装上另一架飞机的运输。如果卸货和再装不是发生在出发地机场和目的地机场之间，则不视为转运。

2. 如果信用证禁止分批装运，而提交的空运单据不止一份，覆盖从一个或一个以上出发地机场（经信用证特别允许或在信用证规定的范围内）的运输，只要单据表明运输的货物是用同一架飞机，并经同一航程，目的地为同一机场，则此种单据可以接受。如果提交了一份以上的空运单据表明不同的装运日期，则最迟的装运日期将被用来计算交单期限，且该日期必须在信用证规定的最迟装运日之前或当日。

3. 以多架飞机装货即构成分批装运，即使这些飞机在同日出发并飞往同一目的地。

（八）清洁空运单据

1. 载有明确声明货物或包装状况有缺陷的条款或批注的空运单是不可接受的。未明确声明货物或包装状况有缺陷的条款或批注（如“包装状况有可能无法满足空运航程”），不构成不符点，而说明包装“是无法满足海运航程的”的条款则不可接受。

2. 如果空运单上出现“清洁”字样，但又被删除，并不视为有不清洁批注或不清洁，除非单据上载有明确声明货物或包装有缺陷的条款或批注。

（九）货物描述

空运单上的货物描述可以使用与信用证规定不矛盾的货物统称。

（十）修正和变更

1. 空运单上的修正和变更必须经过证实。证实须表面上看来系由承运人或其代理人所为（该代理人可以与出具或签署空运单据的代理人不同），只要表明其作为承运人的代理人身份即可。

2. 空运单据的副本无需承运人或代理人的签字（或托运人的签字，即使信用证要求正本空运单据上有其签字），也不要求对正本单据上可能已作出的任何修正或变更进行任何证实。

（十一）运费和额外费用

1. 如果信用证要求空运单注明运费已付或到目的地支付，则空运单必须有相应标注。

2. 申请人和开证行应明确要求单据是注明运费预付还是到付。

3. 如果信用证规定运费之外的额外费用不可接受，则空运单不得表示运费之外的其他费用已产生或将要产生。此类表示可以通过明确提及额外费用或使用与货物装卸费有关的装运术语表达。运输单据上提到由于延迟卸货或货物卸载之后的延迟可能产生费用，不属于此处所说的额外费用。

4. 空运单据常常有单独的栏位，通过印就的标题分别标明"预付"运费和"到付"运费。如果信用证要求空运单据表明运费已预付，则在标明"预付"运费或类似用语的栏位内填具运输费用即符合信用证要求。如果信用证要求空运单据表明运费到付，则在标明"待收运费"或类似用语的栏位内填具运输费用即符合信用证要求。

九、公路、铁路或内河运输单据

（一）UCP600 第 24 条的适用

如果信用证要求提交覆盖公路、铁路或内河运输的运输单据，则适用 UCP600 第 24 条。

（二）公路、铁路或内河运输单据的正本和第二联

如果信用证要求铁路或内河运输单据，则不论提交的运输单据是否注明正本单据，都将作为正本单据接受。公路运输单据必须表明其为签发给托运人/发货人、来人的一联，或者对其签发对象不做任何标注。对铁路运单而言，许多铁路运输公司的做法是仅向托运人/发货人提供加盖铁路公司印章的一联（常常是拓印联）。此联将作为正本接受。

（三）公路、铁路或内河运输单据的承运人与签署

1. 如果运输单据表面已经以其他方式表明承运人的承运人身份，"承运人"一词不需要出现在签字处，只要运输单据表面看来是由承运人或其代理人签署即可。国际标准银行实务做法接受带有铁路发运站日期章的铁路运输单据，无需注明承运人名称或者为或代表承运人签字的具名代理人的名称。

2. UCP600 第 24 条使用的"承运人"一词包括运输单据中的"签发承运人""实际承运人""后继承运人"及"承包承运人"等用语。

3. 运输单据上的任何签字、盖章、收妥表示必须表面看来系由下列人员之一做出：

（1）承运人并表明其承运人身份，

（2）为承运人或代表承运人签字的具名代理人，并注明代理人所代表的承运人的名称和身份。

（四）指示方、到货被通知人和背书

1. 不是物权凭证的运输单据不应做成"凭指示"式或"凭某具名人指示"式抬头。即使信用证要求将不是物权凭证的运输单据做成"凭指示"式或"凭某具名人指示"式抬头，如提交的单据表明收货人为该具名人，则即使该单据没有做成"凭指示"式或"凭×××指示"式抬头也可接受。

2. 如果信用证未规定到货被通知人，则运输单据上的相关栏位可以空白，或以任何方式填写。

（五）分批装运

由一件以上运输工具（一辆以上的卡车、一辆以上的火车、一艘以下的轮船等）进行的运输即为分批装运，即使这些运输工具同日出发并驶向同一目的地。

（六）货物描述

运输单据中的货物描述可以使用与信用证规定不矛盾的货物统称。

（七）修正和变更

1. UCP600 第 24 条规定的运输单据的修正和变更必须经过证实。证实须表面上看来是由承运人或其具名代理人所为。该代理人可以与出具或签署单据的代理人不同，只要表明其作为承运人的代理人身份即可。

2. 对 UCP600 第 24 条所规定的运输单据正本上可能已作出的任何修正或变更，其副本不需要进行任何签字或证实。

（八）运费和额外费用

1. 如果信用证要求 UCP600 第 24 条规定的运输单据注明运费已付或到目的地支付，则运输单据必须有相应标注。

2. 申请人和开证行应明确要求单据是注明运费预付还是到付。

十、保险单据

（一）保险单据 UCP600 第 28 条的适用

如果信用证要求提交保险单据，如保险单或预约保险项下的保险证明书或声明书，则适用 UCP66 第 28 条。

（二）保险单据的出单人

1. 保险单据必须在表面上看来是由保险公司、承保人或其代理人或代表出具并签署。如保险单据表面有要求或信用证条款要求，所有正本必须表面看来已被副签。

2. 如果保险单据在保险经纪人的信笺上出具，只要该保险单据是由保险公司或其代理人或代表，或由承保人或其代理人或代表签署，该保险单据可以接受。保险经纪人可以作为具名保险公司或具名保险商的代理人进行签署。

（三）承保风险

1. 保险单据必须投保信用证规定的风险。即使信用证明确列明应投保的风险，则保险单据可做任何排除。如果信用证要求“一切险”，则只要提交任何带有“一切险”条款或批注的保险单据，即使该单据声明不包括某些风险，也符合信用证要求。如果保险单据标明投保（伦敦保险）协会货物保险条款（A），也符合信用证关于“一切险”条款或批注的要求。

2. 同一运输的同一险种的保险必须由同一保险单据表示，除非进行部分保险的多份保险单据通过百分比或其他方式明确反映每一保险人的保险价值，并且每一保险人将各自分别承担自己的责任份额，不受同一运输可能已经办理的其他保险的影响。

（四）日期

载有有效期的保险单据必须清楚地表明该有效期限是关于货物装船、发运或接管（如适用的话）的最迟日期，而不是保险单据项下提出索赔的期限。

（五）比例和金额

1. 保险单据必须按信用证使用的币种，并至少按信用证要求的金额出具。UCP 没有规定任何最高比例。

2. 如果信用证要求保险金额不计免赔率，则保险单据不得含有表明保险责任受免赔率或免赔额约束的条款。

3. 如果从信用证或单据可以得知中最后的发票金额仅仅是货物总价值的一部分（如由于折扣、预付或类似情况，或由于货物的部分价款将晚些支付），也必须将货物的总价值为基础来计算保险金额。

（六）被保险人和背书

1. 保险单据必须按信用证要求的形式出具，并且在需要时经有权索偿人背书。如果信用证要求空白背书式的保险单据，则保险单据也可开立成来人式，反之亦然。

2. 如果信用证对被保险人未做规定，则标明赔偿将付给托运人或受益人指定的人的保险单据不可接受，除非经过背书。保险单据应开立成或背书成使保险单据项下的索赔权利在放单之时或之前得以转让。

十一、原产地证明

（一）基本要求

如信用证要求原产地证明，则提交经过签署，注明日期的证明货物原产地的单据即满足要求。

（二）原产地证明的出具人

原产地证明必须由信用证规定的人出具。但是，如果信用证要求原产地证明由受益人，出口商或厂商出具，则由商会出具的单据是可以接受的，只要该单据相应地注明受益人、出口商或厂商即可。如果信用证没有规定由谁来出具原产地证明，则由任何人包括受益人出具的单据都可接受。

（三）原产地证明的内容

1. 原产地证明必须地表面上与发票的货物相关联。原产地证明中的货物描述可以使用与信用证规定不相矛盾的货物统称，或通过其他援引表明其与要求的单据中的货物相关联。

2. 收货人的信息，如果显示，则不得与运输单据中的收货人信息相矛盾。但是，如果信用证要求运输单据作成“凭指示”“凭托运人指示”“凭开证行指示”或“货发开证行”式抬头，则原产地证明可以显示信用证的申请人或信用证中具名的另外一人作为收货人。如果信用证已经转让，那么以第一受益人作为收货人也可接收。

3. 原产地证明可发显示信用证受益人或运输单据上的托运人之外的另外一人为发货人/出口商。

参考书目

[1] 苏宗祥 徐捷. 国际结算 [M]. 北京：中国金融出版社，2008.

[2] 蒋琴儿 秦定. 国际结算 [M]. 北京：清华大学出版社，2007.

[3] 黎孝先 石玉川. 国际贸易实务 [M]. 北京：对外经济贸易大学出版社，2012.

[4] 傅龙海. 国际贸易理论与实务 [M]. 北京：对外经济贸易大学出版社，2012.

[5] 张东祥. 国际结算 [M]. 武汉：武汉大学出版社，2004.

[6] 耿伟 李秀芳. 国际结算与单证制作 [M]. 北京：清华大学出版社，2010.

[7] 倪信琦 陈茜. 国际结算 [M]. 厦门：厦门大学出版社，2009.

[8] 姚新超. 国际结算——实务与操作 [M]. 北京：对外经济贸易大学出版社，2008.

[9] 吴国新 张学波. 国际结算 [M]. 北京：高等教育出版社，2011.

[10] 乔飞鸽. 国际结算 [M]. 北京：对外经济贸易大学出版社，2011.

[11] 李华根. 国际结算与贸易融资实务 [M]. 北京：中国海关出版社，2012.

[12] 徐进亮 李俊. 国际结算实务与案例 [M]. 北京：机械工业出版社，2011.

[13] 熊涓 李艳. 国际贸易实务 [M]. 北京：科学出版社，2014.

[14] 杨如海. 涉外保函业务指南 [M]. 北京：中国金融出版社，1992.

[15] 邹小燕 朱桂龙. 银行保函及案例分析 [M]. 北京：中信出版社，1993.

[16] 肖云南 王益平. *International Payments and Settlements* [M]. 北京：清华大学出版社，2004.

[17] 邵新力. *International Settlement* [M]. 北京：机械工业出版社，2012.

[18] Edward G. Hinkelman，*International Payments* [M]. 上海：上海外语教育出版社，2007.

[19] 中国国际商会编译. ICC Guide to Documentary Credit Operations [M]. 北京：中国对外经济贸易大学出版社，1997.

[20] 杨丽主编. 国际金融[M]. 科学出版社，2006 年 8 月.

[21] 汪琦主编. 国际贸易单证实务[M]. 北京：中国纺织出版社，2009. 1.